U0492410

大数据
解码商业地产

吴增胜◎著

商业地产拿地决策模型 · 融资风险评估决策模型 · 管理敏感算法决策模型

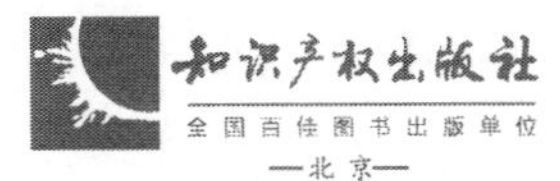

图书在版编目（CIP）数据

大数据解码商业地产/吴增胜著. —北京：知识产权出版社，2019. 11
ISBN 978-7-5130-2760-1

Ⅰ. ①大…　Ⅱ. ①吴…　Ⅲ. ①数据处理—应用—城市商业—房地产开发—运营管理
Ⅳ. ①F293. 35-39

中国版本图书馆 CIP 数据核字（2019）第 154072 号

内容提要

本书作者凭借多年的房地产开发经营管理经验，利用计算机技术，对商业地产各开发环节进行大数据分析，形成“敏感算法决策模型”。在商业地产全生命周期时间轴的管理上，利用“敏感算法决策模型”进行多维度的数据分析，便能自动生成商业地产项目的营利能力、偿债能力、商业运营能力等关键指标及其敏感性因素之间的相关关系，得以实现“大数据”的核心价值——“预测”功能，为实现商业地产开发经营多维度决策分析、全生命周期管理提供决策依据。

责任编辑：彭喜英　　　　**责任印制**：孙婷婷

大数据解码商业地产

DASHUJU JIEMA SHANGYE DICHAN

吴增胜　著

出版发行：知识产权出版社有限责任公司	**网　　址**：http://www.ipph.cn
电　　话：010-82004826	http://www.laichushu.com
社　　址：北京市海淀区气象路 50 号院	**邮　　编**：100081
责编电话：010-82000860 转 8539	**责编邮箱**：pengxiying@cnipr.com
发行电话：010-82000860 转 8101	**发行传真**：010-82000893
印　　刷：北京中献拓方科技发展有限公司	**经　　销**：各大网上书店、新华书店及相关专业书店
开　　本：787mm×1092mm　1/16	**印　　张**：29
版　　次：2019 年 11 月第 1 版	**印　　次**：2019 年 11 月第 1 次印刷
字　　数：634 千字	**定　　价**：98. 00 元

ISBN 978-7-5130-2760-1

推荐序一

Freface one

受北京大学校友吴增胜的邀请，为本书作序一篇，欣然接受。纵观我国商业房地产行业开发史，开发企业有了一块商业用地，购物中心还没有盖起来，就可向等着排队的投资客租售了。不愁招商、不愁卖的厚利润的现象存在了很长时间。基于“一铺养三代”的投资理念背景，商业地产的管理模式的粗放、简单效仿便有了存在的合理性。但是，随着互联网的兴起，面对电商的冲击，面对新零售、新时代的到来，商业地产的开发经营的方式、方法必须与时俱进，才能不败于同行的竞争，才能承担商业地产的复兴大业。

校友吴增胜先生是一位能实战又能提炼兵法的职业经理人。其凭借多年的商业地产开发管理的经验，并结合计算机编程语言，对商业地产各开发环节进行大数据化建模，形成了各业务模块的“算法模型”。尤其是作者在书中应用大数据的理论创建了商业地产开发建设期与商业地产商管运营期的管理模式的算法模型，更是体现了本书的独特之处。

用大数据解码商业地产，犹如中医理论中的“针灸点穴”，奇经八脉解析得精准，穴位找得准，就能对症下药了。这本书，无论是对从事商业地产开发的职业经理人来说，还是对于投资商业地产开发的老板来说，都是实用的数字化管理工具。只要研读精通，便能达到“打通任督二脉”的管理境界了。

广东新南方集团有限公司	总裁	
北京光华天成投资股份有限公司	董事长兼总裁	
北京大学广东校友会	副会长	朱拉伊
北京大学光华管理学院广东校友会	名誉会长	
非洲广东总商会	创会会长	

2019 年 5 月 18 日

推荐序二

Freface two

房地产可细分为住宅地产与商业地产及其他的类别，本人从事房地产开发多年，对商业地产的开发、运营有众多的感想和心得体会。

商业地产的经营方式远比住宅地产复杂得多，单就商业地产的经营就有“对外销售、持有租赁、租售并举、售后返租、带租约销售、返租后回购”等模式。哪种经营模式最赚钱？哪种模式最容易获得资本市场的认可？诸如此类的决策纠结，若还依靠简单的计算方法，只能是“以小数据说大话”，无法达到“以大数据说实话”的决策要求。

从商业地产的投资决策算法模型与住宅地产的投资决策算法模型对比分析可知：选址、地块所在城市的房地产行业数据、产品设计、销售定价、成本指标、营利能力、偿债能力、资金平衡、融资方案等专项研究都是必不可少的环节，但针对商业地产的投资决策算法模型来说，其中，还需要对地址有效范围的商圈、商业体量饱和度、设计产品的商业动线、商业业态的布局、租金及运营成本、全生命周期时间轴、商业的运营期等环节进行专项分析，才能形成多维度、精准适用的投资决策模型，基于此模型的经济分析才能选出好的商业地产项目、才能将商业地产运营成功。

我的校友吴增胜写作的《大数据解码商业地产》，以商业地产为大数据应用领域的切入点，一旦商业地产的大数据决策模型能成熟地应用，其他诸如住宅地产等领域的应用便可按本书所介绍的方法进行简单定制了。

广东森岛集团有限公司董事长
北京大学光华管理学院广东校友会副会长　郭建基
华南理工大学广州校友会会长

2019年3月16日

前　言

Foreword

随着计算机技术及互联网的普及，大数据的时代也顺势而来了，正如奥地利作者维克托·迈尔-舍恩伯格（Viktor Mayer-Schönberger）在《大数据时代》中所说：大数据开启了一次重大的时代转型，利用大数据进行思维变革、商业变革和管理变革的时机来了。

研读了《大数据时代》这本著作之后，我就一直有一种冲动，想写一本关于大数据应用的专著，但迟迟没有动手，因为，我一直在构思着其应用的领域。通过一段时间的分析整理，突然觉得本人从事房地产开发管理工作多年，将大数据的理论及计算机技术应用于房地产开发管理领域应是轻车熟路。

笔者利用计算机技术，对商业地产各开发环节的峰值、谷值、均值、余值、欠值及临界值等关键数据进行大数据化建模，形成了“敏感算法决策模型”，得以实现“大数据”的核心价值之“预测”功能。

大数据的核心理念之一是淡化“因果关系”，关注“相关关系”。在商业地产全生命周期时间轴的管理上，利用本书所建立的“算法模型”进行多维度的数据分析，便能自动生成商业地产项目的营利能力、偿债能力、商业运营能力等关键指标及其敏感性因素之间的相关关系。实现了此项功能，便能达到建设项目的投资决策分析阶段及商业地产运营阶段的精算需求。

个人邮箱地址：2723 998 117@ qq.com。

北京大学硕士
高级工程师
国家注册造价工程师
国家注册监理工程师
房地产经济师
广州市评标专家

吴增胜

目 录
Contents

敏感算法决策模型应用实例（二）

敏感算法决策模型应用实例（一）

用地基本信息

6	M8：M9	N8：N9	O8：O9	P8：P9	Q8：Q9
7	M	N	O	P	Q
8	规划净用地	建设用地	道路用地	公共绿地	其他用地
9	83.13 亩	77.40 亩	0.00 亩	5.73 亩	0.00 亩

规划技术指标

6	R8：R9	S8：S9	T8：T9	U8：U9
7	R	S	T	U
8	容积率	建筑密度	绿地率	用地属性
9	≤2.7	≤42%	≥25%	商业

产品设计信息

4	D10：D11	E10：E11	F10：F11	G10：G11	H10：H11
C	D	E	F	G	H
11	栋号	产品	栋功能建筑面积	形态	层数
7	地下室	车位	48,577.73m^2	共有	2 层
8	地下商城	商铺	24,289.00m^2	栋 01	1 层
9	地上商城	商铺	149,146.00m^2	栋 01	7 层
10	配电房	公建	200.00m^2	栋 02	1 层
11	其他配套	公建	300.00m^2	栋 03	1 层

第1章

决策模型的实例应用（一）

应用计算机程序语言的软件算法“解码”商地地产的开发规律，在本书中简称为“敏感算法决策模型”。本书采用“倒序表述”的方法，先应用“敏感算法决策模型”演示商业地产从拿地、开发到营销、招商、运营、融资、物业管理等全生命周期中各重要节点的决策分析方法，以让读者在较短的时间内了解“敏感算法决策模型”的实用价值，再在后续的章节中逐步介绍各业务板块建模的方法。

以静态税前内部收益率、静态税后内部收益率、动态税前内部收益率、动态税后内部收益率、静态税前投资回收期、静态税后投资回收期、动态税前投资回收期、动态税后投资回收期、总投资收益率、利润率为关键指标，建立商业地产的营利能力决策模型，以偿债备付率、利息备付率、账户余额资金平衡为核心的三个指标，来建立商业地产的融资能力决策模型，以现金流回正的月数作为企业现金流管理的评价指标。诸如资本金净利润率等经济指标详见其他相关章节。

1.1 投资拓展决策模型

1.1.1 经营方式的决策分析

正如前言所述，单就商业地产的经营方式来说就有对外销售、持有租赁、租售并举、售后返租、带租约销售、返租后回购等模式。在拿地阶段，就应建立基于多种经营方式的大数据决策模型，以预测商业地产在不同经营方式下与其关联因素之间的相关关系。

全销售型：是指将所有产品对外销售。全租赁型：是指将所有产品作为持有型物业对外租赁。租售并举型：是指将部分产品用于持有租赁，部分产品用于对外销售。带租约销售：是指先行与业主签订租金回报协议，再签订销售合同。售后返租：是指将部分产品销售后再向投资客租赁回来，给小业主一定比例的投资收益。返租后回购：

是指开发商将产品卖给小业主后，经过一定时间的返租后，再通过回购的方式给小业主一个投资的退出机制，将不动产的买卖变成了完全的投资理财行为。

本书将基于全销售型、全租赁型、租售并举型、售后返租型、返租后回购型五种模式（其中后两种本质是非传统的融资行为，纳入融资方案表述），应用“敏感算法”建立敏感因子与八大经济指标之间的相关关系，形成多维度的商业地产决策分析方法。

本书所举例的租售并举型特指：基于有产权车位 50% 销售（其他租赁），商铺负 1 层售后返租、第 1 层至第 4 层商铺持有租赁、第 5 层至第 7 层商铺对外销售。可销售产权建筑面积占比 39.58%，可租售产权建筑面积占比 60.42%。

通过本书建模的软件分析，只要将车位货量数据表、商铺货量数据表中营销方案中的数据人工输入后，则可自动计算出如表 1.1 所示的指标。

表 1.1　建模软件计算出的指标　　单位：%

项目	融资前税前内部收益率	融资前税后内部收益率	融资前净利润率	融资前总投资收益率
全销售型	74.09	55.07	16.49	23.11
负 1 层售后返租 第 1 至第 4 层持有 第 5 至第 7 层销售	17.98	15.99	29.25	8.98
全租赁型	8.45	6.70	30.81	10.72

通过解读表 1.1 数据的变化规律推论得知：（1）经营方式不同，其营利能力则不同，（2）针对不同的经济指标，其经营方式的营利指标的排序不同。

1.1.2　拿地阶段的决策分析

在拿地投资拓展阶段，对于土地价值的决策分析，由投资拓展部对目标城市进行，诸如目标城市的人均 GDP、建成区的平均每平方公里 GDP、单位面积财政收入、人口净流入量、三产占比及产业互补优势、客群购买力、城市交通发达度等传统宏观指标分析是基本的业务内容。但本书的重点是向读者介绍应用“敏感算法决策型”来解决拿地投资招展阶段经常遇到的“决策纠结点”。

项目实例（一）：某商业地产公司董事会给管理层下达商业地产土地储备的任务，投资管理部通过对目标城市宏观经济及当地房地产行业进行分析后，决定在目标城市的国土局土地挂牌信息中筛选如表 1.2 所示的信息。

表 1.2　土地挂牌信息筛选

净用地	建设用地	道路用地	公共绿地	其他用地	容积率	建筑密度	绿地率	用地属性
83.13 亩	77.40 亩	0.00 亩	5.73 亩	0.00 亩	≤2.7	≤42%	≥20%	商业

根据房地产公司的职能分工：由设计管理部提供购物中心的设计方案，由营销部对目标城市进行类似购物中心的车位、商铺的销售价格与租赁价格的市场调研并对目标产品进行定价，由成本控制部提供目标产品的成本数据，由计划运营部提供开发计划后，投资管理部将基本数据输入“敏感算法决策型”中。通过计算机的自动更新，便可自动生成多维度的“数据链”。

1.1.2.1　基于全销售型的拿地策略

基于全销售型的拿地策略统计表如表1.3所示。

表1.3　基于全销售型的拿地策略统计表

8	G11：G30	H11：H30	I11：I30	J11：J30	K11：K30	N11：N30	Q11：Q30	R11：R30	S11：S30	T11：T30
9	G	H	I	J	K	N	Q	R	S	T
30	楼面地价（元/m^2）	敏感系数	税前内部收益率（%）	税后内部收益率（%）	净利润率（%）	总投资收益率（%）	税前静态投资回收年限（年）	税后静态投资回收年限（年）	税前动态投资回收年限（年）	税后动态投资回收年限（年）
12	3,265.56	0.50	165.32	125.35	14.93	40.41	2.138	2.176	2.151	2.193
13	3,918.67	0.60	144.33	108.70	15.49	37.67	2.160	2.202	2.175	2.222
14	4,571.78	0.70	127.98	95.91	15.90	35.10	2.181	2.228	2.199	2.250
15	5,224.90	0.80	114.55	85.37	15.87	32.34	2.203	2.253	2.222	2.278
16	5,878.01	0.90	103.51	76.84	15.84	29.90	2.224	2.278	2.246	2.305
17	6,531.12	1.00	94.26	69.81	15.81	27.74	2.245	2.302	2.269	2.332
18	7,184.23	1.10	86.41	63.93	15.78	25.80	2.266	2.326	2.292	2.358
19	7,837.34	1.20	79.65	58.95	15.75	24.06	2.287	2.349	2.316	2.384
20	8,490.46	1.30	73.78	54.68	15.72	22.49	2.308	2.373	2.339	2.409
21	9,143.57	1.40	68.64	50.99	15.69	21.06	2.329	2.395	2.362	2.435
22	9,796.68	1.50	63.90	47.52	15.41	19.55	2.350	2.418	2.384	2.459
23	10,449.79	1.60	59.55	44.32	14.98	18.05	2.370	2.439	2.407	2.483
24	11,102.90	1.70	55.64	41.47	14.56	16.67	2.391	2.461	2.430	2.507
25	11,756.02	1.80	52.11	38.92	14.13	15.40	2.411	2.482	2.452	2.531
26	12,409.13	1.90	48.90	36.62	13.71	14.22	2.432	2.503	2.475	2.554
27	13,062.24	2.00	45.97	34.54	13.28	13.13	2.452	2.524	2.497	2.576
28	13,715.35	2.10	43.29	32.65	12.86	12.11	2.472	2.544	2.520	2.599
29	14,368.46	2.20	40.82	30.92	12.43	11.16	2.492	2.564	2.542	2.621
30	15,021.58	2.30	38.34	29.10	11.71	10.09	2.512	2.583	2.564	2.642
31	15,674.69	2.40	36.04	27.42	10.99	9.09	2.532	2.603	2.586	2.664
32	16,327.80	2.50	33.90	25.86	10.27	8.15	2.552	2.622	2.608	2.685
33	16,980.91	2.60	31.90	24.41	9.55	7.27	2.572	2.640	2.630	2.705
34	17,634.02	2.70	30.25	23.24	9.01	6.56	2.590	2.657	2.649	2.723

续表

8	G11：G30	H11：H30	I11：I30	J11：J30	K11：K30	N11：N30	Q11：Q30	R11：R30	S11：S30	T11：T30
9	G	H	I	J	K	N	Q	R	S	T
30	楼面地价（元/m²）	敏感系数	税前内部收益率（%）	税后内部收益率（%）	净利润率（%）	总投资收益率（%）	税前静态投资回收年限(年)	税后静态投资回收年限(年)	税前动态投资回收年限(年)	税后动态投资回收年限(年)
35	18, 287. 14	2. 80	28. 49	21. 98	5. 54	5. 77	2. 609	2. 675	2. 671	2. 743
36	18, 940. 25	2. 90	26. 84	15. 20	5. 11	5. 03	2. 629	2. 693	2. 692	2. 763
37	19, 593. 36	3. 00	25. 29	14. 37	4. 68	4. 32	2. 648	2. 710	2. 714	2. 782
38	20, 246. 47	3. 10	23. 83	13. 60	4. 25	3. 65	2. 667	2. 728	2. 735	2. 801
39	20, 899. 58	3. 20	22. 45	12. 88	3. 82	3. 01	2. 686	2. 745	2. 756	2. 820
40	21, 552. 70	3. 30	21. 14	12. 21	3. 39	2. 41	2. 706	2. 762	2. 777	2. 839
41	22, 205. 81	3. 40	19. 91	11. 58	2. 97	1. 83	2. 725	2. 778	2. 798	2. 857
42	22, 858. 92	3. 50	18. 74	10. 99	2. 19	1. 28	2. 744	2. 794	2. 819	2. 875

通过对表 1. 3 中数据变化规律的解读得出结论：土地成本的敏感决策模型是拿地阶段预测合理的土地成本的有效工具。土地成本与项目开发的营利能力指标之间呈现高度敏感正相关的关系。根据土地成本的敏感算法模型可设定土地竞拍市场或项目收购时土地成本的临界值。例如，基于项目实例（一）的“全销售型”的经营方式，当公司规定总投资收益率低于 10% 的项目将放弃时，则该目标地块的楼面地价临界值为 15022（4021 万元/亩），土地成本占总融资前建设投资额的比例为 74. 37%。土地价值与产品静态货值之比为 38. 02%，土地价值与产品动态货值之比为 36. 59%。

1. 1. 2. 2 基于全租赁型的拿地策略

基于全租赁型的拿地策略统计表如表 1. 4 所示。

表 1. 4 基于全租赁型的拿地策略统计表

8	G11：G30	H11：H30	I11：I30	J11：J30	L11：L30	O11：O30	Q11：Q30	R11：R30	S11：S30	T11：T30
9	G	H	I	J	L	O	Q	R	S	T
30	楼面地价（元/m²）	敏感系数	税前内部收益率(%)	税后内部收益率(%)	净利润率（%）	总投资收益率(%)	税前静态投资回收年限(年)	税后静态投资回收年限(年)	税前动态投资回收年限(年)	税后动态投资回收年限(年)
12	3, 265. 56	0. 50	12. 72	10. 52	33. 43	19. 06	10. 763	12. 487	13. 459	16. 621
13	3, 918. 67	0. 60	11. 96	9. 84	33. 11	17. 51	11. 281	13. 144	14. 374	17. 922
14	4, 571. 78	0. 70	11. 30	9. 25	32. 79	16. 18	11. 791	13. 786	15. 306	19. 260
15	5, 224. 90	0. 80	10. 71	8. 73	32. 47	15. 01	12. 293	14. 415	16. 255	20. 633
16	5, 878. 01	0. 90	10. 18	8. 26	32. 15	13. 98	12. 788	15. 038	17. 222	22. 041
17	6, 531. 12	1. 00	9. 70	7. 83	31. 82	13. 06	13. 276	15. 643	18. 207	23. 494

续表

8	G11：G30	H11：H30	I11：I30	J11：J30	L11：L30	O11：O30	Q11：Q30	R11：R30	S11：S30	T11：T30
9	G	H	I	J	L	O	Q	R	S	T
30	楼面地价(元/m²)	敏感系数	税前内部收益率(%)	税后内部收益率(%)	净利润率(%)	总投资收益率(%)	税前静态投资回收年限(年)	税后静态投资回收年限(年)	税前动态投资回收年限(年)	税后动态投资回收年限(年)
18	7,184.23	1.10	9.27	7.44	31.50	12.24	13.757	16.241	19.212	24.984
19	7,837.34	1.20	8.87	7.08	31.18	11.51	14.232	16.829	20.237	26.523
20	8,490.46	1.30	8.50	6.75	30.86	10.84	14.699	17.405	21.284	28.106
21	9,143.57	1.40	8.16	6.44	30.54	10.24	15.162	17.976	22.352	29.742
22	9,796.68	1.50	7.84	6.15	30.22	9.69	15.616	18.531	23.442	31.431
23	10,449.79	1.60	7.54	5.89	29.89	9.18	16.068	19.083	24.556	33.175
24	11,102.90	1.70	7.27	5.63	29.57	8.72	16.509	19.622	25.695	34.981
25	11,756.02	1.80	7.00	5.40	29.25	8.29	16.950	20.156	26.858	36.854
26	12,409.13	1.90	6.76	5.17	28.93	7.89	17.380	20.679	28.049	38.798
27	13,062.24	2.00	6.52	4.96	28.61	7.52	17.808	21.196	29.271	#REF!
28	13,715.35	2.10	6.30	4.76	28.28	7.18	18.230	21.704	30.520	#REF!
29	14,368.46	2.20	6.09	4.57	27.95	6.86	18.645	22.206	31.800	#REF!
30	15,021.58	2.30	5.89	4.38	27.63	6.56	19.060	22.699	33.113	#REF!
31	15,674.69	2.40	5.70	4.21	27.30	6.28	19.463	23.186	34.462	#REF!
32	16,327.80	2.50	5.52	4.04	26.97	6.01	19.867	23.665	35.844	#REF!
33	16,980.91	2.60	5.35	3.88	26.65	5.76	20.263	24.140	37.267	#REF!
34	17,634.02	2.70	5.18	3.73	26.32	5.53	20.656	24.605	38.729	#REF!
35	18,287.14	2.80	5.02	3.58	25.99	5.31	21.047	25.068	40.560	#REF!
36	18,940.25	2.90	4.86	3.44	25.67	5.10	21.427	25.520	#REF!	#REF!
37	19,593.36	3.00	4.72	3.30	25.34	4.90	21.808	25.972	#REF!	#REF!
38	20,246.47	3.10	4.57	3.17	25.01	4.72	22.184	26.411	#REF!	#REF!
39	20,899.58	3.20	4.43	3.04	24.69	4.54	22.554	26.850	#REF!	#REF!
40	21,552.70	3.30	4.30	2.92	24.36	4.37	22.924	27.280	#REF!	#REF!
41	22,205.81	3.40	4.17	2.80	24.03	4.21	23.285	27.706	#REF!	#REF!
42	22,858.92	3.50	4.05	2.68	23.69	4.05	23.644	28.128	#REF!	#REF!

通过对表 1.4 中数据变化规律的解读得出结论：基于项目实例（一）“全租赁型”的经营方式，当公司以“税后内部收益率”及“税后动态投资回收年限”为衡量指标时，若公司规定，项目税后内部收益率低于 6%时将放弃项目，则该目标地块的楼面地价临界值为 10123（2710 万元/亩），土地成本占总融资前建设投资比为 66.16%。土地价值与产品静态货值之比为 14.74%，土地价值与产品动态货值之比为 7.5%。

1.1.2.3 基于租售并举的拿地策略

基于租售并举的拿地策略统计表如表 1.5 所示。

表 1.5 基于租售并举的拿地策略统计表

8	G11：G30	H11：H30	I11：I30	J11：J30	K11：K30	L11：L30	M11：M30
9	G	H	I	J	K	L	M
30	楼面地价（元/m^2）	敏感系数	税前内部收益率（%）	税后内部收益率（%）	净利润率（销售，%）	净利润率（租赁，%）	净利润率（租售，%）
12	3,265.56	0.50	33.12	27.38	15.52	32.10	30.65
13	3,918.67	0.60	28.24	23.88	15.48	31.83	30.39
14	4,571.78	0.70	24.64	21.22	15.45	31.55	30.14
15	5,224.90	0.80	21.89	19.14	15.41	31.27	29.84
16	5,878.01	0.90	19.73	17.42	15.38	31.00	29.55
17	6,531.12	1.00	17.98	15.99	15.34	30.72	29.25
18	7,184.23	1.10	16.52	14.78	15.16	30.44	28.90
19	7,837.34	1.20	15.22	13.26	14.66	30.17	28.52
20	8,490.46	1.30	14.13	12.18	14.15	29.89	28.15
21	9,143.57	1.40	13.19	11.26	13.65	29.61	27.78
22	9,796.68	1.50	12.37	8.91	13.14	29.34	27.41
23	10,449.79	1.60	11.65	8.36	12.64	29.06	26.58
24	11,102.90	1.70	11.00	7.86	12.13	28.78	26.31
25	11,756.02	1.80	10.40	7.39	11.31	28.51	26.00
26	12,409.13	1.90	9.85	6.96	10.45	28.23	25.69
27	13,062.24	2.00	9.35	6.57	9.60	27.96	25.38
28	13,715.35	2.10	8.89	6.21	8.74	27.68	25.07
29	14,368.46	2.20	8.48	5.88	5.26	27.40	24.77
30	15,021.58	2.30	8.10	5.58	4.74	27.13	24.46
31	15,674.69	2.40	7.74	5.29	4.22	26.85	24.15
32	16,327.80	2.50	7.41	5.02	3.70	26.57	23.84
33	16,980.91	2.60	7.10	4.77	3.17	26.30	23.50
34	17,634.02	2.70	6.81	4.53	2.63	26.02	23.12
35	18,287.14	2.80	6.54	4.31	1.57	25.74	22.74
36	18,940.25	2.90	6.28	4.10	0.51	25.47	22.36
37	19,593.36	3.00	6.04	3.89	-0.75	25.19	21.98

续表

8	G11：G30	H11：H30	I11：I30	J11：J30	K11：K30	L11：L30	M11：M30
9	G	H	I	J	K	L	M
30	楼面地价（元/m²）	敏感系数	税前内部收益率（%）	税后内部收益率（%）	净利润率（销售,%）	净利润率（租赁,%）	净利润率（租售,%）
38	20,246.47	3.10	5.78	3.68	−2.87	24.91	19.27
39	20,899.58	3.20	5.53	3.48	−4.97	24.64	18.75
40	21,552.70	3.30	5.30	3.29	−24.57	24.36	18.23
41	22,205.81	3.40	5.09	3.12	−26.47	24.11	17.77
42	22,858.92	3.50	4.88	2.95	−28.68	23.85	17.26

8	N11：N30	O11：O30	P11：P30	Q11：Q30	R11：R30	S11：S30	T11：T30
9	N	O	P	Q	R	S	T
30	总投资收益率（销售,%）	总投资收益率（租赁,%）	总投资收益率（租售,%）	税前静态投资回收年限（年）	税后静态投资回收年限（年）	税前动态投资回收年限（年）	税后动态投资回收年限（年）
12	33.12	21.33	13.09	2.657	2.719	2.711	2.777
13	30.10	19.62	12.03	2.730	2.783	2.791	2.848
14	27.49	18.14	11.11	2.802	2.844	2.871	2.916
15	25.21	16.85	10.31	2.874	2.902	2.950	2.981
16	23.19	15.71	9.60	2.946	2.959	5.322	5.807
17	21.41	14.70	8.98	4.815	4.855	6.213	6.942
18	19.69	13.79	8.41	5.383	5.452	7.336	8.043
19	17.88	12.98	7.89	6.113	6.954	8.546	10.224
20	16.25	12.24	7.42	6.982	8.130	9.753	11.919
21	14.77	11.57	7.00	7.807	9.238	10.957	13.421
22	13.41	10.96	6.61	8.598	13.209	12.143	19.179
23	12.17	10.41	6.26	9.361	13.971	13.206	20.859
24	11.03	9.89	5.93	10.099	14.711	14.246	22.595
25	9.78	9.42	5.62	10.869	15.483	15.386	24.486
26	8.61	8.98	5.34	11.615	16.243	16.561	26.458
27	7.52	8.57	5.07	12.301	16.988	17.762	28.509
28	6.50	8.19	4.82	12.928	17.712	18.990	30.643
29	5.56	7.84	4.59	13.511	18.423	20.251	32.868
30	4.67	7.50	4.38	14.085	19.122	21.544	35.194
31	3.83	7.19	4.18	14.648	19.806	22.872	37.637

续表

8	N11：N30	O11：O30	P11：P30	Q11：Q30	R11：R30	S11：S30	T11：T30
9	N	O	P	Q	R	S	T
30	总投资收益率（销售,%）	总投资收益率（租赁,%）	总投资收益率（租售,%）	税前静态投资回收年限（年）	税后静态投资回收年限（年）	税前动态投资回收年限（年）	税后动态投资回收年限（年）
32	3.04	6.90	3.99	15.205	20.477	24.239	40.484
33	2.29	6.63	3.81	15.753	21.139	25.646	#REF!
34	1.59	6.37	3.64	16.293	21.786	27.090	#REF!
35	0.92	6.13	3.48	16.825	22.420	28.578	#REF!
36	0.29	5.89	3.33	17.347	23.047	30.107	#REF!
37	−0.31	5.68	3.19	17.866	23.658	31.689	#REF!
38	−1.17	5.47	3.04	18.464	24.337	33.571	#REF!
39	−1.97	5.27	2.90	19.052	25.002	35.511	#REF!
40	−2.77	5.08	2.77	19.635	25.657	37.560	#REF!
41	−3.37	4.91	2.65	20.150	26.248	39.480	#REF!
42	−4.10	4.74	2.54	20.704	26.870	#REF!	#REF!

通过对表1.5中数据变化规律的解读得出结论：基于项目实例（一）“租售并举型”的经营方式，当以“总投资收益率”为衡量指标时，若公司规定，项目税后内部收益率低于6%时将放弃项目，则该目标地块的楼面地价临界值为10,449.79～11,102.90元/m^2。

通过上述多个维度、多种经营方式的大数据解码过程分析可知，商业地产的拿地决策模型比住宅地产投资决策过程复杂得多。

1.2 管理制式的决策模型

房地产开发的决策层购买了一块商业用地后，在管理模式上经常纠结于：是设置一家房地产开发公司进行始终如一的管治模式（简称“一体化管理制式”），还是先设立一家开发企业对开发销售期进行管理，再设立一家商业管理公司对租赁运营期进行管理（简称“分离式管理制式”）？这在商业地产的管理中是一个经常遇到的决策痛点。其最终目标是在不同的管理模式下能否达到节税的目的。因此，应用“敏感算法决策模型”进行项目全生命周期的税负研究，尤其是在遵守国家现行税法及“营改增”税制下的税负研究是必要的。在研究不同管理制式与税负之间相关关系时，必须厘清以下定义的内涵。

“一体化管理制式”：是指设立一家房地产开发公司，全程负责拿地、开发、营销、招商、运营全过程的管理。

“分离式管理制式”：是指先设立一家房地产开发公司，负责拿地、开发、营销阶段的业务，再成立一家商业管理公司对项目持有型物业进行租赁、运营、收租等管理业务。根据房地产开发公司与商业管理公司之间的交易模式，又可细分为“分离整租管理制式”和“分离整售管理制式”。

“分离整租管理制式”：是指开发公司完成商业地产的开发与销售后，将持有型物业以“优惠的租赁价格”整租给商业管理公司进行运营。整租折扣率是指开发公司给商业管理公司的租赁价格/持有型物业租赁价格的市场价。

“分离整售管理制式”：是指开发公司完成商业地产的开发与销售后，将持有型物业以“优惠的整售价格”整售给商业管理公司进行运营。整售折扣率是指开发公司给商业管理公司的销售价格/持有型物业销售价格的市场价。

“税负比较率”：房地产开发公司的总税负/（开发公司的总税负+商业管理公司的总税负）。

特别要说明的是：关于税负相关关系的决策模型仅为理论模型分析，从税法角度，能否成立，请读者必须遵守国家及项目所在地税务部门的规定。

1.2.1 基于全租赁型的管理制式

1.2.1.1 基于一体化管理制式的税负

基于全租赁型的经营方式，针对一体化管理制式的企业运营，应用“敏感算法决策模型”对开发企业应交纳的主要税负（融资前）进行数据输出，如表1.6所示。

表1.6 开发企业应交纳的主要税负（融资前）数据输出

5	D8：D23	E8：E23	F8：F23
6	D	E	F
7	科目	税负占主营业务收入比例（%）	金额（万元）
8	增值税及附加	8.77	263,424.10
9	企业所得税	10.62	318,871.54
10	土地使用税	0.02	459.06
11	土地增值税	0.00	0.00
12	房产税	10.81	324,703.00
13	契税	0.00	0.00
14	总税负	30.21	907,457.71

1.2.1.2　基于分离整租制式的税负

基于全租赁型的经营方式，针对“分离整租管理制式”的企业运营，应用“敏感算法决策模型”对开发公司与商业管理公司应交纳的税负进行比较，建立税负比较率与整租折扣率之间的相关关系（表1.7）。

表1.7　税负比较率与整租折扣率之间的相关关系

6 7 23	G9：G23 G 整租折扣率（%）	H9：H23 H 敏感系数	I9：I23 I 税负比较率（整租模式,%）	J9：J23 J 租金单价［整租模式，元/（m^2·月）］
11	8.00	0.80	5.57	6.50
12	14.00	1.40	7.30	25.99
13	20.00	2.00	23.71	45.48
14	26.00	2.60	51.60	64.97
15	32.00	3.20	89.65	84.46
16	38.00	3.80	137.04	103.95
17	44.00	4.40	208.19	123.44
18	50.00	5.00	295.24	142.93
19	56.00	5.60	395.04	162.42
20	62.00	6.20	518.41	181.91
21	68.00	6.80	660.02	201.41
22	74.00	7.40	816.03	220.90
23	80.00	8.00	986.44	240.39

通过对表1.7数据变化规律的解读得出结论：针对项目实例（一）的全租赁型的经营方式，在采用“分离整租管理制式”的前提下并不能起到节税作用，相反还会增加“集团”的整体税负。

1.2.1.3　基于分离整售制式的税负

基于“分离整售管理制式”，应用“敏感算法决策模型”对开发公司与商业管理公司应交纳的税负进行比较，建立税负比较率与整售折扣率之间的相关关系（表1.8）。

表 1.8　税负比较率与整售折扣率之间的相关关系

6 7 23	G9：G23 G 整售折扣率（元/m²）	H9：H23 H 敏感系数	I9：I23 I 税负率（整售模式,%）
11	19,227.62	0.60	7.35
12	22,432.23	0.70	13.26
13	25,636.83	0.80	19.17
14	28,841.43	0.90	25.08
15	32,046.04	1.00	31.00
16	35,250.64	1.10	36.91
17	38,455.25	1.20	42.82
18	41,659.85	1.30	48.73
19	44,864.45	1.40	54.64
20	48,069.06	1.50	60.56
21	51,273.66	1.60	66.47
22	54,478.26	1.70	72.38
23	57,682.87	1.80	78.29
24	60,887.47	1.90	84.20
25	64,092.08	2.00	90.12%

通过对表 1.8 数据变化规律的解读得出结论：针对项目实例（一）的全租赁型的经营方式，在采用“分离整售管理制式”的前提下并不能起到节税作用，相反还会增加“集团”的整体税负。

1.2.2　基于租售并举型的管理制式

1.2.2.1　基于一体化管理制式的税负

基于租售并举的经营方式（租赁产权面积占比 39.58%，可销售产权面积占比 60.42%），应用“敏感算法决策模型”输出税负占主营业收入的比例及税负金额（表 1.9）。

表 1.9 税负占主营业务收入的比例及税负金额

5	D8：D23	E8：E23	F8：F23
6	D	E	F
23	科目	税负占主营业务收入比例（%）	税负金额（万元）
8	增值税及附加	8.48	204,578.37
9	企业所得税	9.44	227,748.48
10	土地使用税	0.01	291.98
11	土地增值税	2.12	51,079.67
12	房产税	9.19	221,711.03
13	契税	0.00	0.00
14	总税负	29.23	705,409.54

1.2.2.2 基于分离整租制式的税负

基于租售并举（租赁产权面积占比 60.42%，可销售产权面积占比 39.58%）的经营方式，针对“分离整售管理制式”的集团运营，应用“敏感算法决策模型”对开发公司与商业管理公司应交纳的税负进行比较，建立税负比较率与整租折扣率之间的相关关系（表 1.10）。

表 1.10 税负比较率与整租折扣率之间的相关关系

6	G9：G23	H9：H23	I9：I23	J9：J23
7	G	H	I	J
23	整租折扣率（%）	敏感系数	税负率（整租模式，%）	租金单价［整租模式，元/（m^2·月）］
10	2.00	0.20	11.47	32.48
11	8.00	0.80	5.38	6.50
12	14.00	1.40	8.11	25.99
13	20.00	2.00	22.22	45.48
14	26.00	2.60	45.94	64.97
15	32.00	3.20	77.98	84.46
16	38.00	3.80	120.30	103.95
17	44.00	4.40	182.70	123.44
18	50.00	5.00	261.36	142.93

续表

6 7 23	G9：G23 G 整租折扣率（%）	H9：H23 H 敏感系数	I9：I23 I 税负率（整租模式，%）	J9：J23 J 租金单价［整租模式，元/（m²·月）］
19	56.00	5.60	349.41	162.42
20	62.00	6.20	457.32	181.91
21	68.00	6.80	581.18	201.41
22	74.00	7.40	717.62	220.90
23	80.00	8.00	866.66	240.39

通过对表 1.10 数据变化规律的解读得出结论：基于项目实例（一）的租售并举（租赁产权面积占比 60.42%，可销售产权面积占比 39.58%）的经营方式，当开发企业与商业管理公司之间采用整租交易模式，并不能起到节税作用，相反还会增加“集团”的整体税负。

1.2.2.3　基于分离整售制式的税负

基于租售并举（租赁产权面积占比 60.42%，可销售产权面积占比 39.58%）的经营方式，针对分离整售制式的企业运营，应用“敏感算法决策模型”建立整售折扣率与税负率之间的相关关系（表 1.11）。

表 1.11　整售折扣率与税负率之间的相关关系

6 7 23	G9：G23 G 整售单价（元/m²）	H9：H23 H 敏感系数	I9：I23 I 税负率（整售模式，%）
10	9,244.62	0.50	-5.26
11	11,093.54	0.60	-26.32
12	12,942.47	0.70	-22.50
13	14,791.39	0.80	-18.49
14	16,640.31	0.90	-14.08
15	18,489.24	1.00	-9.67
16	20,338.16	1.10	-5.26
17	22,187.08	1.20	-0.36
18	24,036.01	1.30	4.61
19	25,884.93	1.40	9.57

续表

6	G9：G23	H9：H23	I9：I23
7	G	H	I
23	整售单价（元/m²）	敏感系数	税负率（整售模式,%）
20	27,733.86	1.50	14.54
21	29,582.78	1.60	19.50
22	31,431.70	1.70	24.47
23	33,280.63	1.80	29.43
24	35,129.55	1.90	34.40
25	36,978.47	2.00	39.36%

通过对表1.11数据变化规律的解读得出结论：基于项目实例（一）之租售并举（租赁产权面积占比60.42%，可销售产权面积占比39.58%）的经营方式，采用分离式整售制式可以起到节税作用。

1.3 产品定价的决策模型

产品定价是营销管理中心最纠结的问题：定价过低，老板不满意；定价过高，去化速度慢，现金流量“回正”的时间太长；是低开高走还是高开高走是商业地产管理中经常纠结的问题。通过本书建模的软件可解决在营销产品定价方面的“决策纠结症”。

1.3.1 基于全销售型的定价策略

基于全销售型的定价策略如表1.12所示。

表1.12 基于全销售型的定价策略

6	D9：D25	E9：E25	F9：F25	G9：G25	J9：J25	N9：N25	O9：O25	P9：P25	M9：M25
7	D	E	F	G	J	N	O	P	M
25	敏感系数	税前内部收益率（%）	税后内部收益率（%）	净利润率（销售，%）	总投资收益率（销售,%）	税前静态投资回收年限（年）	税后静态投资回收年限（年）	税前动态投资回收年限（年）	税后动态投资回收年限（年）
10	0.50	34.23	26.44	0.36	0.34	2.586	2.654	2.640	2.714
11	0.60	47.89	36.36	7.36	6.92	2.470	2.542	2.514	2.592
12	0.70	60.16	45.05	10.99	12.58	2.389	2.459	2.425	2.502

续表

6	D9：D25	E9：E25	F9：F25	G9：G25	J9：J25	N9：N25	O9：O25	P9：P25	M9：M25
7	D	E	F	G	J	N	O	P	M
25	敏感系数	税前内部收益率（%）	税后内部收益率（%）	净利润率（销售，%）	总投资收益率（销售,%）	税前静态投资回收年限（年）	税后静态投资回收年限（年）	税前动态投资回收年限（年）	税后动态投资回收年限（年）
13	0.80	72.25	53.90	13.72	18.24	2.329	2.395	2.360	2.432
14	0.90	83.33	61.79	14.90	23.01	2.282	2.344	2.309	2.377
15	1.00	94.26	69.81	15.81	27.74	2.245	2.302	2.269	2.332
16	1.10	105.06	77.94	16.56	32.47	2.215	2.268	2.236	2.294
17	1.20	115.69	86.13	17.18	37.20	2.190	2.238	2.209	2.263
18	1.30	125.70	93.71	17.18	41.22	2.169	2.213	2.187	2.235
19	1.40	135.48	101.20	17.05	45.04	2.151	2.192	2.167	2.212
20	1.50	145.15	108.74	16.94	48.86	2.136	2.173	2.150	2.192
21	1.60	154.71	116.32	16.84	52.68	2.122	2.156	2.135	2.173
22	1.70	164.14	123.90	16.75	56.50	2.110	2.142	2.122	2.157
23	1.80	173.44	131.48	16.67	60.32	2.100	2.128	2.111	2.143
24	1.90	182.63	139.04	16.60	64.14	2.090	2.117	2.101	2.130
25	2.00	191.69	146.57	16.54	67.96	2.082	2.106	2.091	2.119

通过对表1.12数据变化规律的解读得出以下结论：

销售价格与项目的营利指标之间呈高敏感性的正相关关系。销售价格的敏感算法模型可应用于销售定价的合理性分析、营销折扣策略的测算等方面。例如，当销售价格为基准定价的70折时，净利润率将从15.80%降到10.96%，总投资收益率将从10.02%下降至9.08%。所以，营销中心在制定产品销售价格定价策略时，针对各类优惠折扣应采用“敏感算法”测算合理的区间（表1.13）。

表1.13　根据售价折扣采用“敏感算法”测算的净利润率

售价折扣	99折	98折	97折	96折	95折	94折	93折	92折	91折
净利润率（%）	15.73	15.64	15.56	15.47	15.38	15.29	15.19	15.10	15.00

1.3.2　基于全租赁型的定价策略

基于全租赁型的定价策略如表1.14所示。

表 1.14 基于全租赁型的定价策略

4	E7：E23	F7：F23	G7：G23	I7：I23	L7：L23	N7：N23	O7：O23	P7：P23	Q7：Q23
5	E	F	G	I	L	N	O	P	Q
23	敏感系数	税前内部收益率（%）	税后内部收益率（%）	净利润率（%）	总投资收益率（%）	税前静态投资回收年限（年）	税后静态投资回收年限（年）	税前动态投资回收年限（年）	税后动态投资回收年限（年）
8	0.50	1.93	0.68	16.41	1.81	31.207	36.862	#REF!	#REF!
9	0.60	3.58	2.23	22.63	3.48	25.226	29.993	#REF!	#REF!
10	0.70	5.16	3.69	26.45	5.44	20.881	24.882	38.918	#REF!
11	0.80	6.69	5.09	28.92	7.70	17.643	21.004	28.484	39.539
12	0.90	8.20	6.47	30.61	10.23	15.183	18.004	22.282	29.642
13	1.00	9.70	7.83	31.82	13.06	13.276	15.643	18.207	23.494
14	1.10	11.21	9.15	32.73	16.18	11.774	13.831	15.355	19.446
15	1.20	12.73	10.47	33.42	19.58	10.572	12.380	13.266	16.559
16	1.30	14.28	11.80	33.97	23.27	9.599	11.199	11.684	14.402
17	1.40	15.85	13.13	34.40	27.25	8.801	10.223	10.453	12.741
18	1.50	17.44	14.49	34.75	31.52	8.139	9.409	9.476	11.432
19	1.60	19.06	15.86	35.04	36.08	7.583	8.726	8.685	10.379
20	1.70	20.71	17.26	35.28	40.92	7.116	8.147	8.034	9.518
21	1.80	22.37	18.67	35.48	46.05	6.714	7.649	7.496	8.804
22	1.90	24.06	20.10	35.65	51.47	6.371	7.223	7.040	8.206
23	2.00	25.76	21.55	35.80	57.18	6.076	6.854	6.656	7.699

基于项目实例（一）的全租赁型经营方式，通过对表 1.14 数据变化规律的分析得出以下结论：

租赁价格与营利能力指标之间存在正相关关系，且租赁价格对项目营利能力指标高度敏感。可应用租赁价格算法模型，测算租赁价格折扣的合理区间值。例如，营销管理中心在与商户进行租赁合同的谈判中，对于各类租赁价格的折扣政策设置如表 1.15所示。

表 1.15 根据租价折扣测算的净利润率

租价折扣	99 折	98 折	97 折	96 折	95 折	94 折	93 折	92 折
净利润率（%）	31.72	31.61	31.50	31.38	31.26	31.14	31.01	30.88

1.3.3 基于租售并举的定价策略

基于租售并举经营方式（租赁产权面积占比 39.58%，可销售产权面积占比 60.42%），销售价格的“敏感算法”如表 1.16 所示。

表 1.16　基于租售并举经营方式测算的净利润率（一）

6	D9：D25	E9：E25	F9：F25	G9：G25	H9：H25	I9：I25	J9：J25
7	D	E	F	G	H	I	J
25	敏感系数	税前内部收益率（%）	税后内部收益率（%）	净利润率（销售，%）	净利润率（租赁，%）	净利润率（租售，%）	总投资收益率（销售，%）
10	0.50	12.50	9.78	-9.67	32.06	29.49	-4.28
11	0.60	13.44	10.39	1.56	31.74	29.52	1.64
12	0.70	14.50	11.06	8.06	31.49	29.26	7.27
13	0.80	15.55	13.29	11.39	31.23	28.92	12.20
14	0.90	16.72	14.56	13.77	30.98	29.26	16.95
15	1.00	17.98	15.99	15.34	30.72	29.25	21.41
16	1.10	19.29	16.98	16.13	30.47	29.07	25.38
17	1.20	20.79	17.91	16.78	30.21	28.78	29.35
18	1.30	22.52	18.75	17.34	29.95	28.50	33.32
19	1.40	24.51	19.68	17.81	29.70	28.23	37.29
20	1.50	26.64	20.59	18.01	29.44	27.93	40.97
21	1.60	28.81	21.38	17.84	29.19	27.57	44.18
22	1.70	31.22	22.25	17.70	28.93	27.21	47.38
23	1.80	33.88	23.22	17.56	28.68	26.87	50.59
24	1.90	36.77	24.30	17.45	28.41	26.52	53.79
25	2.00	39.87	25.49	17.34	28.13	26.17	57.00

6	K9：K25	L9：L25	M9：M25	N9：N25	O9：O25	P9：P25
7	K	L	M	N	O	P
25	总投资收益率（租赁，%）	总投资收益率（租售，%）	税前静态投资回收年限（年）	税后静态投资回收年限（年）	税前动态投资回收年限（年）	税后动态投资回收年限（年）
10	15.34	8.50	9.317	11.761	12.066	16.757
11	15.18	8.60	8.49	11.146	10.955	15.487
12	15.06	8.72	7.571	10.472	9.792	14.29
13	14.94	8.81	6.646	7.703	8.691	10.552
14	14.82	8.90	5.66	6.29	7.5	8.868
15	14.70	8.98	4.815	4.855	6.213	6.942
16	14.58	9.04	2.903	2.925	2.984	5.695
17	14.45	9.10	2.811	2.851	2.884	2.928

续表

6	K9：K25	L9：L25	M9：M25	N9：N25	O9：O25	P9：P25
7	K	L	M	N	O	P
25	总投资收益率（租赁,%）	总投资收益率（租售,%）	税前静态投资回收年限（年）	税后静态投资回收年限（年）	税前动态投资回收年限（年）	税后动态投资回收年限（年）
18	14.33	9.16	2.735	2.787	2.801	2.858
19	14.21	9.22	2.67	2.731	2.731	2.797
20	14.09	9.27	2.615	2.681	2.672	2.743
21	13.97	9.31	2.568	2.637	2.62	2.695
22	13.85	9.35	2.527	2.598	2.575	2.652
23	13.72	9.38	2.491	2.562	2.536	2.614
24	13.60	9.42	2.458	2.53	2.501	2.579
25	13.48	9.45	2.43	2.501	2.47	2.548

通过对表 1.16 数据变化规律的解读得出结论：基于租售并举型（租赁产权面积占比 39.58%，可销售产权面积占比 60.42%）的经营方式，销售价格与项目的营利能力指标之间存在高敏感的正相关关系。

基于租售并举经营方式（租赁产权面积占比 48.28%，可销售产权面积占比 51.72%），对其租赁价格进行“敏感算法”，如表 1.17 所示。

表 1.17　基于租售并举经营方式测算的净利润率（二）

4	E7：E23	F7：F23	G7：G23	H7：H23	I7：I23	J7：J23	K7：K23
5	E	F	G	H	I	J	K
23	敏感系数	税前内部收益率（%）	税后内部收益率（%）	净利润率（销售,%）	净利润率（租赁,%）	净利润率（租售,%）	总投资收益率（销售,%）
8	0.50	5.54	4.45	15.39	7.56	10.48	21.41
9	0.60	8.09	7.04	15.39	17.34	16.99	21.41
10	0.70	10.62	9.43	15.39	23.12	21.66	21.41
11	0.80	13.14	11.80	15.39	26.71	25.05	21.41
12	0.90	15.67	14.05	15.39	29.03	27.49	21.41
13	1.00	18.18	16.16	15.39	30.72	29.25	21.41
14	1.10	20.67	18.19	15.39	31.98	30.56	21.41
15	1.20	23.13	20.18	15.39	32.95	31.60	21.41
16	1.30	25.55	22.16	15.39	33.71	32.44	21.41

续表

4	E7：E23	F7：F23	G7：G23	H7：H23	I7：I23	J7：J23	K7：K23
5	E	F	G	H	I	J	K
23	敏感系数	税前内部收益率（%）	税后内部收益率（%）	净利润率（销售，%）	净利润率（租赁，%）	净利润率（租售，%）	总投资收益率（销售，%）
17	1.40	27.94	24.73	15.39	34.31	32.78	21.41
18	1.50	30.29	26.77	15.39	34.80	33.45	21.41
19	1.60	32.60	28.78	15.39	35.21	34.01	21.41
20	1.70	34.87	30.77	15.39	35.54	34.49	21.41
21	1.80	37.12	32.73	15.39	35.83	34.89	21.41
22	1.90	39.33	34.67	15.39	36.07	35.24	21.41
23	2.00	41.51	36.58	15.39	36.27	35.53	21.41

4	L7：L23	M7：M23	N7：N23	O7：O23	P7：P23	Q7：Q23
5	L	M	N	O	P	Q
23	总投资收益率（租赁，%）	总投资收益率（租售，%）	税前静态投资回收年限（年）	税后静态投资回收年限（年）	税前动态投资回收年限（年）	税后动态投资回收年限（年）
8	1.26	1.41	21.002	23.252	35.881	#REF!
9	3.26	2.53	15.920	16.820	22.699	26.351
10	5.60	3.85	12.137	12.679	15.932	17.720
11	8.28	5.36	6.739	6.985	11.519	12.768
12	11.30	7.06	5.336	5.403	7.816	8.715
13	14.67	8.96	4.813	4.853	6.158	6.871
14	18.38	11.05	4.515	4.586	5.401	5.961
15	22.42	13.33	4.287	4.349	4.935	5.280
16	26.82	15.80	4.109	4.140	4.656	4.844
17	31.55	18.46	3.741	3.793	4.434	4.590
18	36.62	21.32	3.370	3.439	4.254	4.391
19	42.04	24.37	3.249	3.306	4.106	4.227
20	47.80	27.61	3.189	3.237	3.960	4.090
21	53.90	31.05	3.153	3.194	3.751	3.952
22	60.34	34.67	3.130	3.166	3.612	3.783
23	67.13	38.49	3.113	3.145	3.515	3.662

通过对表 1.17 数据变化规律的解读得出结论：基于租售并举经营方式，租赁价格

与项目的营利能力指标之间存在高敏感度的正相关关系。

应用“敏感算法决策模型”对销售价格及租赁价格进行相关关系的测算，得出结论：租赁价格更为敏感，或因租赁价格测算过低。从此角度可判断租赁价格的取值是否合理。

1.4 去化速度的决策模型

营销中心在开盘前经常纠结于产品价格的定价策略：定价过高，去化速度必然慢，去化速度慢，必然延长现金流回正的时间；定价过低，虽然去化速度快，但收益将减少。所以，用“敏感算法决策模型”研究去化速度的相关关系是十分必要的。

1.4.1 基于全销售型的去化速度

基于全销售型的去化速度如表 1.18 所示。

表 1.18 基于全销售型的去化速度

4	F7：F21	G7：G21	H7：H21	I7：I21	J7：J21	M7：M21	P7：P21	Q7：Q21	R7：R21	S7：S21
5	F	G	H	I	J	M	P	Q	R	S
21	销售速度（月）	敏感系数	税前内部收益率（%）	税后内部收益率（%）	净利润率（销售，%）	总投资收益率（销售，%）	税前静态投资回收年限（年）	税后静态投资回收年限（年）	税前动态投资回收年限（年）	税后动态投资回收年限（年）
8	6	0. 50	91. 45	73. 63	19. 68	32. 48	2. 225	2. 279	2. 253	2. 314
9	10	0. 80	97. 76	72. 83	15. 66	29. 93	2. 222	2. 275	2. 245	2. 304
10	13	1. 10	93. 51	69. 15	15. 85	27. 08	2. 250	2. 308	2. 274	2. 338
11	17	1. 40	80. 24	63. 68	13. 36	25. 42	2. 331	2. 397	2. 362	2. 435
12	20	1. 70	76. 31	50. 60	12. 67	23. 45	2. 442	2. 514	2. 483	2. 561
13	24	2. 00	69. 97	48. 71	15. 11	21. 75	2. 557	2. 626	2. 608	2. 683
14	28	2. 30	64. 51	47. 31	17. 48	20. 66	2. 646	2. 709	2. 704	2. 773
15	31	2. 60	61. 54	46. 69	15. 71	19. 39	2. 768	2. 815	2. 837	2. 888
16	35	2. 90	57. 89	44. 71	15. 80	18. 53	2. 863	2. 894	2. 940	2. 973
17	38	3. 20	53. 69	42. 65	11. 56	17. 50	2. 993	2. 995	3. 070	3. 096
18	42	3. 50	49. 30	40. 05	13. 68	16. 60	3. 104	3. 134	3. 194	3. 249
19	46	3. 80	48. 88	39. 03	10. 97	15. 99	3. 186	3. 233	3. 286	3. 359
20	49	4. 10	45. 98	32. 27	11. 07	15. 23	3. 295	3. 469	3. 409	3. 651
21	53	4. 40	43. 56	30. 87	12. 42	14. 73	3. 377	3. 592	3. 501	3. 787

通过对表 1. 18 数据变化规律的解读得出结论：产品货量的销售速度与项目的三项营利指标存在正相关关系，且呈现高度敏感性。销售速度算法模型可应用于营销管理业务中设定去化速度的考核指标。例如，基于项目实例（一）的案例分析，假设销售速度在 6~53 个月之间变化，用“敏感算法决策模型”得出结论：销售周期越长，则项目营利能力指标越低，且衰减的速度较快。

1. 4. 2　基于租售并举的去化速度

基于租售并举经营方式（租赁产权面积占比 39. 58%，可销售产权面积占比 60. 42%）的经营方式，假设销售速度在 6~53 个月之间变化，应用本书建模的软件进行“敏感算法”得出的去化速度如表 1. 19 所示。

表 1. 19　基于租售并举的去化速度

4	F7：F21	G7：G21	H7：H21	I7：I21	J7：J21	K7：K21	L7：L21
5	F	G	H	I	J	K	L
21	销售速度（月）	敏感系数	税前内部收益率（%）	税后内部收益率（%）	净利润率（销售，%）	净利润率（租赁，%）	净利润率（租售，%）
8	6	0. 5	17. 73	12. 99	17. 93	30. 72	29. 25
9	10	0. 8	18. 08	16. 08	15. 13	30. 72	28. 54
10	13	1. 1	17. 97	15. 97	15. 39	30. 72	29. 24
11	17	1. 4	17. 28	15. 11	13. 53	30. 72	29. 25
12	20	1. 7	17. 14	12. 57	14. 03	30. 72	28. 73
13	24	2. 0	16. 78	12. 35	15. 40	30. 72	29. 17
14	28	2. 3	16. 42	12. 18	17. 18	30. 72	29. 27
15	31	2. 6	16. 25	12. 04	15. 34	30. 72	29. 28
16	35	2. 9	15. 97	11. 89	9. 45	30. 72	28. 40
17	38	3. 2	15. 65	11. 74	10. 21	30. 72	28. 40
18	42	3. 5	15. 29	11. 57	12. 46	30. 72	28. 49
19	46	3. 8	15. 30	11. 53	9. 69	30. 72	28. 53
20	49	4. 1	15. 04	11. 39	9. 79	30. 72	28. 40
21	53	4. 4	14. 80	11. 29	11. 19	30. 72	28. 40

4	M7：M21	N7：N21	O7：O21	P7：P21	Q7：Q21	R7：R21	S7：S21
5	M	N	O	P	Q	R	S
21	总投资收益率（销售,%）	总投资收益率（租赁,%）	总投资收益率（租售,%）	税前静态投资回收年限（年）	税后静态投资回收年限（年）	税前动态投资回收年限（年）	税后动态投资回收年限（年）
8	21.41	14.70	8.98	4.815	4.855	6.213	6.942
9	24.82	14.70	8.97	4.858	8.464	6.367	11.615
10	23.01	14.70	8.97	4.831	4.868	6.213	6.922
11	20.92	14.70	8.98	4.811	4.851	6.212	6.945
12	19.70	14.70	8.98	4.776	5.048	6.384	7.573
13	18.22	14.70	8.99	3.816	8.294	6.376	11.777
14	16.90	14.70	8.99	3.850	8.275	6.493	11.939
15	16.11	14.70	9.00	3.984	8.232	6.604	12.046
16	15.10	14.70	9.00	4.396	8.209	6.637	12.139
17	14.39	14.70	9.00	4.517	8.205	6.766	12.267
18	13.64	14.70	9.01	4.639	8.161	6.886	12.372
19	13.00	14.70	9.02	4.857	8.106	7.042	12.499
20	12.53	14.70	9.02	5.023	5.794	5.595	12.527
21	11.95	14.70	9.03	5.233	5.831	5.699	12.660

通过对表 1.19 数据变化规律的解读得出结论：假设销售速度在 6~53 个月之间波动时，税后内部收益率从 19.334%下降至 11.900%，可知销售速度与项目营利指标之间呈现高度敏感的负相关关系，且基于全销售型的经营方式的销售速度比基于租售并举的经营活动的销售速度更为敏感。所以，在营销过程中，加快去化的速度是营销中心重要的业务内容。

1.5 去化率的决策模型

基于全销售型经营方式的去化率是销售率，基于全租赁型经营方式的去化率是出租率，基于租售并举经营方式的去化率是销售率与出租率的组合。

1.5.1 基于全销售型的销售率

基于全销售型的销售率如表 1.20 所示。

表 1.20　基于全销售型的销售率

5	F8：F25	G8：G25	H8：H25	I8：I25	J8：J25	M8：M25	P8：P25	Q8：Q25	R8：R25	S8：S25
6	F	G	H	I	J	M	P	Q	R	S
25	销售率(%)	敏感系数	税前内部收益率(%)	税后内部收益率(%)	净利润率销售（销售,%)	总投资收益率（销售,%)	税前静态投资回收年限(年)	税后静态投资回收年限(年)	税前动态投资回收年限(年)	税后动态投资回收年限(年)
9	20.00	0.20	-7.77	-9.38	-121.63	-25.64	#REF!	#REF!	#REF!	#REF!
10	25.00	0.25	-6.57	-7.12	-78.04	-20.37	#REF!	#REF!	#REF!	#REF!
11	30.00	0.30	0.59	0.44	-53.39	-15.46	3.856	3.888	#REF!	#REF!
12	35.00	0.35	11.25	7.06	-28.79	-10.62	2.887	2.912	2.966	2.994
13	40.00	0.40	20.28	12.26	-14.81	-6.24	2.764	2.812	2.833	2.885
14	45.00	0.45	27.28	15.84	-6.22	-2.95	2.665	2.726	2.725	2.791
15	50.00	0.50	34.23	26.44	0.36	0.34	2.586	2.654	2.640	2.714
16	55.00	0.55	41.11	31.40	4.26	3.64	2.523	2.594	2.571	2.648
17	60.00	0.60	47.89	36.36	7.36	6.92	2.470	2.542	2.514	2.592
18	65.00	0.65	54.04	40.68	9.31	9.75	2.426	2.498	2.466	2.544
19	70.00	0.70	60.16	45.05	10.99	12.58	2.389	2.459	2.425	2.502
20	75.00	0.75	66.23	49.46	12.44	15.41	2.357	2.425	2.390	2.465
21	80.00	0.80	72.25	53.90	13.72	18.24	2.329	2.395	2.360	2.432
22	85.00	0.85	77.82	57.84	14.36	20.64	2.304	2.368	2.333	2.403
23	90.00	0.90	83.33	61.79	14.90	23.01	2.282	2.344	2.309	2.377
24	95.00	0.95	88.81	65.78	15.38	25.37	2.263	2.322	2.288	2.353
25	100.00	1.00	94.26	69.81	15.81	27.74	2.245	2.302	2.269	2.332

通过对表 1.20 数据变化规律的解读得出结论：销售率与项目开发营利能力之间呈现高度敏感的正相关关系，且可根据算法模型设定销售率的考核指标。例如，针对项目实例（一）的数据变化规律，针对营销部门在销售率方面的考核指标的临界值可设定为 70%。

1.5.2　基于全租赁型的出租率

基于全租赁型的出租率如表 1.21 所示。

表 1.21　基于全租赁型的出租率

5	F8：F25	G8：G25	H8：H25	I8：I25	K8：K25	N8：N25	P8：P25	Q8：Q25	R8：R25	S8：S25
6	F	G	H	I	K	N	P	Q	R	S
25	出租率(%)	敏感系数	税前内部收益率(%)	税后内部收益率(%)	净利润率(%)	总投资收益率(%)	税前静态投资回收年限(年)	税后静态投资回收年限(年)	税前动态投资回收年限(年)	税后动态投资回收年限(年)
9	20.00	0.2	0.71	-0.47	9.26	0.82	36.73	#REF!	#REF!	#REF!

续表

5	F8：F25	G8：G25	H8：H25	I8：I25	K8：K25	N8：N25	P8：P25	Q8：Q25	R8：R25	S8：S25
6	F	G	H	I	K	N	P	Q	R	S
25	出租率（%）	敏感系数	税前内部收益率（%）	税后内部收益率（%）	净利润率（%）	总投资收益率（%）	税前静态投资回收年限（年）	税后静态投资回收年限（年）	税前动态投资回收年限（年）	税后动态投资回收年限（年）
10	25.00	0.25	1.67	0.44	15.15	1.58	32.284	38.084	#REF!	#REF!
11	30.00	0.30	2.50	1.22	18.91	2.35	28.936	34.269	#REF!	#REF!
12	35.00	0.35	3.25	1.92	21.59	3.11	26.305	31.243	#REF!	#REF!
13	40.00	0.40	3.93	2.55	23.61	3.88	24.182	28.771	#REF!	#REF!
14	45.00	0.45	4.55	3.12	25.17	4.64	22.424	26.709	#REF!	#REF!
15	50.00	0.50	5.13	3.66	26.40	5.41	20.948	24.961	39.165	#REF!
16	55.00	0.55	5.68	4.17	27.39	6.17	19.682	23.453	34.684	#REF!
17	60.00	0.60	6.20	4.64	28.22	6.94	18.589	22.144	31.220	#REF!
18	65.00	0.65	6.70	5.10	28.92	7.71	17.634	20.993	28.459	39.497
19	70.00	0.70	7.17	5.53	29.53	8.47	16.793	19.971	26.200	35.810
20	75.00	0.75	7.63	5.95	30.04	9.24	16.046	19.059	24.318	32.812
21	80.00	0.80	8.07	6.35	30.48	10.00	15.374	18.237	22.724	30.324
22	85.00	0.85	8.49	6.73	30.88	10.77	14.772	17.495	21.356	28.221
23	90.00	0.90	8.91	7.11	31.23	11.53	14.226	16.823	20.168	26.421
24	95.00	0.95	9.31	7.47	31.54	12.30	13.730	16.207	19.127	24.859
25	100.00	1.00	9.70	7.83	31.82	13.06	13.276	15.643	18.207	23.494

通过对表 1.21 数据变化规律的解读得出结论：基于全租赁型的经营方式，出租率与税后内部收益率之间呈现高度敏感的正相关关系。例如，当出租率低于 75% 时，税后的内部收益率将低于 6%。所以，当公司决策层给招商部下达相关考核指标时，可应用“敏感算法决策模型”预测出租率的控制线。

1.5.3 基于租售并举的去化率

基于租售并举经营方式（租赁产权面积占比 39.58%，可销售产权面积占比 60.42%）的经营方式，用“敏感算法决策模型”测算，结果如表 1.22 和表 1.23 所示。

表 1.22 基于销售经营方式的去化率

5	F8：F25	G8：G25	H8：H25	I8：I25	J8：J25	K8：K25	L8：L25
6	F	G	H	I	J	K	L
25	销售率（%）	敏感系数	税前内部收益率（%）	税后内部收益率（%）	净利润率（销售，%）	净利润率（租赁，%）	净利润率（租售，%）
9	20.00	0.20	9.50	7.47	-167.44	33.18	27.82

续表

5	F8：F25	G8：G25	H8：H25	I8：I25	J8：J25	K8：K25	L8：L25
6	F	G	H	I	J	K	L
25	销售率（%）	敏感系数	税前内部收益率（%）	税后内部收益率（%）	净利润率（销售,%）	净利润率（租赁,%）	净利润率（租售,%）
10	25.00	0.25	9.93	7.88	-113.95	32.99	28.14
11	30.00	0.30	10.39	8.31	-78.85	32.81	28.31
12	35.00	0.35	10.89	8.71	-56.87	32.62	28.45
13	40.00	0.40	11.44	9.08	-40.39	32.43	28.59
14	45.00	0.45	12.00	9.45	-19.59	32.25	29.33
15	50.00	0.50	12.50	9.78	-9.67	32.06	29.49
16	55.00	0.55	12.95	10.08	-2.61	31.88	29.51
17	60.00	0.60	13.44	10.39	1.56	31.74	29.52
18	65.00	0.65	13.95	10.71	5.38	31.61	29.39
19	70.00	0.70	14.50	11.06	8.06	31.49	29.26
20	75.00	0.75	15.03	11.39	9.97	31.36	29.10
21	80.00	0.80	15.55	13.29	11.39	31.23	28.92
22	85.00	0.85	16.11	13.85	12.65	31.10	29.25
23	90.00	0.90	16.72	14.56	13.77	30.98	29.26
24	95.00	0.95	17.37	15.53	14.77	30.85	29.26
25	100.00	1.00	17.98	15.99	15.34	30.72	29.25

5	M8：M25	N8：N25	O8：O25	P8：P25	Q8：Q25	R8：R25	S8：S25
6	M	N	O	P	Q	R	S
25	总投资收益率（销售,%）	总投资收益率（租赁,%）	总投资收益率（租售,%）	税前静态投资回收年限（年）	税后静态投资回收年限（年）	税前动态投资回收年限（年）	税后动态投资回收年限（年）
9	-29.62	15.87	7.97	12.290	15.179	17.663	24.155
10	-25.20	15.78	8.06	11.810	14.459	16.632	22.515
11	-20.77	15.69	8.16	11.339	13.722	15.618	20.917
12	-16.35	15.60	8.25	10.840	13.112	14.620	19.628
13	-11.93	15.52	8.35	10.303	12.602	13.636	18.533
14	-7.80	15.43	8.43	9.777	12.132	12.759	17.548
15	-4.28	15.34	8.50	9.317	11.761	12.066	16.757
16	-1.27	15.25	8.54	8.919	11.462	11.520	16.119
17	1.64	15.18	8.60	8.490	11.146	10.955	15.487

续表

5 6 25	M8：M25 M 总投资收益率（销售,%）	N8：N25 N 总投资收益率（租赁,%）	O8：O25 O 总投资收益率（租售,%）	P8：P25 P 税前静态投资回收年限（年）	Q8：Q25 Q 税后静态投资回收年限（年）	R8：R25 R 税前动态投资回收年限（年）	S8：S25 S 税后动态投资回收年限（年）
18	4. 43	15. 12	8. 66	8. 057	10. 826	10. 396	14. 891
19	7. 27	15. 06	8. 72	7. 571	10. 472	9. 792	14. 290
20	9. 83	15. 00	8. 77	7. 111	10. 152	9. 232	13. 772
21	12. 20	14. 94	8. 81	6. 646	7. 703	8. 691	10. 552
22	14. 58	14. 88	8. 85	6. 141	7. 084	8. 116	9. 799
23	16. 95	14. 82	8. 90	5. 660	6. 290	7. 500	8. 868
24	19. 32	14. 76	8. 94	5. 177	5. 223	6. 837	7. 462
25	21. 41	14. 70	8. 98	4. 815	4. 855	6. 213	6. 942

通过对表 1. 22 数据变化规律的解读得出结论：基于租售并举经营方式（租赁产权面积占比 39. 58%，可销售产权面积占比 60. 42%）的经营方式，当销售率下降至 60% 以下时，项目的总投资收益率将下降至 6% 以下。

表 1. 23　基于出租经营方式的去化率

5 6 25	F8：F25 F 出租率（%）	G8：G25 G 敏感系数	H8：H25 H 税前内部收益率（%）	I8：I25 I 税后内部收益率（%）	J8：J25 J 净利润率（销售,%）	K8：K25 K 净利润率（租赁,%）	L8：L25 L 净利润率（租售,%）
9	20. 00	0. 20	6. 29	5. 32	15. 34	6. 72	10. 42
10	25. 00	0. 25	7. 52	6. 51	15. 34	12. 54	13. 84
11	30. 00	0. 30	8. 60	7. 52	15. 34	16. 52	16. 50
12	35. 00	0. 35	9. 56	8. 43	15. 34	19. 38	18. 63
13	40. 00	0. 40	10. 45	9. 25	15. 34	21. 59	20. 40
14	45. 00	0. 45	11. 27	10. 02	15. 34	23. 28	21. 85
15	50. 00	0. 50	12. 03	10. 74	15. 34	24. 61	23. 05
16	55. 00	0. 55	12. 75	11. 42	15. 34	25. 70	24. 07
17	60. 00	0. 60	13. 43	12. 04	15. 34	26. 61	24. 96
18	65. 00	0. 65	14. 08	12. 62	15. 34	27. 39	25. 75
19	70. 00	0. 70	14. 70	13. 17	15. 34	28. 06	26. 44

续表

5	F8：F25	G8：G25	H8：H25	I8：I25	J8：J25	K8：K25	L8：L25
6	F	G	H	I	J	K	L
25	出租率（%）	敏感系数	税前内部收益率（%）	税后内部收益率（%）	净利润率（销售，%）	净利润率（租赁，%）	净利润率（租售，%）
20	75.00	0.75	15.30	13.69	15.34	28.65	27.06
21	80.00	0.80	15.87	14.20	15.34	29.16	27.59
22	85.00	0.85	16.43	14.69	15.34	29.62	28.06
23	90.00	0.90	16.96	15.14	15.34	30.02	28.49
24	95.00	0.95	17.48	15.57	15.34	30.39	28.89
25	100.00	1.00	17.98	15.99	15.34	30.72	29.25

5	M8：M25	N8：N25	O8：O25	P8：P25	Q8：Q25	R8：R25	S8：S25
6	M	N	O	P	Q	R	S
5	总投资收益率（销售，%）	总投资收益率（租赁，%）	总投资收益率（租售，%）	税前静态投资回收年限（年）	税后静态投资回收年限（年）	税前动态投资回收年限（年）	税后动态投资回收年限（年）
9	21.41	0.86	1.18	16.655	18.050	29.545	36.962
10	21.41	1.73	1.67	14.346	15.278	23.076	27.668
11	21.41	2.59	2.16	12.655	13.407	19.174	22.460
12	21.41	3.45	2.65	10.668	11.714	16.557	19.036
13	21.41	4.32	3.13	8.941	9.708	14.676	16.611
14	21.41	5.18	3.62	7.724	8.234	13.259	14.798
15	21.41	6.05	4.11	6.880	7.156	12.052	13.393
16	21.41	6.91	4.59	6.264	6.352	10.786	12.193
17	21.41	7.78	5.08	5.887	5.913	9.783	11.024
18	21.41	8.64	5.57	5.658	5.720	8.989	10.105
19	21.41	9.51	6.05	5.465	5.537	8.346	9.356
20	21.41	10.37	6.54	5.300	5.363	7.822	8.739
21	21.41	11.24	7.03	5.157	5.199	7.386	8.225
22	21.41	12.10	7.51	5.033	5.043	7.022	7.791
23	21.41	12.97	8.00	4.948	4.960	6.711	7.456
24	21.41	13.83	8.49	4.879	4.906	6.444	7.181
25	21.41	14.70	8.98	4.815	4.855	6.213	6.942

通过对表 1.23 数据变化规律的解读得出结论：基于租售并举经营方式（租赁产权

面积占比 39.58%，可销售产权面积占比 60.42%）的经营方式，当出租率下降至 89% 以下时，项目的净利润率将下降至 6% 以下。

1.6 采购管理的决策模型

开发企业为了控制成本，一般都成立采购部或采购管理中心，随着国家“营改增”税制的全面落实，采购类的增值税率与施工类的增值税率相差较大。因此，在项目招投标的过程中，甲供购置费的比例问题与税负之间的相关关系如何，与营利指标之间的相关关系如何都是值得研究的课题。

通过对数据变化规律的解读将得出结论：第一，甲供购置费占比越高，则项目的营利能力越强；第二，甲供购置费占比与营利能力之间的相关关系的敏感度较低；第三，提高甲供购置费的占比，可达到节税的目的，但节税的相关关系的敏感度不高。

1.6.1 基于全销售型的甲供购置

基于全销售型的甲供购置权重影响如表 1.24 所示。

表 1.24 基于全销售型的甲供购置权重影响

5	F8：F22	G8：G22	H8：H22	I8：I22	J8：J22	M8：M22
6	F	G	H	I	J	M
22	甲供占比（%）	敏感系数	税前内部收益率（%）	税后内部收益率（%）	净利润率（%）	总投资收益率（%）
9	3.00	0.10	96.143	71.464	15.772	27.611
10	9.60	0.32	96.141	71.462	15.782	27.625
11	16.20	0.54	96.139	71.459	15.791	27.640
12	22.80	0.76	96.137	71.457	15.801	27.654
13	29.40	0.98	96.135	71.455	15.810	27.669
14	36.00	1.20	96.133	71.453	15.819	27.683
15	42.60	1.42	96.131	71.451	15.829	27.697
16	49.20	1.64	96.129	71.448	15.838	27.712
17	55.80	1.86	96.127	71.446	15.848	27.726
18	62.40	2.08	96.125	71.444	15.857	27.741
19	69.00	2.30	96.123	71.442	15.866	27.755
20	75.60	2.52	96.121	71.440	15.876	27.770

续表

5 6 22	F8：F22 F 甲供占比（%）	G8：G22 G 敏感系数	H8：H22 H 税前内部收益率（%）	I8：I22 I 税后内部收益率（%）	J8：J22 J 净利润率（%）	M8：M22 M 总投资收益率（%）
21	82.20	2.74	96.119	71.437	15.885	27.784
22	88.80	2.96	96.145	71.466	15.763	27.596

基于项目实例（一）的全销售型的经营方式的算法模型，从表1.24数据变化的规律得出结论：甲供购置的权重比例与内部收益率呈现负相关，且敏感度较低。甲供购置的权重比例与项目净利润率、总投资收益率呈现正相关，且敏感度较低。

1.6.2　基于全租赁型的甲供购置

基于全租赁型的甲供购置权重影响如表1.25所示。

表1.25　基于全租赁型的甲供购置权重影响

5 6 22	F8：F22 F 甲供占比（%）	G8：G22 G 敏感系数	H8：H22 H 税前内部收益率（%）	I8：I22 I 税后内部收益率（%）	K8：K22 K 净利润率（%）	N8：N22 N 总投资收益率（%）	P8：P22 P 税前静态投资回收年限（年）	Q8：Q22 Q 税后静态投资回收年限（年）	R8：R22 R 税前动态投资回收年限（年）	S8：S22 S 税后动态投资回收年限（年）
9	3.00	0.10	9.70	7.83	31.81	13.06	13.281	15.649	18.217	23.507
10	9.60	0.32	9.70	7.83	31.81	13.06	13.280	15.648	18.215	23.504
11	16.20	0.54	9.70	7.83	31.82	13.06	13.278	15.646	18.212	23.501
12	22.80	0.76	9.70	7.83	31.82	13.06	13.277	15.645	18.210	23.497
13	29.40	0.98	9.70	7.83	31.82	13.06	13.276	15.643	18.208	23.494
14	36.00	1.20	9.70	7.83	31.83	13.06	13.275	15.642	18.205	23.491
15	42.60	1.42	9.70	7.83	31.83	13.06	13.274	15.640	18.203	23.487
16	49.20	1.64	9.70	7.83	31.83	13.07	13.272	15.639	18.200	23.484
17	55.80	1.86	9.71	7.83	31.84	13.07	13.271	15.637	18.198	23.481
18	62.40	2.08	9.71	7.83	31.84	13.07	13.270	15.636	18.196	23.477
19	69.00	2.30	9.71	7.84	31.84	13.07	13.269	15.634	18.193	23.474
20	75.60	2.52	9.71	7.84	31.85	13.07	13.267	15.633	18.191	23.471
21	82.20	2.74	9.71	7.84	31.85	13.07	13.266	15.631	18.188	23.467
22	88.80	2.96	9.71	7.84	31.85	13.07	13.265	15.630	18.186	23.464

基于项目实例（一）的全租赁型的经营方式的算法模型，从表 1.25 数据变化的规律得出结论：甲供购置的权重比例与内部收益率呈现正相关，且敏感度较低。甲供购置的权重比例与项目净利润率、总投资收益率呈现正相关，且敏感度较低。

1.6.3 基于租售并举的甲供购置

基于租售并举（租赁产权面积占比 39.58%，可销售产权面积占比 60.42%）的经营方式，应用“敏感算法模型”对甲供购置费的比例进行测算，如表 1.26所示。

表 1.26 基于租售并举的甲供购置权重影响

5 6 22	F8：F22 F 甲供占比（%）	G8：G22 G 敏感系数	H8：H22 H 税前内部收益率（%）	I8：I22 I 税后内部收益率（%）	J8：J22 J 净利润率（销售，%）	K8：K22 K 净利润率（租赁，%）
9	3.00	0.10	17.937	15.959	15.231	30.721
10	9.60	0.32	17.949	15.966	15.258	30.721
11	16.20	0.54	17.960	15.974	15.284	30.721
12	22.80	0.76	17.972	15.982	15.311	30.721
13	29.40	0.98	17.983	15.989	15.338	30.721
14	36.00	1.20	17.994	15.997	15.364	30.721
15	42.60	1.42	18.006	16.005	15.391	30.721
16	49.20	1.64	18.017	16.012	15.418	30.721
17	55.80	1.86	18.029	16.020	15.444	30.721
18	62.40	2.08	18.040	16.028	15.471	30.721
19	69.00	2.30	18.052	16.035	15.498	30.721
20	75.60	2.52	18.063	16.043	15.524	30.721
21	82.20	2.74	18.075	16.051	15.551	30.721
22	88.80	2.96	18.087	16.059	15.578	30.721%

基于项目实例（一）的租售并举型的经营方式的算法模型，从表 1.26 数据变化的规律得出结论：甲供购置的权重比例与营利能力指标之间呈现正相关，且敏感度较低。

1.7　商业运营的决策模型

董事会对开发企业的商业管理中心或成立的商业管理公司下达考核指标时，其中最重要的是运营成本率（运营成本占租赁毛收入的比例，不含税）。下面就通过本书所建模的软件对全租赁型、租售并举两种经营方式下的运营成本进行测算。

1.7.1　基于全租赁型的运营成本

基于全租赁型的运营成本如表 1.27 所示。

表 1.27　基于全租赁型的运营成本

5	E8：E24	F8：F24	G8：G24	H8：H24	I8：I24	J8：J24	K8：K24	L8：L24	M8：M24	N8：N24
6	E	F	G	H	I	J	K	L	M	N
24	运营成本率（%）	敏感系数	税前内部收益率（%）	税后内部收益率（%）	净利润率（%）	总投资收益率（%）	税前静态投资回收年限（年）	税后静态投资回收年限（年）	税前动态投资回收年限（年）	税后动态投资回收年限（年）
9	15	0.50	10.58	8.56	41.70	13.77	12.2533	14.5005	16.3266	20.9903
10	18	0.60	10.21	8.24	39.60	13.07	12.6186	14.9428	17.0206	21.9792
11	21	0.70	9.84	7.92	37.49	12.38	13.0176	15.4144	17.7946	23.0845
12	24	0.80	9.46	7.58	35.38	11.69	13.4439	15.9308	18.6579	24.3285
13	27	0.90	9.07	7.24	33.27	10.99	13.9144	16.4864	19.6278	25.7369
14	30	1.00	8.67	6.89	31.17	10.30	14.4238	17.0978	20.726	27.3484
15	33	1.10	8.26	6.53	29.06	9.61	14.9894	17.7694	21.9794	29.2237
16	36	1.20	7.83	6.14	26.95	8.91	15.6067	18.5317	23.4303	31.4782
17	39	1.30	7.40	5.74	24.84	8.22	16.2957	19.3756	25.1204	34.1569
18	42	1.40	6.95	5.33	22.74	7.53	17.0666	20.3138	27.1231	37.4032
19	45	1.50	6.48	4.90	20.63	6.83	17.9308	21.3629	29.5356	#REF!
20	48	1.60	5.99	4.45	18.52	6.14	18.9097	22.5454	32.4993	#REF!
21	51	1.70	5.47	3.98	16.41	5.44	20.0297	23.8919	36.2384	#REF!
22	54	1.80	4.93	3.48	14.30	4.75	21.3199	25.4332	#REF!	#REF!
23	57	1.90	4.35	2.94	12.19	4.06	22.833	27.2271	#REF!	#REF!
24	60	2.00	3.73	2.37	10.09	3.36	24.6267	29.3387	#REF!	#REF!

根据表 1.27 数据分析，基于全租赁型的经营方式，运营成本率对经济指标最敏感的指标为税后内部收益率，假设公司规定税后内部收益率不得低于 6%，对应的运营成

本率的临界值应低于 36.9%。

1.7.2 基于租售并举的运营成本

基于租售并举的运营成本如表 1.28 所示。

表 1.28 基于租售并举的运营成本

5 6 24	F8：F24 F 运营成本率(%)	G8：G24 G 敏感系数	H8：H24 H 税前内部收益率(%)	I8：I24 I 税后内部收益率(%)	J8：J24 J 净利润率(销售,%)	K8：K24 K 净利润率(租赁,%)	L8：L24 L 净利润率(租售,%)
9	15.00	0.50	20.93	18.43	15.39	40.90	38.11
10	18.00	0.60	20.41	18.00	15.39	38.87	36.34
11	21.00	0.70	19.87	17.56	15.39	36.83	34.57
12	24.00	0.80	19.33	17.11	15.39	34.79	32.79
13	27.00	0.90	18.76	16.64	15.39	32.76	31.02
14	30.00	1.00	18.18	16.16	15.39	30.72	29.25
15	33.00	1.10	17.58	15.67	15.39	28.68	27.46
16	36.00	1.20	16.96	15.16	15.39	26.65	25.67
17	39.00	1.30	16.32	14.60	15.39	24.61	23.88
18	42.00	1.40	15.66	14.02	15.39	22.58	22.09
19	45.00	1.50	14.97	13.41	15.39	20.54	20.28
20	48.00	1.60	14.25	12.77	15.39	18.50	18.46
21	51.00	1.70	13.50	12.10	15.39	16.47	16.65
22	54.00	1.80	12.70	11.35	15.39	14.43	14.83
23	57.00	1.90	11.86	10.56	15.39	12.39	13.01
24	60.00	2.00	10.96	9.71	15.39	10.34	11.18

5 6	M8：M24 M 总投资收益率（销售,%）	N8：N24 N 总投资收益率（租赁,%）	O8：O24 O 总投资收益率（租售,%）	P8：P24 P 税前静态投资回收年限（年）	Q8：Q24 Q 税后静态投资回收年限（年）	R8：R24 R 税前动态投资回收年限（年）	S8：S24 S 税后动态投资回收年限（年）
9	21.41	19.54	11.70	4.4812	4.553	5.348	5.907
10	21.41	18.56	11.15	4.5383	4.609	5.473	6.060
11	21.41	17.59	10.60	4.5995	4.666	5.611	6.225
12	21.41	16.62	10.06	4.6653	4.726	5.763	6.412

续表

5	M8：M24	N8：N24	O8：O24	P8：P24	Q8：Q24	R8：R24	S8：S24
6	M	N	O	P	Q	R	S
	总投资收益率（销售,%）	总投资收益率（租赁,%）	总投资收益率（租售,%）	税前静态投资回收年限（年）	税后静态投资回收年限（年）	税前动态投资回收年限（年）	税后动态投资回收年限（年）
13	21.41	15.64	9.51	4.7364	4.788	5.933	6.626
14	21.41	14.67	8.96	4.8134	4.853	6.158	6.871
15	21.41	13.69	8.41	4.897	4.921	6.441	7.156
16	21.41	12.72	7.86	4.9881	4.991	6.775	7.489
17	21.41	11.75	7.31	5.1324	5.169	7.172	7.948
18	21.41	10.77	6.76	5.306	5.370	7.649	8.507
19	21.41	9.80	6.22	5.5094	5.581	8.235	9.189
20	21.41	8.82	5.67	5.751	5.801	8.965	10.031
21	21.41	7.85	5.12	6.0642	6.086	9.886	11.104
22	21.41	6.88	4.57	6.6476	6.864	11.074	12.486
23	21.41	5.90	4.02	7.4585	7.912	12.480	13.903
24	21.41	4.93	3.47	8.6079	9.334	13.919	15.679

基于租售并举（租赁产权面积占比39.58%，可销售产权面积占比60.42%）的经营方式，运营成本率与总投资收益率之间的相关关系最为敏感，假设规定项目的总投资收益不得低于6%，由商业管理公司的运营成本率则不得高于42%。

对于设立商业管理公司，运营成本的控制线可通过应用“敏感算法决策模型”预测运营控制的临界值。

1.7.3　基于全租赁型的租金年增长率

基于全租赁型的租金年增长率如表1.29所示。

表1.29　基于全租赁型的租金年增长率

5	F8：F25	G8：G25	H8：H25	I8：I25	K8：K25	N8：N25	P8：P25	Q8：Q25	R8：R25	S8：S25
6	F	G	H	I	K	N	P	Q	R	S
25	租金年增长率（%）	敏感系数	税前内部收益率（%）	税后内部收益率（%）	净利润率（%）	总投资收益率（%）	税前静态投资回收年限（年）	税后静态投资回收年限（年）	税前动态投资回收年限（年）	税后动态投资回收年限（年）
9	1.50	0.50	8.05	6.21	29.48	8.55	14.4170	17.2880	21.3504	29.7342
10	2.40	0.80	9.04	7.18	30.97	11.03	13.7000	16.2470	19.2915	25.4939
11	3.30	1.10	10.03	8.15	32.22	14.21	13.0797	15.3637	17.7292	22.6512

续表

5	F8：F25	G8：G25	H8：H25	I8：I25	K8：K25	N8：N25	P8：P25	Q8：Q25	R8：R25	S8：S25
6	F	G	H	I	K	N	P	Q	R	S
25	租金年增长率（%）	敏感系数	税前内部收益率（%）	税后内部收益率（%）	净利润率（%）	总投资收益率（%）	税前静态投资回收年限（年）	税后静态投资回收年限（年）	税前动态投资回收年限（年）	税后动态投资回收年限（年）
12	4.20	1.40	11.02	9.12	33.25	18.26	12.5300	14.6080	16.4897	20.5757
13	5.10	1.70	12.01	10.09	34.11	23.47	12.0499	13.9615	15.4740	18.9794
14	6.00	2.00	13.01	11.06	34.80	30.17	11.6113	13.3815	14.6221	17.6937
15	6.90	2.30	14.00	12.02	35.37	38.80	11.2223	12.8736	13.8954	16.6290
16	7.80	2.60	15.00	12.99	35.82	49.96	10.8703	12.4093	13.2634	15.7294
17	8.70	2.90	15.99	13.96	36.18	64.38	10.5417	12.0036	12.7093	14.9585
18	9.60	3.20	16.99	14.93	36.47	83.07	10.2478	11.6162	12.2189	14.2816
19	10.50	3.50	17.98	15.90	36.69	107.30	9.9837	11.2725	11.7797	13.6875
20	11.40	3.80	18.98	16.87	36.87	138.73	9.7225	10.9645	11.3821	13.1614
21	12.30	4.10	19.98	17.84	37.01	179.51	9.4855	10.6620	11.0300	12.6853
22	13.20	4.40	20.97	18.81	37.12	232.46	9.2706	10.3902	10.6966	12.2583
23	14.10	4.70	21.97	19.78	37.20	301.20	9.0758	10.1459	10.3952	11.8732
24	15.00	5.00	22.97	20.76	37.27	390.43	8.8842	9.9158	10.1246	11.5122
25	15.90	5.30	23.96	21.73	37.32	506.24	8.6982	9.6873	9.8697	11.1907

从表1.29中的数据分析，基于全租赁型的经营方式，租赁年增长率与项目的营利能力之间的相关关系敏感度高，当要求项目的税后内部收益率不低于6%时，租金年增长率不应低于1.35%。

合约部在与商户进行租赁合同的谈判中，应加强租赁合同的租金年增长率的意识，对于主力店招商的租赁合同，一般租金年增长率在3%以下，对于普通商户的租金合同的约定，一般租金年增长率不应低于3%。

1.7.4 基于租售并举的租金年增长率

基于租售并举的租金年增长率如表1.30所示。

表1.30 基于租售并举的租金年增长率

5	F8：F25	G8：G25	H8：H25	I8：I25	J8：J25	K8：K25	L8：L25
6	F	G	H	I	J	K	L
25	租金年增长率（%）	敏感系数	税前内部收益率（%）	税后内部收益率（%）	净利润率（销售，%）	净利润率（租赁，%）	净利润率（租售，%）
9	1.50	0.5	16.30	14.46	15.34	27.84	26.34

续表

5	F8：F25	G8：G25	H8：H25	I8：I25	J8：J25	K8：K25	L8：L25
6	F	G	H	I	J	K	L
25	租金年增长率（%）	敏感系数	税前内部收益率（%）	税后内部收益率（%）	净利润率（销售，%）	净利润率（租赁，%）	净利润率（租售，%）
10	2. 40	0. 8	17. 31	15. 38	15. 34	29. 67	28. 15
11	3. 30	1. 1	18. 32	16. 29	15. 34	31. 20	29. 75
12	4. 20	1. 4	19. 31	17. 20	15. 34	32. 47	31. 15
13	5. 10	1. 7	20. 30	18. 11	15. 34	33. 51	32. 34
14	6. 00	2. 0	21. 28	19. 01	15. 34	34. 36	33. 36
15	6. 90	2. 3	22. 25	19. 91	15. 34	35. 04	34. 20
16	7. 80	2. 6	23. 22	20. 81	15. 34	35. 58	34. 89
17	8. 70	2. 9	24. 19	21. 71	15. 34	36. 02	35. 45
18	9. 60	3. 2	25. 15	22. 61	15. 34	36. 35	35. 90
19	10. 50	3. 5	26. 11	23. 50	15. 34	36. 62	36. 25
20	11. 40	3. 8	27. 06	24. 40	15. 34	36. 83	36. 54
21	12. 30	4. 1	28. 01	25. 30	15. 34	36. 99	36. 76
22	13. 20	4. 4	28. 96	26. 19	15. 34	37. 11	36. 93
23	14. 10	4. 7	29. 91	27. 09	15. 34	37. 20	37. 06
24	15. 00	5. 0	30. 85	27. 98	15. 34	37. 27	37. 16
25	15. 90	5. 3	31. 80	28. 88	15. 34	37. 33	37. 24

5	M8：M25	N8：N25	O8：O25	P8：P25	Q8：Q25	R8：R25	S8：S25
6	M	N	O	P	Q	R	S
25	总投资收益率（销售，%）	总投资收益率（租赁，%）	总投资收益率（租售，%）	税前静态投资回收年限（年）	税后静态投资回收年限（年）	税前动态投资回收年限（年）	税后动态投资回收年限（年）
9	21. 41	9. 49	6. 05	4. 9142	4. 9343	6. 6484	7. 4465
10	21. 41	12. 37	7. 66	4. 8539	4. 8862	6. 3725	7. 1245
11	21. 41	16. 01	9. 72	4. 7964	4. 8391	6. 1398	6. 8579
12	21. 41	20. 67	12. 33	4. 7416	4. 7928	5. 9528	6. 6302
13	21. 41	26. 62	15. 69	4. 6894	4. 7474	5. 8100	6. 4339
14	21. 41	34. 27	19. 99	4. 6396	4. 7029	5. 6800	6. 2635
15	21. 41	44. 11	25. 53	4. 5922	4. 6594	5. 5612	6. 1147
16	21. 41	56. 80	32. 68	4. 5469	4. 6168	5. 4526	5. 9825
17	21. 41	73. 20	41. 91	4. 5037	4. 5751	5. 3531	5. 8506

续表

5	M8：M25	N8：N25	O8：O25	P8：P25	Q8：Q25	R8：R25	S8：S25
6	M	N	O	P	Q	R	S
25	总投资收益率（销售,%）	总投资收益率（租赁,%）	总投资收益率（租售,%）	税前静态投资回收年限（年）	税后静态投资回收年限（年）	税前动态投资回收年限（年）	税后动态投资回收年限（年）
18	21.41	94.42	53.86	4.4625	4.5343	5.2617	5.7253
19	21.41	121.90	69.33	4.4232	4.4945	5.1777	5.6063
20	21.41	157.53	89.39	4.3857	4.4557	5.1004	5.4933
21	21.41	203.74	115.41	4.3498	4.4177	5.0290	5.3863
22	21.41	263.71	149.17	4.3156	4.3808	4.9680	5.2850
23	21.41	341.53	192.98	4.2829	4.3447	4.9138	5.1892
24	21.41	442.51	249.83	4.2517	4.3096	4.8618	5.0986
25	21.41	573.55	323.60	4.2219	4.2755	4.8120	5.0131

根据表1.30中的数据分析，基于租售并举（租赁产权面积占比39.58%，可销售产权面积占比60.42%）的经营方式，租赁年增长率与项目的营利能力之间的相关关系敏感度不高，因为有相当权重比例的可销售面积，降低了租金年增长率的敏感性。

1.8 成本管理的决策模型

在商业地产全生命周期总成本构成要素中，工程成本的占比权重很大。工程成本的控制水平与众多经济指标之间的相关关系也是十分敏感的。本节将基于三种典型的经营方式，应用“敏感算法决策模型”建立工程成本与其关联因素之间的相关关系。

1.8.1 基于全销售型的工程成本

基于全销售型的工程成本如表1.31所示。

表1.31 基于全销售型的工程成本

5	E8：E24	F8：F24	G8：G24	H8：H24	I8：I24	L8：L24	O8：O24	P8：P24	Q8：Q24	R8：R24
6	E	F	G	H	I	L	O	P	Q	R
24	工程成本指标（元/m^2）	敏感系数	税前内部收益率（%）	税后内部收益率（%）	净利润率（%）	总投资收益率（%）	税前静态投资回收年限（年）	税后静态投资回收年限（年）	税前动态投资回收年限（年）	税后动态投资回收年限（年）
9	2,380.33	0.50	105.10	77.43	19.24	43.39	2.191	2.239	2.212	2.265

续表

5	E8：E24	F8：F24	G8：G24	H8：H24	I8：I24	L8：L24	O8：O24	P8：P24	Q8：Q24	R8：R24
6	E	F	G	H	I	L	O	P	Q	R
24	工程成本指标（元/m²）	敏感系数	税前内部收益率（%）	税后内部收益率（%）	净利润率（%）	总投资收益率（%）	税前静态投资回收年限（年）	税后静态投资回收年限（年）	税前动态投资回收年限（年）	税后动态投资回收年限（年）
10	2, 856. 39	0. 60	103. 03	76. 08	18. 79	39. 92	2. 201	2. 252	2. 223	2. 279
11	3, 332. 46	0. 70	100. 78	74. 44	18. 04	36. 44	2. 212	2. 264	2. 234	2. 292
12	3, 808. 52	0. 80	98. 56	72. 85	17. 30	33. 27	2. 223	2. 277	2. 246	2. 305
13	4, 284. 59	0. 90	96. 39	71. 31	16. 55	30. 39	2. 234	2. 289	2. 257	2. 318
14	4, 760. 65	1. 00	94. 26	69. 81	15. 81	27. 74	2. 245	2. 302	2. 269	2. 332
15	5, 236. 72	1. 10	92. 18	68. 36	15. 07	25. 30	2. 256	2. 315	2. 281	2. 345
16	5, 712. 78	1. 20	90. 13	66. 95	14. 32	23. 05	2. 268	2. 328	2. 293	2. 359
17	6, 188. 85	1. 30	88. 13	65. 58	13. 58	20. 97	2. 279	2. 340	2. 305	2. 372
18	6, 664. 91	1. 40	86. 17	64. 26	12. 83	19. 04	2. 291	2. 353	2. 317	2. 385
19	7, 140. 98	1. 50	84. 24	62. 97	12. 09	17. 24	2. 302	2. 366	2. 329	2. 399
20	7, 617. 04	1. 60	82. 33	61. 68	11. 30	15. 52	2. 314	2. 379	2. 342	2. 413
21	8, 093. 11	1. 70	80. 23	60. 15	10. 26	13. 71	2. 326	2. 392	2. 354	2. 426
22	8, 569. 17	1. 80	78. 17	58. 65	9. 22	12. 01	2. 338	2. 405	2. 367	2. 440
23	9, 045. 24	1. 90	76. 14	57. 19	8. 19	10. 42	2. 350	2. 418	2. 380	2. 454
24	9, 521. 30	2. 00	74. 16	55. 77	7. 15	8. 92	2. 362	2. 431	2. 393	2. 467

通过对表1. 31中数据变化规律的解读得出结论：工程成本的指标与项目开发的营利能力高度正相关。另外，在项目实例（一）的“全销售型”的经营方式下，“敏感算法决策模型”是预测工程成本控制线十分实用的工具，可用于设定成本控制部的考核指标，例如，基于项目实例（一）的数据模型，给成本控制中心设定的工程成本控制临界值不得高于9000元/平方米。

1. 8. 2　基于全租赁型的工程成本

基于全租赁型的工程成本如表1. 32所示。

表1. 32　基于全租赁型的工程成本

5	E8：E24	F8：F24	G8：G24	H8：H24	J8：J24	M8：M24	O8：O24	P8：P24	Q8：Q24	R8：R24
6	E	F	G	H	J	M	O	P	Q	R
24	工程成本指标（元/m²）	敏感系数	税前内部收益率（%）	税后内部收益率（%）	净利润率（%）	总投资收益率（%）	税前静态投资回收年限（年）	税后静态投资回收年限（年）	税前动态投资回收年限（年）	税后动态投资回收年限（年）
9	2, 380. 33	0. 50	11. 39	9. 26	32. 80	17. 02	11. 466	13. 584	14. 929	19. 072
10	2, 856. 39	0. 60	11. 01	8. 94	32. 61	16. 07	11. 839	14. 008	15. 572	19. 924

续表

5	E8：E24	F8：F24	G8：G24	H8：H24	J8：J24	M8：M24	O8：O24	P8：P24	Q8：Q24	R8：R24
6	E	F	G	H	J	M	O	P	Q	R
24	工程成本指标（元/m²）	敏感系数	税前内部收益率（%）	税后内部收益率（%）	净利润率（%）	总投资收益率（%）	税前静态投资回收年限（年）	税后静态投资回收年限（年）	税前动态投资回收年限（年）	税后动态投资回收年限（年）
11	3,332.46	0.70	10.65	8.64	32.41	15.21	12.205	14.419	16.219	20.789
12	3,808.52	0.80	10.32	8.36	32.22	14.43	12.565	14.829	16.874	21.667
13	4,284.59	0.90	10.00	8.09	32.02	13.71	12.925	15.231	17.538	22.558
14	4,760.65	1.00	9.70	7.83	31.82	13.06	13.276	15.643	18.207	23.494
15	5,236.72	1.10	9.42	7.57	31.63	12.46	13.624	16.079	18.884	24.500
16	5,712.78	1.20	9.15	7.32	31.43	11.91	13.971	16.503	19.571	25.525
17	6,188.85	1.30	8.89	7.09	31.24	11.39	14.309	16.927	20.265	26.570
18	6,664.91	1.40	8.65	6.86	31.04	10.92	14.644	17.340	20.965	27.634
19	7,140.98	1.50	8.42	6.65	30.85	10.47	14.980	17.750	21.678	28.720
20	7,617.04	1.60	8.19	6.45	30.65	10.06	15.305	18.155	22.397	29.827
21	8,093.11	1.70	7.98	6.25	30.45	9.67	15.630	18.552	23.125	30.957
22	8,569.17	1.80	7.78	6.06	30.26	9.31	15.953	18.948	23.863	32.113
23	9,045.24	1.90	7.58	5.88	30.06	8.97	16.269	19.333	24.612	33.294
24	9,521.30	2.00	7.39	5.71	29.87	8.64	16.582	19.717	25.370	34.502

通过对表 1.32 中数据变化规律的解读得出结论：基于目标地块之“全租赁型”的经营方式，其工程成本的临界控制线取决于项目的“净利润率”指标，若公司规定，当项目净利润率低于 6% 时将放弃项目，则该目标地块的工程成本控制的临界值为 8035 元/平方米。

1.8.3 基于租售并举的工程成本

基于租售并举的工程成本如表 1.33 所示。

表 1.33 基于租售并举的工程成本

5	E8：E24	F8：F24	G8：G24	H8：H24	I8：I24	J8：J24	K8：K24
6	E	F	G	H	I	J	K
24	工程成本指标（元/m²）	敏感系数	税前内部收益率（%）	税后内部收益率（%）	净利润率（销售，%）	净利润率（租赁，%）	净利润率（租售，%）
9	5,854.25	0.50	23.00	19.78	19.23	31.69	30.73
10	7,025.10	0.60	21.83	18.94	18.45	31.49	30.46
11	8,195.95	0.70	20.75	18.15	17.67	31.30	30.16

续表

5	E8：E24	F8：F24	G8：G24	H8：H24	I8：I24	J8：J24	K8：K24
6	E	F	G	H	I	J	K
24	工程成本指标（元/m²）	敏感系数	税前内部收益率（%）	税后内部收益率（%）	净利润率（销售,%）	净利润率（租赁,%）	净利润率（租售,%）
12	9, 366. 81	0. 80	19. 75	17. 42	16. 90	31. 11	29. 86
13	10, 537. 66	0. 90	18. 83	16. 66	16. 12	30. 91	29. 55
14	11, 708. 51	1. 00	17. 98	15. 99	15. 34	30. 72	29. 25
15	12, 879. 36	1. 10	17. 19	15. 38	14. 54	30. 53	28. 91
16	14, 050. 21	1. 20	16. 39	14. 35	13. 41	30. 33	28. 54
17	15, 221. 06	1. 30	15. 65	13. 59	12. 27	30. 14	28. 18
18	16, 391. 91	1. 40	14. 96	12. 90	11. 14	29. 95	27. 82
19	17, 562. 76	1. 50	14. 33	12. 26	10. 00	29. 76	27. 46
20	18, 733. 61	1. 60	13. 73	11. 65	8. 81	29. 56	27. 09
21	19, 904. 46	1. 70	13. 17	11. 13	7. 61	29. 37	26. 72
22	21, 075. 31	1. 80	12. 65	10. 64	6. 42	29. 18	26. 16
23	22, 246. 16	1. 90	12. 16	10. 19	5. 22	28. 98	25. 90
24	23, 417. 01	2. 00	11. 71	9. 76	3. 94	28. 79	25. 63

5	L8：L24	M8：M24	N8：N24	O8：O24	P8：P24	Q8：Q24	R8：R24
6	L	M	N	O	P	Q	R
24	总投资收益率（销售,%）	总投资收益率（租赁,%）	总投资收益率（租售,%）	税前静态投资回收年限（年）	税后静态投资回收年限（年）	税前动态投资回收年限（年）	税后动态投资回收年限（年）
9	34. 98	19. 16	11. 93	2. 783	2. 828	2. 859	2. 908
10	31. 72	18. 09	11. 22	2. 827	2. 864	2. 905	2. 946
11	28. 77	17. 12	10. 58	2. 872	2. 901	2. 954	2. 985
12	26. 09	16. 24	10. 00	2. 919	2. 938	5. 109	5. 575
13	23. 65	15. 43	9. 46	2. 967	2. 975	5. 637	6. 240
14	21. 41	14. 70	8. 98	4. 815	4. 855	6. 213	6. 942
15	19. 32	14. 02	8. 53	5. 168	5. 212	6. 900	7. 554
16	17. 13	13. 39	8. 10	5. 662	6. 209	7. 677	9. 026
17	15. 10	12. 82	7. 71	6. 192	7. 078	8. 452	10. 123
18	13. 21	12. 28	7. 34	6. 798	7. 906	9. 226	11. 219
19	11. 45	11. 78	7. 00	7. 386	8. 700	10. 003	12. 286
20	9. 76	11. 31	6. 69	7. 977	9. 449	10. 796	13. 270

续表

5	L8：L24	M8：M24	N8：N24	O8：O24	P8：P24	Q8：Q24	R8：R24
6	L	M	N	O	P	Q	R
24	总投资收益率（销售，%）	总投资收益率（租赁，%）	总投资收益率（租售，%）	税前静态投资回收年限（年）	税后静态投资回收年限（年）	税前动态投资回收年限（年）	税后动态投资回收年限（年）
21	8.17	10.87	6.39	8.543	10.157	11.595	14.188
22	6.67	10.46	6.11	9.102	10.837	12.349	15.123
23	5.27	10.08	5.85	9.639	11.493	13.058	16.075
24	3.92	9.72	5.60	10.177	12.130	13.755	17.061

通过对表1.33中数据变化规律的解读得出结论：基于目标地块之“租售并举型”的经营方式，其工程成本的临界控制线取决于项目的“净利润率”指标，若公司规定，当项目净利润率低于6%时将放弃项目，则该目标地块的工程成本控制的临界值为5611元/平方米。

1.9 财务管理的决策模型

商业地产的融资是财务管理中极其重要的业务内容，贷款机构对贷款人的贷款能力进行风险评估是必不可少的内容。本节将应用“敏感算法决策模型”建立融资三要素（年利率、额度、贷款时间）与融资风险评价指标（偿债备付率、利息备付率、账户余额）之间的相关关系。

除了传统的银行贷款、基金、信托等方式，返租、回购等则属于商业地产非传统型融资手段。本节将应用“敏感算法决策模型”来揭示返租不回购或返租且回购营销策略的真相，以指引商业地产走出返租经营活动的“博弈困境”。

1.9.1 基于全销售型的融资方案

基于全销售型的融资方案如表1.34所示。

表1.34 基于全销售型的融资方案

2	D4：D9	E4：E9	2	G4：G9	48,048.18万元
C	D	E	3	G	H
4	借款余额.均摊法	可行	4	现金流回正月序	第22个月
5	借款余额.均值法	可行	5	放款开始月序	第7个月

续表

2	D4：D9	E4：E9	2	G4：G9	48, 048. 18 万元
C	D	E	3	G	H
6	资金余额. 均摊法	可行	6	放款周期月数	6 个月
7	资金余额. 均值法	可行	7	放款结束月序	第 12 个月
8	偿债备付率. 均摊法	1. 28	8	自有资金比例（%）	42. 00
9	利息备付率. 均摊法	11. 15	9	资金需求额（万元）	364, 608. 20
			10	自有资金额（万元）	153, 135. 45
			11	借款金额（万元）	211, 472. 76

基于年利率为 8% 的贷款利率，在满足银行的三大指标（偿债备付率、利息备付率、账户余额）要求的前提下，项目最大贷款额度比例不应高于 45%。

如表 1. 35 所示，应用“敏感算法决策模型”建立贷款年利率与偿债备付率之间的相关关系如下：当假设银行对项目贷款的偿债备付率最低控制线为 1. 20 时，则基于自有资金的比例为 42% 时，全销售型的经营方式下最高可承受的贷款利率应小于 10%，否则将要提高自有资金的比例。

表 1. 35　贷款年利率与偿债备付率之间的相关关系（一）

贷款年利率（%）	8	9	10	11	12	13	14	15
偿债备付率	1. 277	1. 240	1. 205	1. 172	1. 140	1. 109	1. 080	1. 051

1. 9. 2　基于租售并举的融资方案

基于租售并举（租赁产权面积占比 39. 58%，可销售产权面积占比 60. 42%）的经营方式，假设贷款年利率为 8%，应用“敏感算法决策模型”进行数据输出，如表 1. 36和表 1. 37 所示。

表 1. 36　基于租赁产权的融资方案

2	D4：D9	E4：E9	2	G4：G9	17, 849. 88 万元
C	D	E	3	G	H
4	借款余额. 均摊法	可行	4	现金流回正月序	第 22 个月
5	借款余额. 均值法	可行	5	放款开始月序	第 7 个月
6	资金余额. 均摊法	可行	6	放款周期月数	6 个月
7	资金余额. 均值法	可行	7	放款结束月序	第 12 个月
8	偿债备付率. 均摊法	1. 56	8	自有资金比例（%）	63. 00
9	利息备付率. 均摊法	11. 54	9	资金需求额（万元）	244, 710. 06

续表

2	D4：D9	E4：E9	2	G4：G9	17, 849. 88 万元
C	D	E	3	G	H
			10	自有资金额（万元）	154, 167. 34
			11	借款金额（万元）	90, 542. 72

表 1.37　基于销售产权的融资方案

3	G5：G9	H5：H9
4	G	H
5	现金流回正月序	第 22 个月
6	还款开始月序	第 22 个月
7	还款年数	5. 00 年
8	还款月数	60 个月
9	还款结束月序	第 81 个月

通过对表 1. 36 和表 1. 37 数据变化规律的解读得出结论：基于年利率为 8% 的贷款利率的假设，在满足银行的三大指标（偿债备付率、利息备付率、账户余额）要求的前提下，项目最大贷款额度比例应小于 44%。

在此基础上应用“敏感算法决策模型”建立贷款年利率与偿债备付率之间的相关关系，如表 1. 38 所示。

表 1.38　贷款年利率与偿债备付率之间的相关关系（二）

贷款利率（%）	8	9	10	11	12	13	14	18
偿债备付率	1. 565	1. 522	1. 482	1. 443	1. 406	1. 370	1. 326	1. 213

通过对表 1. 38 数据变化规律的解读得出结论：假设银行对项目贷款的偿债备付率最低控制线为 1. 20，当自有资金率为 63% 时，则基于租售并举型的经营方式最高可承受的贷款利率应小于 18%。

1. 9. 3　基于全租赁型的融资方案

基于全租赁型的融资方案如表 1. 39 所示。

表 1.39　基于全租赁型的融资方案

2 C	D4：D9 D	E4：E9 E	2 3	G4：G9 G	765.75 万元 H
4	借款余额. 均摊法	可行	4	现金流回正月序	第 33 个月
5	借款余额. 均值法	可行	5	放款开始月序	第 7 个月
6	资金余额. 均摊法	不可行	6	放款周期月数	6 个月
7	资金余额. 均值法	不可行	7	放款结束月序	第 12 个月
8	偿债备付率. 均摊法	#DIV/0!	8	自有资金比例（%）	100.00
9	利息备付率. 均摊法	#DIV/0!	9	资金需求额（万元）	268, 855.73
			10	自有资金额（万元）	268, 855.73
			11	借款金额（万元）	0.00

从表 1.39 数据中的分析得知：基于全租赁型的经营方式，由于在开发建设期没有销售收入来源，只有租赁运营期的收入，所以，在开发建设期，无法做到账户余额的资金平衡，因此，全租赁型的商业地产对自有资金的比例要求极高。

1.9.4　持有型物业的资产价格

作为商业地产的重资产——持有型物业，走向资本市场是常见的做法。其中，对持有型物业进行估值是必要的环节。对持有型物业的估值一般采用房地产估价规范规定的方法，其中对于租赁型持有物业，收益法估值是经常使用的估值方法之一。

基于本书所举例的项目实例（一），基于全租赁型的经营方式，应用收益法建立的估值模型如表 1.40 所示。

表 1.40　应用收益法建立的估值模型

7 8 9	D12. D12 D **项目**	E12. E21 E **数据**
10	融资前年均净收益（万元/年）	26, 582.12
11	融资后年均净收益（万元/年）	19, 709.17
12	租赁年限（年）	37.58
13	净收益价格倍数	22.00
14	资本化率（%）	6.00
15	年收益增长率（%）	3.00
16	除因子（%）	3.00

续表

7 8 9	D12. D12 D 项目	E12. E21 E 数据
17	乘因子（%）	66. 01
18	收益总价. 融资前（万元）	584, 870. 54
19	收益总价. 融资后（万元）	433, 649. 12
20	收益单价. 融资前（元/m^2）	33, 722. 75
21	收益单价. 融资后（元/m^2）	25, 003. 55

1. 9. 5 商业地产非传统型的融资

1. 9. 5. 1 返租不回购的融资方案

返租起源于20世纪六七十年代，80年代传入日本，90年代传入中国。返租的本质与其说是销售政策的刺激手段，倒不如说是“非传统式”的融资手段。只有从本质上认识这一点，才能从项目全生命周期的高度揭示返租营销政策的真相。

基于项目实例（一）的租售并举（可销售产权建筑面积占比39. 58%，可租赁产权建筑面积占比60. 42%）的经营方式，以三个不同的返租方案为案例，应用“敏感算法决策模型”分析返租营销政策的决策过程。

方案A：返租期6年，前3年返租年利率为6%，后3年返租年利率为7%，前3年返租收益冲抵房价，后3年的返租收益以现金形式支付。

方案B：返租期10年，前3年返租年利率为8%，后7年返租年利率为9%，前3年返租收益冲抵房价，后7年的返租收益以现金形式支付。

方案C：返租期10年，前3年返租年利率为10%，后7年返租年利率为10%，前3年返租收益冲抵房价，后7年的返租收益以现金形式支付。

应用“敏感算法决策模型”建立返租方案与投资收益率之间的相关关系，如表1. 41所示。

表1. 41 返租方案与投资收益率之间的相关关系

科目	税后内部收益率（%）	开发商返租亏损指标（元/总建筑面积）	投资客：买入—回租—持有税后收益率（%）
方案A	16. 88	−536. 56	5. 52
方案B	15. 99	−1790. 14	7. 84
方案C	15. 51	−2456. 17	9. 04

通过对表 1. 41 中数据变化规律的解读得出结论：采用返租方案 A 将形成不了刺激投资客购买的欲望的机制，因为投资客实得的投资收益率（在不考虑不动产增值的前提下）低于传统的银行存款或理财类的收益。返租方案 C 显然给投资客的实际投资回报率太高，加重了商业地产开发的成本负担。从平衡商业地产开发商与投资客之间的利益分配的角度，返租方案 B 将是比较适中可行的方案。

1. 9. 5. 2 返租后回购的融资方案

商业地产的返租营销政策可细分为两种，第一种是返租回购后持有，第二种是返租回购后再卖出。同样，站在投资客的角度，有两种选择：第一种选择是购买后持有，简称为"买入—返租—卖出"模式；第二种选择为购买后卖出，简称为"买入—返租—持有"模式。返租回购的营销策略的真实意图是让投资客户有"保底式"的投资退出机制。所以说，返租回购本质上是一种有保底承诺的投资理财方法。

站在商业地产开发商的角度，开发商采用此方法有以下风险：第一，在回购期，投资客户选择"买入—返租—卖出"，当回购比例过大时，则短时间内对账户余额的现金余额要求高。第二，对商业地产后期的租售运营水平有了更高的要求。第三，由于返租回购涉及不动产多重交易的税收，折算成总的融资成本会增加。所以，此返租回购的营销策略应谨慎使用。

应用"敏感算法决策模型"能很好地搭建商业地产开发商与购买物业投资客之间"博弈思维的选择路径"。

本书以租售并举（租赁产权面积占比 39. 58%，可销售产权面积占比 60. 42%）且有返租回购的经营方式为实例，来演示如何解析返租回购的决策过程（表 1. 42）。

表 1. 42 返租回购的决策过程解析

单位：%

经营方式	租金单价（元/套内平方米）				
	600	700	800	830	900
买入—返租—卖出	9. 18	9. 18	9. 18	9. 18	9. 18
买入—返租—持有	7. 54	8. 30	8. 99	9. 18	9. 61

通过对表 1. 42 中数据变化规律的解读得出结论：当购物中心的租金单价低于 830 元/套内平方米时，基于理性且懂得金融知识的投资客户便会选择"买入—返租—卖出"模式，否则就会选择"买入—返租—持有"模式。

第2章

产品设计数据建模

产品设计数据建模由地下空间数据表、商城（购物中心）设计数据表、其他配套设计数据表、群栋设计数据表、产品设计数据汇总表、面积分摊数据表、规划技术指标数据表等构成。由于本书篇幅的局限，在表格演示时，或将分段表述，或将某些区域的行或列进行隐藏处理（其他章节的表格也将统一按此方法处理）。所以，将此书与附件之电子版本的电子表格结合起来阅读，效果是最好的。

建筑面积（简称“功能建面、m^2j”），套内建筑面积（简称“套内建面、m^2t”），净使用面积（简称“使用面积、m^2s”），产权建筑面积，可销售建筑面积，可租赁建筑面积，可经营建筑面积七个面积是设计产品最基本的面积计量单位。当有设计方案时，则可根据设计成果文件的数据直接输入。

在项目拓展阶段，即在设计文件出来之前，可建立三个大数据的经验系数，即套面系数、使面系数、权面系数，以建立产权建筑面积（简称“产权建面”）、套内建面、使用面积之间的面积换算关系。

套面系数是指套内建筑面积占功能建筑面积的比例，当没有测绘成果文件时，可根据购物中心设计的大数据的经验值估算，一般套面系数为0.5~0.6。套面系数越大，开发商的商铺利用率越高，所以，在设计阶段，应关注套面系数指标的变化。

使面系数是指净使用面积与产权建面的比例，使面系数越小，说明建构件占用面积越大。

权面系数是指产权建筑面积占功能建筑面积的比例，权面系数越大，说明公摊面积越大。

根据房产测量规范，还需要对公摊面积进行分摊，可将其细分为本层内公摊面积、本栋内公摊面积、栋内不公摊面积、摊至栋内公摊面积、割至栋外公摊面积等科目，将公摊面积在栋外、栋内、层内进行三级公摊，形成共有面积、产权建筑面积的合理分配。

2.1　产品设计数据建模

2. 1. 1　地下空间数据表

对于购物中心的产品设计，地下空间根据功能分布，主要有停车位、地下商业、设备用房及人防功能区等。

“敏感算法决策模型”所需要的数据主要有有产权机车位个数、无产权机车位个数、机车使用面积指标、机车地下空间面积指标等。

当有正式的设计方案时，可根据设计方案中的规划设计参数，在 D10：J12 区域内单元格进行人工录入。当在项目拓展的拿地阶段，D10：J12 区域内单元格的数据可根据机车位占用指标的经验值进行估算后录入。

需要特别说明的是，当地下空间有人防功能区域时，人防区域内的机车位是没有产权的，所以，应将无产权机车位统计出来，此部分机车位只能用于出租。其他区域有产权机车位数量的建模方法详见表 2. 1 中数据。

表 2.1　有产权机车位的数量建模方法

7	D10：D12	E10：E12	F10：F12	G10：G12	H10：H12	I10：I12	J10：J12	K10：K12
8	D	E	F	G	H	I	J	K
12	楼层码	楼层号	层高（m）	楼标高（m）	功能建面（m^2）	机车位个数（有产权，个）	机车位个数（无产权，个）	非机车位（个）
10	负 3 层	-3	-3. 60	-13. 30	24, 288. 73	400	149	0
11	负 2 层	-2	-4. 20	-9. 70	24, 289. 00	548	0	0
12	负 1 层	-1	-5. 50	-5. 50	24, 289. 00	0	0	0

7	L10：L12	M10：M12	N10：N12	O10：O12	P10：P12	Q10：Q12	R10：R12
8	L	M	N	O	P	Q	R
12	套内建面（有产权机车库，m^2）	套内建面（无产权机车库，m^2）	套内建面（非机车库，m^2）	本层内公摊面积（m^2）	本栋内公摊面积（m^2）	割至栋外公摊面积（m^2）	栋内不公摊面积（m^2）
10	13, 988. 04	5, 200. 00	0. 00	4, 857. 80	242. 89	0. 00	0. 00
11	19, 188. 31	0. 00	0. 00	4, 857. 80	242. 89	0. 00	0. 00
12	0. 00	0. 00	0. 00	0. 00	0. 00	0. 00	0. 00

7	S10：S12	T10：T12	U10：U12	V10：V12	W10：W12	X10：X12	Y10：Y12
8	S	T	U	V	W	X	Y
12	有产权机车套内建面占比（%）	摊至栋内公摊面积（m^2）	有产权建面机车位（m^2）	无产权建面机车位（m^2）	室内设计面积（m^2）	有产权单方建面指标（m^2/个）	无产权单方建面指标（m^2/个）
10	42.16	0.00	19,088.73	5,200.00	485.77	45.76	34.90
11	57.84	0.00	24,289.00	0.00	485.78	45.76	0.00
12	0.00	0.00	0.00	0.00	0.00	0.00	0.00

S10=L10/SUM(套内建面_有产权机车库.地下空间 sjsj.y)

T10=S10 * 摊至栋内_公摊面积.共有地下室 mjft

U10=SUM(L10,O10,P10,T10)

V10=SUM(M10)

W10=H10 * 2%，其中2%是经验估算数据，可根据不同的设计图所计算出来的数据直接录入。当在拿地阶段时，可采用比例法编辑公式。

X10=IFERROR($U$6/SUM(机车位个数_有产权.地下车位 sjsj.y),0)

Y10=IFERROR(V6/SUM(J10:J11),0)

2.1.2 购物中心设计数据表

根据决策模型所需要的基本数据源，通过数据建模可提取楼层码、楼层号、层高、楼标高、功能、功能建面、套面系数、套内建面占比、套内建面、本层内公摊面积、本栋内公摊面积、栋内不公摊面积、摊至栋内公摊面积、割至栋外公摊面积、共有面积、产权建面、权面系数、使面系数、使用面积、建筑周长、装修标准、交楼标准、室内设计净面积占比、立面表面积、室内设计面积共25个单元的数据（表2.2）。

表2.2 基本数据源

AA	C10：C16	D10：D16	E10：E16	F10：F16	G10：G16	H10：H16	I10：I16
B	C	D	E	F	G	H	I
16	楼层码	楼层号	层高（m^2）	楼标高（m^2）	功能	功能建面（m^2）	套面系数
9	负1层	-1层	5.50	5.50	商铺	24,289.00	0.56
10	第1层	1层	6.00	6.00	商铺	22,799.00	0.56
11	第2层	2层	5.50	11.50	商铺	21,627.00	0.56
12	第3层	3层	5.50	17.00	商铺	23,053.00	0.56
13	第4层	4层	5.50	22.50	商铺	23,053.00	0.56
14	第5层	5层	5.50	28.00	商铺	23,053.00	0.56

续表

AA B 16	C10：C16 C 楼层码	D10：D16 D 楼层号	E10：E16 E 层高（m^2）	F10：F16 F 楼标高（m^2）	G10：G16 G 功能	H10：H16 H 功能建面（m^2）	I10：I16 I 套面系数
15	第 6 层	6 层	5.50	33.50	商铺	23,053.00	0.56
16	第 7 层	7 层	5.50	39.00	商铺	12,508.00	0.56

AA B 16	J10：J16 J 套内建面占比（%）	K10：K16 K 套内建面（m^2）	L10：L16 L 本层内公摊面积（m^2）	M10：M16 M 本栋内公摊面积（m^2）	N10：N16 N 栋内不公摊面积（m^2）	O10：O16 O 摊至栋内公摊面积（m^2）
9	14.00	13,601.84	10,687.16	0.00	0.00	70.02
10	13.15	12,767.44	10,031.56	0.00	0.00	65.73
11	12.47	12,111.12	9,515.88	0.00	0.00	62.35
12	13.29	12,909.68	10,143.32	0.00	0.00	66.46
13	13.29	12,909.68	10,143.32	0.00	0.00	66.46
14	13.29	12,909.68	10,143.32	0.00	0.00	66.46
15	13.29	12,909.68	10,143.32	0.00	0.00	66.46
16	7.21	7,004.48	5,503.52	0.00	0.00	36.06

AA B 16	P10：P16 P 割至栋外公摊面积（m^2）	Q10：Q16 Q 共有面积（m^2）	R10：R16 R 产权建面（m^2）	S10：S16 S 权面系数	T10：T16 T 使面系数	U10：U16 U 使用面积（m^2）
9	0.00	10,757.18	24,359.02	1.00	0.95	12,921.75
10	0.00	10,097.29	22,864.73	1.00	0.95	12,129.07
11	0.00	9,578.23	21,689.35	1.00	0.95	11,505.56
12	0.00	10,209.78	23,119.46	1.00	0.95	12,264.20
13	0.00	10,209.78	23,119.46	1.00	0.95	12,264.20
14	0.00	10,209.78	23,119.46	1.00	0.95	12,264.20
15	0.00	10,209.78	23,119.46	1.00	0.95	12,264.20
16	0.00	5,539.58	12,544.06	1.00	0.95	6,654.26

AA B 16	V10：V16 V 建筑周长	W10：W16 W 装修标准	X10：X16 X 交楼标准	Y10：Y16 Y 室内设计净面积占比（%）	Z10：Z16 Z 立面表面积（m^2）	AA10：AA16 AA 室内设计面积（m^2）
9	648.33	中级装修	毛坯交房	44.00	3,565.83	10,687.16
10	628.13	中级装修	毛坯交房	44.00	3,768.79	10,031.56
11	611.77	中级装修	毛坯交房	44.00	3,364.76	9,515.88
12	631.62	中级装修	毛坯交房	44.00	3,473.92	10,143.32
13	631.62	中级装修	毛坯交房	44.00	3,473.92	10,143.32
14	631.62	中级装修	毛坯交房	44.00	3,473.92	10,143.32
15	631.62	中级装修	毛坯交房	44.00	3,473.92	10,143.32
16	465.25	中级装修	毛坯交房	44.00	2,558.88	5,503.52

F10=IF(E10<>0,SUM($E10:E$10),0)

J9=K9/SUM($K$9:$K$16)

K9=I9 * H9

L9=(1-I9) * H9

O9=J9 *（摊至栋内_公摊面积.地下购物中心 mjft+摊至栋内_公摊面积.地上购物中心 mjft）

Q9=SUM(L9:P9)

R9=SUM(K9:O9)

S9=R9/H9

U9=T9 * K9

Z9=IF(E9>0,V9 * E9,0)

AA9=Y9 * H9

2.1.3 公建配套设计数据表

栋号、功能、层高、功能建面、建筑周长、装修标准、立面表面积、室内净面积是其他配套用房设计的基本单元格数据，可根据设计图纸的设计参数录入（表2.3）。

表2.3 设计参数

J B 10	C9：C10 C 栋号	D9：D10 D 功能	E9：E10 E 层高（m）	F9：F10 F 功能建面（m^2）	G9：G10 G 建筑周长（m）	H9：H10 H 装修标准	I9：I10 I 立面表面积（m^2）	J9：J10 J 室内净面积（m^2）
9	栋02	配电房	3.50	200.00	58.83	中级装修	205.91	190.00
10	栋03	其他配套用房	3.20	300.00	72.05	中级装修	230.57	285.00

I9=IF(E9>0,G9 * E9,0)。

J9=F9 * 0.95。其中 0.95 为经验系数，可根据建筑形态估计。在有设计图纸的前提下可直接算量录入。

2.1.4　群栋设计数据表

栋号、产品、栋功能建面、形态、层数、单层建面均值、参与公摊栋建面占比是群栋设计的基本单元格数据。数据表格建模如表 2.4。

表 2.4　群栋设计的基本单元格数据

J	D10：D11	E10：E11	F10：F11	G10：G11	H10：H11	I10：I11	J10：J11
C	D	E	F	G	H	I	J
11	栋号	产品	栋功能建面（m^2）	形态	层数	单层建面均值（m^2）	参与公摊栋建面占比（%）
7	地下室	车位	48, 577.73	共有	2 层	24, 288.86	0.00
8	地下商城	商铺	24, 289.00	栋 01	1 层	24, 289.00	14.00
9	地上商城	商铺	149, 146.00	栋 01	7 层	21, 306.57	86.00
10	配电房	公建	200.00	栋 02	1 层	200.00	0.00
11	其他配套	公建	300.00	栋 03	1 层	300.00	0.00

F7=SUM(功能建面.地下车位 sjsj.y)

F8=SUM(功能建面.地下购物中心 sjsj.y)

F9=SUM(功能建面.地上购物中心 sjsj.y)

H7=COUNTIF(机车位个数_有产权.地下车位 sjsj.y,>0)

H8=COUNTIF(楼层号.购物中心 sjsj.y,<0)

H9=COUNTIF(楼层号.购物中心 sjsj.y,>0)

I7=F7/H7, J7=F8/SUM($F$8:$F$9)

2.1.5　产品设计数据汇总表

产品设计数据汇总表主要的单元格数据有首层建筑面积、地下机车位功能建面、购物中心功能建面、其他功能建面、室内精装面积等。具体数据表格建模如表 2.5 所示。

表 2.5　产品设计单元格数据

K	C8：C12	D8：D12	E8：E12	F8：F12	G8：G12	H8：H12	I8：I12	J8：J12	K8：K12
B	C	D	E	F	G	H	I	J	K
12	栋号	产品	形态	栋功能建面（m^2）	首层建筑面积（m^2）	功能建面地下机车位（m^2）	功能建面购物中心（m^2）	功能建面其他（m^2）	室内精装面积（m^2）
8	地下室	车位	共有	48, 577. 73	0. 00	48, 577. 73	0. 00	0. 00	971. 55
9	地下商城	商铺	栋 01	24, 289. 00	0. 00	0. 00	24, 289. 00	0. 00	10, 687. 16
10	地上商城	商铺	栋 01	149, 146. 00	22, 799. 00	0. 00	149, 146. 00	0. 00	65, 624. 24
11	配电房	公建	栋 02	200. 00	200. 00	0. 00	0. 00	0. 00	0. 00
12	其他配套	公建	栋 03	300. 00	300. 00	0. 00	0. 00	0. 00	0. 00

G10＝LOOKUP(1,楼层号.购物中心 sjsj. y,功能建面.购物中心 sjsj. y)

G11＝群栋规划 qdgh！F14

G12＝群栋规划 qdgh！F15

H8＝SUM(功能建面.地下车位 sjsj. y)

I9＝SUM(功能建面.地下购物中心 sjsj. y)

K8＝SUM(室内_设计面积.地下车位 sjsj. y)

K9＝SUM(室内_设计面积.地下购物中心 sjsj. y)

K10＝SUM(室内_设计面积.地上购物中心 sjsj. y)

2.1.6　面积分摊数据表

面积分摊数据表如表 2.6 所示。

表 2.6　面积分摊数据表

O	C7：C11	D7：D11	E7：E11	F7：F11	G7：G11	H7：H11	I7：I11
B	C	D	E	F	G	H	I
11	栋号	产品	栋功能建面（m^2）	功能建面合计（m^2）	套内建面合计（m^2）	本层公摊面积（m^2）	栋内公摊面积（m^2）
7	地下室	车位	48, 577. 73	48, 577. 73	38, 376. 35	9, 715. 60	485. 78
8	地下商城	商铺	24, 289. 00	24, 289. 00	13, 601. 84	10, 687. 16	0. 00
9	地上商城	商铺	149, 146. 00	149, 146. 00	83, 521. 76	65, 624. 24	0. 00
10	配电房	公建	200. 00	200. 00			
11	其他配套	公建	300. 00	300. 00			

0	J7：J11	K7：K11	L7：L11	M7：M11	N7：N11	O7：O11
B	J	K	L	M	N	O
11	不参与公摊面积（m^2）	割至栋外公摊面积（m^2）	源自栋外公摊面积（m^2）	栋套内建面占比（%）	摊至栋内公摊面积（m^2）	产权建面（m^2）
7	0.00	0.00	0.00		0.00	48,577.73
8	0.00	0.00	0.00	14.00	70.02	24,359.02
9	0.00	0.00	0.00	86.00	429.98	149,575.98
10			200.00		0.00	0.00
11			300.00		0.00	0.00

F8=SUM(G22:K22)

G8=SUM(套内建面_有产权机车库.地下空间 sjsj.y,套内建面_无产权机车库.地下空间 sjsj.y)

G9=SUM(套内建面.地下购物中心 sjsj.y)

G10=SUM(套内建面.地上购物中心 sjsj.y)

H8=SUM(本层内_公摊面积.地下车位 sjsj.y)

H9=SUM(本层内_公摊面积.地下购物中心 sjsj.y)

H10=SUM(本层内_公摊面积.地上购物中心 sjsj.y)

I8=SUM(本栋内_公摊面积.地下车位 sjsj.y)

I9=SUM(本栋内_公摊面积.地下购物中心 sjsj.y)

I10=SUM(本栋内_公摊面积.地上购物中心 sjsj.y)

J8=SUM(栋内不_公摊面积.地下车位 sjsj.y)

J9=SUM(栋内不_公摊面积.地下购物中心 sjsj.y)

J10=SUM(栋内不_公摊面积.地上购物中心 sjsj.y)

K8=SUM(割至栋外_公摊面积.地下车位 sjsj.y)

K9=SUM(割至栋外_公摊面积.地下购物中心 sjsj.y)

K10=SUM(割至栋外_公摊面积.地上购物中心 sjsj.y)

M9=E20/SUM($G$9:$G$10)

M10=E21/SUM($G$9:$G$10)

N8=SUM(割至栋外_公摊面积 mjft.y,源自栋外_公摊面积 mjft.y)*J23

O8=SUM(C29:E29,J29)-SUM(套内建面_非机车库.地下空间 sjsj.y)

2.2 规划技术指标数据建模

2.2.1 三维计量用地数据表

建设用地的计量单位有平方米、公顷、亩三种，在不同的场合可选择不同的计量单位，三种计量单位各有其优势。根据三种计量单位的换算关系，建立数据表（表2.7）。

表2.7 三种计量单位的换算关系

5	D8：D12	E8：E12	F8：F12	G8：G12
6	D	E	F	G
12	科目	（元/平方米）	（公顷）	（亩）
8	规划净用地	55,420.00	5.54	83.13
9	建设用地	51,600.00	5.16	77.40
10	道路用地	0.00	0.00	0.00
11	公共绿地	3,820.00	0.38	5.73
12	其他用面	0.00	0.00	0.00

表格的第一、第二行是表格的列标号：

D5=CONCATENATE(D6,＄C＄11,：,D6,＄C＄7)，其功能是自动显示D11：D12。

D6=SUBSTITUTE(ADDRESS(1,COLUMN(),4),1,)，其功能是自动显示所在列的字母D。

表格的第一列是表格的行标号：

C7=MAX(C8:C12)，其功能是通过公式自动找到最大的行号。

C8=ROW()，其功能是自动显示其行号8。

上述是表格建模的技巧之一，尤其是在大型超长、超宽的表格中使用是十分便捷的。

E8=SUM(E9:E12)

F8=E8/10000

G8=F8 * 15

2.2.2 规划技术指标表

规划技术指标是设计图纸中基本的数据，通过上述各表格数据的汇总，按以下科目形成数据表格（表2.8）。

表 2.8　规划技术指标

K H 7	I11：I12 I 科目	J11：J12 J 单位	K11：K12 K 数据
8	总建筑面积. 合计	平方米	222, 512. 73
9	建筑面积. 地上	平方米	149, 646. 00
10	建筑面积. 地下	平方米	72, 866. 73
11	建筑面积. 地上计容	平方米	149, 646. 00
12	商业建面. 地上计容	平方米	149, 146. 00
13	其他建面. 地上计容	平方米	500. 00
14	建筑面积. 地上不计容	平方米	0. 00
15	避难建面. 地上不计容	平方米	0. 00
16	架空建面. 地上不计容	平方米	0. 00
17	其他建面. 地上不计容	平方米	0. 00
18	地下建筑面积. 地下计容	平方米	24, 289. 00
19	商业建面. 地下计容	平方米	24, 289. 00
20	其他建面. 地下计容	平方米	0. 00
21	地下建筑面积. 地下不计容	平方米	48, 577. 73
22	机车库建面. 地下不计容	平方米	48, 577. 73
23	非机车库建面. 地下不计容	平方米	0. 00
24	其他建面. 地下不计容	平方米	0. 00
25	容积率		2. 70
26	建筑基底面积	平方米	23, 299. 00
27	建筑密度	%	42. 04
28	绿地率	%	20. 00
29	机车车位	个	1, 097
30	地上机车位	个	0
31	地下机车位	个	1, 097
32	机车位产权建面指标	平方米/个	44. 28
33	机车位套内建面指标	平方米/个	12. 00
34	红线内市政面积	平方米	32, 121. 00

K8 = SUM(K9:K10)

K9 = SUM(K11,K14)

K10 = SUM(K18,K21)

K11=SUM(K12:K13)

K12=SUM(功能建面.地上购物中心 sjsj. y)

K13=SUM(栋功能建面.其他公建 qdgh)

K14=SUM(K15:K17)

K18=SUM(K19:K20)

K19=SUM(功能建面.地下购物中心 sjsj. y)

K20=SUM(K22:K24)

K21=SUM(功能建面.地下车位 sjsj. y)

K22=SUM(套内建面_非机车库.地下车位 sjsj. y)

K24=K11/E8

K25=SUM(首层_建筑面积.合计 sjsj. y)

K26=K26/E8

K28=SUM(K30:K31)

K30=SUM(机车位个数_有产权.地下空间 sjsj. y,机车位个数_无产权.地下空间 sjsj. y)

K31=机车库建面.地下不计容.平方米 sgzb/地下机车位.个 sgzb

K33=E8-K26

第3章

营销方案与经营货量

3.1　车位的经营货量

3.1.1　车位营销策略与货量

从产权角度，机车位分为有产权的车位和无产权的车位；从其功能角度，可分为微型车位、子母车位、无障碍车位、货车车位、机械车位。从营销的角度分析，有产权的车位可以对外销售，也可以持有租赁，无产权的车位只能持有租赁。

车位经营货量数据表建模的宗旨是通过少量的人工数据录入，形成可自动生成基于多个方案营销模式的经营货量数据。

3.1.2　车位经营货量数据表

车位经营货量数据如表3.1所示。

表3.1　车位经营货量数据

O	C9：C15	D9：D15	E9：E15	F9：F15	G9：G15	H9：H15
B	C	D	E	F	G	H
15	车位类别	货量（个）	货量占比（%）	营销方案	合并科目	租赁占比（%）
9	人防区普通车位	149	13.58	经营	人防区普通车位．经营	100.00
10	非人防区普通车位	398	28.42	经营	非人防区普通车位．经营	50.00
11	微型车位	142	15.00	经营	微型车位．经营	100.00
12	子母车位	190	20.00	持有	子母车位．持有	100.00

续表

O B 15	C9：C15 C 车位类别	D9：D15 D 货量（个）	E9：E15 E 货量占比（%）	F9：F15 F 营销方案	G9：G15 G 合并科目	H9：H15 H 租赁占比（%）
13	无障碍车位	76	8.00	持有	无障碍车位．持有	100.00
14	货车车位	142	15.00	持有	货车车位．持有	100.00
15	机械车位	0	0.00	持有	机械车位．持有	100.00

O B 15	I9：I15 I 销售占比（%）	J9：J15 J 租赁货量（%）	K9：K15 K 销售货量（个）	L9：L15 L 可销售产权建面（m^2）	M9：M15 M 可租赁产权建面（m^2）	N9：N15 N 可销售套内建面（m^2）	O9：O15 O 可租赁套内建面（m^2）
9	0.00	149	0	0.00	6,598.07	0.00	1,788.00
10	50.00	199	199	8,812.19	8,812.19	2,388.00	2,388.00
11	0.00	142	0	0.00	6,288.09	0.00	1,704.00
12	0.00	190	0	0.00	8,413.64	0.00	2,280.00
13	0.00	76	0	0.00	3,365.46	0.00	912.00
14	0.00	142	0	0.00	6,288.09	0.00	1,704.00
15	0.00	0	0	0.00	0.00	0.00	0.00

D9=设计数据.地下空间 sjsj.y！J10

D10=地下机车位.个 sgzb-SUM(D11:D15)-D9

D11=ROUND((地下机车位.个 sgzb-$D$9)*E11,0)

E9=D9/地下机车位.个 sgzb

E10=1-SUM(E11:E15,E9)

G9=CONCATENATE(C9,".",F9)

I9=IF(F9="经营",1-H9,0)

J9=D9*H9

L9=K9*机车位产权建面指标.平方米.每个 sgzb

M9=J9*机车位产权建面指标.平方米.每个 sgzb

N9=K9*机车位.套内建面指标 sgzb

O9=J9*机车位.套内建面指标 sgzb

3.2 商铺的营销与经营货量

3.2.1 业态比例分布数据表

购物中心的业态一般有服装零售、运动用品、母婴用品、儿童用品、包袋皮具、化妆护理、珠宝饰品、钟表眼镜、生活家居、数码电器、书店、儿童娱乐、超市、中餐正餐、休闲餐饮、西餐快餐、咖啡茶吧、食品饮料、大众娱乐、电影院、运动健身、美容美体、培训体验等。业态比例分布数据表见表 3.2。

表 3.2　业态比例分布数据表

单位：%

P	C7：C29	D7：D29	E7：E29	F7：F29	G7：G29	H7：H29	I7：I29	J7：J29	K7：K29	L7：L29
B	C	D	E	F	G	H	I	J	K	L
29	科目	分类	负 1 层	第 1 层	第 2 层	第 3 层	第 4 层	第 5 层	第 6 层	第 7 层
7	服装零售	零售	10	50		40				
8	运动用品	零售			30					
9	母婴用品	零售			20					
10	儿童用品	零售			20					
11	包袋皮具	零售		10						
12	化妆护理	零售		10						
13	珠宝饰品	零售		20						
14	钟表眼镜	零售		10						
15	生活家居	零售			30					
16	数码电器	零售				30				
17	书店	零售								
18	儿童娱乐	零售				30				
19	超市	零售	27							
20	中餐正餐	餐饮	30				70		30	
21	休闲餐饮	餐饮	20						20	
22	西餐快餐	餐饮					20			
23	咖啡茶吧	餐饮	10				10			

续表

P	C7：C29	D7：D29	E7：E29	F7：F29	G7：G29	H7：H29	I7：I29	J7：J29	K7：K29	L7：L29
B	C	D	E	F	G	H	I	J	K	L
29	科目	分类	负1层	第1层	第2层	第3层	第4层	第5层	第6层	第7层
24	食品饮料	餐饮						30		
25	大众娱乐	娱乐						30		45
26	电影院	娱乐								50
27	运动健身	服务						40	50	
28	美容美体	服务	3							
29	培训体验	服务								5

以上单元格数据均为人工录入。归集起来，主要有四大业态，包括零售、餐饮、娱乐、服务，随着电商对实体店的冲击，购物中心加重了餐饮、娱乐、服务类的业态与品牌，以加强体验式消费（表3.3）。

表3.3 购物中心业态与品牌

P	N7：N10	O7：O10	P7：P10
M	N	O	P
10	科目	使用面积（m^2）	占比（%）
7	零售	40,679.87	44.09
8	餐饮	29,828.60	32.33
9	娱乐	10,000.80	10.84
10	服务	11,758.14	12.74

O7=SUMIFS(业态使用面积.商铺 ytmj. y,业态分类.商铺 ytmj. y,N7)

P10=IFERROR(O7/＄O＄3,0)

3.2.2 业态面积分布数据表

购物中心租金计量单位一般有建筑面积、套内建筑面积、净使用面积，政府正式发布的数据一般采用建筑面积，实际与商户约定的以套内建筑面积或使用面积居多，本书中购物中心（商铺）采取使用面积为租赁面积的计价计量单位（表3.4）。

表3.4　业态面积分布数据表

5			0.00	0.00	0.00	0.00
6			92,267.42	100.00%	12,921.75	12,129.07
O	D10：D32	E10：E32	F10：F32	G10：G32	H10：H32	I10：I32
C	D	E	F	G	H	I
32	科目	分类	使用面积（m²）	面积占比（%）	负1层（m²）	第1层（m²）
10	服装零售	零售	12,262.39	13.29	1,292.17	6,064.53
11	运动用品	零售	3,451.67	3.74	0.00	0.00
12	母婴用品	零售	2,301.11	2.49	0.00	0.00
13	儿童用品	零售	2,301.11	2.49	0.00	0.00
14	包袋皮具	零售	1,212.91	1.31	0.00	1,212.91
15	化妆护理	零售	1,212.91	1.31	0.00	1,212.91
16	珠宝饰品	零售	2,425.81	2.63	0.00	2,425.81
17	钟表眼镜	零售	1,212.91	1.31	0.00	1,212.91
18	生活家居	零售	3,451.67	3.74	0.00	0.00
19	数码电器	零售	3,679.26	3.99	0.00	0.00
20	书店	零售	0.00	0.00	0.00	0.00
21	儿童娱乐	零售	3,679.26	3.99	0.00	0.00
22	超市	零售	3,488.87	3.78	3,488.87	0.00
23	中餐正餐	餐饮	16,140.72	17.49	3,876.52	0.00
24	休闲餐饮	餐饮	5,037.19	5.46	2,584.35	0.00
25	西餐快餐	餐饮	2,452.84	2.66	0.00	0.00
26	咖啡茶吧	餐饮	2,518.59	2.73	1,292.17	0.00
27	食品饮料	餐饮	3,679.26	3.99	0.00	0.00
28	大众娱乐	娱乐	6,673.67	7.23	0.00	0.00
29	电影院	娱乐	3,327.13	3.61	0.00	0.00
30	运动健身	服务	11,037.78	11.96	0.00	0.00
31	美容美体	服务	387.65	0.42	387.65	0.00
32	培训体验	服务	332.71	0.36	0.00	0.00

5	0.00	0.00	0.00	0.00	0.00	0.00
6	11,505.56	12,264.20	12,264.20	12,264.20	12,264.20	6,654.26
O	J10：J32	K10：K32	L10：L32	M10：M32	N10：N32	O10：O32
C	J	K	L	M	N	O
32	第2层 (m^2)	第3层 (m^2)	第4层 (m^2)	第5层 (m^2)	第6层 (m^2)	第7层 (m^2)
10	0.00	4,905.68	0.00	0.00	0.00	0.00
11	3,451.67	0.00	0.00	0.00	0.00	0.00
12	2,301.11	0.00	0.00	0.00	0.00	0.00
13	2,301.11	0.00	0.00	0.00	0.00	0.00
14	0.00	0.00	0.00	0.00	0.00	0.00
15	0.00	0.00	0.00	0.00	0.00	0.00
16	0.00	0.00	0.00	0.00	0.00	0.00
17	0.00	0.00	0.00	0.00	0.00	0.00
18	3,451.67	0.00	0.00	0.00	0.00	0.00
19	0.00	3,679.26	0.00	0.00	0.00	0.00
20	0.00	0.00	0.00	0.00	0.00	0.00
21	0.00	3,679.26	0.00	0.00	0.00	0.00
22	0.00	0.00	0.00	0.00	0.00	0.00
23	0.00	0.00	8,584.94	0.00	3,679.26	0.00
24	0.00	0.00	0.00	0.00	2,452.84	0.00
25	0.00	0.00	2,452.84	0.00	0.00	0.00
26	0.00	0.00	1,226.42	0.00	0.00	0.00
27	0.00	0.00	0.00	3,679.26	0.00	0.00
28	0.00	0.00	0.00	3,679.26	0.00	2,994.42
29	0.00	0.00	0.00	0.00	0.00	3,327.13
30	0.00	0.00	0.00	4,905.68	6,132.10	0.00
31	0.00	0.00	0.00	0.00	0.00	0.00
32	0.00	0.00	0.00	0.00	0.00	332.71

D10=业态比例.商铺 ytbl. x!C6

E10=业态比例.商铺 ytbl. x!D6

F10=SUM(H10:O10)

G10=F10/ $F$6

数组公式 F10：J32 = {TRANSPOSE（使用面积.购物中心 sjsj. y）* 业态比例.商铺 ytbl. x}。

3.2.3 商铺营销货量数据表

购物中心（商城）的营销方式分为对外销售、持有租赁、售后返租等，营销方案分为三大类：全销售型、全租赁型、租赁并举型。购物中心营销货量数据建模的宗旨是通过基本数据的人工录入，再设置贯通式数据链，实现多种营销方案与经营货量的自动生成（表 3.5）。

表 3.5　商铺营销货量数据表

M	C10：C17	D10：D17	E10：E17	F10：F17	G10：G17	H10：H17
B	C	D	E	F	G	H
17	楼层码	营销方案	返租方案	营销合并科目	可销售产权建面 (m^2)	可租赁产权建面 (m^2)
10	负 1 层	对外销售	售后返租	负 1 层对外销售	24, 359. 02	0. 00
11	第 1 层	持有租赁	不返租	第 1 层持有租赁	0. 00	22, 864. 73
12	第 2 层	持有租赁	不返租	第 2 层持有租赁	0. 00	21, 689. 35
13	第 3 层	持有租赁	不返租	第 3 层持有租赁	0. 00	23, 119. 46
14	第 4 层	持有租赁	不返租	第 4 层持有租赁	0. 00	23, 119. 46
15	第 5 层	对外销售	不返租	第 5 层对外销售	23, 119. 46	0. 00
16	第 6 层	对外销售	不返租	第 6 层对外销售	23, 119. 46	0. 00
17	第 7 层	对外销售	不返租	第 7 层对外销售	12, 544. 06	0. 00

M	I10：I17	J10：J17	K10：K17	L10：L17	M10：M17
B	I	J	K	L	M
17	可租赁套内建面 (m^2)	可租赁使用面积 (m^2)	可返租产权建面 (m^2)	可返租使用面积 (m^2)	可销售使用面积 (m^2)
10	0. 00	0. 00	24, 359. 02	12, 921. 75	12, 921. 75
11	12, 767. 44	12, 129. 07	0. 00	0. 00	0. 00
12	12, 111. 12	11, 505. 56	0. 00	0. 00	0. 00
13	12, 909. 68	12, 264. 20	0. 00	0. 00	0. 00
14	12, 909. 68	12, 264. 20	0. 00	0. 00	0. 00
15	0. 00	0. 00	0. 00	0. 00	12, 264. 20
16	0. 00	0. 00	0. 00	0. 00	12, 264. 20
17	0. 00	0. 00	0. 00	0. 00	6, 654. 26

F10=CONCATENATE(C10,"",E10)。

G10:M17={IF(营销方案.购物中心 jyhl. y="对外销售",产权建面.地下购物中心 sjsj. y,0)}。

对 D10：D17 区域数据进行数据有效验证的设置，形成“对外销售、持有租赁”两个下拉式菜单。

3.2.4 营销货量的占比数据表

经营货量可分为可经营产权建面、可销售产权建面、可租赁产权建面、租赁面积占比、销售面积占比等单元格数据（表 3.6）。

表 3.6 营销货量的占比数据表

5	0.00	100.00	39.58	60.42		
6	216,088.54m²	216,088.54m²	85,530.00m²	130,558.54m²		
H	C10：C11	D10：D11	E10：E11	F10：F11	G10：G11	H10：H11
B	C	D	E	F	G	H
11	科目	可经营产权建面（m²）	可销售产权建面（m²）	可租赁产权建面（m²）	租赁面积占比（%）	销售面积占比（%）
10	车位	42,153.54	2,388.00	39,765.54	94.33	5.67
11	商铺	173,935.00	83,142.00	90,793.00	52.20	47.80

D10=SUM(E10:F10),D11=SUM(E11:F11)

E10=SUM(可销售产权建面.车位 jyhl. y)

E11=SUM(可销售产权建面.购物中心 jyhl. y)

F10=SUM(可租赁产权建面.车位 jyhl. y)

F11=SUM(可租赁产权建面.购物中心 jyhl. y)

H10=IFERROR(F10/D10,0)

H11=IFERROR(F11/D11,0)

第4章

全生命周期时间坐标建模

全生命周期时间坐标是对商业地产进行动态管理的极其重要的工具，如何将商业地产重要业务节点自动分配至时间刻度的单元格内是“敏感算法决策模型”建模中的难点。好在强大的计算机编程语言能够解决此类关键的问题。

4.1 开发计划数据建模

4.1.1 关键设计周期的数据表

设计阶段可分为方案设计、初步设计、施工图设计等，各阶段设计周期的数据可参考的资料有《全国建筑设计周期定额（2016 年）》《深圳建筑工程勘察设计工期定额》《房地产开发企业投资管理手册》（吴增胜编著）等公开出版的资料，或采用企业内部的定额库数据。

本项目“实例一”的建筑功能主要是购物中心。购物中心的设计周期，根据其建筑面积，引用相关资料的数据后直接录入相应单元格（表 4.1）。当有共有地下室时，应将其建筑面积分摊至总建筑面积内。当开发的建筑形态为“群栋建筑”时，则应取其最长工期，不能简单叠加。

表 4.1 关键设计周期的数据表

M	C7：C10	D7：D10	E7：E10	F7：F10	G7：G10
B	C	D	E	F	G
10	科目	功能	建筑面积（万平方米）	面积占比（%）	分摊后建面（万平方米）
7	建筑设计		17. 34		22. 25
8	栋 01	商城	17. 34	100. 00	22. 25
9	室内设计		7. 63		7. 63
10	栋 01	商城	7. 63	100. 00	7. 63

M	H7：H10	I7：I10	J7：J10	K7：K10	L7：L10	M7：M10
B	H	I	J	K	L	M
10	方案设计（月）	初步设计（月）	施工图设计（月）	定额周期（月）	市场系数（月）	实际周期
7						300 天
8	2.75	2.25	5.00	10.00	1.00	10.00 月
9						176 天
10	1.75	1.50	3.25	6.50	0.90	5.85 月

E7=SUM(E8:E8)

E8=SUM(功能建面.购物中心 sjsj.y)

E9=SUM(E10:E10)

E10=SUM(室内_设计面积.购物中心 sjsj.y)

G7=ROUND(MAX(M8:M8),0)

G8=K8 * L8

G9=ROUND(MAX(M10:M10),0)

G10=K10 * L10

4.1.2 土建工程建造工期数据表

土建工程施工工期可参考企业内部定额，当没有企业施工定额时，可参考项目所在地发布的施工工期定额或《房地产开发企业投资管理手册》（吴增胜编著）中的相关章节。

每个城市对商品房的预售条件的规定略有不同，根据本案例购物中心的预售条件，假设当施工至总层数的三分之一时具备预售的条件。基于上述条件数据表格建模如表4.2所示。

表4.2 土建工程建造工期数据表

J	C8：C12	D8：D12	F8：F12	G8：G12	H8：H12
B	C	D	F	G	H
12	土建合并科目	工期（天）	层数	单层建面均值（m^2）	每层土建（天）
8	土建.地下室.公建	40	2 层	24,288.86	20
9	土建.地下商城.建安	15	1 层	24,289.00	15
10	土建.地上商城.建安	70	7 层	21,306.57	10
11	土建.配电房.公建	7	1 层	200.00	7
12	土建.其他配套.公建	8	1 层	300.00	8

D8 = F8 * H8

E8 = 群栋规划 qdgh！ F7

F8 = 群栋规划 qdgh！ H7

G8 = 群栋规划 qdgh！ H7

I10 = F10 * 2/3

J10 = SUM(D8:D9) +I10 * H10

4.1.3　外装饰工程建造工期数据表

根据外装饰工程的科目，结合其檐口高度、立面表面积、装饰做法及施工段的划分，引用相关资料后再结合项目的工期需求，录入相关单元格形成表格的模板（表 4.3）。

表 4.3　外装饰工程建造工期数据表

I	C7：C9	D7：D9	F7：F9	G7：G9	H7：H9	I7：I9
B	C	D	F	G	H	I
9	外装饰合并科目	工期（天）	层数	檐口高度（m）	立面表面积（m^2）	装饰做法
7	外装饰. 地上商城. 建安	50	2 层	39.00	23,588.11	幕墙
8	外装饰. 配电房. 公建	7	1 层	3.50	205.91	涂料
9	外装饰. 其他配套. 公建	7	7 层	3.20	230.57	涂料

G7 = MAX(楼标高.购物中心 sjsj. y)

G8 = 其他公建配套 qgpt. y！ E9

G9 = 其他公建配套 qgpt. y！ E10

H7 = SUM(立面表面积.地上购物中心 sjsj. y)

H8 = 其他公建配套 qgpt. y！ I9

H9 = 其他公建配套 qgpt. y！ I10

4.1.4　内装饰工程建造工期数据表

在编制内装饰工程施工工期计划时应考虑其建筑功能、装修的档次、质量的标准、装修的面积、施工段的划分等因素。根据本案例购物中心的建筑功能分布，将内装饰工程施工工期数据录入相关单元格，形成如表 4.4 所示的数据表格模板。

表 4.4 内装饰工程建造工期数据表

K C 11	D7：D11 D 内装饰合并科目	E7：E11 E 工期（天）	G7：G11 G 层数	H7：H11 H 装修标准	I7：I11 I 施工段	J7：J11 J 施工段面积（m^2）	K7：K11 K 面积天指标（%）
7	内装饰. 地下室. 公建	29	2层	一般标准	1段	971.55	3.00
8	内装饰. 地下商城. 建安	107	1层	中级标准	1段	10,687.16	1.00
9	内装饰. 地上商城. 建安	175	7层	中级标准	3段	21,874.75	0.80
10	内装饰. 配电房. 公建	6	1层	中级标准	1段	190.00	3.00
11	内装饰. 其他配套. 公建	9	1层	中级标准	1段	285.00	3.00

E7=ROUND(K7*J7,0)，E8:E11 区域内的单元格公式以此类推。

G7=内装饰工程费 nzgf. y！F8

H7=群栋规划 qdgh！H7

J7=IFERROR(F7/I7,0)

K7=IF(J7<5000,3%,IF(J7<20000,1%,IF(J7<50000,0.8%,IF(J7>50000,0.5%,0))))

4.1.5 单位工程的开发计划数据表

开发企业的开发计划板块可分为立项拿地、开工准备、材料采购、施工建造、营销招商、租赁运营等节点。如表 4.5 所示的数据表格所列举的二级开发计划科目详见 D9：D49 区域单元格。

表 4.5 单位工程的开发计划数据表

K B 50	C9：C50 C 开发节点	D9：D50 D 开发科目	E9：E50 E 工期（天）	G9：G50 G 开始日期	H9：H50 H 完成日期
9	立项拿地	建议书编制	52	2015年02月01日	2015年03月24日
10	立项拿地	可研报告编制	65	2015年03月25日	2015年05月28日
11	立项拿地	土地使用权出让金	1	2015年05月29日	2015年05月29日
12	立项拿地	土地交易契税	1	2015年05月30日	2015年05月30日
13	立项拿地	印花税	1	2015年05月30日	2015年05月30日
14	土地开发	大市政配套	1	2015年05月30日	2015年05月30日
15	土地开发	劳动力安置	1	2015年05月30日	2015年05月30日

续表

K	C9：C50	D9：D50	E9：E50	G9：G50	H9：H50
B	C	D	E	G	H
50	**开发节点**	**开发科目**	**工期（天）**	**开始日期**	**完成日期**
16	土地开发	搬迁用房安置	1	2015 年 05 月 30 日	2015 年 05 月 30 日
17	土地开发	附着物拆迁补偿	1	2015 年 05 月 30 日	2015 年 05 月 30 日
18	土地开发	红线外接驳	1	2015 年 05 月 30 日	2015 年 05 月 30 日
19	土地开发	五通一平	1	2015 年 05 月 30 日	2015 年 05 月 30 日
20	开工准备	岩土勘察	40	2015 年 05 月 31 日	2015 年 07 月 09 日
21	开工准备	建筑设计	300	2015 年 07 月 10 日	2016 年 05 月 04 日
22	开工准备	室内设计	176	2015 年 09 月 08 日	2016 年 03 月 01 日
23	开工准备	施工图审查	20	2016 年 05 月 05 日	2016 年 05 月 24 日
24	开工准备	测量测绘	15	2016 年 05 月 25 日	2016 年 06 月 08 日
25	施工建造	土建. 共有地下室. 公建	40	2016 年 05 月 25 日	2016 年 07 月 03 日
26	施工建造	土建. 地下购物中心. 建安	15	2016 年 07 月 04 日	2016 年 07 月 18 日
27	施工建造	土建. 地上购物中心. 建安	70	2016 年 07 月 19 日	2016 年 09 月 26 日
28	施工建造	土建. 配电房. 公建	7	2016 年 09 月 27 日	2016 年 10 月 03 日
29	施工建造	土建. 其他配套用房. 公建	8	2016 年 10 月 04 日	2016 年 10 月 11 日
30	施工建造	外装饰. 地上购物中心. 建安	50	2016 年 09 月 27 日	2016 年 11 月 15 日
31	施工建造	外装饰. 配电房. 公建	7	2016 年 10 月 04 日	2016 年 10 月 10 日
32	施工建造	外装饰. 其他配套用房. 公建	7	2016 年 10 月 11 日	2016 年 10 月 17 日
33	施工建造	内装饰. 共有地下室. 公建	29	2016 年 11 月 16 日	2016 年 12 月 14 日
34	施工建造	内装饰. 地下购物中心. 建安	107	2016 年 11 月 16 日	2017 年 03 月 02 日
35	施工建造	内装饰. 地上购物中心. 建安	175	2016 年 11 月 16 日	2017 年 05 月 09 日
36	施工建造	内装饰. 配电房. 公建	6	2016 年 10 月 04 日	2016 年 10 月 09 日
37	施工建造	内装饰. 其他配套用房. 公建	9	2016 年 10 月 12 日	2016 年 10 月 20 日
38	施工建造	安装. 共有地下室. 公建	34	2016 年 11 月 06 日	2016 年 12 月 09 日
39	施工建造	安装. 地下购物中心. 建安	112	2016 年 11 月 06 日	2017 年 02 月 25 日
40	施工建造	安装. 地上购物中心. 建安	180	2016 年 11 月 06 日	2017 年 05 月 04 日
41	施工建造	安装. 配电房. 公建	11	2016 年 09 月 24 日	2016 年 10 月 04 日
42	施工建造	安装. 其他配套用房. 公建	14	2016 年 10 月 02 日	2016 年 10 月 15 日
43	施工建造	小市政. 基施	30	2016 年 11 月 16 日	2016 年 12 月 15 日
44	施工建造	其他工程费. 基施	30	2016 年 11 月 16 日	2016 年 12 月 15 日
45	施工建造	土建类甲供购置费	132	2016 年 05 月 25 日	2016 年 10 月 04 日
46	施工建造	装饰类甲供购置费	225	2016 年 09 月 27 日	2017 年 05 月 10 日

续表

K B 50	C9：C50 C 开发节点	D9：D50 D 开发科目	E9：E50 E 工期（天）	G9：G50 G 开始日期	H9：H50 H 完成日期
47	施工建造	安装类甲供购置费	218	2016 年 10 月 04 日	2017 年 05 月 10 日
48	施工建造	市政类甲供购置费	30	2016 年 11 月 16 日	2016 年 12 月 16 日
49	施工建造	施工监理	350	2016 年 05 月 25 日	2017 年 05 月 10 日
50	施工建造	营销设施费. 营销中心	250	2015 年 05 月 31 日	2016 年 02 月 05 日

开发商在编制开发计划时，有的科目习惯于用天数计量，有的习惯于用月数计量，所以，数据表中设置了两个计量单位，通过公式逻辑语言的设置，只能“二选一”地录入数据。数据录入形式可为人工录入或引用其他数据源。

开始日期（G9：G49）的形式将根据工序之间的逻辑关系人工录入，或设置公式，应考虑与上一工序之间的开始—开始、开始—完成、完成—完成、完成—开始等逻辑关系。

H9=IF(E9>0,G9+E9-1,EDATE(G9,F9)-1)，完成日期可根据逻辑关系，设置公式后可自动计算。

4.1.6 开发计划时间坐标数据表

将具体事件的发生日期转换为以整月为刻度的时间坐标月轴是自动分配数据的基本设置。沿 *X* 方向的简称为“时间横向轴”，沿 *Y* 方向的简称为“时间纵向轴”。时间坐标轴将贯穿于“敏感算法决策模型”。所以，时间轴的建模十分重要。

表 4.6 开发计划时间坐标数据表

K B 50	C9：C50 C 开发节点	D9：D50 D 开发科目	I9：I50 I 开始日期	J9：J50 J 完成日期	K9：K50 K 整月数（月）
9	立项拿地	建议书编制	2015 年 02 月 01 日	2015 年 03 月 31 日	2
10	立项拿地	可研报告编制	2015 年 03 月 01 日	2015 年 05 月 31 日	3
11	立项拿地	土地使用权出让金	2015 年 05 月 01 日	2015 年 05 月 31 日	1
12	立项拿地	土地交易契税	2015 年 05 月 01 日	2015 年 05 月 31 日	1
13	立项拿地	印花税	2015 年 05 月 01 日	2015 年 05 月 31 日	1
14	土地开发	大市政配套	2015 年 05 月 01 日	2015 年 05 月 31 日	1
15	土地开发	劳动力安置	2015 年 05 月 01 日	2015 年 05 月 31 日	1
16	土地开发	搬迁用房安置	2015 年 05 月 01 日	2015 年 05 月 31 日	1
17	土地开发	附着物拆迁补偿	2015 年 05 月 01 日	2015 年 05 月 31 日	1

续表

K	C9：C50	D9：D50	I9：I50	J9：J50	K9：K50
B	C	D	I	J	K
50	开发节点	开发科目	开始日期	完成日期	整月数（月）
18	土地开发	红线外接驳	2015 年 05 月 01 日	2015 年 05 月 31 日	1
19	土地开发	五通一平	2015 年 05 月 01 日	2015 年 05 月 31 日	1
20	开工准备	岩土勘察	2015 年 05 月 01 日	2015 年 07 月 31 日	3
21	开工准备	建筑设计	2015 年 07 月 01 日	2016 年 05 月 31 日	11
22	开工准备	室内设计	2015 年 09 月 01 日	2016 年 03 月 31 日	7
23	开工准备	施工图审查	2016 年 05 月 01 日	2016 年 05 月 31 日	1
24	开工准备	测量测绘	2016 年 05 月 01 日	2016 年 06 月 30 日	2
25	施工建造	土建. 共有地下室. 公建	2016 年 05 月 01 日	2016 年 07 月 31 日	3
26	施工建造	土建. 地下购物中心. 建安	2016 年 07 月 01 日	2016 年 07 月 31 日	1
27	施工建造	土建. 地上购物中心. 建安	2016 年 07 月 01 日	2016 年 09 月 30 日	3
28	施工建造	土建. 配电房. 公建	2016 年 09 月 01 日	2016 年 10 月 31 日	2
29	施工建造	土建. 其他配套用房. 公建	2016 年 10 月 01 日	2016 年 10 月 31 日	1
30	施工建造	外装饰. 地上购物中心. 建安	2016 年 09 月 01 日	2016 年 11 月 30 日	3
31	施工建造	外装饰. 配电房. 公建	2016 年 10 月 01 日	2016 年 10 月 31 日	1
32	施工建造	外装饰. 其他配套用房. 公建	2016 年 10 月 01 日	2016 年 10 月 31 日	1
33	施工建造	内装饰. 共有地下室. 公建	2016 年 11 月 01 日	2016 年 12 月 31 日	2
34	施工建造	内装饰. 地下购物中心. 建安	2016 年 11 月 01 日	2017 年 03 月 31 日	5
35	施工建造	内装饰. 地上购物中心. 建安	2016 年 11 月 01 日	2017 年 05 月 31 日	7
36	施工建造	内装饰. 配电房. 公建	2016 年 10 月 01 日	2016 年 10 月 31 日	1
37	施工建造	内装饰. 其他配套用房. 公建	2016 年 10 月 01 日	2016 年 10 月 31 日	1
38	施工建造	安装. 共有地下室. 公建	2016 年 11 月 01 日	2016 年 12 月 31 日	2
39	施工建造	安装. 地下购物中心. 建安	2016 年 11 月 01 日	2017 年 02 月 28 日	4
40	施工建造	安装. 地上购物中心. 建安	2016 年 11 月 01 日	2017 年 05 月 31 日	7
41	施工建造	安装. 配电房. 公建	2016 年 09 月 01 日	2016 年 10 月 31 日	2
42	施工建造	安装. 其他配套用房. 公建	2016 年 10 月 01 日	2016 年 10 月 31 日	1
43	施工建造	小市政. 基施	2016 年 11 月 01 日	2016 年 12 月 31 日	2
44	施工建造	其他工程费. 基施	2016 年 11 月 01 日	2016 年 12 月 31 日	2
45	施工建造	土建类甲供购置费	2016 年 05 月 01 日	2016 年 10 月 31 日	6
46	施工建造	装饰类甲供购置费	2016 年 09 月 01 日	2017 年 05 月 31 日	9
47	施工建造	安装类甲供购置费	2016 年 10 月 01 日	2017 年 05 月 31 日	8
48	施工建造	市政类甲供购置费	2016 年 11 月 01 日	2016 年 12 月 31 日	2
49	施工建造	施工监理	2016 年 05 月 01 日	2017 年 05 月 31 日	13
50	施工建造	营销设施费. 营销中心	2015 年 05 月 01 日	2016 年 02 月 29 日	10

I9=EOMONTH(G9,-1)+1

J9=DATE(YEAR(H9),MONTH(H9)+1,1)-1

K9=DATEDIF(I9,J9,"M")+1

特别说明：工期月的公式有加 1 或减 1 或不加不减的问题，对于其造价的误差可在后续数据表设置公式修正。

4.2 营销计划数据建模

4.2.1 销售去化周期数据表

全国各城市对商品房销售的预售条件的规定是有差异的，将销售周期与预售条件链接，以形成施工形象进度与销售速度的联动。

根据本书案例之购物中心的建筑功能、层数、面积，营销部确定的销售速度指标及项目所在城市对商品房预售的条件，形成销售周期数据表（表 4.7）。

表 4.7 销售去化周期数据表

J	C10：C10	D10：D10	E10：E10	F10：F10
B	C	D	E	F
10	功能	销售月数（月）	可销售产权建面（m^2）	销售速度（m^2/月）
8	地下室			
9	商铺	12	106,261.46	8,855.12
10	车位	12	8,812.19	734.35

D9=12＊敏感系数.销售速度 mxsd

E9=SUM(可销售产权建面.购物中心 jyhl.y)

F9=E9/D9

4.2.2 营销设施计划数据表

根据本书案例之购物中心的营销方案，开发商将在用地范围之外租用一个城市展厅，作为购物中心的租售中心。其营销设施的实施计划的参数可录入相关的单元格，再将营销中心实施的具体开始日期、完成日期通过公式换算至以月为刻度的时间坐标轴内（表 4.8）。

表 4.8　营销设施计划数据表

L	D8：D11	E8：E11	F8：F11	G8：G11	H8：H11
C	D	E	F	G	H
11	科目	工期（天）	工期（月）	开始日期	完成日期
7	营销设施. 营销中心	249		2015 年 05 月 31 日	2016 年 02 月 04 日
8	建筑设计. 营销中心		3	2015 年 05 月 31 日	2015 年 08 月 30 日
9	室内设计. 营销中心		2	2015 年 08 月 31 日	2015 年 10 月 30 日
10	施工建造. 营销中心		3	2015 年 10 月 31 日	2016 年 01 月 30 日
11	样品布置. 营销中心	5		2016 年 01 月 31 日	2016 年 02 月 04 日

L	J8：J11	K8：K11	L8：L11
C	J	K	L
11	开始日期	完成日期	整月数（月）
7	2015 年 05 月 01 日	2016 年 02 月 29 日	10
8	2015 年 05 月 01 日	2015 年 08 月 31 日	4
9	2015 年 08 月 01 日	2015 年 10 月 31 日	3
10	2015 年 10 月 01 日	2016 年 01 月 31 日	4
11	2016 年 01 月 01 日	2016 年 02 月 29 日	2

H8=IF(E8>0,G8+E8-1,EDATE(G8,F8)-1)

I8=DATEDIF(G8,H8,"M")+1

J8=EOMONTH(G8,-1)+1

K8=DATE(YEAR(H8),MONTH(H8)+1,1)-1

L8=DATEDIF(J8,K8,"M")+1

4.3　关键节点计划数据建模

4.3.1　关键节点计划数据表

在编制商业地产项目全生命周期计划过程中，视为关键节点的有：土地使用年限、全生命期、市场调研基准期、正式开工日、销售周期、开发建设期、交付使用日、开发销售期、房开经营期、招商顾问期、招商代理期、商家装修免租期、主力店装修补贴期、收入租金期、商管经营期、资产折旧期、残值回收期、土地增值税清算期、整售期。具体的数据录入见表 4.9 中的相关单元格。

表 4.9　关键节点计划数据表

M B 29	C9：C29 C 控制节点	D9：D29 D 工期（天）	E9：E29 E 工期（月）	F9：F29 F 开始日期	G9：G29 G 完成日期
9	土地使用年限		480	2015 年 05 月 31 日	2055 年 05 月 30 日
10	全生命期			2015 年 02 月 01 日	2055 年 05 月 30 日
11	市场调研基准期	1		2015 年 03 月 25 日	2015 年 03 月 25 日
12	正式开工日	1		2016 年 05 月 25 日	2016 年 05 月 25 日
13	销售周期. 栋 01. 商城		12	2016 年 11 月 26 日	2017 年 11 月 25 日
14	销售周期. 车位		12	2017 年 05 月 25 日	2018 年 05 月 24 日
15	销售费用期			2016 年 05 月 30 日	2018 年 05 月 24 日
16	开发建设期			2015 年 02 月 01 日	2017 年 05 月 10 日
17	交付使用日	1		2017 年 05 月 11 日	2017 年 05 月 11 日
18	开发销售期			2015 年 02 月 01 日	2018 年 05 月 24 日
19	房开经营期			2015 年 02 月 01 日	2018 年 05 月 24 日
20	招商顾问期		12	2016 年 11 月 11 日	2017 年 11 月 10 日
21	招商代理期		12	2016 年 11 月 11 日	2017 年 11 月 10 日
22	商家装修免租期		6	2017 年 05 月 12 日	2017 年 11 月 11 日
23	主力店装修补贴期		6	2017 年 05 月 12 日	2017 年 11 月 11 日
24	收入租金期			2017 年 11 月 12 日	2055 年 05 月 30 日
25	商管经营期			2017 年 05 月 12 日	2055 年 05 月 30 日
26	资产折旧期			2017 年 05 月 12 日	2055 年 05 月 30 日
27	残值回收期	1		2055 年 05 月 30 日	2055 年 05 月 30 日
28	土地增值税清算期	1		2018 年 06 月 23 日	2018 年 06 月 23 日
29	整售期	1		2017 年 05 月 11 日	2017 年 05 月 11 日

M B 29	I9：I29 I 开始日期	J9：J29 J 完成日期	K9：K29 K 开始月序	L9：L29 L 完成月序
9	2015 年 05 月 01 日	2055 年 05 月 31 日	第 4 个月	第 484 个月
10	2015 年 02 月 01 日	2055 年 05 月 31 日	第 1 个月	第 484 个月
11	2015 年 03 月 01 日	2015 年 03 月 31 日	第 2 个月	第 2 个月
12	2016 年 05 月 01 日	2016 年 05 月 31 日	第 16 个月	第 16 个月
13	2016 年 11 月 01 日	2017 年 11 月 30 日	第 22 个月	第 34 个月
14	2017 年 05 月 01 日	2018 年 05 月 31 日	第 28 个月	第 40 个月

续表

M	I9：I29	J9：J29	K9：K29	L9：L29
B	I	J	K	L
29	**开始日期**	**完成日期**	**开始月序**	**完成月序**
15	2016 年 05 月 01 日	2018 年 05 月 31 日	第 16 个月	第 40 个月
16	2015 年 02 月 01 日	2017 年 05 月 31 日	第 1 个月	第 28 个月
17	2017 年 05 月 01 日	2017 年 05 月 31 日	第 28 个月	第 28 个月
18	2015 年 02 月 01 日	2018 年 05 月 31 日	第 1 个月	第 40 个月
19	2015 年 02 月 01 日	2018 年 05 月 31 日	第 1 个月	第 40 个月
20	2016 年 11 月 01 日	2017 年 11 月 30 日	第 22 个月	第 34 个月
21	2016 年 11 月 01 日	2017 年 11 月 30 日	第 22 个月	第 34 个月
22	2017 年 05 月 01 日	2017 年 11 月 30 日	第 28 个月	第 34 个月
23	2017 年 05 月 01 日	2017 年 11 月 30 日	第 28 个月	第 34 个月
24	2017 年 11 月 01 日	2055 年 05 月 31 日	第 34 个月	第 484 个月
25	2017 年 05 月 01 日	2055 年 05 月 31 日	第 28 个月	第 484 个月
26	2017 年 05 月 01 日	2055 年 05 月 31 日	第 28 个月	第 484 个月
27	2055 年 05 月 01 日	2055 年 05 月 31 日	第 484 个月	第 484 个月
28	2018 年 06 月 01 日	2018 年 06 月 30 日	第 41 个月	第 41 个月
29	2017 年 05 月 01 日	2017 年 05 月 31 日	第 28 个月	第 28 个月

H9=IF(D9>0,F9+D9-1,EDATE(F9,E9)-1)

I9=DATEDIF(F9,G9,"M")+1

J9=EOMONTH(F9,-1)+1

K9=DATE(YEAR(G9),MONTH(G9)+1,1)-1

L9=LOOKUP(I9,开始日期 qczx. yb. y,月序号 qczx. yb. y)

M9=LOOKUP(J9,完成日期 qczx. yb. y,月序号 qczx. yb. y)

N9=DATEDIF(I9,J9,"M")+1

4. 3. 2　横向时间坐标月轴

为了方便表格视图阅读，将“纵向月时间轴”自动转换为“横向月时间轴”是必要的建模技巧（表 4. 10）。

表 4.10　时间坐标月轴转换表

	38	J17：WK38	I	J	K
	11	J11：WK11	月序号	总第 1 个月	第 2 个月
	12	J12：WK12	土地月序	土第 0 个月	第 0 个月
	13	J13：WK13	年份号	2015	2015
	14	J14：WK14	年序号	第 1 年	第 1 年
	15	J15：WK15	开始日期	2015 年 02 月 01 日	2015 年 03 月 01 日
F	16	J16：WK16	完成日期	2015 年 02 月 28 日	2015 年 03 月 31 日
50 个月	17	J17：WK17	涨价年指数	0	0
480 个月	18	J18：WK18	土地使用年限	0	0
484 个月	19	J19：WK19	全生命期	A	A
1 个月	20	J20：WK20	市场调研基准期	0	A
1 个月	21	J21：WK21	正式开工日	0	0
12 个月	22	J22：WK22	销售周期. 栋 01. 商城	0	0
12 个月	23	J23：WK23	销售周期. 车位	0	0
24 个月	24	J24：WK24	销售费用期	0	0
28 个月	25	J25：WK25	开发建设期	A	A
1 个月	26	J26：WK26	交付使用日	0	0
40 个月	27	J27：WK27	开发销售期	A	A
40 个月	28	J28：WK28	房开经营期	A	A
12 个月	29	J29：WK29	招商顾问期	0	0
12 个月	30	J30：WK30	招商代理期	0	0
6 个月	31	J31：WK31	商家装修免租期	0	0
6 个月	32	J32：WK32	主力店装修补贴期	0	0
451 个月	33	J33：WK33	收入租金期	0	0
457 个月	34	J34：WK34	商管经营期	0	0
457 个月	35	J35：WK35	资产折旧期	0	0
1 个月	36	J36：WK36	残值回收期	0	0
1 个月	37	J37：WK37	土地增值税清算期	0	0
1 个月	38	J38：WK38	整售期	0	0

J17:WK17=IF(YEAR(市场调研基准期.开始日期.节点 jdjh)<=年份号 qchx. yb. x,年份号 qchx. yb. x-YEAR(市场调研基准期.开始日期.节点 jdjh),0)

J18:WK18=IF(AND(开始日期 qchx. yb. x>土地使用年限.开始日期.节点 jdjh,完成日期 qchx. yb. x<=土地使用年限.完成日期.节点 jdjh),"A",0)

J19:WK19=IF(AND(开始日期 qchx. yb. x>=全生命期.开始日期.节点 jdjh,完成日期 qchx. yb. x<=全生命期.完成日期.节点 jdjh),"A",0)

J20:WK20=IF(AND(开始日期 qchx. yb. x>=市场调研基准期.开始日期.节点 jdjh,完成日期 qchx. yb. x<=市场调研基准期.完成日期.节点 jdjh),"A",0)

J21:WK21=IF(AND(开始日期 qchx. yb. x>=正式开工.开始日期.节点 jdjh,完成日期 qchx. yb. x<=正式开工.完成日期.节点 jdjh),"A",0)

J22:WK22=IF(AND(开始日期 qchx. yb. x>销售周期.栋 01. 商城.开始日期.节点 jdjh,完成日期 qchx. yb. x<=销售周期.栋 01. 商城.完成日期.节点 jdjh),"A",0)

J23:WK23=IF(AND(开始日期 qchx. yb. x>销售周期.车位.开始日期.节点 jdjh,完成日期 qchx. yb. x<=销售周期.车位.完成日期.节点 jdjh),"A",0)

J24:WK24=IF(AND(开始日期 qchx. yb. x>=销售费用期.开始日期.节点 jdjh,完成日期 qchx. yb. x<=销售费用期.完成日期.节点 jdjh),"A",0)

J25:WK25=IF(AND(开始日期 qchx. yb. x>=开发建设期.开始日期.节点 jdjh,完成日期 qchx. yb. x<=开发建设期.完成日期.节点 jdjh),"A",0)

J26:WK26=IF(AND(开始日期 qchx. yb. x>=交付使用日.开始日期.节点 jdjh,完成日期 qchx. yb. x<=交付使用日.完成日期.节点 jdjh),"A",0)

J27:WK27=IF(AND(开始日期 qchx. yb. x>=开发销售期.开始日期.节点 jdjh,完成日期 qchx. yb. x<=开发销售期.完成日期.节点 jdjh),"A",0)

J28:WK28=IF(AND(开始日期 qchx. yb. x>=房开经营期.开始日期.节点 jdjh,完成日期 qchx. yb. x<=房开经营期.完成日期.节点 jdjh),"A",0)

J29:WK29=IF(AND(开始日期 qchx. yb. x>招商顾问期.开始日期.节点 jdjh,完成日期 qchx. yb. x<=招商顾问期.完成日期.节点 jdjh),"A",0)

J30:WK30=IF(AND(开始日期 qchx. yb. x>招商代理期.开始日期.节点 jdjh,完成日期 qchx. yb. x<=招商代理期.完成日期.节点 jdjh),"A",0)

J31:WK31=IF(AND(开始日期 qchx. yb. x>商家装修免租期.开始日期.节点 jdjh,完成日期 qchx. yb. x<=商家装修免租期.完成日期.节点 jdjh),"A",0)

J32:WK32=IF(AND(开始日期 qchx. yb. x>主力店装修补贴期.开始日期.节点 jdjh,完成日期 qchx. yb. x<=主力店装修补贴期.完成日期.节点 jdjh),"A",0)

J33:WK33=IF(AND(开始日期 qchx. yb. x>收入租金期.开始日期.节点 jdjh,完成日期 qchx. yb. x<=收入租金期.完成日期.节点 jdjh),"A",0)

J34:WK34=IF(AND(开始日期 qchx. yb. x>商管经营期.开始日期.节点 jdjh,完成日期 qchx. yb. x<=商管经营期.完成日期.节点 jdjh),"A",0)

J35:WK35=IF(AND(开始日期 qchx. yb. x>资产折旧期.开始日期.节点 jdjh,完成日期 qchx. yb. x<=资产折旧期.完成日期.节点 jdjh),"A",0)

J36:WK36=IF(AND(开始日期 qchx. yb. x>=残值回收期.开始日期.节点 jdjh,完成

日期 qchx. yb. x<=残值回收期.完成日期.节点 jdjh)," A",0)

J37:WK37=IF(AND(开始日期 qchx. yb. x>=土地增值税清算期.开始日期.节点 jdjh,完成日期 qchx. yb. x<=土地增值税清算期.完成日期.节点 jdjh)," A",0)

J38:WK38=IF(AND(开始日期 qchx. yb. x>=整售期.开始日期.节点 jdjh,完成日期 qchx. yb. x<=整售期.完成日期.节点 jdjh)," A",0)

4.4 支付计划数据建模

开发计划是支付计划的基准坐标，但支付计划也有别于开发计划。根据开发计划与支付计划之间的相对关系，可将支付计划细分为正常支付和垫资支付，本表建模时所定义的正常支付，是指当工程产值完成后，1 个月内支付完成对应产值应付款的情形。垫资支付是指实际支付的时间滞后于正常条件 1 个月以上的情形。

4.4.1 支付计划输入表

在延迟支付天数或延迟支付月数单元格与开发计划的开始日期单元格之间设置相关逻辑公式之后，便建立了垫资时间与经济评价指标之间的相关关系（表 4.11）。

表 4.11 支付计划输入表

5				延迟支付天数	延迟支付月数
6					0
J	C12: C51	D12: D51	E12: E51	F12: F51	G12: G51
B	C	D	E	F	G
51	支付节点	工期（天）	工期（月）	开始时间	完成时间
10	建议书编制		2	2015 年 02 月 01 日	2015 年 03 月 31 日
11	可研报告编制		3	2015 年 03 月 25 日	2015 年 06 月 24 日
12	土地使用权出让金		1	2015 年 05 月 29 日	2015 年 06 月 28 日
13	土地交易契税		1	2015 年 05 月 30 日	2015 年 06 月 29 日
14	印花税		1	2015 年 05 月 30 日	2015 年 06 月 29 日
15	大市政配套		1	2015 年 05 月 30 日	2015 年 06 月 29 日
16	劳动力安置		1	2015 年 05 月 30 日	2015 年 06 月 29 日
17	搬迁用房安置		1	2015 年 05 月 30 日	2015 年 06 月 29 日
18	附着物拆迁补偿		1	2015 年 05 月 30 日	2015 年 06 月 29 日

续表

5				延迟支付天数	延迟支付月数
6					0
J	C12：C51	D12：D51	E12：E51	F12：F51	G12：G51
B	C	D	E	F	G
51	支付节点	工期（天）	工期（月）	开始时间	完成时间
19	红线外接驳		1	2015 年 05 月 30 日	2015 年 06 月 29 日
20	五通一平		1	2015 年 05 月 30 日	2015 年 06 月 29 日
21	岩土勘察		3	2015 年 05 月 31 日	2015 年 08 月 30 日
22	建筑设计		11	2015 年 07 月 10 日	2016 年 06 月 09 日
23	室内设计		7	2015 年 09 月 08 日	2016 年 04 月 07 日
24	施工图审查		1	2016 年 05 月 05 日	2016 年 06 月 04 日
25	测量测绘		2	2016 年 05 月 25 日	2016 年 07 月 24 日
26	土建. 共有地下室. 公建		3	2016 年 05 月 25 日	2016 年 08 月 24 日
27	土建. 地下购物中心. 建安		1	2016 年 07 月 04 日	2016 年 08 月 03 日
28	土建. 地上购物中心. 建安		3	2016 年 07 月 19 日	2016 年 10 月 18 日
29	土建. 配电房. 公建		2	2016 年 09 月 27 日	2016 年 11 月 26 日
30	土建. 其他配套用房. 公建		1	2016 年 10 月 04 日	2016 年 11 月 03 日
31	外装饰. 地上购物中心. 建安		3	2016 年 09 月 27 日	2016 年 12 月 26 日
32	外装饰. 配电房. 公建		1	2016 年 10 月 04 日	2016 年 11 月 03 日
33	外装饰. 其他配套用房. 公建		1	2016 年 10 月 11 日	2016 年 11 月 10 日
34	内装饰. 共有地下室. 公建		2	2016 年 11 月 16 日	2017 年 01 月 15 日
35	内装饰. 地下购物中心. 建安		5	2016 年 11 月 16 日	2017 年 04 月 15 日
36	内装饰. 地上购物中心. 建安		7	2016 年 11 月 16 日	2017 年 06 月 15 日
37	内装饰. 配电房. 公建		1	2016 年 10 月 04 日	2016 年 11 月 03 日
38	内装饰. 其他配套用房. 公建		1	2016 年 10 月 12 日	2016 年 11 月 11 日
39	安装. 共有地下室. 公建		2	2016 年 11 月 06 日	2017 年 01 月 05 日
40	安装. 地下购物中心. 建安		4	2016 年 11 月 06 日	2017 年 03 月 05 日
41	安装. 地上购物中心. 建安		7	2016 年 11 月 06 日	2017 年 06 月 05 日
42	安装. 配电房. 公建		2	2016 年 09 月 24 日	2016 年 11 月 23 日
43	安装. 其他配套用房. 公建		1	2016 年 10 月 02 日	2016 年 11 月 01 日
44	小市政. 基施		2	2016 年 11 月 16 日	2017 年 01 月 15 日
45	其他工程费. 基施		2	2016 年 11 月 16 日	2017 年 01 月 15 日
46	土建类甲供购置费		6	2016 年 05 月 25 日	2016 年 11 月 24 日
47	装饰类甲供购置费		9	2016 年 09 月 27 日	2017 年 06 月 26 日

续表

5				延迟支付天数	延迟支付月数
6					0
J	C12：C51	D12：D51	E12：E51	F12：F51	G12：G51
B	C	D	E	F	G
51	**支付节点**	**工期（天）**	**工期（月）**	**开始时间**	**完成时间**
48	安装类甲供购置费		8	2016 年 10 月 04 日	2017 年 06 月 03 日
49	市政类甲供购置费		2	2016 年 11 月 16 日	2017 年 01 月 15 日
50	施工监理		13	2016 年 05 月 25 日	2017 年 06 月 24 日
51	营销设施费. 营销中心		10	2015 年 05 月 31 日	2016 年 03 月 30 日

E10＝开发计划.开发 kfjh. y！K9

E21＝开发计划.开发 kfjh. y！G20+＄F＄6

G10＝IF(D10>0,F10+D10−1,EDATE(F10,E10)−1)

4.4.2 支付计划时间轴

同理，为了表格视图阅读的便利性，将“纵向月时间轴”自动转换为“横向月时间轴”是十分必要的建模技巧。

表 4.12 支付计划时间轴转换

J	C12：C51	H12：H51	I12：I51
B	C	H	I
51	**支付节点**	**开始日期**	**完成日期**
10	建议书编制	2015 年 02 月 01 日	2015 年 03 月 31 日
11	可研报告编制	2015 年 03 月 01 日	2015 年 06 月 30 日
12	土地使用权出让金	2015 年 05 月 01 日	2015 年 06 月 30 日
13	土地交易契税	2015 年 05 月 01 日	2015 年 06 月 30 日
14	印花税	2015 年 05 月 01 日	2015 年 06 月 30 日
15	大市政配套	2015 年 05 月 01 日	2015 年 06 月 30 日
16	劳动力安置	2015 年 05 月 01 日	2015 年 06 月 30 日
17	搬迁用房安置	2015 年 05 月 01 日	2015 年 06 月 30 日
18	附着物拆迁补偿	2015 年 05 月 01 日	2015 年 06 月 30 日
19	红线外接驳	2015 年 05 月 01 日	2015 年 06 月 30 日
20	五通一平	2015 年 05 月 01 日	2015 年 06 月 30 日
21	岩土勘察	2015 年 05 月 01 日	2015 年 08 月 31 日

续表

J B 51	C12：C51 C **支付节点**	H12：H51 H **开始日期**	I12：I51 I **完成日期**
22	建筑设计	2015 年 07 月 01 日	2016 年 06 月 30 日
23	室内设计	2015 年 09 月 01 日	2016 年 04 月 30 日
24	施工图审查	2016 年 05 月 01 日	2016 年 06 月 30 日
25	测量测绘	2016 年 05 月 01 日	2016 年 07 月 31 日
26	土建．共有地下室．公建	2016 年 05 月 01 日	2016 年 08 月 31 日
27	土建．地下购物中心．建安	2016 年 07 月 01 日	2016 年 08 月 31 日
28	土建．地上购物中心．建安	2016 年 07 月 01 日	2016 年 10 月 31 日
29	土建．配电房．公建	2016 年 09 月 01 日	2016 年 11 月 30 日
30	土建．其他配套用房．公建	2016 年 10 月 01 日	2016 年 11 月 30 日
31	外装饰．地上购物中心．建安	2016 年 09 月 01 日	2016 年 12 月 31 日
32	外装饰．配电房．公建	2016 年 10 月 01 日	2016 年 11 月 30 日
33	外装饰．其他配套用房．公建	2016 年 10 月 01 日	2016 年 11 月 30 日
34	内装饰．共有地下室．公建	2016 年 11 月 01 日	2017 年 01 月 31 日
35	内装饰．地下购物中心．建安	2016 年 11 月 01 日	2017 年 04 月 30 日
36	内装饰．地上购物中心．建安	2016 年 11 月 01 日	2017 年 06 月 30 日
37	内装饰．配电房．公建	2016 年 10 月 01 日	2016 年 11 月 30 日
38	内装饰．其他配套用房．公建	2016 年 10 月 01 日	2016 年 11 月 30 日
39	安装．共有地下室．公建	2016 年 11 月 01 日	2017 年 01 月 31 日
40	安装．地下购物中心．建安	2016 年 11 月 01 日	2017 年 03 月 31 日
41	安装．地上购物中心．建安	2016 年 11 月 01 日	2017 年 06 月 30 日
42	安装．配电房．公建	2016 年 09 月 01 日	2016 年 11 月 30 日
43	安装．其他配套用房．公建	2016 年 10 月 01 日	2016 年 11 月 30 日
44	小市政．基施	2016 年 11 月 01 日	2017 年 01 月 31 日
45	其他工程费．基施	2016 年 11 月 01 日	2017 年 01 月 31 日
46	土建类甲供购置费	2016 年 05 月 01 日	2016 年 11 月 30 日
47	装饰类甲供购置费	2016 年 09 月 01 日	2017 年 06 月 30 日
48	安装类甲供购置费	2016 年 10 月 01 日	2017 年 06 月 30 日
49	市政类甲供购置费	2016 年 11 月 01 日	2017 年 01 月 31 日
50	施工监理	2016 年 05 月 01 日	2017 年 06 月 30 日
51	营销设施费．营销中心	2015 年 05 月 01 日	2016 年 03 月 31 日

H10=EOMONTH(F10,-1)+1

I10=DATE(YEAR(G10),MONTH(G10)+1,1)-1

J10=DATEDIF(H10,I10,"M")+1

4.5 全生命周期坐标轴建模

4.5.1 全生命期坐标月轴

根据商业服务用地的属性，其使用权年限为40年，建立一个50年的全生命周期的时间轴已够用。但对于住宅地产，应建立一个70年的全生命周期时间坐标轴（表4.13）。

表4.13 全生命周期时间坐标轴

L B 609	C10：C609 C 月序号	D10：D609 D 土地月序	E10：E609 E 土地年序	F10：F609 F 每年月份	G10：G609 G 年份号	H10：H609 H 年序号
10	总第1个月	土第0个月	土第0年	2月份	2015年	总第1年
11	总第2个月	土第0个月	土第0年	3月份	2015年	总第1年
12	总第3个月	土第0个月	土第0年	4月份	2015年	总第1年
13	总第4个月	土第1个月	土第1年	5月份	2015年	总第1年
14	总第5个月	土第2个月	土第1年	6月份	2015年	总第1年
15	总第6个月	土第3个月	土第1年	7月份	2015年	总第1年
16	总第7个月	土第4个月	土第1年	8月份	2015年	总第1年
17	总第8个月	土第5个月	土第1年	9月份	2015年	总第1年
18	总第9个月	土第6个月	土第1年	10月份	2015年	总第1年
19	总第10个月	土第7个月	土第1年	11月份	2015年	总第1年
20	总第11个月	土第8个月	土第1年	12月份	2015年	总第1年
608	总第599个月	土第596个月	土第50年	12月份	2064年	总第50年
609	总第600个月	土第597个月	土第50年	1月份	2065年	总第51年

L B 609	I10：I609 I 开始日期	J10：J609 J 完成日期	K10：K609 K 季度码	L10：L609 L 月季度码
10	2015年02月01日	2015年02月28日	第1季度	第1年第1季度
11	2015年03月01日	2015年03月31日	第1季度	第1年第1季度
12	2015年04月01日	2015年04月30日	第2季度	第1年第2季度
13	2015年05月01日	2015年05月31日	第2季度	第1年第2季度
14	2015年06月01日	2015年06月30日	第2季度	第1年第2季度

续表

L B 609	I10：I609 I 开始日期	J10：J609 J 完成日期	K10：K609 K 季度码	L10：L609 L 月季度码
15	2015 年 07 月 01 日	2015 年 07 月 31 日	第 3 季度	第 1 年第 3 季度
16	2015 年 08 月 01 日	2015 年 08 月 31 日	第 3 季度	第 1 年第 3 季度
17	2015 年 09 月 01 日	2015 年 09 月 30 日	第 3 季度	第 1 年第 3 季度
18	2015 年 10 月 01 日	2015 年 10 月 31 日	第 4 季度	第 1 年第 4 季度
19	2015 年 11 月 01 日	2015 年 11 月 30 日	第 4 季度	第 1 年第 4 季度
20	2015 年 12 月 01 日	2015 年 12 月 31 日	第 4 季度	第 1 年第 4 季度
608	2064 年 12 月 01 日	2064 年 12 月 31 日	第 4 季度	第 50 年第 4 季度
609	2065 年 01 月 01 日	2065 年 01 月 31 日	第 1 季度	第 51 年第 1 季度

D11=IF(C11>=开始月序.土地使用年限.节点 jdjh,ROW(A2)-开始月序.土地使用年限.节点 jdjh+1,0)

E11=IF(D11>0,ROUNDDOWN(D10/12+1,0),0)

F11=MONTH(I11)

G11=IF(F10+1<13,G10,MID(G10,1,4)+1)

H11=IF(G11=G10,H10,H10+1)

I11=J10+1

J11=EDATE(I11,1)-1

K11=LEN(2^MONTH(I11))

L11="第"&H11&"年"&"第"&K11&"季度"

4.5.2　全生命期坐标年轴

根据全生命周期（50~51 年）的坐标月轴，换算成“时间年轴”，这是“敏感算法决策模型”的基准线，将会在各业务模板中被多次引用（表 4.14）。

表 4.14　全生命期坐标年轴

16 11 12	L13：BJ16 L11：BJ11 L12：BJ12	K 年份号 年序号	L 2015 1	M 2016 2	N 2017 3	O 2018 4	P 2019 5	Q 2020 6	R 2021 7	S 2022 8	T 2023 9
13	L13：BJ13	科目 1	0.00	0.00	0.00	0.00	0.00	0.00	0.00	0.00	0.00
14	L14：BJ14	科目 2	0.00	0.00	0.00	0.00	0.00	0.00	0.00	0.00	0.00
15	L15：BJ15	科目 3	0.00	0.00	0.00	0.00	0.00	0.00	0.00	0.00	0.00
16	L16：BJ16	科目 4	0.00	0.00	0.00	0.00	0.00	0.00	0.00	0.00	0.00

L11=全程纵向月 qczx. yb. y！G10

M11=L11+1

第5章

商业地产成本数据库建模

商业地产全生命周期的总成本从其构成来说包括土地成本、工程成本、营销费用、招商代理费、甲供购置费、运营成本等，从其与时间关联的角度可分为静态成本、动态成本，从财务科目角度又涉及成本分摊、成本归集等问题。本章将根据“敏感算法决策模型”的需求来分步建模。

自从国家实行“营改增”以来，对房地产参建单位来说，在成本归集方面，与“营业税”税制下相比有很大的区别。增值税进项税额的计算要繁杂得多，所以，必须在满足“营改增”的税制下进行商业地产成本科目的设置。

在选取工程造价指标时，应识别指标中是否含有甲供购置的材料与设备的成本，如有，要对工程造价成本进行分离，以统一计价口径。另外，根据财务报表的需要，会计科目分类与造价指标科目的分类并没有完成大数据的无界对接，所以，在对“敏感算法决策模型”建模时，还要对造价成本科目进行分解以实现两大科目之间的融合。

国家实行“营改增”时间不长，长期积累下来的成本指标或造价指标大都是基于“营业税”税制下的大数据，为了适应新的“营改增”税制要求，要对旧指标细分，分为含税价、除税价、进项税额等科目的计算。其中，材料设备的增值税率与施工类有差异，从工程造价指标科目统计口径与成本科目有差异，为了便于进项税额的计算，也便于成本科目的归集，将基于造价指标计算出来的工程费进行分解，形成“除甲价”（扣除甲供材后造价的简称），再进行除税，形成可计算进项税额的“除税价”。

5.1 静态成本数据建模

5.1.1 土地开发费

根据国家税务局的文件规定，营业税改为增值税后，土地成本可在收入中扣除后形成应税收入，所以，土地成本的归集就显得十分重要了（表5.1）。

表 5.1　土地开发费详细费用科目

3	地价占投资比	55.78%			
4	摘牌地价. 每亩万元	1,748.17 万元/亩	6,531.12 元/m^2		6,531.12 元/m^2
5	摘牌楼面地价	5,000.00 元/m^2	145,325.73 万元		145,325.73 万元
T	G9：G16	H9：H16	I9：I16	J9：J16	K9：K16
F	G	H	I	J	K
16	费用科目	元/总建面. 全（元/m^2）	土地开发成本（万元）	敏感系数	土地开发费（万元）
9	土地使用权出让金	5,000.00	111,256.36	1.00	111,256.36
10	土地交易契税	150.00	3,337.69	1.00	3,337.69
11	印花税	25.00	556.28	1.00	556.28
12	大市政配套	60.00	1,335.08	1.00	1,335.08
13	劳动力安置	0.00	0.00	1.00	0.00
14	搬迁用房安置	1,261.00	28,058.85	1.00	28,058.85
15	附着物拆迁补偿	15.12	336.44	1.00	336.44
16	红线外接驳	20.00	445.03	1.00	445.03

H4=SUM(土地开发费 tkff.y)/规划净用地.亩 sgzb

I4=I5/总建筑面积.合计.平方米 sgzb * 10000

H9=H5

H10=K10/总建筑面积.合计.平方米 sgzb * 10000,H11 公式以此类推。

I9=H9 * 总建筑面积.合计.平方米 sgzb/10000

I10=I9 * 土地交易契税率 qjzb

I11=I9 * 印花税率.土地交易 qjzb

I12=H12 * 总建筑面积.合计.平方米 sgzb/10000，I13：I16 区域单元格的公式以此类推。

J9:J16=敏感系数.土地成本 mgtc

K=I9 * J9，K9：K16 区域单元格的公式以此类推。

将土地开发成本分摊至可销售产权建筑面积与可租赁产权建筑面积，形成单方土地成本，在后期的数据表中将被大量引用（表 5.2）。

表 5.2　单方土地成本

T	M8：M9	N8：N9
L	M	N
8	单方土地成本. 可售产权建面	单方土地成本. 可租产权建面. 月
9	6,725.29 元/m^2	14.91 元/（m^2 · 月）

大市政配套费是否应列入生地变熟地的土地成本中，项目所在地税务规定各有差异，但从节税角度，纳入土地成本更有利于开发商，本书假设将其纳入土地成本，具体的做法应以项目所在地税务部门的规定为准（表 5.3）。

表 5.3 大市政配套费

P9：P8 P 类别	Q9：Q8 Q 住宅	R9：R8 R 办公	S9：S8 S 商业	T9：T8 T 综合
大市政配套费	50 元/m²	70 元/m²	90 元/m²	80 元/m²

M9 = IFERROR(SUM(土地开发费 tkff. y) * 比例.可销售产权建面 jyhl/可销售产权建面.合计 jyhl * 10000, 0)

N9 = IFERROR(SUM(土地开发费 tkff. y) * 比例.可租赁产权建面 jyhl/可租赁产权建面.合计 jyhl/月数.收入租金期 qchx. yb * 10000, 0)

5.1.2 前期工程费

根据商业地产前期工程的特点，本书实例（一）的购物中心，对其主要产生的前期工程费进行数据表格建模（表 5.4）。

表 5.4 前期工程费

H B 16	C8：C16 C 前期工程费	D8：D16 D 成本指标 （元/m²）	0.00 E8：E16 E 工程量 （m²）	272.10 元/m² 6,054.52 万元 F8：F16 F 含税价 （万元）	254.57 元/m² 5,664.54 万元 G8：G16 G 除税价 （万元）	17.53 元/m² 389.99 万元 H8：H16 H 进项税额 （万元）
8	建议书编制	3	222,512.73	66.75	62.98	3.78
9	可行性报告	5	222,512.73	111.26	104.96	6.30
10	五通一平	50	222,512.73	1,112.56	1,002.31	110.25
11	岩土勘察	12	222,512.73	267.02	251.90	15.11
12	建筑设计	100	222,512.73	2,225.13	2,099.18	125.95
13	室内设计	150	77,282.95	1,159.24	1,093.63	65.62
14	施工图审查	2	222,512.73	44.50	41.98	2.52
15	测量测绘	3	222,512.73	66.75	62.98	3.78
16	施工监理	45	222,512.73	1,001.31	944.63	56.68

E8 = 总建筑面积.合计.平方米 sgzb

E13＝SUM(室内_设计面积.合计 sjsj. y)

F8＝D8 * E8/10000

G8＝F8/(1+增值税率.服务 qjzb)

H8＝F8-G8

5.1.3　土建工程费

土建工程费的造价指标与建筑的功能、建筑结构形式、建筑层高、建筑的部位等因素高度相关，且与时间坐标也高度相关。在选取土建工程费造价指标时，应根据其基准日期的造价指标与项目建造的实际日期进行修正，再录入 H8：H12 区域的单元格内（表 5.5）。

表 5.5　土建工程费

3		1,826.51 元/m^2			1,826.51 元/m^2
4		40,642.08 万元			40,642.08 万元
I	D8：D12	E8：E12	F8：F12	G8：G12	I8：I12
C	D	E	F	G	I
12	土建合并科目	土建工程成本（万元）	层数	造价指标（元/m^2）	工程指标成本（万元）
8	土建. 地下室. 公建	12,144.43	2 层	2,500.00	12,144.43
9	土建. 地下商城. 建安	6,072.25	1 层	2,500.00	6,072.25
10	土建. 地上商城. 建安	22,371.90	7 层	1,500.00	22,371.90
11	土建. 配电房. 公建	22.00	1 层	1,100.00	22.00
12	土建. 其他配套. 公建	31.50	1 层	1,050.00	31.50

E3＝E4/总建筑面积.合计.平方米 sgzb * 10000

E4＝SUM(E8:E12)

E8＝I8 * 敏感系数.工程成本 mgcc

F8＝群栋规划 qdgh！H7

H8＝群栋规划 qdgh！F7

I8＝G8 * H8/10000

5.1.4　外装饰工程费

外装饰工程费的造价指标有两类，一类是基于外立面表面积计算的，另一类是基于总建筑面积计算的。二者之间可换算。

商业购物中心外装饰的通常做法有外挂石材墙面、玻璃幕墙、外装饰板、铝合金门窗、彩釉玻璃等。应根据相关的造价指标，分科目直接录入 F8：F10 区域的单元格（表 5.6）。

表 5.6　外装饰工程费

3		160.29 元/m²			
4		3,566.71 万元			
H	C8：C10	D8：D10	E8：E10	F8：F10	G8：G10
B	C	D	E	F	G
10	外装饰合并科目	外装饰成本（万元）	立面表面积（m²）	立面造价指标（元/m²）	建面造价指标（m²）
8	外装饰. 地上商城. 建安	3,538.22	23,588.11	1,500.00	237.23
9	外装饰. 配电房. 公建	12.35	205.91	600.00	617.73
10	外装饰. 其他配套. 公建	16.14	230.57	700.00	538.00

D3 = D4/总建筑面积.合计.平方米 sgzb * 10000

D4 = SUM(D8:D992)

D8 = F8 * E8/10000 * 敏感系数.工程成本 mgcc，D9：D10 区域单元格内的公式，以此类推。

E8 = SUM(立面表面积.地上购物中心 sjsj. y)

E9 = SUM(其他公建配套 qgpt. y！ I9)

E10 = SUM(其他公建配套 qgpt. y！ I10)

G8 = IFERROR(D8/H8 * 10000, 0) G9:G10 区域单元格内的公式，以此类推。

5.1.5　内装饰工程费

购物中心的内装饰工程做法一般有地面石材或人造石材，立面有隔断、涂料，顶面有选型天花、灯具等，室内有小品、绿色植物等。室内装饰工程的档次差异较大，其造价指标差异也大，可根据购物中心的定位与开发商的成本控制指标确定档次。

室内装饰工程的造价指标也可分为两类，一类是基于室内精装饰面积的指标，另一类是基于总建筑面积的指标。当选定购物中心不同功能区域的造价指标后，在 E8：E12 区域单元格内直接录入数据（表 5.7）。

表 5.7　内装饰工程费

3		1,032.99 元/m²			
4		22,985.39 万元			
H	C8：C12	D8：D12	E8：E12	F8：F12	G8：G12
B	C	D	E	F	G
12	内装饰合并科目	内装饰成本（万元）	室内造价指标（元/m²）	室内精装面积（m²）	建面成本指标（m²）
8	内装饰. 地下室. 公建	77.72	800.00	971.55	16.00

续表

3		1,032.99 元/m²			
4		22,985.39 万元			
H	C8：C12	D8：D12	E8：E12	F8：F12	G8：G12
B	C	D	E	F	G
12	内装饰合并科目	内装饰成本（万元）	室内造价指标（元/m²）	室内精装面积（m²）	建面成本指标（m²）
9	内装饰. 地下商城. 建安	3,206.15	3,000.00	10,687.16	1,320.00
10	内装饰. 地上商城. 建安	19,687.27	3,000.00	65,624.24	1,320.00
11	内装饰. 配电房. 公建	5.70	300.00	190.00	285.00
12	内装饰. 其他配套. 公建	8.55	300.00	285.00	285.00

D3 = D4/总建筑面积.合计.平方米 sgzb * 10000

D4 = SUM(D8:D12)

D8 = E8 * F8/10000 * 敏感系数.工程成本 mgcc

F8 = SUM(室内_设计面积.地下空间 sjsj. y)

F9 = SUM(室内_设计面积.地下购物中心 sjsj. y)

F10 = SUM(室内_设计面积.地上购物中心 sjsj. y)

F11 = 公建配套.其他 qgpt. y！J9

F12 = 公建配套.其他 qgpt. y！J10

G8 = D8/H8 * 10000

H8 = SUM(功能建面.地下车位 sjsj. y)

H9 = SUM(功能建面.地下购物中心 sjsj. y)

H10 = SUM(功能建面.地上购物中心 sjsj. y)

H11 = SUM(功能建面.配电房 qgpt)

H12 = SUM(功能建面.其他配套用房 qgpt)

5.1.6 安装工程费

购物中心的安装工程专业可细分为强电、弱电、给排水、消防、暖通、燃气、电梯、发电机、锅炉、泛光照明、擦窗机等，比住宅的安装专业复杂得多。安装工程费如表 5.8 所示。

表 5.8　安装工程费

Q	C8：C12	D8：D12	E8：E12	F8：F12	G8：G12	H8：H12
B	C	D	E	F	G	H
12	安装合并科目	交楼标准	安装费指标（元/m²）	强电专业（元/m²）	弱电专业（元/m²）	给排水专业（元/m²）
8	安装．地下室．公建	一般标准	960.00	200.00	60.00	50.00
9	安装．地下商城．建安	公区精装	1,185.00	230.00	160.00	50.00
10	安装．地上商城．建安	公区精装	1,335.00	230.00	160.00	50.00
11	安装．配电房．公建	公区精装	130.00	130.00	0.00	0.00
12	安装．其他配套．公建	精装交房	130.00	130.00	0.00	0.00

Q	I8：I12	J8：J12	K8：K12	L8：L12
B	I	J	K	L
12	消防专业（元/m²）	暖通专业（元/m²）	燃气专业（元/m²）	电梯工程（元/m²）
8	150.00	250.00	0.00	200.00
9	150.00	250.00	20.00	200.00
10	150.00	250.00	20.00	200.00
11	0.00	0.00	0.00	0.00
12	0.00	0.00	0.00	0.00

Q	M8：M12	N8：N12	O8：O12	P8：P12	Q8：Q12
B	M	N	O	P	Q
12	发电机（元/m²）	锅炉（元/m²）	泛光工程（元/m²）	变配电（元/m²）	擦窗机（元/m²）
8	50.00	0.00	0.00	0.00	0.00
9	50.00	45.00	30.00	0.00	0.00
10	50.00	45.00	30.00	150.00	0.00
11	0.00	0.00	0.00	0.00	0.00
12	0.00	0.00	0.00	0.00	0.00

3	1,338.84 元/m²		
4	29,790.94 万元		
G	E8：E12	F8：F12	G8：G12
C	E	F	G
12	安装工程成本（万元）	建面造价指标（元/m²）	功能建面（m²）
8	6,995.21	960.00	72,866.73
9	2,878.25	1,185.00	24,289.00

续表

3	1,338.84 元/m²		
4	29,790.94 万元		
G	E8：E12	F8：F12	G8：G12
C	E	F	G
12	安装工程成本（万元）	建面造价指标（元/m²）	功能建面（m²）
10	19,910.99	1,335.00	149,146.00
11	2.60	130.00	200.00
12	3.90	130.00	300.00

E8 = SUM(F8:Q8)

E8 = F8 * G8/10000 * 敏感系数.工程成本 mgcc

F8 = 安装工程指标 agzb！E8

G8 = SUM(功能建面.地下空间 sjsj.y)基础设施工程费

5.1.7　基础设施工程费

基础设施工程费由红线范围内的土建工程费、安装工程费、园林绿化工程费等构成，建筑形式有水景、绿植、标识、庭园灯、围墙、门后等。根据经验的造价指标数据录入 F8 单元格（表 5.9）。

表 5.9　基础设施工程费

3		129.92 元/m²		
4		2,890.89 万元		
G	D8：D9	E8：E9	F8：F9	G8：G9
C	D	E	F	G
9	小市政合并科目	基础设施费（万元）	造价指标（元/m²）	工程量（m²）
8	小市政.基施	2,890.89	900.00	32,121.00
9	其他工程费.基施	0.00	0.00	0.00

E3 = E4/总建筑面积.合计.平方米 sgzb * 10000

E4 = SUM(E8:E9)

E8 = F8 * G8/10000 * 敏感系数.工程成本 mgcc

G9 = 红线内市政面积.平方米 sgzb

5.1.8　营销设施建造费

营销设施建造费可分为临时性的营销设施建造费和永久性的营销设施建造费

(表 5. 10)。临时性营销设施建造方式有两种：一种是在用地范围以外租赁房屋，再进行室内装修与家具采购，形成“城市展厅”；另一种是在用地范围内搭建临时用房并装修样板房，当开发销售期结束拆除。永久性营销设施建造费是在销售产品中进行室内装修，一并附着商品房销售的样板房。两类费用成本归集和提取折旧的处理方法是有区别的。

表 5.10 营销设施建造费

E	D10：D27	E10：E27
C	D	E
27	**类别**	**售楼中心**
7	总租金	182. 40 万元
8	租赁年数量	2. 00 年
9	租金. 元/平方米/月	500. 00 元/（m^2 · 月）
10	建筑面积	152. 00m^2
11	建筑设计费单方指标	60. 00 元/m^2
12	室内设计费单方指标	800. 00 元/m^2
13	土建费单方指标	0. 00 元/m^2
14	安装费单方指标	500. 00 元/m^2
15	外装饰费单方指标	0. 00 元/m^2
16	室内装饰费单方指标	1, 500. 00 元/m^2
17	展示用可移动式物品	300. 00 元/m^2
18	施工建造费. 营销中心	30. 40 万元
19	建筑设计费	0. 91 万元
20	室内设计费	12. 16 万元
21	土建工程费	0. 00 万元
22	安装费工程费	7. 60 万元
23	外装饰工程费	0. 00 万元
24	室内装饰工程费	22. 80 万元
25	样品饰品布置费	4. 56 万元
26	营销设施费. 营销中心	34. 96 万元
27	进项税额. 营销设施费. 营销中心	2. 76 万元

E7 = E8 * 12 * E9 * E10/10000

E18 = SUM(E21:E24)

E19 = $E$10 * E11/10000

E20 = $E$10 * E12/10000

E21 = $E$10 * E13/10000

E22 = $E$10 * E14/10000

E23 = $E$10 * E15/10000

E24 = $E$10 * E16/10000

E25 = E17 * E10/10000

E26 = SUM(E18,E25)

E27 = E18/(1+增值税率.施工 qjzb) * 增值税率.施工 qjzb

5.1.9　招商相关的费用

购物中心的招商是商业地产不可缺少的业务内容，招商的方式是多样的，开发商可组建自己的团队，也可委托专业的商业代理公司展开业务。

招商的品牌可分为以下类别：第一类为主力店与次主力店，第二类为首进城市的品牌，第三类为普通品牌。开发商应根据购物中心的定位分配合理的比例，因为三类品牌的承租能力及招商条款的内容有很大差异。对于主力店，除了考虑招商的比例外，在费用方面还要充分考虑装修补贴费，以测算其对整个项目经济效益的影响。

基于项目实例（一）的内容进行招商业态配比分析，假设主力店占比控制在 10%，与商家租赁合同商务条款内容约定：给其装修免租金期 6 个月。开发商委托一家招商代理公司对所有品牌进行代理，代理费为两个月的租金收入，产生的相关招商代理费建模如表 5.11 所示。

表 5.11　招商代理费

E	D9：D22	E9：E22
C	D	E
22	科目	数据
8	主力店装修补贴月费（万元/月）	538.23
9	主力店的占比（%）	10.00
10	主力店的室内精装面积（m^2）	9,226.74
11	主力店装修补贴费单价（元/m^2）	3,500.00
12	主力店装修补贴总费（万元）	3,229.36
13	装修施工免租月数（月）	6
14	招商代理费（万元）	3,328.16
15	招商代理的比例（%）	100.00
16	招商代理费计取月数（月）	2
17	租金月收入（万元/月）	1,664.08
18	进项税额. 招商代理费（万元）	188.39

续表

E C 22	D9：D22 D 科目	E9：E22 E 数据
19	招商顾问费（万元）	360.00
20	招商顾问费年限（年）	12.00
21	招商顾问费月单价（万元/月）	30.00
22	进项税额．招商顾问费（万元）	20.38

E8=E12/E13

E10=SUM(使用面积.购物中心 sjsj.y) * E9

E12=E11 * E10/10000

E13=月数.商家装修免租期 qchx.yb

E14=E17 * E16 * E15

E17=SUM(租赁含税收入.月.商铺.静态 jysr.y)

E18=E14/(1+增值税率.服务 qjzb) * 增值税率.服务 qjzb

E19=E20 * E21

E22=E19/(1+增值税率.服务 qjzb) * 增值税率.服务 qjzb

5.1.10 工程费分解三价数据表

由于土建工程、安装工程、装饰工程的造价构成中材料费占比不同，提取各专业工程费中的材料费占比录入 E9：E30 单元格，再根据开发商的采购策略，确定甲供比例后直接录入 F9：F30。关于甲供购置占比与经济评价指标之间的相关关系分析详见其他章节。

将基于造价指标计算出来的工程费中的甲供材料分离后形成“除甲含税价”，再根据增值税的计算规则除税形成“除甲除税价”（简称“双除价”）。

表 5.12 工程费分解三价数据表

L B 31	C9：C31 C 工程成本科目	D9：D31 D 工程控制成本（万元）	E9：E31 E 材料费占比（%）	F9：F31 F 甲供比例．前（%）	G9：G31 G 甲供比例（%）
9	建筑安装工程费	77,665.02			
10	公共配套设施费	19,320.11			
11	基础设施费	2,890.89			
12	土建．地下室．公建	12,144.43	20.00	0.00	0.00

续表

L	C9：C31	D9：D31	E9：E31	F9：F31	G9：G31
B	C	D	E	F	G
31	工程成本科目	工程控制成本（万元）	材料费占比（%）	甲供比例．前（%）	甲供比例（%）
13	土建．地下商城．建安	6, 072. 25	55. 00	0. 00	0. 00
14	土建．地上商城．建安	22, 371. 90	55. 00	0. 00	0. 00
15	土建．配电房．公建	22. 00	55. 00	0. 00	0. 00
16	土建．其他配套．公建	31. 50	55. 00	0. 00	0. 00
17	外装饰．地上商城．建安	3, 538. 22	60. 00	30. 00	30. 00
18	外装饰．配电房．公建	12. 35	60. 00	30. 00	30. 00
19	外装饰．其他配套．公建	16. 14	60. 00	30. 00	30. 00
20	内装饰．地下室．公建	77. 72	60. 00	30. 00	30. 00
21	内装饰．地下商城．建安	3, 206. 15	60. 00	30. 00	30. 00
22	内装饰．地上商城．建安	19, 687. 27	60. 00	30. 00	30. 00
23	内装饰．配电房．公建	5. 70	70. 00	30. 00	30. 00
24	内装饰．其他配套．公建	8. 55	70. 00	30. 00	30. 00
25	安装．地下室．公建	6, 995. 21	70. 00	30. 00	30. 00
26	安装．地下商城．建安	2, 878. 25	50. 00	30. 00	30. 00
27	安装．地上商城．建安	19, 910. 99	60. 00	30. 00	30. 00
28	安装．配电房．公建	2. 60	60. 00	30. 00	30. 00
29	安装．其他配套．公建	3. 90	60. 00	30. 00	30. 00
30	小市政．基施	2, 890. 89	60. 00	30. 00	30. 00
31	其他工程费．基施	0. 00	60. 00	30. 00	30. 00

3	2, 429. 35 元/m²	4, 003. 81 元/m²	3, 607. 04 元/m²	396. 77 元/m²
4	0. 00	0. 00	0. 00	0. 00
5	54, 056. 08 万元	89, 089. 97 万元	80, 261. 24 万元	8, 828. 74 万元
L	C9：C31	J9：J31	K9：K31	L9：L31
B	H	J	K	L
31	材料设备含税价（万元）	除甲含税价（万元）	除甲除税价（万元）	进项税额．双除（万元）
9	44, 888. 98	68, 891. 61	62, 064. 52	6, 827. 10
10	7, 432. 56	17, 827. 83	16, 061. 11	1, 766. 72
11	1, 734. 53	2, 370. 53	2, 135. 61	234. 92
12	2, 428. 89	12, 144. 43	10, 940. 93	1, 203. 50
13	3, 339. 74	6, 072. 25	5, 470. 50	601. 75

续表

3	2, 429. 35 元/m²	4, 003. 81 元/m²	3, 607. 04 元/m²	396. 77 元/m²
4	0. 00	0. 00	0. 00	0. 00
5	54, 056. 08 万元	89, 089. 97 万元	80, 261. 24 万元	8, 828. 74 万元
L	C9：C31	J9：J31	K9：K31	L9：L31
B	H	J	K	L
31	材料设备含税价（万元）	除甲含税价（万元）	除甲除税价（万元）	进项税额. 双除（万元）
14	12, 304. 55	22, 371. 90	20, 154. 86	2, 217. 04
15	12. 10	22. 00	19. 82	2. 18
16	17. 33	31. 50	28. 38	3. 12
17	2, 122. 93	2, 901. 34	2, 613. 82	287. 52
18	7. 41	10. 13	9. 13	1. 00
19	9. 68	13. 23	11. 92	1. 31
20	46. 63	63. 73	57. 42	6. 32
21	1, 923. 69	2, 629. 04	2, 368. 51	260. 54
22	11, 812. 36	16, 143. 56	14, 543. 75	1, 599. 81
23	3. 99	4. 50	4. 06	0. 45
24	5. 99	6. 75	6. 09	0. 67
25	4, 896. 64	5, 526. 21	4, 978. 57	547. 64
26	1, 439. 12	2, 446. 51	2, 204. 06	242. 45
27	11, 946. 59	16, 327. 01	14, 709. 02	1, 617. 99
28	1. 56	2. 13	1. 92	0. 21
29	2. 34	3. 20	2. 88	0. 32
30	1, 734. 53	2, 370. 53	2, 135. 61	234. 92
31	0. 00	0. 00	0. 00	0. 00

D2＝土建工程费 tgcf. y！E4+外装饰工程费 wzgf. y！D4+内装饰工程费 nzgf. y！D4+安装工程费 zgcf. y！E4+基础设施费 jssf. y！E4−D5

D3＝SUM(D12:D31)−D5

D4＝D5/总建筑面积.合计.平方米 sgzb＊10000

D5＝SUM(D9:D11)

D12＝SUMIF($C$12:$C$31,"＊建安＊",D12:D31)

D12＝SUMIF($C$12:$C$31,"＊公建＊",D12:D31)

D12＝SUMIF($C$12:$C$31,"＊基施＊",D12:D31)

C12＝土建工程费 tgcf. y！D8

D12＝土建工程费 tgcf. y！E8

G12=F12 * 敏感系数.甲供材比例 mjcb

H=9SUMIF($C$12: $C$31," * 建安 * ",H12:H31)

H10=SUMIF($C$12: $C$31," * 公建 * ",H12:H31)

H11=SUMIF($C$12: $C$31," * 基施 * ",H12:H31)

H12=D12 * E12

I12=G12 * H12

J12=D12-I12

K12=J12/(1+增值税率.施工 qjzb)

L12=K12 * 增值税率.施工 qjzb

5.1.11　甲供购置费数据表

国家税务局实行将营业税改为增值税后，采购对象属性不同，其增值税率不同，与施工的增值税率有较大差异，所以，将甲供购置费分离出来单独计算其进项税额是必要的（表 5.13）。

表 5.13　甲供购置费　　单位：万元

F B 33	C9：C33 C 工程成本科目	0.00 10,786.05 万元 D9：D33 D 甲供购置费含税价	0.00 9,218.84 万元 E9：E33 E 甲供购置费除税价	0.00 1,567.20 万元 F9：F33 F 进项税额. 甲供购置费
9	甲供购置费	10,786.05	9,218.84	1,567.20
10	土建类甲供购置费	0.00	0.00	0.00
11	装饰类甲供购置费	4,779.81	4,085.30	694.50
12	安装类甲供购置费	5,485.88	4,688.79	797.09
13	市政类甲供购置费	520.36	444.75	75.61
14	土建. 地下室. 公建	0.00	0.00	0.00
15	土建. 地下商城. 建安	0.00	0.00	0.00
16	土建. 地上商城. 建安	0.00	0.00	0.00
17	土建. 配电房. 公建	0.00	0.00	0.00
18	土建. 其他配套. 公建	0.00	0.00	0.00
19	外装饰. 地上商城. 建安	636.88	544.34	92.54
20	外装饰. 配电房. 公建	2.22	1.90	0.32
21	外装饰. 其他配套. 公建	2.91	2.48	0.42
22	内装饰. 地下室. 公建	13.99	11.96	2.03

续表

F B 33	C9：C33 C 工程成本科目	0.00 10,786.05 万元 D9：D33 D 甲供购置费含税价	0.00 9,218.84 万元 E9：E33 E 甲供购置费除税价	0.00 1,567.20 万元 F9：F33 F 进项税额. 甲供购置费
23	内装饰. 地下商城. 建安	577.11	493.25	83.85
24	内装饰. 地上商城. 建安	3,543.71	3,028.81	514.90
25	内装饰. 配电房. 公建	1.20	1.02	0.17
26	内装饰. 其他配套. 公建	1.80	1.53	0.26
27	安装. 地下室. 公建	1,468.99	1,255.55	213.44
28	安装. 地下商城. 建安	431.74	369.01	62.73
29	安装. 地上商城. 建安	3,583.98	3,063.23	520.75
30	安装. 配电房. 公建	0.47	0.40	0.07
31	安装. 其他配套. 公建	0.70	0.60	0.10
32	小市政. 基施	520.36	444.75	75.61
33	其他工程费. 基施	0.00	0.00	0.00

D9=SUM(D10:D13)

D10=SUMIFS(D14:D33,$C$14:$C$33,"*土建*")

D11=SUMIF($C$14:$C$33,"*装饰*",D14:D33)

D12=SUMIF($C$14:$C$33,"*安装*",D14:D33)

D13=SUMIF($C$14:$C$33,"*市政*",D14:D33)

C10=分解工程费 fjgf.y! C12

D10=分解工程费 fjgf.y! I12

E10=D14/(1+增值税率.采购 qjzb)

F10=D14-E14

5.1.12 数据表静态总支出

在对建设项目进行静态的经济评价时，建立静态总支出数据表格模块是基本的方法之一：根据商业地产总支出的科目，建立如表 5.14 所示的数据表模块。

表5.14　数据表静态总支出

6	其中：工程成本	105,930.54 万元	4,760.65 元/m²
H	D12：D58	E12：E58	F12：F58
C	D	E	F
58	科目	金额．均摊法（万元）	指标．均摊法（元/m²）
10	建设投资．融资前	252,845.23	11,363.18
11	建设投资．融资后	302,350.89	13,588.03
12	土地取得费	115,150.34	5,175.00
13	开发成本	137,694.90	6,188.18
14	土地开发费	30,175.40	1,356.12
15	前期工程费	6,054.52	272.10
16	建筑安装工程费	68,891.61	3,096.08
17	公共配套设施费	17,827.83	801.20
18	基础设施费	2,370.53	106.53
19	甲供购置费	10,786.05	484.74
20	开发间接费	1,588.96	71.41
21	待摊开发间接费	0.00	0.00
22	永久性营销设施费	0.00	0.00
23	其他待摊开发间接费	0.00	0.00
24	非待摊开发间接费	1,588.96	71.41
25	建设管理费	1,588.96	71.41
26	其他非待摊开发间接费	0.00	0.00
27	开发费用	58,270.34	2,618.74
28	待摊的开发费用	34.96	1.57
29	临时性营销设施费	34.96	1.57
30	其他待摊开发费用	0.00	0.00
31	非待摊开发费用	58,235.38	2,617.17
32	开发期利息支出	49,505.66	2,224.85
33	其他非待摊开发费用	0.00	0.00
34	销售推广费	8,729.72	392.32
35	租赁运营费	407,259.09	18,302.73
36	租赁运营费．车位	21,102.18	948.36
37	租赁运营费．商铺	306,430.75	13,771.38
38	返租付现利息	71,820.14	3,227.69

续表

6	其中：工程成本	105, 930. 54 万元	4, 760. 65 元/m^2
H	D12：D58	E12：E58	F12：F58
C	D	E	F
58	科目	金额. 均摊法（万元）	指标. 均摊法（元/m^2）
39	主力店装修补贴费	3, 229. 36	145. 13
40	招商代理费	4, 316. 66	194. 00
41	招商顾问费	360. 00	16. 18
42	租赁期利息支出	0. 00	0. 00
43	进项税额. 开发销售期	10, 553. 75	474. 30
44	进项税额. 前期工程费	380. 88	17. 12
45	进项税额. 基础设施费	215. 50	9. 68
46	进项税额. 公共配套设施费	1, 620. 71	72. 84
47	进项税额. 建筑安装工程费	6, 262. 87	281. 46
48	进项税额. 甲供购置费	1, 487. 73	66. 86
49	进项税额. 开发间接费	89. 94	4. 04
50	进项税额. 开发费用. 利息除外	496. 11	22. 30
51	进项税额. 租赁运营期	18, 987. 11	853. 30
52	进项税额. 租赁运营费. 车位	1, 194. 46	53. 68
53	进项税额. 租赁运营费. 商铺	17, 345. 14	779. 51
54	进项税额. 主力店装修补贴费	182. 79	8. 21
55	进项税额. 招商代理费	244. 34	10. 98
56	进项税额. 招商顾问费	20. 38	0. 92
57	不含税总支出. 融资前	668, 869. 01	30, 059. 81
58	不含税总支出. 融资后	718, 374. 66	32, 284. 66

E10=SUM(E12:E13)

E11=SUM(E12:E13,E32)

E12=SUM(土地使用权费取得费 tkff. y)

E13=SUM(E14:E20)

E14=SUM(生地变熟地开发费 tkff. y)

E15=SUM(前期工程费.含甲含税 qgcf. y)

E16=SUM(建筑安装工程费.除甲含税 fjgf)

E17=SUM(公共配套设施费.除甲含税 fjgf)

E18=SUM(基础设施费.除甲含税 fjgf)

E19=SUM(甲供购置费.含税 jgzf)

E20 = SUM(E21,E24)
E21 = SUM(E22:E23)
E24 = SUM(E25:E26)
E25 = SUM(E15:E19) * 比例.建设管理费占工程成本 xkzb
E27 = SUM(E28,E31)
E28 = SUM(E29:E30)
E29 = SUM(营销设施建造费.营销中心 szsf)
E31 = SUM(E32:E34)
E32 = SUM(借款利息偿还.均摊法 zjph. yb. x)
E34 = 销售含税收入.合计.静态 jysr * 比例.销售费用占销售收入 xkzb
E35 = SUM(E36:E42)
E36 = 销售含税收入.车位.合计.静态 jysr * 比例.运营成本占收入.车位 xkzb
E37 = 销售含税收入.商铺.合计.静态 jysr * 比例.运营成本占收入.商城 xkzb
E38 = SUM(返租付现利息支出 flzc. yb. x)
E39 = SUM(主力店装修补贴总费 zbzf)
E40 = 招商代理费 zbzf
E41 = 招商顾问费 zbzf
E43 = SUM(E44:E50)
E44 = SUM(进项税额.前期工程费 qgcf. y)
E = SUM(进项税额.基础设施费 fjgf)
E45 = SUM(进项税额.公共配套设施费 fjgf)
E46 = SUM(进项税额.建筑安装工程费 fjgf)
E47 = SUM(进项税额.甲供购置费 jgzf)
E48 = E20/(1+增值税率.服务 qjzb) * 增值税率.服务 qjzb
E49 = (E27-E32)/(1+增值税率.服务 qjzb) * 增值税率.服务 qjzb
E50 = SUM(E52:E56)
E51 = E36/(1+增值税率.服务 qjzb) * 增值税率.服务 qjzb
E52 = E37/(1+增值税率.服务 qjzb) * 增值税率.服务 qjzb
E53 = E39/(1+增值税率.服务 qjzb) * 增值税率.服务 qjzb
E54 = E40/(1+增值税率.服务 qjzb) * 增值税率.服务 qjzb
E55 = E41/(1+增值税率.服务 qjzb) * 增值税率.服务 qjzb
E56 = SUM(E12,E13,E27,E35)-SUM(E32,E42)
E57 = SUM(E12,E13,E27,E35)

5.1.13　静态成本分摊数据表

在编制现金流量表、利润表时，根据会计准则，对成本总支出进行成本科目的归集是基本工作，具体建模如表 5. 15 所示。

表 5.15 静态成本分摊数据表

H	D9：D26	E9：E26	F9：F26
C	D	E	F
26	科目	金额. 均摊法（万元）	指标. 均摊法（元/m²）
9	销售营业成本	108, 822. 23	4, 890. 61
10	建设投资分摊于销售	100, 078. 67	4, 497. 66
11	临时性营销设施费分摊于销售	13. 84	0. 62
12	销售推广费	8, 729. 72	392. 32
13	租赁营业成本	560, 046. 78	25, 169. 20
14	建设投资分摊于租赁	152, 766. 56	6, 865. 52
15	临时性营销设施费分摊于租赁	21. 12	0. 95
16	租赁运营费	407, 259. 09	18, 302. 73
17	开发期利息支出	49, 505. 66	2, 224. 85
18	租赁期利息支出	0. 00	0. 00
19	融资前固定资产. 租赁期	152, 766. 56	6, 865. 52
20	残值. 融资前固定资产. 租赁期	7, 638. 33	343. 28
21	月折旧额. 融资前固定资产. 租赁期	317. 57	14. 27
22	融资后固定资产. 租赁期	182, 677. 39	8, 209. 75
23	残值. 融资后固定资产. 租赁期	9, 133. 87	410. 49
24	月折旧额. 融资后固定资产. 租赁期	379. 75	17. 07
25	不含税总支出. 融资前	668, 869. 01	30, 059. 81
26	不含税总支出. 融资后	718, 374. 66	32, 284. 66

E9=SUM(E10:E12)

E10=建设投资.融资前.项目.静态 jsrq * 比例.可销售产权建面 jyhl

E11=临时性营销设施费.项目.静态 jsrq * 比例.可销售产权建面 jyhl

E12=销售推广费.项目.静态 jsrq

E13=SUM(E14:E16)

E14=建设投资.融资前.项目.静态 jsrq * 比例.可租赁产权建面 jyhl

E15=临时性营销设施费.项目.静态 jsrq * 比例.可租赁产权建面 jyhl

E16=租赁运营费.项目.静态 jsrq

E17=SUM(借款利息偿还.均摊法 zjph. yb. x)

E19=E14

E20=E19 * 残值率.固定资产 qjzb

E21=(E19-E20)/月数.商管经营期 qchx. yb

E22=E14+E17

E23=E22 * 残值率.固定资产 qjzb

E24=(E22-E23)/月数.商管经营期 qchx. yb

E25=SUM(E9,E13)

E26=SUM(E9,E13,E17,E18)

F9=E9/总建筑面积.合计.平方米 sgzb * 10000

5.2　动态成本数据建模

5.2.1　支付进度比例数据表

动态成本是根据成本实际发生的时间，分配至全生命周期的时间坐标月轴单元格内，同时应设置成本年增长率对静态成本进行修正，形成动态成本。动态成本的分配有两种：第一种是根据时间的发生直接录入相应的单元格，但人工输入的工作量大；第二种是本书介绍的通过计算机逻辑公式的设定，达到自动分配的功能，可大大减少人工输入的工作量（表 5. 16）。

表 5. 16　支付进度比例数据表　　单位：%

	17	WK			
	J17：WK67	67	I	M	N
	J11：WK11	11	月序号	第 4 个月	第 5 个月
	J12：WK12	12	土地月序	土第 1 个月	土第 2 个月
	J13：WK13	13	年份号	2015	2015
	J14：WK14	14	年序号	总第 1 年	总第 1 年
	J15：WK15	15	开始日期	2015 年 05 月 01 日	2015 年 06 月 01 日
F	J16：WK16	16	完成日期	2015 年 05 月 31 日	2015 年 06 月 30 日
1.00	J17：WK17	17	建议书编制	0.00	0.00
1.00	J18：WK18	18	可研报告编制	25.00	25.00
1.00	J19：WK19	19	土地使用权出让金	50.00	50.00
1.00	J20：WK20	20	土地交易契税	50.00	50.00
1.00	J21：WK21	21	印花税	50.00	50.00
1.00	J22：WK22	22	大市政配套	50.00	50.00

续表

	17	WK			
	J17：WK67	67	I	M	N
	J11：WK11	11	月序号	第 4 个月	第 5 个月
	J12：WK12	12	土地月序	土第 1 个月	土第 2 个月
	J13：WK13	13	年份号	2015	2015
	J14：WK14	14	年序号	总第 1 年	总第 1 年
	J15：WK15	15	开始日期	2015 年 05 月 01 日	2015 年 06 月 01 日
F	J16：WK16	16	完成日期	2015 年 05 月 31 日	2015 年 06 月 30 日
1.00	J23：WK23	23	劳动力安置	50.00	50.00
1.00	J24：WK24	24	搬迁用房安置	50.00	50.00
1.00	J25：WK25	25	附着物拆迁补偿	50.00	50.00
1.00	J26：WK26	26	红线外接驳	50.00	50.00
1.00	J27：WK27	27	五通一平	50.00	50.00
1.00	J28：WK28	28	岩土勘察	25.00	25.00
1.00	J29：WK29	29	建筑设计	0.00	0.00
1.00	J30：WK30	30	室内设计	0.00	0.00
1.00	J31：WK31	31	施工图审查	0.00	0.00
1.00	J32：WK32	32	测量测绘	0.00	0.00
1.00	J33：WK33	33	土建. 共有地下室. 公建	0.00	0.00
1.00	J34：WK34	34	土建. 地下购物中心. 建安	0.00	0.00
1.00	J35：WK35	35	土建. 地上购物中心. 建安	0.00	0.00
1.00	J36：WK36	36	土建. 配电房. 公建	0.00	0.00
1.00	J37：WK37	37	土建. 其他配套用房. 公建	0.00	0.00
1.00	J38：WK38	38	外装饰. 地上购物中心. 建安	0.00	0.00
1.00	J39：WK39	39	外装饰. 配电房. 公建	0.00	0.00
1.00	J40：WK40	40	外装饰. 其他配套用房. 公建	0.00	0.00
1.00	J41：WK41	41	内装饰. 共有地下室. 公建	0.00	0.00
1.00	J42：WK42	42	内装饰. 地下购物中心. 建安	0.00	0.00
1.00	J43：WK43	43	内装饰. 地上购物中心. 建安	0.00	0.00
1.00	J44：WK44	44	内装饰. 配电房. 公建	0.00	0.00
1.00	J45：WK45	45	内装饰. 其他配套用房. 公建	0.00	0.00
1.00	J46：WK46	46	安装. 共有地下室. 公建	0.00	0.00
1.00	J47：WK47	47	安装. 地下购物中心. 建安	0.00	0.00
1.00	J48：WK48	48	安装. 地上购物中心. 建安	0.00	0.00

续表

	17	WK			
	J17：WK67	67	I	M	N
	J11：WK11	11	月序号	第 4 个月	第 5 个月
	J12：WK12	12	土地月序	土第 1 个月	土第 2 个月
	J13：WK13	13	年份号	2015	2015
	J14：WK14	14	年序号	总第 1 年	总第 1 年
	J15：WK15	15	开始日期	2015 年 05 月 01 日	2015 年 06 月 01 日
F	J16：WK16	16	完成日期	2015 年 05 月 31 日	2015 年 06 月 30 日
1.00	J49：WK49	49	安装. 配电房. 公建	0.00	0.00
1.00	J50：WK50	50	安装. 其他配套用房. 公建	0.00	0.00
1.00	J51：WK51	51	小市政. 基施	0.00	0.00
1.00	J52：WK52	52	其他工程费. 基施	0.00	0.00
1.00	J53：WK53	53	土建类甲供购置费	0.00	0.00
1.00	J54：WK54	54	装饰类甲供购置费	0.00	0.00
1.00	J55：WK55	55	安装类甲供购置费	0.00	0.00
1.00	J56：WK56	56	市政类甲供购置费	0.00	0.00
1.00	J57：WK57	57	施工监理	0.00	0.00
1.00	J58：WK58	58	招商代理费	0.00	0.00
1.00	J59：WK59	59	招商顾问费	0.00	0.00
1.00	J60：WK60	60	建设管理费	3.57	3.57
1.00	J61：WK61	61	销售推广费	0.00	0.00
0.00	J62：WK62	62	永久性营销设施费	0.00	0.00
1.00	J63：WK63	63	临时性营销设施费	9.09	9.09
0.00	J64：WK64	64	其他非待摊开发间接费	0.00	0.00
0.00	J65：WK65	65	其他待摊开发间接费	0.00	0.00
0.00	J66：WK66	66	其他待摊开发费用	0.00	0.00
0.00	J67：WK67	67	其他非待摊开发费用	0.00	0.00

M17=IF(AND(开始日期 qchx. yb. x>=建议书编制.开始日期.支付 zfjh,完成日期 qchx. yb. x<=建议书编制.完成日期.支付 zfjh),1/建议书编制.月数.支付 zfjh,0)

M18=IF(AND(开始日期 qchx. yb. x>=可研报告编制.开始日期.支付 zfjh,完成日期 qchx. yb. x<=可研报告编制.完成日期.支付 zfjh),1/可研报告编制.月数.支付 zfjh,0)

M19=IF(AND(开始日期 qchx. yb. x>=土地使用权出让金.开始日期.支付 zfjh,完成日期 qchx. yb. x<=土地使用权出让金.完成日期.支付 zfjh),1/土地使用权出让金.

月数.支付 zfjh,0)

M20=IF(AND(开始日期 qchx. yb. x>=土地交易契税.开始日期.支付 zfjh,完成日期 qchx. yb. x<=土地交易契税.完成日期.支付 zfjh),1/土地交易契税.月数.支付 zfjh,0)

M21=IF(AND(开始日期 qchx. yb. x>=印花税.开始日期.支付 zfjh,完成日期 qchx. yb. x<=印花税.完成日期.支付 zfjh),1/印花税.月数.支付 zfjh,0)

M22=IF(AND(开始日期 qchx. yb. x>=劳动力安置.开始日期.支付 zfjh,完成日期 qchx. yb. x<=劳动力安置.完成日期.支付 zfjh),1/劳动力安置.月数.支付 zfjh,0)

M23=IF(AND(开始日期 qchx. yb. x>=搬迁用房安置.开始日期.支付 zfjh,完成日期 qchx. yb. x<=搬迁用房安置.完成日期.支付 zfjh),1/搬迁用房安置.月数.支付 zfjh,0)

M24=IF(AND(开始日期 qchx. yb. x>=附着物拆迁补偿.开始日期.支付 zfjh,完成日期 qchx. yb. x<=附着物拆迁补偿.完成日期.支付 zfjh),1/附着物拆迁补偿.月数.支付 zfjh,0)

M25=IF(AND(开始日期 qchx. yb. x>=红线外接驳.开始日期.支付 zfjh,完成日期 qchx. yb. x<=红线外接驳.完成日期.支付 zfjh),1/红线外接驳.月数.支付 zfjh,0)

M26=IF(AND(开始日期 qchx. yb. x>=大市政配套.开始日期.支付 zfjh,完成日期 qchx. yb. x<=大市政配套.完成日期.支付 zfjh),1/大市政配套.月数.支付 zfjh,0)

M27=IF(AND(开始日期 qchx. yb. x>=五通一平.开始日期.支付 zfjh,完成日期 qchx. yb. x<=五通一平.完成日期.支付 zfjh),1/五通一平.月数.支付 zfjh,0)

M28=IF(AND(开始日期 qchx. yb. x>=岩土勘察.开始日期.支付 zfjh,完成日期 qchx. yb. x<=岩土勘察.完成日期.支付 zfjh),1/岩土勘察.月数.支付 zfjh,0)

M29=IF(AND(开始日期 qchx. yb. x>=建筑设计.开始日期.支付 zfjh,完成日期 qchx. yb. x<=建筑设计.完成日期.支付 zfjh),1/建筑设计.月数.支付 zfjh,0)

M30=IF(AND(开始日期 qchx. yb. x>=室内设计.开始日期.支付 zfjh,完成日期 qchx. yb. x<=室内设计.完成日期.支付 zfjh),1/室内设计.月数.支付 zfjh,0)

M31=IF(AND(开始日期 qchx. yb. x>=施工图审查.开始日期.支付 zfjh,完成日期 qchx. yb. x<=施工图审查.完成日期.支付 zfjh),1/施工图审查.月数.支付 zfjh,0)

M32=IF(AND(开始日期 qchx. yb. x>=测量测绘.开始日期.支付 zfjh,完成日期 qchx. yb. x<=测量测绘.完成日期.支付 zfjh),1/测量测绘.月数.支付 zfjh,0)

M33=IF(AND(开始日期 qchx. yb. x>=土建.共有地下室.公建.开始日期.支付 zfjh,完成日期 qchx. yb. x<=土建.共有地下室.公建.完成日期.支付 zfjh),1/土建.共有地下室.公建.月数.支付 zfjh,0)

M34=IF(AND(开始日期 qchx. yb. x>=土建.地下购物中心.建安.开始日期.支付 zfjh,完成日期 qchx. yb. x<=土建.地下购物中心.建安.完成日期.支付 zfjh),1/土建.地下购物中心.建安.月数.支付 zfjh,0)

M35=IF(AND(开始日期 qchx. yb. x>=土建.地上购物中心.建安.开始日期.支付 zfjh,完成日期 qchx. yb. x<=土建.地上购物中心.建安.完成日期.支付 zfjh),1/土建.地上购物中心.建安.月数.支付 zfjh,0)

M36=IF(AND(开始日期 qchx. yb. x>=土建.配电房.公建.开始日期.支付 zfjh,完成日期 qchx. yb. x<=土建.配电房.公建.完成日期.支付 zfjh),1/土建.配电房.公建.月数.支付 zfjh,0)

M37=IF(AND(开始日期 qchx. yb. x>=土建.其他配套用房.公建.开始日期.支付 zfjh,完成日期 qchx. yb. x<=土建.其他配套用房.公建.完成日期.支付 zfjh),1/土建.其他配套用房.公建.月数.支付 zfjh,0)

M38=IF(AND(开始日期 qchx. yb. x>=外装饰.地上购物中心.建安.开始日期.支付 zfjh,完成日期 qchx. yb. x<=外装饰.地上购物中心.建安.完成日期.支付 zfjh),1/外装饰.地上购物中心.建安.月数.支付 zfjh,0)

M39=IF(AND(开始日期 qchx. yb. x>=外装饰.其他配套用房.公建.开始日期.支付 zfjh,完成日期 qchx. yb. x<=外装饰.其他配套用房.公建.完成日期.支付 zfjh),1/外装饰.其他配套用房.公建.月数.支付 zfjh,0)

M40=IF(AND(开始日期 qchx. yb. x>=外装饰.配电房.公建.开始日期.支付 zfjh,完成日期 qchx. yb. x<=外装饰.配电房.公建.完成日期.支付 zfjh),1/外装饰.配电房.公建.月数.支付 zfjh,0)

M41=IF(AND(开始日期 qchx. yb. x>=内装饰.共有地下室.公建.开始日期.支付 zfjh,完成日期 qchx. yb. x<=内装饰.共有地下室.公建.完成日期.支付 zfjh),1/内装饰.共有地下室.公建.月数.支付 zfjh,0)

M42=IF(AND(开始日期 qchx. yb. x>=内装饰.地下购物中心.建安.开始日期.支付 zfjh,完成日期 qchx. yb. x<=内装饰.地下购物中心.建安.完成日期.支付 zfjh),1/内装饰.地下购物中心.建安.月数.支付 zfjh,0)

M43=IF(AND(开始日期 qchx. yb. x>=内装饰.地上购物中心.建安.开始日期.支付 zfjh,完成日期 qchx. yb. x<=内装饰.地上购物中心.建安.完成日期.支付 zfjh),1/内装饰.地上购物中心.建安.月数.支付 zfjh,0)

M44=IF(AND(开始日期 qchx. yb. x>=内装饰.配电房.公建.开始日期.支付 zfjh,完成日期 qchx. yb. x<=内装饰.配电房.公建.完成日期.支付 zfjh),1/内装饰.配电房.公建.月数.支付 zfjh,0)

M45=IF(AND(开始日期 qchx. yb. x>=内装饰.其他配套用房.公建.开始日期.支付 zfjh,完成日期 qchx. yb. x<=内装饰.其他配套用房.公建.完成日期.支付 zfjh),1/内装饰.其他配套用房.公建.月数.支付 zfjh,0)

M46=IF(AND(开始日期 qchx. yb. x>=安装.共有地下室.公建.开始日期.支付 zfjh,完成日期 qchx. yb. x<=安装.共有地下室.公建.完成日期.支付 zfjh),1/安装.共有地下室.公建.月数.支付 zfjh,0)

M47=IF(AND(开始日期 qchx. yb. x>=安装.地下购物中心.建安.开始日期.支付 zfjh,完成日期 qchx. yb. x<=安装.地下购物中心.建安.完成日期.支付 zfjh),1/安装.地下购物中心.建安.月数.支付 zfjh,0)

M48=IF(AND(开始日期 qchx. yb. x>=安装.地上购物中心.建安.开始日期.支付 zfjh,完成日期 qchx. yb. x<=安装.地上购物中心.建安.完成日期.支付 zfjh),1/安装.地上购物中心.建安.月数.支付 zfjh,0)

M49=IF(AND(开始日期 qchx. yb. x>=安装.配电房.公建.开始日期.支付 zfjh,完成日期 qchx. yb. x<=安装.配电房.公建.完成日期.支付 zfjh),1/安装.配电房.公建.月数.支付 zfjh,0)

M50=IF(AND(开始日期 qchx. yb. x>=安装.其他配套用房.公建.开始日期.支付 zfjh,完成日期 qchx. yb. x<=安装.其他配套用房.公建.完成日期.支付 zfjh),1/安装.其他配套用房.公建.月数.支付 zfjh,0)

M51=IF(AND(开始日期 qchx. yb. x>=小市政.基施.开始日期.支付 zfjh,完成日期 qchx. yb. x<=小市政.基施.完成日期.支付 zfjh),1/小市政.基施.月数.支付 zfjh,0)

M52=IF(AND(开始日期 qchx. yb. x>=其他工程费.基施.开始日期.支付 zfjh,完成日期 qchx. yb. x<=其他工程费.基施.完成日期.支付 zfjh),1/其他工程费.基施.月数.支付 zfjh,0)

M53=IF(AND(开始日期 qchx. yb. x>=土建类甲供购置费.开始日期.支付 zfjh,完成日期 qchx. yb. x<=土建类甲供购置费.完成日期.支付 zfjh),1/土建类甲供购置费.月数.支付 zfjh,0)

M54=IF(AND(开始日期 qchx. yb. x>=装饰类甲供购置费.开始日期.支付 zfjh,完成日期 qchx. yb. x<=装饰类甲供购置费.完成日期.支付 zfjh),1/装饰类甲供购置费.月数.支付 zfjh,0)

M55=IF(AND(开始日期 qchx. yb. x>=安装类甲供购置费.开始日期.支付 zfjh,完成日期 qchx. yb. x<=安装类甲供购置费.完成日期.支付 zfjh),1/安装类甲供购置费.月数.支付 zfjh,0)

M56=IF(AND(开始日期 qchx. yb. x>=市政类甲供购置费.开始日期.支付 zfjh,完成日期 qchx. yb. x<=市政类甲供购置费.完成日期.支付 zfjh),1/市政类甲供购置费.月数.支付 zfjh,0)

M57=IF(AND(开始日期 qchx. yb. x>=施工监理.开始日期.支付 zfjh,完成日期 qchx. yb. x<=施工监理.完成日期.支付 zfjh),1/施工监理.月数.支付 zfjh,0)

M58=IF(招商代理期 qchx. yb. x="A",1/月数.招商代理期 qchx. yb,0)

M59=IF(招商顾问期 qchx. yb. x="A",1/月数.招商顾问期 qchx. yb,0)

M60=IF(开发建设期 qchx. yb. x="A",1/月数.开发建设期 qchx. yb,0)

M61=IF(销售费用期 qchx. yb. x="A",1/月数.销售费用期 qchx. yb,0)

M63=IF(AND(开始日期 qchx. yb. x>=营销设施建造费.营销中心.开始日期.支付 zfjh,

完成日期 qchx. yb. x<=营销设施建造费.营销中心.完成日期.支付 zfjh),1/营销设施建造费.营销中心.月数.支付 zfjh,0)

5.2.2　土地成本支出表

根据计算机逻辑公式，在支付进度与成本金额之间建立逻辑关系后，可形成如表 5.17所示的数据表格的建模。

表 5.17　土地成本支出表　　单位：万元

	17	WK			
	J17：WK27	27	I	M	N
	J11：WK11	11	月序号	总第 5 个月	总第 7 个月
	J12：WK12	12	土地月序	土第 2 个月	土第 4 个月
	J13：WK13	13	年份号	2015	2015
	J14：WK14	14	年序号	总第 1 年	总第 1 年
	J15：WK15	15	开始日期	2015 年 06 月 01 日	2015 年 08 月 01 日
F	J16：WK16	16	完成日期	2015 年 06 月 30 日	2015 年 08 月 31 日
145, 325. 73	J17：WK17	17	土地开发成本	72, 662. 87	72, 662. 87
115, 150. 34	J18：WK18	18	土地取得费	57, 575. 17	57, 575. 17
30, 175. 40	J19：WK19	19	生地变熟地开发费	15, 087. 70	15, 087. 70
111, 256. 36	J20：WK20	20	土地使用权出让金	55, 628. 18	55, 628. 18
3, 337. 69	J21：WK21	21	土地交易契税	1, 668. 85	1, 668. 85
556. 28	J22：WK22	22	印花税	278. 14	278. 14
1, 335. 08	J23：WK23	23	大市政配套	667. 54	667. 54
0. 00	J24：WK24	24	劳动力安置	0. 00	0. 00
28, 058. 85	J25：WK25	25	搬迁用房安置	14, 029. 43	14, 029. 43
336. 44	J26：WK26	26	附着物拆迁补偿	168. 22	168. 22
445. 03	J27：WK27	27	红线外接驳	222. 51	222. 51

M17=SUM(M20:M27)

M18=SUM(M20:M22)

M19=SUM(M23:M27)

M20=土地使用权出让金 tkff * 土地使用权出让金.支付进度 zfjd. yb. x

M21=土地交易契税 tkff * 土地交易契税.支付进度 zfjd. yb. x

M22=印花税 tkff * 印花税.支付进度 zfjd. yb. x

M23=大市政配套 tkff * 大市政配套.支付进度 zfjd. yb. x

M24=劳动力安置 tkff * 劳动力安置.支付进度 zfjd. yb. x

M25=搬迁用房安置 tkff * 搬迁用房安置.支付进度 zfjd. yb. x
M26=附着物拆迁补偿 tkff * 附着物拆迁补偿.支付进度 zfjd. yb. x
M27=红线外接驳 tkff * 红线外接驳.支付进度 zfjd. yb. x
F17=SUM(J17:WK17)

5.2.3 前期工程费支出表

根据计算机逻辑公式，在支付进度与前期工程费金额之间建立逻辑关系后，可形成如表 5.18 所示的数据表格的建模。

表 5.18 前期工程费支出表

单位：万元

	19	WK		
	J19：WK37	37	I	K
	J11：WK11	11	月序号	总第 2 个月
	J12：WK12	12	土地月序	土第 0 个月
	J13：WK13	13	年份号	2015
	J14：WK14	14	年序号	第 1 年
	J15：WK15	15	开始日期	2015 年 03 月 01 日
F	J16：WK16	16	完成日期	2015 年 03 月 31 日
6, 217. 29	J17：WK17	17	前期工程费. 含甲含税	61. 19
5, 827. 20	J18：WK18	18	前期工程费. 含甲除税	57. 73
62. 98	J19：WK19	19	建议书编制	31. 49
104. 96	J20：WK20	20	可研报告编制	26. 24
1, 011. 42	J21：WK21	21	五通一平	0. 00
251. 90	J22：WK22	22	岩土勘察	0. 00
2, 151. 66	J23：WK23	23	建筑设计	0. 00
1, 120. 97	J24：WK24	24	室内设计	0. 00
44. 08	J25：WK25	25	施工图审查	0. 00
66. 12	J26：WK26	26	测量测绘	0. 00
1, 013. 12	J27：WK27	27	施工监理	0. 00
390. 09	J28：WK28	28	进项税额. 前期工程费	3. 46
3. 78	J29：WK29	29	建议书编制	1. 89
6. 30	J30：WK30	30	可研报告编制	1. 57
101. 14	J31：WK31	31	五通一平	0. 00
15. 11	J32：WK32	32	岩土勘察	0. 00
129. 10	J33：WK33	33	建筑设计	0. 00

续表

	19	WK		
	J19：WK37	37	I	K
	J11：WK11	11	月序号	总第 2 个月
	J12：WK12	12	土地月序	土第 0 个月
	J13：WK13	13	年份号	2015
	J14：WK14	14	年序号	第 1 年
	J15：WK15	15	开始日期	2015 年 03 月 01 日
F	J16：WK16	16	完成日期	2015 年 03 月 31 日
67.26	J34：WK34	34	室内设计	0.00
2.64	J35：WK35	35	施工图审查	0.00
3.97	J36：WK36	36	测量测绘	0.00
60.79	J37：WK37	37	施工监理	0.00

J17=SUM(J18,J28)

J18=SUM(J19:J27)

J19=(建议书编制.含甲除税 qgcf * 建议书编制.支付进度 zfjd. yb. x) * ((1+成本价格年上涨率 qjzb)^年涨价指数 qchx. yb. x)

J20=(可研报告编制.含甲除税 qgcf * 可研报告编制.支付进度 zfjd. yb. x) * ((1+成本价格年上涨率 qjzb)^年涨价指数 qchx. yb. x)

J21=(五通一平.含甲除税 qgcf * 五通一平.支付进度 zfjd. yb. x) * ((1+成本价格年上涨率 qjzb)^年涨价指数 qchx. yb. x)

J22=(岩土勘察.含甲除税 qgcf * 岩土勘察.支付进度 zfjd. yb. x) * ((1+成本价格年上涨率 qjzb)^年涨价指数 qchx. yb. x)

J23=(建筑设计.含甲除税 qgcf * 建筑设计.支付进度 zfjd. yb. x) * ((1+成本价格年上涨率 qjzb)^年涨价指数 qchx. yb. x)

J24=(室内设计.含甲除税 qgcf * 室内设计.支付进度 zfjd. yb. x) * ((1+成本价格年上涨率 qjzb)^年涨价指数 qchx. yb. x)

J25=(施工图审查.含甲除税 qgcf * 施工图审查.支付进度 zfjd. yb. x) * ((1+成本价格年上涨率 qjzb)^年涨价指数 qchx. yb. x)

J26=(测量测绘.含甲除税 qgcf * 测量测绘.支付进度 zfjd. yb. x) * ((1+成本价格年上涨率 qjzb)^年涨价指数 qchx. yb. x)

J27=(施工监理.含甲除税 qgcf * 施工监理.支付进度 zfjd. yb. x) * ((1+成本价格年上涨率 qjzb)^年涨价指数 qchx. yb. x)

J28=SUM(J29:J37)

J29=J19 * 增值税率.服务 qjzb

J30 = J20 * 增值税率.服务 qjzb
J31 = J21 * 增值税率.施工 qjzb
J32 = J22 * 增值税率.服务 qjzb
J33 = J23 * 增值税率.服务 qjzb
J34 = J24 * 增值税率.服务 qjzb
J35 = J25 * 增值税率.服务 qjzb
J36 = J26 * 增值税率.服务 qjzb
J37 = J27 * 增值税率.服务 qjzb

5.2.4 工程三费支出表

根据计算机逻辑公式，在支付进度与工程费金额之间建立逻辑关系后，可形成如表 5.19 所示的数据表格的建模。

表 5.19 工程三费支出表 单位：万元

	26	WK		
	J26：WK45	45	I	AE
	J11：WK11	11	月序号	总第 22 个月
	J12：WK12	12	土地月序	土第 19 个月
	J13：WK13	13	年份号	2016 年
	J14：WK14	14	年序号	总第 2 个年
	J15：WK15	15	开始日期	2016 年 11 月 01 日
F	J16：WK16	16	完成日期	2016 年 11 月 30 日
73, 783. 81	J17：WK17	17	建筑安装工程费．除甲含税	5, 997. 21
18, 817. 05	J18：WK18	18	公共配套设施费．除甲含税	2, 001. 32
2, 530. 54	J19：WK19	19	基础设施费．除甲含税	829. 69
67, 076. 19	J20：WK20	20	建筑安装工程费．除甲除税	5, 452. 01
17, 106. 41	J21：WK21	21	公共配套设施费．除甲除税	1, 819. 38
2, 300. 49	J22：WK22	22	基础设施费．除甲除税	754. 26
6, 707. 62	J23：WK23	23	进项税额．建筑安装工程费	545. 20
1, 710. 64	J24：WK24	24	进项税额．公共配套设施费	181. 94
230. 05	J25：WK25	25	进项税额．基础设施费	75. 43
12, 751. 65	J26：WK26	26	土建．共有地下室．公建	0. 00
6, 375. 86	J27：WK27	27	土建．地下购物中心．建安	0. 00
23, 490. 50	J28：WK28	28	土建．地上购物中心．建安	0. 00
23. 10	J29：WK29	29	土建．配电房．公建	7. 70

续表

	26	WK		
	J26：WK45	45	I	AE
	J11：WK11	11	月序号	总第 22 个月
	J12：WK12	12	土地月序	土第 19 个月
	J13：WK13	13	年份号	2016 年
	J14：WK14	14	年序号	总第 2 个年
	J15：WK15	15	开始日期	2016 年 11 月 01 日
F	J16：WK16	16	完成日期	2016 年 11 月 30 日
33.08	J30：WK30	30	土建.其他配套用房.公建	16.54
3,046.40	J31：WK31	31	外装饰.地上购物中心.建安	761.60
10.64	J32：WK32	32	外装饰.配电房.公建	5.32
13.90	J33：WK33	33	外装饰.其他配套用房.公建	6.95
68.04	J34：WK34	34	内装饰.共有地下室.公建	22.31
2,852.51	J35：WK35	35	内装饰.地下购物中心.建安	460.08
17,586.39	J36：WK36	36	内装饰.地上购物中心.建安	2,118.84
4.73	J37：WK37	37	内装饰.配电房.公建	2.36
7.09	J38：WK38	38	内装饰.其他配套用房.公建	3.55
5,899.23	J39：WK39	39	安装.共有地下室.公建	1,934.17
2,645.90	J40：WK40	40	安装.地下购物中心.建安	513.77
17,786.24	J41：WK41	41	安装.地上购物中心.建安	2,142.92
2.24	J42：WK42	42	安装.配电房.公建	0.75
3.36	J43：WK43	43	安装.其他配套用房.公建	1.68
2,530.54	J44：WK44	44	小市政.基施	829.69
0.00	J45：WK45	45	其他工程费.基施	0.00

J17=SUMIF($I$26:$I$45,"*建安",AE26:AE45)

J18=SUMIF($I$26:$I$45,"*公建",AE26:AE45)

J19=SUMIF($I$26:$I$45,"*基施",AE26:AE45)

J20=AE17/(1+增值税率.施工 qjzb)

J21=AE18/(1+增值税率.施工 qjzb)

J22=AE19/(1+增值税率.施工 qjzb)

J23=AE20*增值税率.施工 qjzb

J24=AE21*增值税率.施工 qjzb

J25=AE22*增值税率.施工 qjzb

J26=(土建.共有地下室.公建工程费.除甲含税 fjgf*土建.共有地下室.公建.支付进

度 zfjd. yb. x) * ((1+成本价格年上涨率 qjzb)^年涨价指数 qchx. yb. x)

J27=(土建.地下购物中心.建安工程费.除甲含税 fjgf * 土建.地下购物中心.建安.支付进度 zfjd. yb. x) * ((1+成本价格年上涨率 qjzb)^年涨价指数 qchx. yb. x)

J28=(土建.地上购物中心.建安工程费.除甲含税 fjgf * 土建.地上购物中心.建安.支付进度 zfjd. yb. x) * ((1+成本价格年上涨率 qjzb)^年涨价指数 qchx. yb. x)

J29=(土建.配电房.公建工程费.除甲含税 fjgf * 土建.配电房.公建.支付进度 zfjd. yb. x) * ((1+成本价格年上涨率 qjzb)^年涨价指数 qchx. yb. x)

J30=(土建.其他配套用房.公建工程费.除甲含税 fjgf * 土建.其他配套用房.公建.支付进度 zfjd. yb. x) * ((1+成本价格年上涨率 qjzb)^年涨价指数 qchx. yb. x)

J31=(外装饰.地上购物中心.建安工程费.除甲含税 fjgf * 外装饰.地上购物中心.建安.支付进度 zfjd. yb. x) * ((1+成本价格年上涨率 qjzb)^年涨价指数 qchx. yb. x)

J32=(外装饰.配电房.公建工程费.除甲含税 fjgf * 外装饰.配电房.公建.支付进度 zfjd. yb. x) * ((1+成本价格年上涨率 qjzb)^年涨价指数 qchx. yb. x)

J33=(外装饰.其他配套用房.公建工程费.除甲含税 fjgf * 外装饰.其他配套用房.公建.支付进度 zfjd. yb. x) * ((1+成本价格年上涨率 qjzb)^年涨价指数 qchx. yb. x)

J34=(内装饰.共有地下室.公建工程费.除甲含税 fjgf * 内装饰.共有地下室.公建.支付进度 zfjd. yb. x) * ((1+成本价格年上涨率 qjzb)^年涨价指数 qchx. yb. x)

J35=(内装饰.地下购物中心.建安工程费.除甲含税 fjgf * 内装饰.地下购物中心.建安.支付进度 zfjd. yb. x) * ((1+成本价格年上涨率 qjzb)^年涨价指数 qchx. yb. x)

J36=(内装饰.地上购物中心.建安工程费.除甲含税 fjgf * 内装饰.地上购物中心.建安.支付进度 zfjd. yb. x) * ((1+成本价格年上涨率 qjzb)^年涨价指数 qchx. yb. x)

J37=(内装饰.配电房.公建工程费.除甲含税 fjgf * 内装饰.配电房.公建.支付进度 zfjd. yb. x) * ((1+成本价格年上涨率 qjzb)^年涨价指数 qchx. yb. x)

J38=(内装饰.其他配套用房.公建工程费.除甲含税 fjgf * 内装饰.其他配套用房.公建.支付进度 zfjd. yb. x) * ((1+成本价格年上涨率 qjzb)^年涨价指数 qchx. yb. x)

J39=(安装.共有地下室.公建工程费.除甲含税 fjgf * 安装.共有地下室.公建.支付进度 zfjd. yb. x) * ((1+成本价格年上涨率 qjzb)^年涨价指数 qchx. yb. x)

J40=(安装.地下购物中心.建安工程费.除甲含税 fjgf * 安装.地下购物中心.建安.支付进度 zfjd. yb. x) * ((1+成本价格年上涨率 qjzb)^年涨价指数 qchx. yb. x)

J41=(安装.地上购物中心.建安工程费.除甲含税 fjgf * 安装.地上购物中心.建安.支付进度 zfjd. yb. x) * ((1+成本价格年上涨率 qjzb)^年涨价指数 qchx. yb. x)

J42=(安装.配电房.公建工程费.除甲含税 fjgf * 安装.配电房.公建.支付进度 zfjd. yb. x) * ((1+成本价格年上涨率 qjzb)^年涨价指数 qchx. yb. x)

J43=(安装.其他配套用房.公建工程费.除甲含税 fjgf * 安装.其他配套用房.公建.支付进度 zfjd. yb. x) * ((1+成本价格年上涨率 qjzb)^年涨价指数 qchx. yb. x)

J44=(小市政.基施工程费.除甲含税 fjgf * 小市政.基施.支付进度 zfjd. yb. x) * ((1+成本价格年上涨率 qjzb)^年涨价指数 qchx. yb. x)

J45=(其他工程费.基施.除甲含税 fjgf * 其他工程费.基施.支付进度 zfjd. yb. x) * ((1+成本价格年上涨率 qjzb)^年涨价指数 qchx. yb. x)

5.2.5　甲供购置费支出表

根据计算机逻辑公式，在支付进度与甲供购置费金额之间建立逻辑关系后，可形成如表 5.20 所示的数据表格的建模。

表 5.20　甲供购置费支出表　　单位：万元

	17	WK		
	J17：WK23	23	I	AD
	J11：WK11	11	月序号	总第 21 个月
	J12：WK12	12	土地月序	土总第 18 个月
	J13：WK13	13	年份号	2016 年
	J14：WK14	14	年序号	第 2 年
	J15：WK15	15	开始日期	2016 年 10 月 01 日
F	J16：WK16	16	完成日期	2016 年 10 月 31 日
10, 786. 05	J17：WK17	17	甲供购置费. 甲供含税	1, 141. 90
11, 677. 02	J18：WK18	18	甲供购置费. 含甲除税	984. 40
10, 066. 40	J19：WK19	19	进项税额. 甲供购置费	157. 50
1, 610. 62	J20：WK20	20	土建类甲供购置费	0. 00
0. 00	J21：WK21	21	装饰类甲供购置费	432. 65
4, 456. 35	J22：WK22	22	安装类甲供购置费	551. 74
5, 131. 19	J23：WK23	23	市政类甲供购置费	0. 00

J17=J18+J19

J18=SUM(J20:J23)

J19=J18 * 增值税率.采购 qjzb

J20=(土建类甲供购置费.含税 jgzf * 土建类甲供购置费.支付进度 zfjd. yb. x) * ((1+成本价格年上涨率 qjzb)^年涨价指数 qchx. yb. x)

J21=(装饰类甲供购置.除税 jgzf * 装饰类甲供购置费.支付进度 zfjd. yb. x) * ((1+成

本价格年上涨率 qjzb)^年涨价指数 qchx. yb. x)

J22=(安装类甲供购置.除税 jgzf * 安装类甲供购置费.支付进度 zfjd. yb. x) * ((1+成本价格年上涨率 qjzb)^年涨价指数 qchx. yb. x)

J23=(市政类甲供购置.除税 jgzf * 市政类甲供购置费.支付进度 zfjd. yb. x) * ((1+成本价格年上涨率 qjzb)^年涨价指数 qchx. yb. x)

5.2.6 其他费用支出表

根据计算机逻辑公式，在支付进度与其他费用金额之间建立逻辑关系后，可形成如表 5.21 所示的数据表格的建模。

表 5.21 其他费用支出表

单位：万元

	17	WK		
	J17：WK31	31	I	M
	J11：WK11	11	月序号	总第 4 个月
	J12：WK12	12	土地月序	土第 1 个月
	J13：WK13	13	年份号	2015 年
	J14：WK14	14	年序号	总第 1 年
	J15：WK15	15	开始日期	2015 年 05 月 01 日
F	J16：WK16	16	完成日期	2015 年 05 月 31 日
1,652.09	J17：WK17	17	开发间接费	56.75
0.00	J18：WK18	18	待摊开发间接费	0.00
0.00	J19：WK19	19	永久性营销设施费	0.00
0.00	J20：WK20	20	其他待摊开发间接费	0.00
1,652.09	J21：WK21	21	非待摊开发间接费	56.75
1,652.09	J22：WK22	22	建设管理费	56.75
0.00	J23：WK23	23	其他非待摊开发间接费	0.00
71.87	J24：WK24	24	开发费用	6.36
35.44	J25：WK25	25	待摊的开发费用	3.18
35.44	J26：WK26	26	临时性营销设施费	3.18
0.00	J27：WK27	27	其他待摊开发费用	0.00
29,597.14	J28：WK28	28	非待摊开发费用	0.00
20,006.04	J29：WK29	29	开发期利息支出	0.00
0.00	J30：WK30	30	其他非待摊开发费用	0.00

续表

	17	WK		
	J17：WK31	31	I	M
	J11：WK11	11	月序号	总第 4 个月
	J12：WK12	12	土地月序	土第 1 个月
	J13：WK13	13	年份号	2015 年
	J14：WK14	14	年序号	总第 1 年
	J15：WK15	15	开始日期	2015 年 05 月 01 日
F	J16：WK16	16	完成日期	2015 年 05 月 31 日
9,591.10	J31：WK31	31	销售推广费	0.00

J17=J18+J21

J18=SUM(J19:J20)

J19=永久性营销设施费.项目.静态 jsrq＊永久性营销设施费.支付进度 zfjd.yb.x＊((1+成本价格年上涨率 qjzb)^年涨价指数 qchx.yb.x)

J20=(其他待摊开发费用.项目.静态 jsrq＊其他待摊开发费用.支付进度 zfjd.yb.x)＊((1+成本价格年上涨率 qjzb)^年涨价指数 qchx.yb.x)

J21=SUM(J22:J23)

J22=(建设管理费.项目.静态 jsrq＊建设管理费.支付进度 zfjd.yb.x)＊((1+成本价格年上涨率 qjzb)^年涨价指数 qchx.yb.x)

J23=(其他非待摊开发费用.项目.静态 jsrq＊其他非待摊开发费用.支付进度 zfjd.yb.x)＊((1+成本价格年上涨率 qjzb)^年涨价指数 qchx.yb.x)

J24=(SUM(J25:J27))＊((1+成本价格年上涨率 qjzb)^年涨价指数 qchx.yb.x)

J25=SUM(J26:J27)

J26=(临时性营销设施费.项目.静态 jsrq＊临时性营销设施费.支付进度 zfjd.yb.x)＊((1+成本价格年上涨率 qjzb)^年涨价指数 qchx.yb.x)

J27=(其他待摊开发费用.项目.静态 jsrq＊其他待摊开发费用.支付进度 zfjd.yb.x)＊((1+成本价格年上涨率 qjzb)^年涨价指数 qchx.yb.x)

J28=SUM(J29:J31)

J29=借款利息偿还.均摊法 zjph.yb.x

J30=(其他非待摊开发费用.项目.静态 jsrq＊其他非待摊开发费用.支付进度 zfjd.yb.x)＊((1+成本价格年上涨率 qjzb)^年涨价指数 qchx.yb.x)

J31=(销售推广费.项目.静态 cfrq＊销售推广费.支付进度 zfjd.yb.x)＊((1+成本价格年上涨率 qjzb)^年涨价指数 qchx.yb.x)

5.2.7 开发销售期总支出表

开发销售期在全生命周期关键节点计划模块中已进行数据化定义，根据逻辑公式将成本支出自动归集于开发销售期，以方便后期应用“敏感算法决策模型”进行管理制式与经济评价指标之间相关关系的分析及为编制现金流量表提供前置数据源（表5.22）。

表5.22 开发销售期总支出表 单位：万元

	WK	18		
	50	J18：WK50	I	M
	11	J11：WK11	月序号	总第4个月
	12	J12：WK12	土地月序	土第1个月
	13	J13：WK13	年份号	2015年
	14	J14：WK14	年序号	总第1年
	15	J15：WK15	开始日期	2015年05月01日
F	16	J16：WK16	完成日期	2015年05月31日
269,630.06	17	J17：WK17	营业支出	73,373.64
260,003.53	18	J18：WK18	建设投资.融资前	73,370.46
280,009.57	19	J19：WK19	建设投资.融资后	73,370.46
115,150.34	20	J20：WK20	土地取得费	57,575.17
144,853.19	21	J21：WK21	开发成本	15,795.30
30,175.40	22	J22：WK22	生地变熟地开发费	15,087.70
6,217.29	23	J23：WK23	前期工程费	650.85
73,783.81	24	J24：WK24	建筑安装工程费	0.00
18,817.05	25	J25：WK25	公共配套设施费	0.00
2,530.54	26	J26：WK26	基础设施费	0.00
11,677.02	27	J27：WK27	甲供购置费	0.00
1,652.09	28	J28：WK28	开发间接费	56.75
0.00	29	J29：WK29	待摊开发间接费	0.00
0.00	30	J30：WK30	永久性营销设施费	0.00
0.00	31	J31：WK31	其他待摊开发间接费	0.00
1,652.09	32	J32：WK32	非待摊开发间接费	56.75
1,652.09	33	J33：WK33	建设管理费	56.75
0.00	34	J34：WK34	其他非待摊开发间接费	0.00

续表

	WK	18		
	50	J18：WK50	I	M
	11	J11：WK11	月序号	总第4个月
	12	J12：WK12	土地月序	土第1个月
	13	J13：WK13	年份号	2015年
	14	J14：WK14	年序号	总第1年
	15	J15：WK15	开始日期	2015年05月01日
F	16	J16：WK16	完成日期	2015年05月31日
29,632.58	35	J35：WK35	开发费用	3.18
35.44	36	J36：WK36	待摊的开发费用	3.18
35.44	37	J37：WK37	临时性营销设施费	3.18
0.00	38	J38：WK38	其他待摊开发费用	0.00
29,597.14	39	J39：WK39	非待摊开发费用	0.00
20,006.04	40	J40：WK40	开发期利息支出	0.00
0.00	41	J41：WK41	其他非待摊开发费用	0.00
9,591.10	42	J42：WK42	销售推广费	0.00
11,287.43	43	J43：WK43	进项税额．营业支出	59.32
390.09	44	J44：WK44	进项税额．前期工程费	55.92
230.05	45	J45：WK45	进项税额．基础设施费	0.00
1,710.64	46	J46：WK46	进项税额．公共配套设施费	0.00
6,707.62	47	J47：WK47	进项税额．建筑安装工程费	0.00
1,610.62	48	J48：WK48	进项税额．甲供购置费	0.00
93.51	49	J49：WK49	进项税额．开发间接费	3.21
544.90	50	J50：WK50	进项税额．开发费用．利息除外	0.18

J17＝J20+J21+J36+J41+J42

J18＝SUM(J20:J21)

J19＝SUM(J20:J21)+J40

J20＝土地取得费.支出 tkff. yb. x

J21＝SUM(J22:J28)

J22＝生地变熟地开发费.支出 tkff. yb. x

J23＝前期工程费.含甲含税.支出 qgcf. yb. x

J24＝建筑安装工程费.除甲含税.支出 gcsf. yb. x

J25＝公共配套设施费.除甲含税.支出 gcsf. yb. x

J26=基础设施费.除甲含税.支出 gcsf. yb. x
J27=甲供购置费.甲供含税.支出 jggf. yb. x
J28=SUM(J29,J32)
J29=SUM(J30:J31)
J30=永久性营销设施费.支出 qtzc. yb. x
J31=其他待摊开发间接费.支出 qtzc. yb. x
J32=SUM(J33:J34)
J33=建设管理费.支出 qtzc. yb. x
J34=其他非待摊开发费用.支出 qtzc. yb. x
J35=SUM(J36,J39)
J36=SUM(J37:J38)
J37=临时性营销设施费.支出 qtzc. yb. x
J38=其他待摊开发费用.支出 qtzc. yb. x
J39=SUM(J40:J42)
J40=借款利息偿还.均摊法 zjph. yb. x
J41=其他非待摊开发费用.支出 qtzc. yb. x
J42=销售推广费.支出 qtzc. yb. x
J43=SUM(J44:J50)
J44=进项税额.前期工程费.支出 qgcf. yb. x
J45=进项税额.基础设施费.支出 gcsf. yb. x
J46=进项税额.公共配套设施费.支出 gcsf. yb. x
J47=进项税额.建筑安装工程费.支出 gcsf. yb. x
J48=进项税额.甲供购置费.支出 jggf. yb. x
J49=J28/(1+增值税率.服务 qjzb) * 增值税率.服务 qjzb
J50=(J36+J41+J42)/(1+增值税率.服务 qjzb) * 增值税率.服务 qjzb

5.2.8 开发销售期营业成本表

应用逻辑公式将营业成本自动分配至开发销售期，为后期自动生成损益报表提供前置数据源（表 5.23）。

表5.23　开发销售期营业成本表　　单位：万元

	WK	17		
	39	J17：WK39	I	M
	11	J11：WK11	月序号	总第4个月
	12	J12：WK12	土地月序	土第1个月
	13	J13：WK13	年份号	2015年
	14	J14：WK14	年序号	总第1年
	15	J15：WK15	开始日期	2015年05月01日
F	16	J16：WK16	完成日期	2015年05月31日
162, 242. 69	17	J17：WK17	营业成本	35, 361. 27
45, 577. 65	18	J18：WK18	土地取得费分摊值	22, 788. 83
58, 332. 52	19	J19：WK19	开发成本	6, 286. 22
11, 943. 72	20	J20：WK20	生地变熟地开发费分摊值	5, 971. 86
2, 460. 87	21	J21：WK21	前期工程费分摊值	257. 61
29, 204. 37	22	J22：WK22	建筑安装工程费分摊值	0. 00
7, 447. 97	23	J23：WK23	公共配套设施费分摊值	0. 00
1, 001. 61	24	J24：WK24	基础设施费分摊值	0. 00
4, 621. 88	25	J25：WK25	甲供购置费分摊值	0. 00
1, 652. 09	26	J26：WK26	开发间接费分摊值	56. 75
0. 00	27	J27：WK27	待摊开发间接费分摊值	0. 00
0. 00	28	J28：WK28	永久性营销设施费分摊值	0. 00
0. 00	29	J29：WK29	其他待摊开发间接费分摊值	0. 00
1, 652. 09	30	J30：WK30	非待摊开发间接	56. 75
1, 652. 09	31	J31：WK31	建设管理费	56. 75
0. 00	32	J32：WK32	其他非待摊开发间接费	0. 00
9, 605. 12	33	J33：WK33	开发费用	1. 26
14. 03	34	J34：WK34	待摊的开发费用分摊值	1. 26
14. 03	35	J35：WK35	临时性营销设施费分摊值	1. 26
0. 00	36	J36：WK36	其他待摊开发费用分摊值	0. 00
9, 591. 10	37	J37：WK37	非待摊开发费用	0. 00
0. 00	38	J38：WK38	其他非待摊开发费用	0. 00
9, 591. 10	39	J39：WK39	销售推广费	0. 00

J17＝SUM（J18：J27）

J18＝（土地取得费.支出 tkff. yb. x）＊（比例.可销售产权建面 jyhl）

J19＝SUM（J20：J26）

J20＝（生地变熟地开发费.支出 tkff. yb. x）＊（比例.可销售产权建面 jyhl）

J21＝（前期工程费.含甲含税.支出 qgcf. yb. x）＊（比例.可销售产权建面 jyhl）

J22＝（建筑安装工程费.除甲含税.支出 gcsf. yb. x）＊（比例.可销售产权建面 jyhl）

J23＝（公共配套设施费.除甲含税.支出 gcsf. yb. x）＊（比例.可销售产权建面 jyhl）

J24＝（基础设施费.除甲含税.支出 gcsf. yb. x）＊（比例.可销售产权建面 jyhl）

J25＝（甲供购置费.甲供含税.支出 jggf. yb. x）＊（比例.可销售产权建面 jyhl）

J26＝SUM（J27，J30）

J27＝SUM（J28：J29）

J28＝（永久性营销设施费.支出 qtzc. yb. x）＊（比例.可销售产权建面 jyhl）

J29＝（其他待摊开发间接费.支出 qtzc. yb. x）＊（比例.可销售产权建面 jyhl）

J30＝SUM（J31：J32）

J31＝建设管理费.支出 qtzc. yb. x

J32＝其他非待摊开发费用.支出 qtzc. yb. x

J33＝SUM（J34，J37）

J34＝SUM（J35：J36）

J35＝（临时性营销设施费.支出 qtzc. yb. x）＊（比例.可销售产权建面 jyhl）

J36＝（其他待摊开发费用.支出 qtzc. yb. x）＊（比例.可销售产权建面 jyhl）

J37＝SUM（J38：J39）

J38＝其他非待摊开发费用.支出 qtzc. yb. x

J39＝销售推广费.支出 qtzc. yb. x

5. 2. 9 租赁运营期总支出表

租赁运营期在全生命周期关键节点计划模块中已进行数据化定义，根据逻辑公式将成本支出自动归集于租赁运营期，以方便后期应用“敏感算法决策模型”进行管理制式与经济评价指标之间相关关系的分析及为编制现金流量表提供前置数据源（表 5. 24）。

表5.24 租赁运营期总支出表 单位：万元

	17	WK		
	J17：WK32	32	I	AF
	J11：WK11	11	月序号	总第23个月
	J12：WK12	12	土地月序	土第20个月
	J13：WK13	13	年份号	2016年
	J14：WK14	14	年序号	总第2个年
	J15：WK15	15	开始日期	2016年12月01日
F	J16：WK16	16	完成日期	2016年12月31日
694,974.28	J17：WK17	17	总支出	389.72
694,974.28	J18：WK18	18	营业支出	389.72
4,316.66	J19：WK19	19	招商代理费	359.72
360.00	J20：WK20	20	招商顾问费	30.00
71,820.14	J21：WK21	21	返租付现利息支出	0.00
3,229.36	J22：WK22	22	主力店装修补贴费	0.00
615,248.12	J23：WK23	23	租赁运营费	0.00
41,463.03	J24：WK24	24	租赁运营费.车位	0.00
573,785.09	J25：WK25	25	租赁运营费.商铺	0.00
0.00	J26：WK26	26	利息支出	0.00
35,398.32	J27：WK27	27	进项税额.营业支出	23.28
259.00	J28：WK28	28	进项税额.招商代理费	21.58
20.38	J29：WK29	29	进项税额.招商顾问费	1.70
2,346.96	J30：WK30	30	进项税额.租赁运营费.车位	0.00
32,478.40	J31：WK31	31	进项税额.租赁运营费.商铺	0.00
293.58	J32：WK32	32	进项税额.主力店装修补贴费	0.00

J17=J18+J26

J18=IF(比例.可租赁产权建面 jyhl<>0,SUM(J19:J22,J23),0)

J19=招商代理费 zbzf * 招商代理费.支付进度 zfjd.yb.x

J20=招商顾问费 zbzf * 招商顾问费.支付进度 zfjd.yb.x

J21=返租付现利息支出 flzc.yb.x

J22=IF(AND(主力店装修补贴期 qchx.yb.x="A",比例.可租赁产权建面 jyhl<>0),主力店装修补贴月费 zbzf,0)

J23=SUM(J24:J25)

J24=租赁含税收入.车位 zlsr.yb.x * 比例.运营成本占收入.车位 xkzb

J25=租赁含税收入.购物中心 zlsr.yb.x * 比例.运营成本占收入.商城 xkzb

J27=IF(比例.可租赁产权建面 jyhl<>0,SUM(J28:J32),0)

J28=J19＊增值税率.服务 qjzb

J29=J20/(1+增值税率.服务 qjzb)＊增值税率.服务 qjzb

J30=J24/(1+增值税率.服务 qjzb)＊增值税率.服务 qjzb

J31=J25/(1+增值税率.服务 qjzb)＊增值税率.服务 qjzb

J32=J22/(1+增值税率.施工 qjzb)＊增值税率.施工 qjzb

5.2.10 租赁运营期营业成本表

应用逻辑公式将营业成本自动分配至开发销售期，为后期自动生成损益报表提供前置数据源（表5.25）。

表5.25 租赁运营期营业成本表 单位：万元

	17	WK		
	J17：WK24	24	I	AF
	J11：WK11	11	月序号	总第23个月
	J12：WK12	12	土地月序	土第20个月
	J13：WK13	13	年份号	2016年
	J14：WK14	14	年序号	总第2年
	J15：WK15	15	开始日期	2016年12月01日
F	J16：WK16	16	完成日期	2016年12月31日
694,974.28	J17：WK17	17	营业成本	389.72
4,316.66	J18：WK18	18	招商代理费	359.72
360.00	J19：WK19	19	招商顾问费	30.00
71,820.14	J20：WK20	20	返租付现利息支出	0.00
3,229.36	J21：WK21	21	主力店装修补贴费	0.00
615,248.12	J22：WK22	22	租赁运营成本	0.00
41,463.03	J23：WK23	23	租赁运营成本. 车位	0.00
573,785.09	J24：WK24	24	租赁运营成本. 商铺	0.00

J17=IF(比例.可租赁产权建面 jyhl<>0,SUM(J18:J21,J22),0)

J18=招商代理费 zbzf＊招商代理费.支付进度 zfjd. yb. x

J19=招商顾问费 zbzf＊招商顾问费.支付进度 zfjd. yb. x

J20=返租付现利息支出 flzc. yb. x

J21=IF(AND(主力店装修补贴期 qchx. yb. x="A",比例.可租赁产权建面 jyhl<>0),主力店装修补贴月费 zbzf,0)

J22=SUM(J23:J24)

J23=租赁含税收入.车位 zlsr. yb. x＊比例.运营成本占收入.车位 xkzb

J24=租赁含税收入.购物中心 zlsr. yb. x＊比例.运营成本占收入.商城 xkzb

第6章

产品定价策略与数据建模

6.1 商业地产定价策略

商业地产的产品有车位、商铺、办公楼、公寓、酒店等，产品价格的定价方法有市场比较法、成本法、假设开发法、收益法等。

购物中心租金的计价方式一般有三种：第一种为基于面积（建筑面积、套内建筑面积、使用面积）按月计价的方式，计价单位为“元/m^2”（简称为“面积计价”）；第二种为根据商户的营业额提取一定的比例计取租金（简称为“提点计价”）；第三种是在第一种与第二种中取其高者作为租金的收入（简称为“二者取其高者”）。对于开发商来说，最有利的租金计价方式为“二者取其高者”。

根据资金时间价值的理论，商业地产的定价有基准价格、动态时价，基准价格与动态时价之间可用年涨价指标建立相关关系。

6.2 车位定价方法与建模

6.2.1 车位收益法定价数据表

随着城市汽车保有量的增长，机车位的价格越来越高，对于持有型物业，采用收益法测算其价格。基于项目实例（一）的地下机车位，收益法定价数据表建模如表6.1所示。

表 6.1　车位收益法定价数据表

N B 22	C10：C22 C 车位基准价格	D10：D22 D 数据
10	每小时收费（元/小时）	6.00
11	每天潜在收入［元/（个·天）］	144.00
12	停车率（%）	70.00
13	满时率（%）	70.00
14	每天有效收入［元/（个·天）］	70.56
15	每月有效毛收入［元/（个·月）］	2,116.80
16	每月运营成本［元/（个·月）］	635.04
17	每月净收益［元/（个·月）］	1,481.76
18	每年净收益［万元/（个·月）］	1.78
19	净收益倍数取值（年）	22.00
20	普通车位每个定价（万元/个）	39.12
21	车位定价. 每平方米. 建面（元/m^2）	8,833.87
22	车位定价. 每平方米. 套面（元/m^2）	32,598.72

D11=D10 * 24

D14=D11 * 满时率.车位 jzdj * 停车率.车位 jzdj * 1 * 1

D15=D14 * 30

D16=D15 * 比例.运营成本占收入.车位 xkzb * 敏感系数.运营成本 myyc

D17=(D15-D16)

D18=D17 * 12/10000

D19=净收益倍数取值 sybs

D20=每年净收益.车位 jzdj * 投资回收期.车位 jzdj

D21=D20/机车位产权建面指标.平方米.每个 sgzb * 10000

D22=D20/机车位.套内建面指标 sgzb * 10000

6.2.2　车位基准价数据表

车位可细分为人防区普通车位（无产权车位）、非人防区普通车位、微型车位、子母车位、无障碍车位、货车车位、机械车位，通过售价相关系数与租价相关系数来反映其间的价格关系。车位销售价格可按个计价，也可按其分摊的面积或使用面积计价。基于项目实例（一），对车位基准价数据表建模如表 6.2 和表 6.3 所示。

表6.2　车位基准价数据表（一）

N E 16	F10：F16 F 车位类别	G10：G16 G 售价系数	H10：H16 H 租价系数	I10：I16 I 销售基价（万元/个）	J10：J16 J 年租售价比（%）
10	人防区普通车位	1.00	1.00	39.12	6.49
11	非人防区普通车位	1.00	1.00	39.12	6.49
12	微型车位	0.60	0.60	23.47	6.49
13	子母车位	0.80	0.80	31.29	6.49
14	无障碍车位	0.50	0.50	19.56	6.49
15	货车车位	0.80	0.80	31.29	6.49
16	机械车位	0.50	0.50	19.56	6.49

I10=普通车位每个定价.车位 jzdj * G10 * 敏感系数.销售价格 mgxj

J10=IFERROR(L10 * 12/I10/10000,0)

表6.3　车位基准价数据表（二）

N E 16	F10：F16 F 车位类别	K10：K16 K 回收期（年）	L10：L16 L 租赁基价［元/（个·月）］	M10：M16 M 整租折扣（%）	N10：N16 N 整租基价［元/（个·月）］
10	人防区普通车位	15.40	2,116.80	10	211.68
11	非人防区普通车位	15.40	2,116.80	10	211.68
12	微型车位	15.40	1,270.08	10	127.01
13	子母车位	15.40	1,693.44	10	169.34
14	无障碍车位	15.40	1,058.40	10	105.84
15	货车车位	15.40	1,693.44	10	169.34
16	机械车位	15.40	1,058.40	10	105.84

K10=1/J10

L10=每月有效收入.车位 jzdj * H10 * 敏感系数.租赁价格 mzlj

M10=整租折扣率 mzzk * 敏感系数.整租价格 mzzk

N10=L10 * M10 * 敏感系数.整租价格 mzzk

6.3 商铺定价方法与建模

6.3.1 商铺租赁基准价数据表

本节对项目实例（一）之购物中心的租金的计量单位以“使用面积”为基数，以市场比较法进行关联因素的修正后，录入相应单元格，形成商铺租赁基准价数据表（表6.4）。

表6.4 商铺租赁基准价数据表

AC	C10：C32	D10：D32	E10：E32	F10：F32	G10：G32
B	C	D	E	F	G
32	科目	负1层 [元/（m^2/月）]	第1层 [元/（m^2/月）]	第2层 [元/（m^2/月）]	第3层 [元/（m^2/月）]
10	服装零售	354	545	490	435
11	运动用品	341	525	470	415
12	母婴用品	341	525	470	415
13	儿童用品	335	515	460	405
14	包袋皮具	354	545	490	435
15	化妆护理	361	555	500	445
16	珠宝饰品	367	565	510	455
17	钟表眼镜	354	545	490	435
18	生活家居	328	505	450	395
19	数码电器	328	505	450	395
20	书店	260	400	350	300
21	儿童娱乐	254	390	340	290
22	超市	221	340	300	260
23	中餐正餐	374	575	520	465
24	休闲餐饮	367	565	510	455
25	西餐快餐	361	555	500	445
26	咖啡茶吧	354	545	490	435
27	食品饮料	348	535	480	425
28	大众娱乐	244	375	330	285
29	电影院	244	375	330	285
30	运动健身	237	365	320	275

续表

AC B 32	C10：C32 C 科目	D10：D32 D 负 1 层 [元/（m²/月）]	E10：E32 E 第 1 层 [元/（m²/月）]	F10：F32 F 第 2 层 [元/（m²/月）]	G10：G32 G 第 3 层 [元/（m²/月）]
31	美容美体	237	365	320	275
32	培训体验	237	365	320	275

AC B 32	H10：H32 H 第 4 层 [元/（m²/月）]	I10：I32 I 第 5 层 [元/（m²/月）]	J10：J32 J 第 6 层 [元/（m²/月）]	K10：K32 K 第 7 层 [元/（m²/月）]
10	380	325	270	215
11	360	305	250	195
12	360	305	250	195
13	350	295	240	185
14	380	325	270	215
15	390	335	280	225
16	400	345	290	235
17	380	325	270	215
18	340	285	230	175
19	340	285	230	175
20	250	200	150	100
21	240	190	140	90
22	220	180	140	100
23	410	355	300	245
24	400	345	290	235
25	390	335	280	225
26	380	325	270	215
27	370	315	260	205
28	240	195	150	105
29	240	195	150	105
30	230	185	140	95
31	230	185	140	95
32	230	185	140	95

6.3.2 商铺月租赁收入数据表

基于项目实例（一）之购物中心，根据上表数据，设置函数公式计算出商铺租金月收入，形成商铺月租赁收入数据表（表6.5和表6.6）。

表6.5 商铺月租赁收入数据表（一）

3			0.00			
4			3,191.27万元/月	417.65万元/月	667.10万元/月	531.56万元/月
5	G9：U8	100.00	营业率	100%	100%	100%
M	C9：C31	D9：D31	E9：E31	F9：F31	G9：G31	H9：H31
B	C	D	E	F	G	H
31	科目	收入占比（%）	有效收入.月（万元/月）	负1层（万元/月）	第1层（万元/月）	第2层（万元/月）
9	服装零售	18.48	589.69	45.78	330.52	0.00
10	运动用品	5.08	162.23	0.00	0.00	162.23
11	母婴用品	3.39	108.15	0.00	0.00	108.15
12	儿童用品	3.32	105.85	0.00	0.00	105.85
13	包袋皮具	2.07	66.10	0.00	66.10	0.00
14	化妆护理	2.11	67.32	0.00	67.32	0.00
15	珠宝饰品	4.29	137.06	0.00	137.06	0.00
16	钟表眼镜	2.07	66.10	0.00	66.10	0.00
17	生活家居	4.87	155.33	0.00	0.00	155.33
18	数码电器	4.55	145.33	0.00	0.00	0.00
19	书店	0.00	0.00	0.00	0.00	0.00
20	儿童娱乐	3.34	106.70	0.00	0.00	0.00
21	超市	2.42	77.10	77.10	0.00	0.00
22	中餐正餐	19.03	607.25	144.89	0.00	0.00
23	休闲餐饮	5.20	166.04	94.91	0.00	0.00
24	西餐快餐	3.00	95.66	0.00	0.00	0.00
25	咖啡茶吧	2.89	92.38	45.78	0.00	0.00
26	食品饮料	3.63	115.90	0.00	0.00	0.00
27	大众娱乐	3.23	103.19	0.00	0.00	0.00
28	电影院	1.09	34.93	0.00	0.00	0.00
29	运动健身	5.53	176.60	0.00	0.00	0.00
30	美容美体	0.29	9.20	9.20	0.00	0.00
31	培训体验	0.10	3.16	0.00	0.00	0.00

D9=IFERROR(E9/ $ E $ 4,0)

E9=SUM(F9:M9)

F4=SUM(F9:F31)

F5=100% * 敏感系数.营业率 myyl

E3=SUM(F4:M4)-E4

E4=SUM(E9:E31)

表6.6　商铺月租赁收入数据表（二）

3 4			494.25 万元/月	278.40 万元/月	267.36 万元/月	69.54 万元/月
5 M B 31	G9：U8 C9：C31 C 科目	100.00% D9：D31 D 收入占比 (%)	100% J9：J31 J 第 4 层 (万元/月)	100% K9：K31 K 第 5 层 (万元/月)	100% L9：L31 L 第 6 层 (万元/月)	100% M9：M31 M 第 7 层 (万元/月)
9	服装零售	18.48	213.40	0.00	0.00	0.00
10	运动用品	5.08	0.00	0.00	0.00	0.00
11	母婴用品	3.39	0.00	0.00	0.00	0.00
12	儿童用品	3.32	0.00	0.00	0.00	0.00
13	包袋皮具	2.07	0.00	0.00	0.00	0.00
14	化妆护理	2.11	0.00	0.00	0.00	0.00
15	珠宝饰品	4.29	0.00	0.00	0.00	0.00
16	钟表眼镜	2.07	0.00	0.00	0.00	0.00
17	生活家居	4.87	0.00	0.00	0.00	0.00
18	数码电器	4.55	145.33	0.00	0.00	0.00
19	书店	0.00	0.00	0.00	0.00	0.00
20	儿童娱乐	3.34	106.70	0.00	0.00	0.00
21	超市	2.42	0.00	0.00	0.00	0.00
22	中餐正餐	19.03	0.00	351.98	0.00	110.38
23	休闲餐饮	5.20	0.00	0.00	0.00	71.13
24	西餐快餐	3.00	0.00	95.66	0.00	0.00
25	咖啡茶吧	2.89	0.00	46.60	0.00	0.00
26	食品饮料	3.63	0.00	0.00	115.90	0.00
27	大众娱乐	3.23	0.00	0.00	71.75	0.00
28	电影院	1.09	0.00	0.00	0.00	0.00

续表

3						
4			494.25 万元/月	278.40 万元/月	267.36 万元/月	69.54 万元/月
5	G9：U8	100.00%	100%	100%	100%	100%
M	C9：C31	D9：D31	J9：J31	K9：K31	L9：L31	M9：M31
B	C	D	J	K	L	M
31	科目	收入占比（%）	第4层（万元/月）	第5层（万元/月）	第6层（万元/月）	第7层（万元/月）
29	运动健身	5.53	0.00	0.00	90.76	85.85
30	美容美体	0.29	0.00	0.00	0.00	0.00
31	培训体验	0.10	0.00	0.00	0.00	0.00

M9:F31={租赁基价.月.购物中心 zyjj.x＊业态面积分布.商铺 ytmj.x＊分层入住率.购物中心 ytsr.x＊敏感系数.租赁价格 mzlj/10000}

6.4 售价与租价相关关系建模

针对持有型物业，不动产的销售价格与租赁价格之间存在高度相关的关系，根据房地产估价规范规定的方法可建立售价与租价之间的相关性：可从已知的销售价格推导出合理的租赁价格，也可从已知的租赁价格推导合理的销售价格。这就形成了商业地产双向定价、相关校验定价的策略。

6.4.1 售价与租价相关数据表

商品房的销售价格与租金收入、投资回报年可以用简易的方法粗略反映其间的关系。投资回收年与年租售价比为倒数关系（表6.7）。

表6.7 售价与租价相关数据表

3	净收益倍数取值	22.00 年			
4	投资回收年取值	15.40 年			
G	C8：C14	D8：D14	E8：E14	F8：F14	G8：G14
B	C	D	E	F	G
14	科目	车位	商铺	办公	公寓
8	资本化率（%）	6.00	6.00	6.00	6.00
9	租金年增长率（%）	3.00	3.00	3.00	3.00

续表

3	净收益倍数取值	22.00 年			
4	投资回收年取值	15.40 年			
G	C8：C14	D8：D14	E8：E14	F8：F14	G8：G14
B	C	D	E	F	G
14	科目	车位	商铺	办公	公寓
10	运营成本率（%）	30.00	30.00	30.00	30.00
11	收益年数（年）	37.58	37.58	37.58	37.58
12	净收益倍数（年）	22.00	22.00	22.00	22.00
13	投资回收（年）	15.40	15.40	15.40	15.40
14	年租售价比（%）	6.49	6.49	6.49	6.49

E8=租金年增长率.商铺 nzzl

E9=比例.运营成本占收入.商城 xkzb

E10=月数.收入租金期 qchx. yb/12

E11=ROUND((1/(E8-E9))*(1-(1+E9)^E11/(1+E8)^E11),2)

E12=ROUND((1-E10)*E12,2)

E13=1/E13

6.4.2 商铺租赁定价法数据表

购物中心的租赁价格可根据市场比较法、成本法及现金流量法等方法初步确定后，根据“租售比”初步确定其销售价格水平，再用市场比较法、收益法、假设开发法等方法进行修正调整（表6.8~表6.10）。

表6.8 商铺租赁定价法数据表（一）

		629.47 元/（m²·月）		
	年收入	38,295.24 万元/年		
	月收入	3,191.27 万元/月		
N	C9：C16	D9：D16	E9：E16	F9：F16
B	C	D	E	F
16	营销合并科目	租赁含税收入．月（万元/月）	租赁基价．使面．月［元/（m²/月）］	层差系数
9	负1层对外销售	417.65	0.00	
10	第1层持有租赁	667.10	550.00	1.00
11	第2层持有租赁	531.56	462.00	0.84

续表

	629.47 元/（m²·月）			
	年收入 38,295.24 万元/年			
	月收入 3,191.27 万元/月			
N B 16	C9：C16 C 营销合并科目	D9：D16 D 租赁含税收入.月（万元/月）	E9：E16 E 租赁基价.使面.月［元/（m²/月）］	F9：F16 F 层差系数
12	第3层持有租赁	465.43	379.50	0.69
13	第4层持有租赁	494.25	403.00	0.73
14	第5层对外销售	278.40	0.00	0.00
15	第6层对外销售	267.36	0.00	0.00
16	第7层对外销售	69.54	0.00	0.00

C11=经营货量.商铺 jyhl. y！ F110

D11=OFFSET(业态月收入.购物中心 ytsr. x！ $E$4,,ROW(A3))

E11=IFERROR(租赁含税收入.月.租赁定价法.购物中心 zldj. y/可租赁使用面积.购物中心 jyhl. y * 敏感系数.租赁价格 mzlj,0) * 10000

F11=IFERROR(E11/$E$10,0)

表6.9 商铺租赁定价法数据表（二）

N B 16	C9：C16 C 营销合并科目	G9：G16 G 租赁基价.权面.月［元/（m²/月）］	H9：H16 H 租赁基价.套面.月［元/（m²/月）］	I9：I16 I 回收年（年）	J9：J16 J 年租售价比（%）
9	负1层对外销售	0.00	0.00	15.40	6.49
10	第1层持有租赁	291.76	522.50	15.40	6.49
11	第2层持有租赁	245.08	438.90	15.40	6.49
12	第3层持有租赁	201.31	360.53	15.40	6.49
13	第4层持有租赁	213.78	382.85	15.40	6.49
14	第5层对外销售	0.00	0.00	15.40	6.49
15	第6层对外销售	0.00	0.00	15.40	6.49
16	第7层对外销售	0.00	0.00	15.40	6.49

G11=IFERROR(租赁含税收入.月.租赁定价法.购物中心 zldj. y/可租赁产权建面.购物中心 jyhl. y * 敏感系数.租赁价格 mzlj,0) * 10000

H11 = IFERROR(租赁含税收入.月.租赁定价法.购物中心 zldj. y/可租赁套内建面.购物中心 jyhl. y * 敏感系数.租赁价格 mzlj,0) * 10000

I11 = 投资回收年取值 sybs

J11 = IFERROR(1/I11,0)

表 6.10　商铺租赁定价法数据表（三）

N B 16	C9：C16 C 营销合并科目	K9：K16 K 销售基价．权面 ［元/（m^2/月）］	L9：L16 L 返租基价．使面．月 ［元/（m^2/月）］	M9：M16 M 整租系数 （%）	N9：N16 N 整租基价．使面．月 ［元/（m^2/月）］
9	负 1 层对外销售	0.00	323.21	10	0.00
10	第 1 层持有租赁	52,516.60	0.00	10	55.00
11	第 2 层持有租赁	44,113.94	0.00	10	46.20
12	第 3 层持有租赁	36,236.45	0.00	10	37.95
13	第 4 层持有租赁	38,480.34	0.00	10	40.30
14	第 5 层对外销售	0.00	0.00	10	0.00
15	第 6 层对外销售	0.00	0.00	10	0.00
16	第 7 层对外销售	0.00	0.00	10	0.00

K11 = 租赁基价.权面.月.租赁定价法.购物中心 zldj. y * 12 * 回收年.商铺 nzsb

L11 = IFERROR(租赁含税收入.月.租赁定价法.购物中心 zldj. y/可返租使用面积.购物中心 jyhl. y * 敏感系数.租赁价格 mzlj,0) * 10000

M11 = 整租折扣率 mzzk * 敏感系数.整租价格 mzzk

N11 = E11 * M11 * 敏感系数.整租价格 mzzk

6.4.3　商铺销售定价法数据表

购物中心的销售价格可根据市场比较法、成本法及现金流量法等初步确定后，根据“租售比”初步确定其租赁价格水平，再用市场比较法、收益法、假设开发法等方法进行修正调整，进行多维度的分析（表 6.11~表 6.13）。

表 6.11　市场比较法

N B 16	C9：C16 C 营销方案	D9：D16 D 层差系数	E9：E16 E 销售基价．前（元/m^2）	F9：F16 F 销售基价（元/m^2）
9	负 1 层对外销售	0.650	46,800.00	46,800.00

续表

N	C9：C16	D9：D16	E9：E16	F9：F16
B	C	D	E	F
16	营销方案	层差系数	销售基价．前（元/m^2）	销售基价（元/m^2）
10	第1层持有租赁	1.000	72,000.00	72,000.00
11	第2层持有租赁	0.889	64,000.00	64,000.00
12	第3层持有租赁	0.778	56,000.00	56,000.00
13	第4层持有租赁	0.667	48,000.00	48,000.00
14	第5层对外销售	0.556	40,000.00	40,000.00
15	第6层对外销售	0.444	32,000.00	32,000.00
16	第7层对外销售	0.333	24,000.00	24,000.00

D9＝E11/＄E＄10

E9＝100000－ROW(2：2)＊11000

F9＝E11＊敏感系数.销售价格 mgxj

表6.12 收益法

N	C9：C16	G9：G16	H9：H16	I9：I16	J9：J16
B	C	G	H	I	J
16	营销方案	回收年（年）	年租售价比（%）	租赁基价．权面．月［元/（m^2/月）］	租赁基价．套面．月［元/（m^2/月）］
9	负1层对外销售	15.40	6.49	253.25	452.23
10	第1层持有租赁	15.40	6.49	389.61	695.73
11	第2层持有租赁	15.40	6.49	346.32	618.43
12	第3层持有租赁	15.40	6.49	303.03	541.13
13	第4层持有租赁	15.40	6.49	259.74	463.82
14	第5层对外销售	15.40	6.49	216.45	386.52
15	第6层对外销售	15.40	6.49	173.16	309.21
16	第7层对外销售	15.40	6.49	129.87	231.91

G9＝投资回收年取值 sybs

H9＝IFERROR(1/G11,0)

I9＝E11＊H11/12＊敏感系数.租赁价格 mzlj

J9＝IFERROR(租赁基价.权面.月.销售定价法.购物中心 xdjf. y/套面系数.购物中心 sjsj. y,0)

表 6.13　假设开发法

N	C9：C16	K9：K16	L9：L16	M9：M16	N9：N16
B	C	K	L	M	N
16	营销方案	租赁基价．使面．月［元/（m^2/月）］	返租基价．权面．月［元/（m^2/月）］	返租基价．套面．月［元/（m^2/月）］	返租基价．使面．月［元/（m^2/月）］
9	负 1 层对外销售	266.58	253.25	452.23	266.58
10	第 1 层持有租赁	410.12	0.00	0.00	0.00
11	第 2 层持有租赁	364.55	0.00	0.00	0.00
12	第 3 层持有租赁	318.98	0.00	0.00	0.00
13	第 4 层持有租赁	273.41	0.00	0.00	0.00
14	第 5 层对外销售	227.84	0.00	0.00	0.00
15	第 6 层对外销售	182.27	0.00	0.00	0.00
16	第 7 层对外销售	136.71	0.00	0.00	0.00

K9 = IFERROR(租赁基价.权面.月.销售定价法.购物中心 xdjf.y/使面系数.购物中心 sjsj.y,0)

L9 = IF(返租方案.购物中心 jyhl.y = "售后返租",租赁基价.权面.月.销售定价法.购物中心 xdjf.y,0)

M9 = IF(返租方案.购物中心 jyhl.y = "售后返租",租赁基价.套面.月.销售定价法.购物中心 xdjf.y,0)

N9 = IF(返租方案.购物中心 jyhl.y = "售后返租",租赁基价.使面.月.销售定价法.购物中心 xdjf.y,0)

6.5　提点定价法与其他收费定价

6.5.1　营业额提点数据表

经营坪效是营业额与租赁面积之间的相关关系，经营坪效 = 年营业额（万元）/建筑面积，是衡量购物中心经营业绩的重要指标之一。

根据不同业态品牌招商的数据统计分析，各行业不同业态品牌所承受的租金提点比例是不一样的，根据统计提点比例区间一般为 8% ~ 30%。

表6.14 营业额提点数据表

	G9：U8	100.00%	3,191.27 万元/月 分层入住率		21,275.13 万元/月	1.47 万元/m²j. 年 255,301.59 万元/年
O	C9：C31	D9：D31	E9：E31	F9：F31	G9：G31	H9：H31
B	C	D	E	F	G	H
31	科目	收入占比（%）	租金含税收入. 月（万元/月）	提点比例（%）	营业额. 月（万元/月）	营业额. 年（万元/年）
9	服装零售	18.48	589.69	15	3,931.26	47,175.15
10	运动用品	5.08	162.23	15	1,081.52	12,978.28
11	母婴用品	3.39	108.15	15	721.02	8,652.18
12	儿童用品	3.32	105.85	15	705.67	8,468.10
13	包袋皮具	2.07	66.10	15	440.69	5,288.27
14	化妆护理	2.11	67.32	15	448.78	5,385.31
15	珠宝饰品	4.29	137.06	15	913.72	10,964.68
16	钟表眼镜	2.07	66.10	15	440.69	5,288.27
17	生活家居	4.87	155.33	15	1,035.50	12,426.01
18	数码电器	4.55	145.33	15	968.87	11,626.46
19	书店	0.00	0.00	15	0.00	0.00
20	儿童娱乐	3.34	106.70	15	711.32	8,535.88
21	超市	2.42	77.10	15	514.03	6,168.33
22	中餐正餐	19.03	607.25	15	4,048.30	48,579.62
23	休闲餐饮	5.20	166.04	15	1,106.95	13,283.41
24	西餐快餐	3.00	95.66	15	637.74	7,652.86
25	咖啡茶吧	2.89	92.38	15	615.86	7,390.34
26	食品饮料	3.63	115.90	15	772.64	9,271.73
27	大众娱乐	3.23	103.19	15	687.91	8,254.95
28	电影院	1.09	34.93	15	232.90	2,794.79
29	运动健身	5.53	176.60	15	1,177.36	14,128.35
30	美容美体	0.29	9.20	15	61.31	735.76
31	培训体验	0.10	3.16	15	21.07	252.86

C9＝业态比例.商铺 ytbl. x！ C7

D9＝IFERROR（E9/ $ E $ 4, 0）

E9=业态月收入.购物中心 ytsr. x！E9

G9=E9/F9

H4=SUM(H9:H31)/SUM(产权建面.购物中心 sjsj. y)

H5=SUM(H9:H31)

H9=G9 * 12

6.5.2　推广费定价数据表

在商业管理运营阶段，向商户收取一定的推广费对购物中心进行整体宣传是业内通行的做法，基于商户角度分析，建立推广费与营业额之间的相关关系，如表6.15所示。

表6.15　推广费定价数据表

O	J9：J13	K9：K13	L9：L13	M9：M13	N9：N13
I	J	K	L	M	N
9	推广费占营业额比	推广费. 年	推广费. 月	推广费. 使面. 月	推广费. 建面. 月
10	0.50%	1,276.51万元/年	106.38万元/月	29.63元/（m^2/月）	15.72元/（m^2/月）

K=J10 * H5

L=K10/12

M=IFERROR(L10 * 10000/SUM(可租赁使用面积.购物中心 jyhl. y),0)

N=IFERROR(L10 * 10000/SUM(可租赁产权建面.购物中心 jyhl. y),0)

6.6　产品动态时价数据建模

6.6.1　车位动态销售价格数据表

基于项目实例（一）的开发计划，对车位的基准价格进行逻辑公式的编辑后，将自动分配于全生命周期坐标月轴，形成车位动态时价（表6.16）。

表6.16 车位动态销售价格数据表 单位：万元/个

	17	WK			
	J17：WK23	23	I	K	L
	J11：WK11	11	月序号	总第2个月	总第3个月
	J12：WK12	12	土地月序	土第0个月	土第0个月
	J13：WK13	13	年份号	2015年	2015年
	J14：WK14	14	年序号	第1年	第1年
	J15：WK15	15	开始日期	2015年03月01日	2015年04月01日
F	J16：WK16	16	完成日期	2015年03月31日	2015年04月30日
2.69	J17：WK17	17	人防区普通车位.经营	39.12	39.12
2.69	J18：WK18	18	非人防区普通车位.经营	39.12	39.12
2.69	J19：WK19	19	微型车位.经营	23.47	23.47
2.69	J20：WK20	20	子母车位.持有	31.29	31.29
2.69	J21：WK21	21	无障碍车位.持有	19.56	19.56
2.69	J22：WK22	22	货车车位.持有	31.29	31.29
2.69	J23：WK23	23	机械车位.持有	19.56	19.56

J17:WK23 = {IF(开始日期 qchx.yb.x>=市场调研基准期.开始日期.节点 jdjh,销售基价.个.车位 jzdj.y *（1+售价年增长率.车位 nzzl）^涨价年指数 qchx.yb.x,0)}

6.6.2 车位动态租赁价格数据表

基于项目实例（一）的开发计划，对车位的基准价格进行逻辑公式的编辑后，将自动分配于全生命周期坐标月轴后形成车位的动态时价（表6.17）。

表6.17 车位动态租赁价格数据表 单位：元/（个·月）

	18	WK			
	J18：WK23	23	I	K	L
	J11：WK11	11	月序号	总第2个月	总第3个月
	J12：WK12	12	土地月序	土第0个月	土第0个月
	J13：WK13	13	年份号	2015年	2015年
	J14：WK14	14	年序号	第1年	第1年
	J15：WK15	15	开始日期	2015年03月01日	2015年04月01日
F	J16：WK16	16	完成日期	2015年03月31日	2015年04月30日
4.38	J17：WK17	17	人防区普通车位.经营	2,116.80	2,116.80

续表

	18	WK			
	J18：WK23	23	I	K	L
	J11：WK11	11	月序号	总第 2 个月	总第 3 个月
	J12：WK12	12	土地月序	土第 0 个月	土第 0 个月
	J13：WK13	13	年份号	2015 年	2015 年
	J14：WK14	14	年序号	第 1 年	第 1 年
	J15：WK15	15	开始日期	2015 年 03 月 01 日	2015 年 04 月 01 日
F	J16：WK16	16	完成日期	2015 年 03 月 31 日	2015 年 04 月 30 日
4.38	J18：WK18	18	非人防区普通车位. 经营	2, 116.80	2, 116.80
4.38	J19：WK19	19	微型车位. 经营	1, 270.08	1, 270.08
4.38	J20：WK20	20	子母车位. 持有	1, 693.44	1, 693.44
4.38	J21：WK21	21	无障碍车位. 持有	1, 058.40	1, 058.40
4.38	J22：WK22	22	货车车位. 持有	1, 693.44	1, 693.44
4.38	J23：WK23	23	机械车位. 持有	1, 058.40	1, 058.40

J18:WK23 = {IF(开始日期 qchx. yb. x>=市场调研基准期.开始日期.节点 jdjh,租赁基价.月.个.车位 jzdj. y *（1+租金年增长率.车位 nzzl)^涨价年指数 qchx. yb. x,0)}

6.6.3 商铺销售动态时价数据表

基于项目实例（一）的开发计划，对车位的基准价格进行逻辑公式的编辑后，将自动分配于全生命周期坐标月轴后形成商铺的动态时价（表 6.18）。

表 6.18 商铺销售动态时价数据表 单位：元/m²

	17	WK			
	J17：WK24	24	I	K	L
	J11：WK11	11	月序号	总第 2 个月	总第 3 个月
	J12：WK12	12	土地月序	土第 0 个月	土第 0 个月
	J13：WK13	13	年份号	2015 年	2015 年
	J14：WK14	14	年序号	第 1 年	第 1 年
	J15：WK15	15	开始日期	2015 年 03 月 01 日	2015 年 04 月 01 日
F	J16：WK16	16	完成日期	2015 年 03 月 31 日	2015 年 04 月 30 日
2.69	J17：WK17	17	负 1 层售后返租	46, 800.00	46, 800.00
2.69	J18：WK18	18	第 1 层持有租赁	72, 000.00	72, 000.00

续表

	17	WK			
	J17：WK24	24	I	K	L
	J11：WK11	11	月序号	总第 2 个月	总第 3 个月
	J12：WK12	12	土地月序	土第 0 个月	土第 0 个月
	J13：WK13	13	年份号	2015 年	2015 年
	J14：WK14	14	年序号	第 1 年	第 1 年
	J15：WK15	15	开始日期	2015 年 03 月 01 日	2015 年 04 月 01 日
F	J16：WK16	16	完成日期	2015 年 03 月 31 日	2015 年 04 月 30 日
2.69	J19：WK19	19	第 2 层持有租赁	64,000.00	64,000.00
2.69	J20：WK20	20	第 3 层持有租赁	56,000.00	56,000.00
2.69	J21：WK21	21	第 4 层对外销售	48,000.00	48,000.00
2.69	J22：WK22	22	第 5 层对外销售	40,000.00	40,000.00
2.69	J23：WK23	23	第 6 层对外销售	32,000.00	32,000.00
2.69	J24：WK24	24	第 7 层对外销售	24,000.00	24,000.00

I17=经营货量.商铺 jyhl. y！F10

J17:WK24=IF(开始日期 qchx. yb. x>=市场调研基准期.开始日期.节点 jdjh,销售基价.销售定价法.购物中心 xdjf. y *(1+售价年增长率.商铺 nzzl)^涨价年指数 qchx. yb. x,0)

6.6.4 商铺租赁动态时价数据表

基于项目实例（一）的开发计划，对车位的基准价格进行逻辑公式的编辑后，将自动分配于全生命周期坐标月轴后形成商铺的动态时价（表 6.19）。

表 6.19 商铺租赁动态时价数据表 单位：元/m²

	17	WK			
	J17：WK24	24	I	K	L
	J11：WK11	11	月序号	总第 2 个月	总第 3 个月
	J12：WK12	12	土地月序	土第 0 个月	土第 0 个月
	J13：WK13	13	年份号	2015 年	2015 年
	J14：WK14	14	年序号	第 1 年	第 1 年
	J15：WK15	15	开始日期	2015 年 03 月 01 日	2015 年 04 月 01 日
F	J16：WK16	16	完成日期	2015 年 03 月 31 日	2015 年 04 月 30 日
0.00	J17：WK17	17	负 1 层售后返租	0.00	0.00

续表

	17	WK			
	J17：WK24	24	I	K	L
	J11：WK11	11	月序号	总第 2 个月	总第 3 个月
	J12：WK12	12	土地月序	土第 0 个月	土第 0 个月
	J13：WK13	13	年份号	2015 年	2015 年
	J14：WK14	14	年序号	第 1 年	第 1 年
	J15：WK15	15	开始日期	2015 年 03 月 01 日	2015 年 04 月 01 日
F	J16：WK16	16	完成日期	2015 年 03 月 31 日	2015 年 04 月 30 日
4. 38	J18：WK18	18	第 1 层持有租赁	550. 00	550. 00
4. 38	J19：WK19	19	第 2 层持有租赁	462. 00	462. 00
4. 38	J20：WK20	20	第 3 层持有租赁	379. 50	379. 50
0. 00	J21：WK21	21	第 4 层对外销售	403. 00	403. 00
0. 00	J22：WK22	22	第 5 层对外销售	0. 00	0. 00
0. 00	J23：WK23	23	第 6 层对外销售	0. 00	0. 00
0. 00	J24：WK24	24	第 7 层对外销售	0. 00	0. 00

I17＝经营货量.商铺 jyhl. y！F10

J17：WK24＝IF(开始日期 qchx. yb. x>＝市场调研基准期.开始日期.节点 jdjh，租赁基价.使面.月.租赁定价法.购物中心 zldj. y＊(1+租金年增长率.商铺 nzzl)^涨价年指数 qchx. yb. x，0)

第7章

经营收入数据建模

商业地产的经营收入可分为静态收入与动态收入。静态经营收入是指不考虑时间对价格的影响，基于某一基准时点的经营收入的测算。动态经营收入是考虑价格随着时间有涨跌情况下基于某一时段的经营收入的测算，动态经营收入更加符合经济规律。

商业地产的经营收入有销售收入与租赁收入，其中销售率、出租率、销售价格年增长率、租金年增长率构成经营收入的重要敏感性因素。

7.1 静态经营收入模型

7.1.1 车位静态销售收入数据表

基于车位营销方案与车位定价的数据源，通过逻辑公式建立车位静态销售收入数据表（表7.1）。

表7.1 车位静态销售收入数据表

				7,784.57万元	155.97万元/月	70,340.59万元
H	C9：C15	D9：D15	E9：E15	F9：F15	G9：G15	H9：H15
B	C	D	E	F	G	H
15	车位类别	销售率（%）	出租率（%）	销售含税收入（万元）	租赁含税收入．月（万元/月）	租赁含税收入．全（万元）
9	人防区普通车位．经营	100	100	0.00	31.54	14,224.68
10	非人防区普通车位．经营	100	100	7,784.57	42.12	18,998.07
11	微型车位．经营	100	100	0.00	18.04	8,133.85
12	子母车位．持有	100	100	0.00	32.18	14,511.09
13	无障碍车位．持有	100	100	0.00	8.04	3,627.77

续表

H	C9：C15	D9：D15	E9：E15	7, 784. 57 万元 F9：F15	155. 97 万元/月 G9：G15	70, 340. 59 万元 H9：H15
B	C	D	E	F	G	H
15	车位类别	销售率（%）	出租率（%）	销售含税收入（万元）	租赁含税收入. 月（万元/月）	租赁含税收入. 全（万元）
14	货车车位. 持有	100	100	0. 00	24. 05	10, 845. 13
15	机械车位. 持有	100	100	0. 00	0. 00	0. 00

C9 = 经营货量.车位 jyhl. y！ G9

D9 = 销售率.车位 xljcl

E9 = 静态出租率.车位 xljcl

F9 = 销售货量.个.车位 jyhl. y * 销售基价.个.车位 jzdj. y * 销售率.车位 xljcl

G9 = 租赁货量.个.车位 jyhl. y * 租赁基价.月.个.车位 jzdj. y * 出租率.车位.静态 jysr. y/10000

H9 = G9 * 月数.收入租金期 qchx. yb

7. 1. 2　商铺静态销售收入数据表

商铺的经营收入是基于商铺的营销方案测算的，商铺的营销方案分为对外销售、持有租赁、售后返租和三种模式的组合，表 7. 2 所示是基于售后返租模式下的商铺静态收入数据。

表 7. 2　基于售后返租模式下的商铺静态收入

M	C8：C15	D8：D15	E8：E15	F8：F15	G8：G15	310, 566. 08 万元 H8：H15
B	C	D	E	F	G	H
15	楼层码	营销方案	返租方案	销售率（%）	出租率（%）	销售含税收入（万元）
8	负 1 层	对外销售	售后返租	100	100	114, 000. 23
9	第 1 层	持有租赁	不返租	100	100	0. 00
10	第 2 层	持有租赁	不返租	100	100	0. 00
11	第 3 层	持有租赁	不返租	100	100	0. 00
12	第 4 层	持有租赁	不返租	100	100	0. 00
13	第 5 层	对外销售	不返租	100	100	92, 477. 84
14	第 6 层	对外销售	不返租	100	100	73, 982. 27
15	第 7 层	对外销售	不返租	100	100	30, 105. 74

M B 15	2, 158. 33 万元 I8：I15 I 租赁含税收入．月 (万元/月)	973, 406. 44 万元 J8：J15 J 租赁含税收入．全 (万元)	417. 65 万元 K8：K15 K 返租含税收入．月 (万元/月)	48, 029. 41 万元 L8：L15 L 返租含税收入 (万元)	1, 021, 435. 85 万元 M8：M15 M 租赁含税收入．全．总 (万元)
8	0. 00	0. 00	417. 65	48, 029. 41	48, 029. 41
9	667. 10	300, 861. 53	0. 00	0. 00	300, 861. 53
10	531. 56	239, 732. 23	0. 00	0. 00	239, 732. 23
11	465. 43	209, 907. 23	0. 00	0. 00	209, 907. 23
12	494. 25	222, 905. 44	0. 00	0. 00	222, 905. 44
13	0. 00	0. 00	0. 00	0. 00	0. 00
14	0. 00	0. 00	0. 00	0. 00	0. 00
15	0. 00	0. 00	0. 00	0. 00	0. 00

C8＝设计数据.购物中心 sjsj. y！ C9

D8＝经营货量.商铺 jyhl. y！ D10

E8＝经营货量.商铺 jyhl. y！ E10

F8＝销售率.商铺 xljcl

G8＝静态出租率.商铺 xljcl

H8＝可销售产权建面.购物中心 jyhl. y ＊ 销售基价.销售定价法.购物中心 xdjf. y ＊ 销售率.商铺.静态 jysr. y/10000

I8＝可租赁使用面积.购物中心 jyhl. y ＊ 租赁基价.使面.月.租赁定价法.购物中心 zldj. y ＊ 出租率.商铺.静态 jysr. y/10000

J8＝I8 ＊ 月数.收入租金期 qchx. yb

K8＝可返租使用面积.购物中心 jyhl. y ＊ 返租基价.使面.月.租赁定价法.购物中心 zldj. y ＊ 出租率.商铺.静态 jysr. y/10000

L8＝K8 ＊ 月数.返租收入期 fzfa

M8＝L8+J8

7. 1. 3 静态销售收入数据合并表

购物中心的产品类别有车位与商铺，根据产品类别，分别对其销售含税收入进行汇总统，计如表 7. 3 所示。

表 7.3　销售含税收入　　单位：万元

4	0	290,990.60 万元	7,784.57 万元	283,206.03 万元	310,566.08 万元	27,360.06 万元
I	D8：D18	E8：E18	F8：F18	G8：G18	H8：H18	I8：I18
C	D	E	F	G	H	I
18	科目	销售含税收入	销售含税收入车位	销售含税收入返租抵扣后．商铺	销售含税收入返租抵扣前．商铺	返租抵扣房价
8	车位	7,784.57	7,784.57			
9	商铺	283,206.03		283,206.03	310,566.08	27,360.06

E8 = SUM(F8:G8)

F8 = SUM(销售含税收入.车位.静态 jysr. y)

G8 = H9 - I9

H9 = SUM(销售含税收入.商铺.静态 jysr. y)

I9 = SUM(返租抵扣应付利息 fdlx. yb. x)

7.1.4　静态租赁收入数据合并表

购物中心的产品类别有车位与商铺，根据产品类别，分别就其租赁含税收入进行汇总统计，如表 7.4 所示。

表 7.4　销赁含税收入　　单位：万元

13	0.00	1,091,776.44 万元	70,340.59 万元	1,021,435.85 万元
G	D8：D18	E8：E18	F8：F18	G8：G18
C	D	E	F	G
18	科目	租赁含税收入	租赁含税收入．车位	租赁含税收入．商铺
17	车位	70,340.59	70,340.59	
18	商铺	1,021,435.85		1,021,435.85

E17 = SUM(F17:G17)

F17 = SUM(租赁含税收入.全.车位.静态 jysr. y)

G18 = SUM(租赁含税收入.全.总.商铺.静态 jysr. y)

7.2 营销进度数据建模

7.2.1 车位销售比例进度表

在项目拿地阶段，可根据本节编辑的逻辑公式自动生成车位的销售比例。此销售比例是以假设销售周期平均销售的速度为前提的。在项目的实施阶段，可根据实际销售进度分别人工输入“时间月轴”对应的单元格内（表7.5）。

表7.5 车位销售比例进度

单位：%

	17	WK			
	J17：WK23	23	I	AN	AO
	J11：WK11	11	月序号	总第31个月	总第32个月
	J12：WK12	12	土地月序	土第28个月	土第29个月
	J13：WK13	13	年份号	2017年	2017年
	J14：WK14	14	年序号	第3年	第3年
	J15：WK15	15	开始日期	2017年08月01日	2017年09月01日
F	J16：WK16	16	完成日期	2017年08月31日	2017年09月30日
1.00	J17：WK17	17	人防区普通车位.经营	8.33	8.33
1.00	J18：WK18	18	非人防区普通车位.经营	8.33	8.33
1.00	J19：WK19	19	微型车位.经营	8.33	8.33
0.00	J20：WK20	20	子母车位.持有	0.00	0.00
0.00	J21：WK21	21	无障碍车位.持有	0.00	0.00
0.00	J22：WK22	22	货车车位.持有	0.00	0.00
0.00	J23：WK23	23	机械车位.持有	0.00	0.00

J17:WK17=IF(AND(人防区普通车位.营销方案.车位jyhl="经营",销售周期.车位qchx.yb.x="A"),1/月数.销售周期.车位qchx.yb,0)

J18:WK18=IF(AND(非人防区普通车位.营销方案.车位jyhl="经营",销售周期.车位qchx.yb.x="A"),1/月数.销售周期.车位qchx.yb,0)

J19:WK19=IF(AND(微型车位.营销方案.车位jyhl="经营",销售周期.车位qchx.yb.x="A"),1/月数.销售周期.车位qchx.yb,0)

J20:WK20=IF(AND(子母车位.营销方案.车位jyhl="经营",销售周期.车位qchx.yb.x="A"),1/月数.销售周期.车位qchx.yb,0)

J21：WK21 = IF(AND(无障碍车位.营销方案.车位 jyhl = "经营",销售周期.车位 qchx.yb.x = "A"),1/月数.销售周期.车位 qchx.yb,0)

J22：WK22 = IF(AND(货车车位.营销方案.车位 jyhl = "经营",销售周期.车位 qchx.yb.x = "A"),1/月数.销售周期.车位 qchx.yb,0)

J23：WK23 = IF(AND(机械车位.营销方案.车位 jyhl = "经营",销售周期.车位 qchx.yb.x = "A"),1/月数.销售周期.车位 qchx.yb,0)

7.2.2 商铺销售比例进度表

在项目拿地阶段，可根据本节编辑的逻辑公式自动生成车位的销售比例。此销售比例是以假设销售周期平均销售的速度为前提的。在项目的实施阶段，可根据实际销售进度分别人工输入“时间月轴”对应的单元格内，以真实地反映市场销售与租赁的进展情况（表 7.6）。

表 7.6　商铺销售比例进度　　单位：%

	17	WK			
	J17：WK24	24	I	AM	AN
	J11：WK11	11	月序号	总第 30 个月	总第 31 个月
	J12：WK12	12	土地月序	土第 27 个月	土第 28 个月
	J13：WK13	13	年份号	2017 年	2017 年
	J14：WK14	14	年序号	第 3 年	第 3 年
	J15：WK15	15	开始日期	2017 年 07 月 01 日	2017 年 08 月 01 日
F	J16：WK16	16	完成日期	2017 年 07 月 31 日	2017 年 08 月 31 日
1.00	J17：WK17	17	负 1 层售后返租	8.33	8.33
0.00	J18：WK18	18	第 1 层持有租赁	0.00	0.00
0.00	J19：WK19	19	第 2 层持有租赁	0.00	0.00
0.00	J20：WK20	20	第 3 层持有租赁	0.00	0.00
0.00	J21：WK21	21	第 4 层持有租赁	0.00	0.00
1.00	J22：WK22	22	第 5 层对外销售	8.33	8.33
1.00	J23：WK23	23	第 6 层对外销售	8.33	8.33
1.00	J24：WK24	24	第 7 层对外销售	8.33	8.33

J17：WK17 = IF(AND(负 1 层营销方案.购物中心 jyhl = "对外销售",销售周期.栋 01.商城 qchx.yb.x = "A"),1/1/月数.销售周期.栋 01. 商城 qchx.yb,0)

J18：WK18 = IF(AND(第 1 层营销方案.购物中心 jyhl = "对外销售",销售周期.栋 01.商城 qchx.yb.x = "A"),1/1/月数.销售周期.栋 01. 商城 qchx.yb,0)

J19：WK19 = IF(AND(第 2 层营销方案.购物中心 jyhl = "对外销售",销售周期.栋 01.

商城 qchx. yb. x="A"),1/1/月数.销售周期.栋 01. 商城 qchx. yb,0)

J20:WK20=IF(AND(第 3 层营销方案.购物中心 jyhl="对外销售",销售周期.栋 01. 商城 qchx. yb. x="A"),1/1/月数.销售周期.栋 01. 商城 qchx. yb,0)

J21:WK21=IF(AND(第 4 层营销方案.购物中心 jyhl="对外销售",销售周期.栋 01. 商城 qchx. yb. x="A"),1/1/月数.销售周期.栋 01. 商城 qchx. yb,0)

J22:WK22=IF(AND(第 5 层营销方案.购物中心 jyhl="对外销售",销售周期.栋 01. 商城 qchx. yb. x="A"),1/1/月数.销售周期.栋 01. 商城 qchx. yb,0)

J23:WK23=IF(AND(第 6 层营销方案.购物中心 jyhl="对外销售",销售周期.栋 01. 商城 qchx. yb. x="A"),1/1/月数.销售周期.栋 01. 商城 qchx. yb,0)

J24:WK24=IF(AND(第 7 层营销方案.购物中心 jyhl="对外销售",销售周期.栋 01. 商城 qchx. yb. x="A"),1/1/月数.销售周期.栋 01. 商城 qchx. yb,0)

7.2.3 车位销售面积去化表

基于车位货量数据表及销售进度数据表中的数据源，通过设置函数公式可建立基于“全生命周期坐标月轴”的车位销售面积去化表（表 7.7）。

表 7.7 车位销售面积去化表

单位：m^2

	18	WK			
	J18：WK24	24	I	AL	AM
	J11：WK11	11	月序号	总第 29 个月	总第 30 个月
	J12：WK12	12	土地月序	土第 26 个月	土第 27 个月
	J13：WK13	13	年份号	2017 年	2017 年
	J14：WK14	14	年序号	第 3 年	第 3 年
	J15：WK15	15	开始日期	2017 年 06 月 01 日	2017 年 07 月 01 日
F	J16：WK16	16	完成日期	2017 年 06 月 30 日	2017 年 07 月 31 日
2, 388. 00	J17：WK17	17	可销售产权建面. 车位	199. 00	199. 00
0. 00	J18：WK18	18	人防区普通车位. 经营	0. 00	0. 00
2, 388. 00	J19：WK19	19	非人防区普通车位. 经营	199. 00	199. 00
0. 00	J20：WK20	20	微型车位. 经营	0. 00	0. 00
0. 00	J21：WK21	21	子母车位. 持有	0. 00	0. 00
0. 00	J22：WK22	22	无障碍车位. 持有	0. 00	0. 00
0. 00	J23：WK23	23	货车车位. 持有	0. 00	0. 00
0. 00	J24：WK24	24	机械车位. 持有	0. 00	0. 00

J17=SUM(J18:J24)

J18:WK24=可销售产权建面.车位 jyhl. y * 销售进度.车位 xsjd. yb. x

7.2.4　商铺销售面积去化表

基于商铺货量数据表及销售进度数据表中的数据源，通过设置函数公式可建立基于“全生命周期坐标月轴”的商铺销售面积去化表（表 7.8）。

表 7.8　商铺销售面积去化表　　单位：m^2

	18	WK			
	J18：WK25	25	I	AF	AG
	J11：WK11	11	月序号	总第 23 个月	总第 24 个月
	J12：WK12	12	土地月序	土第 20 个月	土第 21 个月
	J13：WK13	13	年份号	2016 年	2017 年
	J14：WK14	14	年序号	第 2 年	第 3 年
	J15：WK15	15	开始日期	2016 年 12 月 01 日	2017 年 01 月 01 日
F	J16：WK16	16	完成日期	2016 年 12 月 31 日	2017 年 01 月 31 日
83, 142.00	J17：WK17	17	可销售产权建面. 商铺	6, 928.50	6, 928.50
24, 359.02	J18：WK18	18	负 1 层售后返租	2, 029.92	2, 029.92
0.00	J19：WK19	19	第 1 层持有租赁	0.00	0.00
0.00	J20：WK20	20	第 2 层持有租赁	0.00	0.00
0.00	J21：WK21	21	第 3 层持有租赁	0.00	0.00
0.00	J22：WK22	22	第 4 层持有租赁	0.00	0.00
23, 119.46	J23：WK23	23	第 5 层对外销售	1, 926.62	1, 926.62
23, 119.46	J24：WK24	24	第 6 层对外销售	1, 926.62	1, 926.62
12, 544.06	J25：WK25	25	第 7 层对外销售	1, 045.34	1, 045.34

J17 = SUM(J18:J25)

J18:WK25 = {可销售产权建面.购物中心 jyhl. y * 销售进度.购物中心 xsjd. yb. x}

7.2.5　销售面积去化合并表

通过表格之间的数据链接技术，将商业地产不同产品的销售面积去化情况整合于“全生命周期坐标月轴”，形成销售面积去化合并表（表 7.9）。

表 7.9 销售面积去化合并表

	18			
	J18：WK20	I	AG	AH
	J11：WK11	月序号	总第 24 个月	总第 25 个月
	J12：WK12	土地月序	土第 21 个月	土第 22 个月
	J13：WK13	年份号	2017 年	2017 年
	J14：WK14	年序号	第 3 年	第 3 年
	J15：WK15	开始日期	2017 年 01 月 01 日	2017 年 02 月 01 日
F	J16：WK16	完成日期	2017 年 01 月 31 日	2017 年 02 月 28 日
100.00	J17：WK17	比例. 当期可销售产权建面（%）	8	8
85,530.00	J18：WK18	可销售产权建面. 合计（m^2）	6,928.50	6,928.50
2,388.00	J19：WK19	可销售产权建面. 车位（m^2）	0.00	0.00
83,142.00	J20：WK20	可销售产权建面. 商铺（m^2）	6,928.50	6,928.50

J17=IFERROR（X18/SUM（可销售产权建面. 合计 jyhl），0）

J18=SUM（J19：J20）

J19=销售产权建面. 车位 xcjm. yb. x！X17

J20=销售产权建面. 购物中心 xcjm. yb. x！X17

7.2.6 车位租赁面积去化表

基于商铺货量数据表及租赁进度数据表中的数据源，通过设置函数公式可建立基于“全生命周期坐标月轴”的车位租赁面积去化表（表 7.10）。

表 7.10 车位租赁面积去化表

单位：m^2

	18			
	J18：WK24	I	AQ	WK
	J11：WK11	月序号	总第 34 个月	总第 600 个月
	J12：WK12	土地月序	土第 31 个月	土第 597 个月
	J13：WK13	年份号	2017 年	2065 年
	J14：WK14	年序号	第 3 年	第 51 年
	J15：WK15	开始日期	2017 年 11 月 01 日	2065 年 01 月 01 日
F	J16：WK16	完成日期	2017 年 11 月 30 日	2065 年 01 月 31 日
39,765.54	J17：WK17	可租赁产权建面. 车位	39,765.54	39,765.54
6,598.07	J18：WK18	人防区普通车位. 经营	6,598.07	6,598.07

续表

	18			
	J18：WK24	I	AQ	WK
	J11：WK11	月序号	总第34个月	总第600个月
	J12：WK12	土地月序	土第31个月	土第597个月
	J13：WK13	年份号	2017年	2065年
	J14：WK14	年序号	第3年	第51年
	J15：WK15	开始日期	2017年11月01日	2065年01月01日
F	J16：WK16	完成日期	2017年11月30日	2065年01月31日
8,812.19	J19：WK19	非人防区普通车位.经营	8,812.19	8,812.19
6,288.09	J20：WK20	微型车位.经营	6,288.09	6,288.09
8,413.64	J21：WK21	子母车位.持有	8,413.64	8,413.64
3,365.46	J22：WK22	无障碍车位.持有	3,365.46	3,365.46
6,288.09	J23：WK23	货车车位.持有	6,288.09	6,288.09
0.00	J24：WK24	机械车位.持有	0.00	0.00

J17=SUM(J18:J24)

J18:WK24={IF(收入租金期 qchx. yb. x="A",可租赁产权建面.车位 jyhl. y,0)}

7.2.7　商铺租赁面积去化表

基于商铺货量数据表及租赁进度数据表中的数据源，通过设置函数公式可建立基于“全生命周期坐标月轴”的商铺租赁面积去化表（表7.11）。

表7.11　商铺租赁面积去化表　　单位：m^2

	18	WK		
	J18：WK25	25	I	AQ
	J11：WK11	11	月序号	总第34个月
	J12：WK12	12	土地月序	土第31个月
	J13：WK13	13	年份号	2017年
	J14：WK14	14	年序号	第3年
	J15：WK15	15	开始日期	2017年11月01日
F	J16：WK16	16	完成日期	2017年11月30日
90,793.00	J17：WK17	17	可租赁产权建面.商铺	90,793.00
0.00	J18：WK18	18	负1层售后返租	0.00
22,864.73	J19：WK19	19	第1层持有租赁	22,864.73

续表

	18	WK		
	J18：WK25	25	I	AQ
	J11：WK11	11	月序号	总第 34 个月
	J12：WK12	12	土地月序	土第 31 个月
	J13：WK13	13	年份号	2017 年
	J14：WK14	14	年序号	第 3 年
	J15：WK15	15	开始日期	2017 年 11 月 01 日
F	J16：WK16	16	完成日期	2017 年 11 月 30 日
21, 689. 35	J20：WK20	20	第 2 层持有租赁	21, 689. 35
23, 119. 46	J21：WK21	21	第 3 层持有租赁	23, 119. 46
23, 119. 46	J22：WK22	22	第 4 层持有租赁	23, 119. 46
0. 00	J23：WK23	23	第 5 层对外销售	0. 00
0. 00	J24：WK24	24	第 6 层对外销售	0. 00
0. 00	J25：WK25	25	第 7 层对外销售	0. 00

J17=SUM(J18:J25)

J18:WK25={IF(收入租金期 qchx. yb. x="A",可租赁产权建面.购物中心 jyhl. y,0)}

7.2.8 租赁面积进度合并表

通过表格之间的数据链接技术，将商业地产不同产品的租赁面积去化情况整合于“全生命周期坐标月轴”中，可形成租赁面积进度合并表（表 7. 12）。

表 7. 12 租赁面积进度合并表

	18	WK		
	J18：WK20	20	I	AQ
	J11：WK11	11	月序号	总第 34 个月
	J12：WK12	12	土地月序	土第 31 个月
	J13：WK13	13	年份号	2017 年
	J14：WK14	14	年序号	第 3 年
	J15：WK15	15	开始日期	2017 年 11 月 01 日
F	J16：WK16	16	完成日期	2017 年 11 月 30 日
100	J17：WK17	17	当期可租赁产权建面占比. 合计（%）	0. 22
130, 558. 54	J18：WK18	18	可租赁产权建面. 合计（m^2）	130, 558. 54

续表

	18	WK		
	J18：WK20	20	I	AQ
	J11：WK11	11	月序号	总第34个月
	J12：WK12	12	土地月序	土第31个月
	J13：WK13	13	年份号	2017年
	J14：WK14	14	年序号	第3年
	J15：WK15	15	开始日期	2017年11月01日
F	J16：WK16	16	完成日期	2017年11月30日
39, 765. 54	J19：WK19	19	可租赁产权建面. 车位（m^2）	39, 765. 54
90, 793. 00m^2	J20：WK20	20	可租赁产权建面. 商铺（m^2）	90, 793. 00

J17 = IFERROR(AB18/SUM(可租赁产权建面.合计 zcjm. yb. x),0)

J18 = SUM(J19:J20)

J19 = 租赁产权建面.车位 zcjm. yb. x！AB17

J20 = 租赁产权建面.购物中心 zcjm. yb. x！AB17

7.3　动态经营收入数据建模

根据国家税务局的规定，将营业税改为增值税后，为了便于计算增值税所需要的销项税额，经营收入的算法应细分为含税收入、应税收入与除税收入。包括增值税的收入简称为“含税收入”，扣除土地成本的收入简称为“应税收入”，扣除增值税后的收入简称为“除税收入”。

7.3.1　车位动态销售收入数据表

车位的动态销售收入由车位经营货量、销售时价、销售进度、销售率四个因子构成，将数据以数组公式的形式录入所指定区域的单元格内，得出车位的动态销售含税收入数据表如表7.13所示。

表 7.13 车位动态销售收入数据表 单位：万元

	22	WK		
	J22：WK28	28	I	AL
	J11：WK11	11	月序号	总第 29 个月
	J12：WK12	12	土地月序	土第 26 个月
	J13：WK13	13	年份号	2017 年
	J14：WK14	14	年序号	第 3 年
	J15：WK15	15	开始日期	2017 年 06 月 01 日
F	J16：WK16	16	完成日期	2017 年 06 月 30 日
8, 166. 56	J17：WK17	17	销售含税收入. 车位	674. 92
1, 606. 00	J18：WK18	18	销售抵扣土地成本. 车位	133. 83
6, 560. 57	J19：WK19	19	销售应税收入. 车位	541. 09
5, 910. 42	J20：WK20	20	销售除税收入. 车位	487. 47
650. 15	J21：WK21	21	销项税额. 销售. 车位	53. 62
0. 00	J22：WK22	22	人防区普通车位. 经营	0. 00
8, 166. 56	J23：WK23	23	非人防区普通车位. 经营	674. 92
0. 00	J24：WK24	24	微型车位. 经营	0. 00
0. 00	J25：WK25	25	子母车位. 持有	0. 00
0. 00	J26：WK26	26	无障碍车位. 持有	0. 00
0. 00	J27：WK27	27	货车车位. 持有	0. 00
0. 00	J28：WK28	28	机械车位. 持有	0. 00

J17=SUM(J22:J28)

J18=IF(J17<>0,单方土地成本.可售产权建面 * 可销售产权建面.车位 xcjm. yb. x, 0)/10000

J19=J17-J18

J20=J19/(1+增值税率.不动产租售 qjzb)

J21=J20 * 增值税率.不动产租售 qjzb

J22:WK28={销售货量.个.车位 jyhl. y * 销售时价.车位 xssj. yb. x * 销售进度.车位 xsjd. yb. x * 销售率.购物中心 xljcl}

7.3.2 商铺动态销售收入数据表

商铺的动态销售收入由商铺经营货量、销售时价、销售进度、销售率四个因子构成，将数据以数组公式的形式录入所指定区域的单元格内，可得出以下商铺动态销售含税收入数据表（表 7.14）。

表 7.14　商铺动态销售收入数据表　　单位：万元

	23	WK		
	J23：WK30	30	I	AF
	J11：WK11	11	月序号	23 个月
	J12：WK12	12	土地月序	土第 20 个月
	J13：WK13	13	年份号	2016 年
	J14：WK14	14	年序号	第 2 年
	J15：WK15	15	开始日期	2016 年 12 月 01 日
F	J16：WK16	16	完成日期	2016 年 12 月 31 日
295, 224. 94	J17：WK17	17	销售含税收入. 商铺	24, 118. 11
-27, 360. 06	J18：WK18	18	返租利息抵扣房价款	-2, 280. 00
55, 915. 38	J19：WK19	19	销售抵扣土地成本. 商铺	4, 659. 61
239, 309. 56	J20：WK20	20	销售应税收入. 商铺	19, 458. 50
215, 594. 20	J21：WK21	21	销售除税收入. 商铺	17, 530. 18
23, 715. 36	J22：WK22	22	销项税额. 销售. 商铺	1, 928. 32
118, 412. 04	J23：WK23	23	负 1 层售后返租	9, 690. 02
0. 00	J24：WK24	24	第 1 层持有租赁	0. 00
0. 00	J25：WK25	25	第 2 层持有租赁	0. 00
0. 00	J26：WK26	26	第 3 层持有租赁	0. 00
0. 00	J27：WK27	27	第 4 层持有租赁	0. 00
96, 056. 73	J28：WK28	28	第 5 层对外销售	7, 860. 62
76, 845. 39	J29：WK29	29	第 6 层对外销售	6, 288. 49
31, 270. 84	J30：WK30	30	第 7 层对外销售	2, 558. 99

J17＝SUM(J23:J30)+J18

J18＝-返租抵扣房价款 fdlx. yb. x

J19＝IF(J17<>0, 单方土地成本.可售产权建面 * 可销售产权建面.购物中心 xcjm. yb. x/10000, 0)

J20＝J17-J19

J21＝J20/(1+增值税率.不动产租售 qjzb)

J22＝J21 * 增值税率.不动产租售 qjzb

J23:WK30＝可销售产权建面.购物中心 jyhl. y * 销售时价.购物中心 xssj. yb. x * 销售进度.购物中心 xsjd. yb. x * 销售率.购物中心 xljcl/10000

7.3.3 动态销售收入合并数据表

基于表格之间的数据链接技术，将商业地产不同产品类别的销售收入数据表合并，可形成基于项目实例（一）的动态销售收入合并表（表7.15）。

表7.15 动态销售收入合并数据表 单位：万元

	22	WK		
	J22：WK31	31	I	AF
	J11：WK11	11	月序号	总第23个月
	J12：WK12	12	土地月序	土第20个月
	J13：WK13	13	年份号	2016年
	J14：WK14	14	年序号	第2年
	J15：WK15	15	开始日期	2016年12月01日
F	J16：WK16	16	完成日期	2016年12月31日
303,391.50	J17：WK17	17	销售含税收入.合计	24,118.11
57,521.38	J18：WK18	18	销售抵扣土地成本.合计	4,659.61
245,870.12	J19：WK19	19	销售应税收入.合计	19,458.50
221,504.62	J20：WK20	20	销售除税收入.合计	17,530.18
24,365.51	J21：WK21	21	销项税额.销售.合计	1,928.32
8,166.56	J22：WK22	22	销售含税收入.车位	0.00
1,606.00	J23：WK23	23	销售抵扣土地成本.车位	0.00
6,560.57	J24：WK24	24	销售应税收入.车位	0.00
5,910.42	J25：WK25	25	销售除税收入.车位	0.00
650.15	J26：WK26	26	销项税额.销售.车位	0.00
295,224.94	J27：WK27	27	销售含税收入.商铺	24,118.11
55,915.38	J28：WK28	28	销售抵扣土地成本.商铺	4,659.61
239,309.56	J29：WK29	29	销售应税收入.商铺	19,458.50
215,594.20	J30：WK30	30	销售除税收入.商铺	17,530.18
23,715.36	J31：WK31	31	销项税额.销售.商铺	1,928.32

J17=SUMIF($I$22:$I$31,"销售含税*",J22:J31)

J18=SUMIF($I$22:$I$31,"*土地成本*",J22:J31)

J19=J17-J18

J20=J19/(1+增值税率.不动产租售 qjzb)

J21=J20*增值税率.不动产租售 qjzb

J22=销售收入.车位 xssr.yb.x! J17

J23 = 销售收入.车位 xssr. yb. x！ J18
J24 = 销售收入.车位 xssr. yb. x！ J19
J25 = 销售收入.车位 xssr. yb. x！ J20
J26 = 销售收入.车位 xssr. yb. x！ J21
J27 = 销售收入.商铺 xssr. yb. x！ J17
J28 = 销售收入.商铺 xssr. yb. x！ J19
J29 = 销售收入.商铺 xssr. yb. x！ J20
J30 = 销售收入.商铺 xssr. yb. x！ J21
J31 = 销售收入.商铺 xssr. yb. x！ J22

7. 3. 4　车位动态租赁收入数据表

车位动态租赁收入数据表如表 7. 16 所示。

表 7. 16　车位动态租赁收入数据表　　单位：万元

	22	WK		
	J22：WK28	28	I	AQ
	J11：WK11	11	月序号	总第 34 个月
	J12：WK12	12	土地月序	土第 31 个月
	J13：WK13	13	年份号	2017 年
	J14：WK14	14	年序号	第 3 年
	J15：WK15	15	开始日期	2017 年 11 月 01 日
F	J16：WK16	16	完成日期	2017 年 11 月 30 日
138, 210. 10	J17：WK17	17	租赁含税收入. 车位	165. 46
0. 00	J18：WK18	18	租赁抵扣土地成本. 车位	0. 00
138, 210. 10	J19：WK19	19	应税租赁收入. 车位	165. 46
124, 513. 60	J20：WK20	20	除税租赁收入. 车位	149. 07
13, 696. 50	J21：WK21	21	销项税额. 租赁. 车位	16. 40
27, 949. 65	J22：WK22	22	人防区普通车位. 经营	33. 46
37, 328. 73	J23：WK23	23	非人防区普通车位. 经营	44. 69
15, 981. 95	J24：WK24	24	微型车位. 经营	19. 13
28, 512. 40	J25：WK25	25	子母车位. 持有	34. 13
7, 128. 10	J26：WK26	26	无障碍车位. 持有	8. 53
21, 309. 27	J27：WK27	27	货车车位. 持有	25. 51
0. 00	J28：WK28	28	机械车位. 持有	0. 00

J17 = SUM(J22:J28)

J18=0

J19=J17-J18

J20=J19/(1+增值税率.不动产租售 qjzb)

J21=J20 * 增值税率.不动产租售 qjzb

J22=IF(收入租金期 qchx. yb. x="A",租赁时价.车位 zlsj. yb. x * 租赁货量.个.车位 jyhl. y * 出租率.车位 dtcl. yb. x/10000,0)

7.3.5 商铺动态租赁收入数据表

创建商铺动态租赁收入数据表之前，应对其数据源表格中的收入租金期、单方土地成本指标、可租赁产权建面等单元格进行命名定义。录入逻辑公式后形成如表 7.17 所示的数据表。

表 7.17 商铺动态租赁收入数据表 单位：万元

	22	WK		
	J22：WK29	29	I	AQ
	J11：WK11	11	月序号	总第 34 个月
	J12：WK12	12	土地月序	土第 31 个月
	J13：WK13	13	年份号	2017 年
	J14：WK14	14	年序号	第 3 年
	J15：WK15	15	开始日期	2017 年 11 月 01 日
F	J16：WK16	16	完成日期	2017 年 11 月 30 日
1,912,616.97	J17：WK17	17	租赁含税收入. 商铺	2,289.77
0.00	J18：WK18	18	租赁抵扣土地成本. 商铺	0.00
1,912,616.97	J19：WK19	19	应税租赁毛收入. 商铺	2,289.77
1,723,078.35	J20：WK20	20	除税租赁毛收入. 商铺	2,062.86
189,538.62	J21：WK21	21	销项税额. 租赁. 商铺	226.91
0.00	J22：WK22	22	负 1 层售后返租	0.00
591,153.76	J23：WK23	23	第 1 层持有租赁	707.73
471,042.64	J24：WK24	24	第 2 层持有租赁	563.93
412,440.40	J25：WK25	25	第 3 层持有租赁	493.77
437,980.18	J26：WK26	26	第 4 层持有租赁	524.35
0.00	J27：WK27	27	第 5 层对外销售	0.00
0.00	J28：WK28	28	第 6 层对外销售	0.00
0.00	J29：WK29	29	第 7 层对外销售	0.00

J17=SUM(AB22:AB29)

J18=0

J19=J17-J18

J20=J19/(1+增值税率.不动产租售 qjzb)

J21=J20 * 增值税率.不动产租售 qjzb

J22:WK29=IF(收入租金期 qchx. yb. x="A",租赁时价.购物中心 zlsj. yb. x * 可租赁使用面积.购物中心 jyhl. y * 出租率.购物中心 dtcl. yb. x/10000,0)

7.3.6 租赁动态收入数据合并表

通过数据表之间的数据链接技术，录入相关函数公式后形成具备自动根据类别合并统计计算功能的数据表（表7.18）。

表7.18 租赁动态收入数据合并表 单位：万元

	22	WK		
	J22：WK31	31	I	AQ
	J11：WK11	11	月序号	总第34个月
	J12：WK12	12	土地月序	土第31个月
	J13：WK13	13	年份号	2017年
	J14：WK14	14	年序号	第3年
	J15：WK15	15	开始日期	2017年11月01日
F	J16：WK16	16	完成日期	2017年11月30日
2, 050, 827. 07	J17：WK17	17	租赁含税收入. 合计	2, 455. 24
0. 00	J18：WK18	18	租赁抵扣土地成本. 合计	0. 00
2, 050, 827. 07	J19：WK19	19	有效应税租赁毛收入. 合计	2, 455. 24
1, 847, 591. 96	J20：WK20	20	有效除税租赁毛收入. 合计	2, 211. 92
203, 235. 12	J21：WK21	21	销项税额. 租赁. 合计	243. 31
138, 210. 10	J22：WK22	22	租赁含税收入. 车位	165. 46
0. 00	J23：WK23	23	租赁抵扣土地成本. 车位	0. 00
138, 210. 10	J24：WK24	24	应税租赁收入. 车位	165. 46
124, 513. 60	J25：WK25	25	除税租赁收入. 车位	149. 07
13, 696. 50	J26：WK26	26	销项税额. 租赁. 车位	16. 40
1, 912, 616. 97	J27：WK27	27	租赁含税收入. 商铺	2, 289. 77
0. 00	J28：WK28	28	租赁抵扣土地成本. 商铺	0. 00
1, 912, 616. 97	J29：WK29	29	应税租赁毛收入. 商铺	2, 289. 77
1, 723, 078. 35	J30：WK30	30	除税租赁毛收入. 商铺	2, 062. 86
189, 538. 62	J31：WK31	31	销项税额. 租赁. 商铺	226. 91

J17 = SUMIF($I$22: $I$31,"租赁含税 * ",J22:J31)
J18 = SUMIF($I$22: $I$31," * 土地成本 * ",J22:J31)
J19 = SUMIF($I$22: $I$31," * 应税租赁 * ",J22:J31)
J20 = SUMIF($I$22: $I$31," * 除税租赁 * ",J22:J31)
J21 = SUMIF($I$22: $I$31,"销项税额 * ",J22:J31)
J22 = 租赁收入车位 zlsr. yb. x！ J17
J23 = 租赁收入车位 zlsr. yb. x！ J18
J24 = 租赁收入车位 zlsr. yb. x！ J19
J25 = 租赁收入车位 zlsr. yb. x！ J20
J26 = 租赁收入车位 zlsr. yb. x！ J21
J27 = 租赁收入.购物中心 zlsr. yb. x！ J17
J28 = 租赁收入.购物中心 zlsr. yb. x！ J18
J29 = 租赁收入.购物中心 zlsr. yb. x！ J19
J30 = 租赁收入.购物中心 zlsr. yb. x！ J20
J31 = 租赁收入.购物中心 zlsr. yb. x！ J21

第8章

商业地产的融资方案建模

融资是开发企业重要的业务内容，其中商业地产由于开发周期长，资金使用量大，融资显得更加重要。融资有债权融资、股权融资，有银行融资、基金、信托等传统方式的融资，也有实施的垫资型融资、返租型融资、返租回购型融资等。

融资建模的基本单元格数据有：名义年利率计息周期类别、每年计息次数、均除周期利率、指数周期利率、利率选用、借款周期利率、有效年利率、建设期放款系数、运营期放款系数等。还款的方式有一次性还款、等额本金法（本书简称为“均摊法”）与等额本息法（本书简称为“均值法”）。

本章将分别对传统的融资方案及非传统型融资方案建模，创建融资基本因素与经济评价指标之间的相关关系。

8.1 传统融资方案建模

8.1.1 融资基本数据表

在编制融资方案时，年利率、计息周期、放款的方式等因素是基本的参数，通过逻辑公式创建如表 8.1 所示的融资基本数据表。

表 8.1 融资基本数据表

D B 16	C7：C16 C 科目	D7：D16 D 数据
7	名义年利率（%）	8
8	计息周期类别	月
9	每年计息次数（次）	12

续表

D	C7：C16	D7：D16
B	C	D
16	科目	数据
10	均除周期利率（%）	0.667
11	指数周期利率（%）	0.643
12	利率选用	均除周期利率
13	借款周期利率（%）	0.6667
14	有效年利率（%）	8.300
15	建设期放款系数	1.0
16	运营期放款系数	1.0

D7=8% * 敏感系数.借款年利率 mjln * 敏感系数.借款年利率 mzly

D9=IF(计息周期类别 xrfa="年",1,IF(计息周期类别 xrfa="半年",2,IF(计息周期类别 xrfa="季度",4,IF(计息周期类别 xrfa="月",12,0))))

D10=名义年利率 xrfa/每年计息次数 xrfa

D11=(1+名义年利率 xrfa)^(1/每年计息次数 xrfa)-1

D12=C10

D13=IF(利率选用 xrfa="均除周期利率",均除周期利率 xrfa,指数周期利率 xrfa)

D14=(1+均除周期利率 xrfa)^每年计息次数 xrfa-1

8.1.2 资金来源与需求数据表

根据自有资金、税后累计收益的正负来平衡全生命周期内各业务板块资金的来源与运用，计算出当期新增借款，并计算其占比关系（表 8.2 和表 8.3）。

表 8.2 资金来源与需求数据表（一） 单位：万元

16				-10,997.58	63.00%
17				-244,710.06 万元	154,167.34 万元
18	C21：C620	D21：D620	E21：E620	F21：F620	G21：G620
B	C	D	E	F	G
620	月序号	收入租金期	税后累计净收益	税后当期净收益	自有资金
21	第 1 个月	0	-209.91	-118.86	154,167.34
22	第 2 个月	0	-295.40	-85.49	0.00
23	第 3 个月	0	-73,669.96	-73,374.57	0.00
24	第 4 个月	0	-147,044.53	-73,374.57	0.00

续表

16				-10, 997. 58	63. 00%
17				-244, 710. 06 万元	154, 167. 34 万元
18	C21：C620	D21：D620	E21：E620	F21：F620	G21：G620
B	C	D	E	F	G
620	月序号	收入租金期	税后累计净收益	税后当期净收益	自有资金
25	第 5 个月	0	-147, 357. 56	-313. 03	0. 00
26	第 6 个月	0	-147, 670. 59	-313. 03	0. 00
27	第 7 个月	0	-148, 061. 78	-391. 18	0. 00
28	第 8 个月	0	-148, 452. 96	-391. 18	0. 00
29	第 9 个月	0	-148, 844. 14	-391. 18	0. 00
30	第 10 个月	0	-149, 235. 33	-391. 18	0. 00
31	第 11 个月	0	-149, 646. 02	-410. 70	0. 00
32	第 12 个月	0	-150, 056. 72	-410. 70	0. 00
40	第 13 个月	0	-150, 467. 41	-410. 70	0. 00
41	第 14 个月	0	-150, 874. 77	-407. 36	0. 00
42	第 15 个月	0	-154, 439. 72	-3, 564. 95	0. 00
43	第 16 个月	0	-158, 386. 59	-3, 946. 87	0. 00
619	第 17 个月	0	-171, 175. 96	-12, 789. 36	0. 00
620	第 18 个月	0	-183, 941. 96	-12, 766. 00	0. 00

16	37. 00%	16	
17	90, 542. 72 万元	17	6, 587. 79 万元
18	H21：H620	I21：I620	J21：J620
B	H	I	J
620	当期新增借款	当期账户余额	账户累计余额
21	0. 00	154, 048. 47	154, 048. 47
22	0. 00	-85. 49	153, 962. 99
23	0. 00	-73, 374. 57	80, 588. 42
24	0. 00	-73, 374. 57	7, 213. 86
25	0. 00	-313. 03	6, 900. 83
26	0. 00	-313. 03	6, 587. 79
27	15, 090. 45	14, 699. 27	21, 287. 07
28	15, 090. 45	14, 699. 27	35, 986. 34
29	15, 090. 45	14, 699. 27	50, 685. 61
30	15, 090. 45	14, 699. 27	65, 384. 88

续表

16	37.00%	16	
17	90,542.72 万元	17	6,587.79 万元
18	H21：H620	I21：I620	J21：J620
B	H	I	J
620	当期新增借款	当期账户余额	账户累计余额
31	15,090.45	14,679.76	80,064.63
32	15,090.45	14,679.76	94,744.39
40	0.00	-410.70	94,333.70
41	0.00	-407.36	93,926.34
42	0.00	-3,564.95	90,361.39
43	0.00	-3,946.87	86,414.52
619	0.00	-12,789.36	73,625.15
620	0.00	-12,766.00	60,859.15

C21=全程纵向月 qczx.yb.y！C10

D21=OFFSET(全程横向月 qchx.yb.x！$H$33,,ROW(A3))

E21=OFFSET(现金流量.融资前流量.投资.项目 xjll.yb.x！$H$55,,ROW(A3))

F21=OFFSET(现金流量.融资前流量.投资.项目 xjll.yb.x！$H$50,,ROW(A3))

G21=H10

H21=IF(AND(C21>=放款开始月序 zlxq.yb,C21<=放款结束月序 zlxq.yb),(1/放款周期月数 zlxq.yb)*借款金额 zlxq,0)

I21=G21+H21+F21

J21=SUM($I$21:I21)

表 8.3 资金来源与需求数据表（二）

2	D4：D9	E4：E9	2	G4：G9	17,849.88 万元
C	D	E	3	G	H
4	借款余额. 均摊法	可行	4	现金流回正月序	第 22 个月
5	借款余额. 均值法	可行	5	放款开始月序	第 7 个月
6	资金余额. 均摊法	可行	6	放款周期月数	6 个月
7	资金余额. 均值法（万元）	1.56	7	放款结束月序	第 12 个月
8	偿债备付率. 均摊法	1.154	8	自有资金比例（%）	63.00
9	利息备付率. 均摊法	可行	9	资金需求金额（万元）	244,710.06
			10	自有资金额（万元）	154,167.34
			11	借款金额（万元）	90,542.72

E4 = IF(ROUND(利息纵算.均摊法 lxzs. yb. y! K12,0) = 0,"可行",0)

E5 = IF(ROUND(利息纵算.均值法 lxzs. yb. y! K14,0)>=0,"可行",0)

E6 = IF(资金平衡.均摊法 zjph. yb. x! F29>=0,"可行","不可行")

E7 = IF(资金平衡.均值法 zjph. ybx! F29>=0,"可行","不可行")

E8 = 偿债备付率.等额本金法.均摊法.clzb

E9 = 利息备付率.等额本金法.均摊法 clzb

H2 = INDEX(F21:F620,MATCH(,0/(F21:F620>0),))

H3 = SUBSTITUTE(ADDRESS(1,COLUMN(),4),1,)

H4 = LOOKUP(1,0/(H2 = F21:F619),C21:C619)

H7 = H5+H6-1

H9 = -F17

H10 = H9 * H8

H11 = H9-自有资金总额 zlxq. yb

8.1.3　融资时间坐标月轴表

放款时间、还款时间是融资方案中最基本的数据源，根据融资方案设定的时间，通过编辑逻辑公式将其自动分配至“全生命周期坐标月轴”，形成融资时间坐标月轴，如表 8.4 所示。

表 8.4　融资时间坐标月轴表　　单位：万元

	WK	17			
	19	J17：WK19	I	Q	R
	11	J11：WK11	月序号	总第 8 个月	总第 9 个月
	12	J12：WK12	土地月序	土第 5 个月	土第 6 个月
	13	J13：WK13	年份号	2015 年	2015 年
	14	J14：WK14	年序号	第 1 年	第 1 年
	15	J15：WK15	开始日期	2015 年 09 月 01 日	2015 年 10 月 01 日
F	16	J16：WK16	完成日期	2015 年 09 月 30 日	2015 年 10 月 31 日
6 个月	17	J17：WK17	放款周期	A	A
60 个月	18	J18：WK18	还款期. 均摊法	0.00	0.00
60 个月	19	J19：WK19	还款期. 均值法	0.00	0.00

J17 = IF(AND(月序号 qchx. yb. x>=放款开始月序 zlxq. yb,月序号 qchx. yb. x<=放款结束月序 zlxq. yb),"A",0)

J18 = IF(AND(月序号 qchx. yb. x>=还款开始月序.均摊法 lxzs. yb,月序号 qchx. yb. x<=还款结束月序.均摊法 lxzs. yb),"A",0)

J19 = IF(AND(月序号 qchx. yb. x>= 还款开始月序.均值法 lxzs. yb,月序号 qchx. yb. x <= 还款结束月序.均值法 lxzs. yb),"A",0)

8.1.4 利息纵算数据表（均摊法）

均摊法是等额本金法的简称，假设融资方案中约定，还款的方式为“等额本金法”，贷款的放款时间为第 7 个月至第 12 个月，贷款年限为 5 年，从第 23 个月开始还款，第 82 个月结束还款。贷款年利率为 8%。通过设置逻辑公式创建如表 8.5 所示的利息自动算法数据表（等额本金法）。现金流回正数据见表 8.6。

表 8.5 利息纵算数据表　　单位：万元

11			4, 421. 79 元/m²	4, 069. 10 元/m²	1, 251. 78 元/m²
12			98, 390. 37 万元	90, 542. 72 万元	27, 853. 69 万元
K	C16：C615	D16：D615	E16：E615	F16：F615	G16：G615
B	C	D	E	F	G
615	月序号	收入租金期	期初借款余额	当期新增借款	应计利息
16	第 1 个月	0	0. 00	0. 00	0. 00
17	第 2 个月	0	0. 00	0. 00	0. 00
18	第 3 个月	0	0. 00	0. 00	0. 00
19	第 4 个月	0	0. 00	0. 00	0. 00
20	第 5 个月	0	0. 00	0. 00	0. 00
21	第 6 个月	0	0. 00	0. 00	0. 00
22	第 7 个月	0	0. 00	15, 090. 45	100. 60
23	第 8 个月	0	15, 191. 06	15, 090. 45	201. 88
24	第 9 个月	0	30, 483. 39	15, 090. 45	303. 83
25	第 10 个月	0	45, 877. 67	15, 090. 45	406. 45
26	第 11 个月	0	61, 374. 57	15, 090. 45	509. 77
27	第 12 个月	0	76, 974. 79	15, 090. 45	613. 77
28	第 13 个月	0	92, 679. 02	0. 00	617. 86
29	第 14 个月	0	93, 296. 88	0. 00	621. 98
30	第 15 个月	0	93, 918. 86	0. 00	626. 13
31	第 16 个月	0	94, 544. 98	0. 00	630. 30
32	第 17 个月	0	95, 175. 28	0. 00	634. 50
33	第 18 个月	0	95, 809. 78	0. 00	638. 73
34	第 19 个月	0	96, 448. 52	0. 00	642. 99
35	第 20 个月	0	97, 091. 51	0. 00	647. 28

续表

11			4, 421. 79 元/m²	4, 069. 10 元/m²	1, 251. 78 元/m²
12			98, 390. 37 万元	90, 542. 72 万元	27, 853. 69 万元
K	C16：C615	D16：D615	E16：E615	F16：F615	G16：G615
B	C	D	E	F	G
615	月序号	收入租金期	期初借款余额	当期新增借款	应计利息
36	第 21 个月	0	97, 738. 78	0. 00	651. 59
37	第 22 个月	0	98, 390. 37	0. 00	655. 94
38	第 23 个月	0	96, 750. 53	0. 00	645. 00
614	第 599 个月	0	0. 00	0. 00	0. 00
615	第 600 个月	0	0. 00	0. 00	0. 00

11	899. 10 元/m²	4, 421. 79 元/m²	5, 320. 88 元/m²	
12	20, 006. 04 万元	98, 390. 37 万元	118, 396. 42 万元	0. 00 万元
K	H16：H615	I16：I615	J16：J615	K16：K615
B	H	I	J	K
615	利息支出	借款余额支出	本息总支出	期末借款余额
16	0. 00	0. 00	0. 00	0. 00
17	0. 00	0. 00	0. 00	0. 00
18	0. 00	0. 00	0. 00	0. 00
19	0. 00	0. 00	0. 00	0. 00
20	0. 00	0. 00	0. 00	0. 00
21	0. 00	0. 00	0. 00	0. 00
22	0. 00	0. 00	0. 00	15, 191. 06
23	0. 00	0. 00	0. 00	30, 483. 39
24	0. 00	0. 00	0. 00	45, 877. 67
25	0. 00	0. 00	0. 00	61, 374. 57
26	0. 00	0. 00	0. 00	76, 974. 79
27	0. 00	0. 00	0. 00	92, 679. 02
28	0. 00	0. 00	0. 00	93, 296. 88
29	0. 00	0. 00	0. 00	93, 918. 86
30	0. 00	0. 00	0. 00	94, 544. 98
31	0. 00	0. 00	0. 00	95, 175. 28
32	0. 00	0. 00	0. 00	95, 809. 78
33	0. 00	0. 00	0. 00	96, 448. 52
34	0. 00	0. 00	0. 00	97, 091. 51

续表

11	899.10 元/m²	4,421.79 元/m²	5,320.88 元/m²	
12	20,006.04 万元	98,390.37 万元	118,396.42 万元	0.00 万元
K	H16：H615	I16：I615	J16：J615	K16：K615
B	H	I	J	K
615	利息支出	借款余额支出	本息总支出	期末借款余额
35	0.00	0.00	0.00	97,738.78
36	0.00	0.00	0.00	98,390.37
37	655.94	1,639.84	2,295.78	96,750.53
38	645.00	1,639.84	2,284.84	95,110.70
614	0.00	0.00	0.00	0.00
615	0.00	0.00	0.00	0.00

C=资金来源与需求 zlxq. yb. y！ C22

D=资金来源与需求 zlxq. yb. y！ D22

E=K16

F=资金来源与需求 zlxq. yb. y！ H22

G=E17 * 借款周期利率 xrfa+F17 * 借款周期利率 xrfa

H16=IF(AND(还款开始月序.均摊法 lxzs. yb<=C16,C16<=还款结束月序.均摊法 lxzs. yb),G16,0)

I16=IF(AND(还款开始月序.均摊法 lxzs. yb<=C16,C16<=还款结束月序.均摊法 lxzs. yb),LOOKUP(还款开始月序.均摊法 lxzs. yb-1,月序号 qczx. yb. y,期末借款余额.均摊法 lxzs. yb. y)/还款月数.均摊法 lxzs. yb,0)

J16=SUM(H16,I16)

K16=E16+F16+G16-H16-I16

表 8.6 现金流回正数据表

3	G5：G9	H5：H9
4	G	H
5	现金流回正月序	第 22 个月
6	还款开始月序	第 22 个月
7	还款年数	5.00 年
8	还款月数	60 个月
9	还款结束月序	第 81 个月

H3=CONCATENATE(H4,＄F＄5,"：",H4,＄F＄9)

H4＝SUBSTITUTE(ADDRESS(1,COLUMN(),4),1,)

H5＝现金流回正月序 zlxq. yb

H6＝H5

H7＝5 * 敏感系数.还款年限 mjln * 敏感系数.还款年限 mzly

H8＝H7 * 12

H9＝H6+H8-1

8.1.5　资金平衡数据表（均摊法）

全生命周期内，每个月的账户余额必须大于零是资金来源与运用的基本条件，资金平衡是融资方案可行性最基本的指标。通过对资金来源与资金运用的分析，创建如表 8.7 所示的资金平衡数据表（等额本金法）。

表 8.7　资金平衡数据表　　单位：万元

	29	J17：WK29	I	J
	11	J11：WK11	月序号	总第 1 个月
	12	J12：WK12	土地月序	土第 0 个月
	13	J13：WK13	年份号	2015 年
F	14	J14：WK14	年序号	第 1 年
账户累计余额	15	J15：WK15	开始日期	2015 年 02 月 01 日
大于零	16	J16：WK16	完成日期	2015 年 02 月 28 日
2, 598, 928. 63	17	J17：WK17	资金来源	154, 167. 34
154, 167. 34	18	J18：WK18	自有资金	154, 167. 34
90, 542. 72	19	J19：WK19	当期借款流入	0. 00
303, 391. 50	20	J20：WK20	销售含税收入	0. 00
2, 050, 827. 07	21	J21：WK21	租赁含税收入	0. 00
1, 864, 687. 23	22	J22：WK22	资金运用	91. 05
337, 347. 84	23	J23：WK23	息前税前总流出. 开发销售期	91. 05
1, 104, 917. 57	24	J24：WK24	息前税前总流出. 租赁运营期	0. 00
304, 025. 41	25	J25：WK25	企业所得税	0. 00
98, 390. 37	26	J26：WK26	借款本金偿还	0. 00
20, 006. 04	27	J27：WK27	借款利息偿还	0. 00
-73, 374. 57	28	J28：WK28	账户当期余额	154, 076. 29
6, 809. 78	29	J29：WK29	资金累计余额	154, 076. 29

J17＝SUM(J18:J21)

J18＝OFFSET(资金来源与需求 zlxq. yb. y！ $G$20,COLUMN(A1)-1,)

J19=OFFSET(利息纵算.均值法 lxzs. yb. y! $F$16,COLUMN(A1)-1,)

J20=销售含税收入.合计 xssr. yb. x

J21=租赁含税收入.合计 zlsr. yx

J22=SUM(J23:J27)

J23=税前总流出.房开销售期.融资前流量.投资.项目 xjll. yb. x

J24=税前总流出.租赁运营期.融资前流量.投资.项目 xjll. yb. x

J25=企业所得税.融资前流量.投资.项目 xjll. yb. x

J26=OFFSET(利息纵算.均摊法 lxzs. yb. y! $I$14,COLUMN(A1)-1,)

J27=OFFSET(利息纵算.均摊法 lxzs. yb. y! $H$14,COLUMN(A1)-1,)

J28=J17-J22

J29=SUM($J$28:J28)

8.1.6 利息纵算数据表（均值法）

均值法是等额本息法的简称，假设融资方案中约定，还款的方式为“等额本息法”，贷款的放款时间为第 7 个月至第 12 个月，贷款年限为 5 年，从第 23 个月开始还款，第 82 个月结束还款。贷款年利率为 8%。通过设置逻辑公式创建如表 8.8 所示的利息自动算法数据表（等额本息法）。利息支出见表 8.9。

表 8.8　利息纵算数据表　　单位：万元

3	F4：F9	G4：G9	3	I4：I9	J4：J9
4	F	G	4	I	J
5	现金流回正月序	第 22 个月	5	被均值总余额. 均值法	98, 390. 37
6	还款年数	5. 00 年	6	均除周期均值. 均值法	1, 995. 00
7	还款月数	60 个月	7	指数周期均值. 均值法	1, 981. 88
8	还款开始月序	第 22 个月			
9	还款结束月序	第 81 个月			

G3=CONCATENATE(G4,$E$4,":",G4,$E$9)

G4=SUBSTITUTE(ADDRESS(1,COLUMN(),4),1,)

G5=现金流回正月序 zlxq. yb

G6=利息纵算.均摊法 lxzs. yb. y! H7

G7=G6 * 12

G8=G5

G=G8+G7-1

J3=CONCATENATE(J4,$E$4,":",J4,$E$9)

J3=SUBSTITUTE(ADDRESS(1,COLUMN(),4),1,)

J3 = LOOKUP(还款开始月序.均值法 lxzs. yb-1,月序号 qczx. yb. y,期末借款余额.均值法 lxzs. yb. y)

J3 = (均除周期利率 xrfa ＊ (1+均除周期利率 xrfa)^还款月数.均值法 lxzs. yb)/((1+均除周期利率 xrfa)^还款月数.均值法 lxzs. yb-1) ＊ J5

J3 = (指数周期利率 xrfa ＊ (1+指数周期利率 xrfa)^还款月数.均值法 lxzs. yb)/((1+指数周期利率 xrfa)^还款月数.均值法 lxzs. yb-1) ＊ J5

表 8.9　利息支出表　　单位：万元

13			4, 421. 79 元/m²	4, 069. 10 元/m²	1, 310. 37 元/m²
14	600		98, 390. 37 万元	90, 542. 72 万元	29, 157. 40 万元
K	C18：C617	D18：D617	E18：E617	F18：F617	G18：G617
B	C	D	E	F	G
617	**月序号**	**收入租金期**	**期初借款余额**	**当期新增借款**	**应计利息**
18	第 1 个月	0	0. 00	0. 00	0. 00
19	第 2 个月	0	0. 00	0. 00	0. 00
20	第 3 个月	0	0. 00	0. 00	0. 00
21	第 4 个月	0	0. 00	0. 00	0. 00
22	第 5 个月	0	0. 00	0. 00	0. 00
23	第 6 个月	0	0. 00	0. 00	0. 00
24	第 7 个月	0	0. 00	15, 090. 45	100. 60
25	第 8 个月	0	15, 191. 06	15, 090. 45	201. 88
26	第 9 个月	0	30, 483. 39	15, 090. 45	303. 83
27	第 10 个月	0	45, 877. 67	15, 090. 45	406. 45
28	第 11 个月	0	61, 374. 57	15, 090. 45	509. 77
29	第 12 个月	0	76, 974. 79	15, 090. 45	613. 77
30	第 13 个月	0	92, 679. 02	0. 00	617. 86
31	第 14 个月	0	93, 296. 88	0. 00	621. 98
32	第 15 个月	0	93, 918. 86	0. 00	626. 13
33	第 16 个月	0	94, 544. 98	0. 00	630. 30
34	第 17 个月	0	95, 175. 28	0. 00	634. 50
35	第 18 个月	0	95, 809. 78	0. 00	638. 73
36	第 19 个月	0	96, 448. 52	0. 00	642. 99
37	第 20 个月	0	97, 091. 51	0. 00	647. 28
38	第 21 个月	0	97, 738. 78	0. 00	651. 59
39	第 22 个月	0	98, 390. 37	0. 00	655. 94
40	第 23 个月	0	97, 051. 31	0. 00	647. 01

续表

13			4,421.79 元/m²	4,069.10 元/m²	1,310.37 元/m²
14	600		98,390.37 万元	90,542.72 万元	29,157.40 万元
K	C18：C617	D18：D617	E18：E617	F18：F617	G18：G617
B	C	D	E	F	G
617	月序号	收入租金期	期初借款余额	当期新增借款	应计利息
616	第 599 个月	0	-0.00	0.00	-0.00
617	第 600 个月	0	-0.00	0.00	-0.00

13	957.69 元/m²	4,421.79 元/m²	5,379.47 元/m²	
14	21,309.75 万元	98,390.37 万元	119,700.12 万元	-0.00 万元
K	H18：H617	I18：I617	J18：J617	K18：K617
B	H	I	J	K
617	利息支出	借款余额支出	本息总支出	期末借款余额
18	0.00	0.00	0.00	0.00
19	0.00	0.00	0.00	0.00
20	0.00	0.00	0.00	0.00
21	0.00	0.00	0.00	0.00
22	0.00	0.00	0.00	0.00
23	0.00	0.00	0.00	0.00
24	0.00	0.00	0.00	15,191.06
25	0.00	0.00	0.00	30,483.39
26	0.00	0.00	0.00	45,877.67
27	0.00	0.00	0.00	61,374.57
28	0.00	0.00	0.00	76,974.79
29	0.00	0.00	0.00	92,679.02
30	0.00	0.00	0.00	93,296.88
31	0.00	0.00	0.00	93,918.86
32	0.00	0.00	0.00	94,544.98
33	0.00	0.00	0.00	95,175.28
34	0.00	0.00	0.00	95,809.78
35	0.00	0.00	0.00	96,448.52
36	0.00	0.00	0.00	97,091.51
37	0.00	0.00	0.00	97,738.78
38	0.00	0.00	0.00	98,390.37
39	655.94	1,339.07	1,995.00	97,051.31
40	647.01	1,347.99	1,995.00	95,703.31

续表

13	957.69 元/m²	4,421.79 元/m²	5,379.47 元/m²	
14	21,309.75 万元	98,390.37 万元	119,700.12 万元	-0.00 万元
K	H18：H617	I18：I617	J18：J617	K18：K617
B	H	I	J	K
617	利息支出	借款余额支出	本息总支出	期末借款余额
616	0.00	0.00	0.00	-0.00
617	0.00	0.00	0.00	-0.00

C19 = 资金来源与需求 zlxq. yb. y！ C22

D19 = 资金来源与需求 zlxq. yb. y！ D22

E19 = K18

F19 = 资金来源与需求 zlxq. yb. y！ H22 = SUM(E19:F19) * 借款周期利率 xrfa

H18 = IF(AND(还款开始月序.均值法 lxzs. yb <= C18, C18 <= 还款结束月序.均值法 lxzs. yb), G18, 0)

I18 = J18 - H18

J18 = IF(AND(还款开始月序.均值法 lxzs. yb <= C18, C18 <= 还款结束月序.均值法 lxzs. yb), $J$6, 0) K18 = E18 + F18 + G18 - H18 - I18

8.1.7　资金平衡数据表（均值法）

全生命周期内，每个月的账户余额必须大于零是资金来源与运用的基本条件，资金平衡是融资方案可行性最基本的指标。通过对资金来源与资金运用的分析，创建如表 8.10 所示的资金平衡数据表（等额本息法）。

表 8.10　资金平衡数据表　　单位：万元

	29	J17：WK29	I	J
	11	J11：WK11	月序号	总第 1 个月
	12	J12：WK12	土地月序	土第 0 个月
	13	J13：WK13	年份号	2015 年
F	14	J14：WK14	年序号	第 1 年
账户累计余额	15	J15：WK15	开始日期	2015 年 02 月 01 日
小于零	16	J16：WK16	完成日期	2015 年 02 月 28 日
2,598,928.63	17	J17：WK17	资金来源	154,167.34
154,167.34	18	J18：WK18	自有资金	154,167.34
90,542.72	19	J19：WK19	当期借款	0.00
303,391.50	20	J20：WK20	销售含税收入	0.00

续表

	29	J17：WK29	I	J
	11	J11：WK11	月序号	总第 1 个月
	12	J12：WK12	土地月序	土第 0 个月
	13	J13：WK13	年份号	2015 年
F	14	J14：WK14	年序号	第 1 年
账户累计余额	15	J15：WK15	开始日期	2015 年 02 月 01 日
小于零	16	J16：WK16	完成日期	2015 年 02 月 28 日
2, 050, 827. 07	21	J21：WK21	租赁含税收入	0. 00
1, 865, 990. 93	22	J22：WK22	资金运用	91. 05
337, 347. 84	23	J23：WK23	息前税前总流出. 开发销售期	91. 05
1, 104, 917. 57	24	J24：WK24	息前税前总流出. 租赁运营期	0. 00
304, 025. 41	25	J25：WK25	企业所得税	0. 00
98, 390. 37	26	J26：WK26	借款本金偿还	0. 00
21, 309. 75	27	J27：WK27	借款利息偿还	0. 00
-73, 374. 57	28	J28：WK28	账户当期余额	154, 076. 29
6, 809. 78	29	J29：WK29	资金累计余额	154, 076. 29

J17=SUM(J18:J21)

J18=OFFSET(资金来源与需求 zlxq. yb. y! $G$20,COLUMN(A1)-1,)

J19=OFFSET(资金来源与需求 zlxq. yb. y! $H$20,COLUMN(A1)-1,)

J20=销售含税收入.合计 xssr. yb. x

J21=租赁含税收入.合计 zlsr. yx

J22=SUM(J23:J27)

J23=税前总流出.房开销售期.融资前流量.投资.项目 xjll. yb. x

J24=税前总流出.租赁运营期.融资前流量.投资.项目 xjll. yb. x

J25=企业所得税.融资前流量.投资.项目 xjll. yb. x

J26=OFFSET(利息纵算.均值法 lxzs. yb. y! $I$16,COLUMN(A1)-1,)

J27=OFFSET(利息纵算.均值法 lxzs. yb. y! $H$16,COLUMN(A2)-1,)

J28=J17-J22

J29=SUM($J$28:J28)

8.2　垫资模式下的融资建模

在房地产开发行业，参建单位垫资是“惯例式”的做法，支付条件与签约价格之间存在着一定的相关关系。创建解析支付条件与经济指标之间的相关关系后，便可应用“敏感算法决策模型”解析垫资模式下融资的技巧与方法。

8.2.1　正常支付计划数据表

本书所假设的正常支付计划是指形象进度完成后的一个月内完成支付，对于超过此假设条件的支付可视为延迟支付。通过延迟支付天数（月数）单元格窗口调节延迟支付时间，以测算各类延迟支付与经济指标之间的关系（表 8.11）。

表 8.11　正常支付计划数据表

J	C12：C51	D12：D51	E12：E51	F12：F51	G12：G51
B	C	D	E	F	G
51	支付节点	工期天	工期月	开始时间	完成时间
10	建议书编制		2 个月	2015 年 02 月 01 日	2015 年 03 月 31 日
11	可研报告编制		3 个月	2015 年 03 月 25 日	2015 年 06 月 24 日
12	土地使用权出让金		1 个月	2015 年 05 月 29 日	2015 年 06 月 28 日
13	土地交易契税		1 个月	2015 年 05 月 30 日	2015 年 06 月 29 日
14	印花税		1 个月	2015 年 05 月 30 日	2015 年 06 月 29 日
15	大市政配套		1 个月	2015 年 05 月 30 日	2015 年 06 月 29 日
50	施工监理		13 个月	2016 年 05 月 25 日	2017 年 06 月 24 日
51	营销设施费. 营销中心		10 个月	2015 年 05 月 31 日	2016 年 03 月 30 日
				延迟支付天数	**延迟支付月数**
				0	0

```
F6=G6＊30
F6=CONCATENATE(F8,$B$12,":",F8,$B$9)
F6=SUBSTITUTE(ADDRESS(1,COLUMN(),4),1,)
F20=开发计划.开发 kfjh.y! G19
F21=开发计划.开发 kfjh.y! G20+$F$6
G10=IF(D10>0,F10+D10-1,EDATE(F10,E10)-1)
```

8.2.2 垫资与营利指标相关表

基于项目实例（一），通过延迟支付天数（月数）单元格窗口调节延迟支付时间，以测算各类延迟支付与净利润率之间的关系，如表 8.12 所示。

表 8.12 垫资与营利指标相关表

K C	D8：D8 D	E8：E8 E	F8：F8 F	G8：G8 G	H8：H8 H	I8：I8 I	J8：J8 J	K8：K8 K
8	延期支付月（月）	0	2	3	4	5	6	8
8	税后内部收益率（%）	15.99	16.16	16.46	16.60	16.80	16.98	17.31

从表 8.12 中数据变化的规律得出商业地产开发的大数据定律：工程款支付时间越是延迟，则项目的营利能力越强。

8.2.3 垫资与偿债指标相关表

基于项目实例（一），通过延迟支付天数（月数）单元格窗口调节延迟支付时间，以测算各类延迟支付与偿债备付率之间的关系，如表 8.13 所示。

表 8.13 垫资与偿债指标相关表

K C	D8：D8 D	E8：E8 E	F8：F8 F	G8：G8 G	H8：H8 H	I8：I8 I	J8：J8 J	K8：K8 K
13	延期支付月（月）	0	2	3	4	5	6	8
14	偿债备付率	1.565	1.596	1.589	1.580	1.712	1.678	1.628

从表 8.13 中数据变化的规律得出商业地产开发的大数据定律：支付时间与项目的融资能力指标呈微弱的上下波动相关关系，但总的趋势是，延期支付越长，其偿债备付率越大。

8.3 返租模式下的融资建模

正如前面所述，返租是商业地产开发行业比较特别的现象（返租行为若与现行法律规定有冲突，则应以遵守法律为准，本书仅演示其建模应用），视之为营销手段也可以，视之为融资手段也可以。就其本质，从全生命周期企业运营的高度来解读其存在的合理性，将更有战略眼光。

8.3.1 返租融资方案数据表

返租年限、返租年利率、返租收益支付方式都是返租融资方案中重要的内容，通过设置逻辑公式，创建如表 8.14 所示的返租融资方案数据表。

表 8.14　返租融资方案数据

M	C11：C22	D11：D22	E11：E22	G11：G22	I11：I22	J11：J22
B	C	D	E	G	I	J
22	控制节点	返利方式	年利率（%）	工期（月）	开始日期	完成日期
9	返租第 1 年	抵扣房价	8.00	12	2017 年 05 月 01 日	2018 年 04 月 30 日
10	返租第 2 年	抵扣房价	8.00	12	2018 年 05 月 01 日	2019 年 04 月 30 日
11	返租第 3 年	抵扣房价	8.00	12	2019 年 05 月 01 日	2020 年 04 月 30 日
12	返租第 4 年	利息付现	9.00	12	2020 年 05 月 01 日	2021 年 04 月 30 日
13	返租第 5 年	利息付现	9.00	12	2021 年 05 月 01 日	2022 年 04 月 30 日
14	返租第 6 年	利息付现	9.00	12	2022 年 05 月 01 日	2023 年 04 月 30 日
15	返租第 7 年	利息付现	9.00	12	2023 年 05 月 01 日	2024 年 04 月 30 日
16	返租第 8 年	利息付现	9.00	12	2024 年 05 月 01 日	2025 年 04 月 30 日
17	返租第 9 年	利息付现	9.00	12	2025 年 05 月 01 日	2026 年 04 月 30 日
18	返租第 10 年	利息付现	9.00	12	2026 年 05 月 01 日	2027 年 04 月 30 日
19	返租期限			120	2017 年 05 月 01 日	2027 年 04 月 30 日
20	抵扣房价期			36	2017 年 05 月 01 日	2020 年 04 月 30 日
21	返租付现期			84	2020 年 05 月 01 日	2027 年 04 月 30 日
22	返租收入期			114	2017 年 10 月 29 日	2027 年 04 月 28 日

M	K11：K22	L11：L22	M11：M22
B	K	L	M
22	开始日期	完成日期	整月数（月）
9	2017 年 05 月 01 日	2018 年 04 月 30 日	12
10	2018 年 05 月 01 日	2019 年 04 月 30 日	12
11	2019 年 05 月 01 日	2020 年 04 月 30 日	12
12	2020 年 05 月 01 日	2021 年 04 月 30 日	12
13	2021 年 05 月 01 日	2022 年 04 月 30 日	12
14	2022 年 05 月 01 日	2023 年 04 月 30 日	12
15	2023 年 05 月 01 日	2024 年 04 月 30 日	12
16	2024 年 05 月 01 日	2025 年 04 月 30 日	12
17	2025 年 05 月 01 日	2026 年 04 月 30 日	12
18	2026 年 05 月 01 日	2027 年 04 月 30 日	12
19	2017 年 05 月 01 日	2027 年 04 月 30 日	120
20	2017 年 05 月 01 日	2020 年 04 月 30 日	36
21	2020 年 05 月 01 日	2027 年 04 月 30 日	84
22	2017 年 10 月 01 日	2027 年 04 月 30 日	115

I9＝交付使用日.开始日期.节点 jdjh

I10＝J9+1

I19＝交付使用日.开始日期.节点 jdjh

I20＝I19

I21＝J20+1

I22＝I19+月数.商家装修免租期 qchx. yb＊30+1

J9＝IF(F9>0,I9+F9−1,EDATE(I9,G9)−1)

J3＝J4/12

J4＝DATEDIF(I5,J5,"M")

J5＝MAX(J9:J22)

I5＝MIN(I9:I22)

K＝EOMONTH(I9,−1)+1

L＝DATE(YEAR(J9),MONTH(J9)+1,1)−1

M＝DATEDIF(K9,L9,"M")+1

8.3.2 返租时间坐标月轴表

通过设置逻辑公式将返租时间自动分配至“全生命周期时间坐标月轴”，并可创建返租时间坐标数据表（表 8.15）。

表 8.15 返租时间坐标月轴表

	17	WK			
	J17：WK22	22	I	AR	AS
	J11：WK11	11	月序号	总第 35 个月	总第 36 个月
	J12：WK12	12	土地月序	土第 32 个月	土第 33 个月
	J13：WK13	13	年份号	2017 年	2018 年
	J14：WK14	14	年序号	第 3 年	第 4 年
	J15：WK15	15	开始日期	2017 年 12 月 01 日	2018 年 01 月 01 日
F	J16：WK16	16	完成日期	2017 年 12 月 31 日	2018 年 1 月 31 日
120 个月	J17：WK17	17	返租期限	A	A
115 个月	J18：WK18	18	返租收入期	A	A
36 个月	J19：WK19	19	抵扣房价期	A	A
84 个月	J20：WK20	20	返租付现期	0.00	0.00
9.40%	J21：WK21	21	返租年利率（%）	7.00	7.00
0.78%	J22：WK22	22	返租月利率（%）	0.583	0.583

J17=IF(AND(开始日期 qchx. yb. x>=返租期限.开始日期 fzfa,完成日期 qchx. yb. x<=返租期限.完成日期 fzfa),"A",0)

J18=IF(AND(开始日期 qchx. yb. x>=返租收入期.开始日期 fzfa,完成日期 qchx. yb. x<=返租收入期.完成日期 fzfa),"A",0)

J19=IF(AND(开始日期 qchx. yb. x>=抵扣房价年限.开始日期 fzfa,完成日期 qchx. yb. x<=抵扣房价年限.完成日期 fzfa),"A",0)

J20=IF(AND(开始日期 qchx. yb. x>=返租付现期.开始日期 fzfa,完成日期 qchx. yb. x<=返租付现期.完成日期 fzfa),"A",0)

J21=IF(AND(开始日期 qchx. yb. x>=返租第 1 年.开始日期 fzfa,完成日期 qchx. yb. x<=返租第 1 年.完成日期 fzfa),年利率.返租第 1 年 fzfa,IF(AND(开始日期 qchx. yb. x>=返租第 2 年.开始日期 fzfa,完成日期 qchx. yb. x<=返租第 2 年.完成日期 fzfa),年利率.返租第 2 年 fzfa,IF(AND(开始日期 qchx. yb. x>=返租第 3 年.开始日期 fzfa,完成日期 qchx. yb. x<=返租第 3 年.完成日期 fzfa),年利率.返租第 3 年 fzfa,IF(AND(开始日期 qchx. yb. x>=返租第 4 年.开始日期 fzfa,完成日期 qchx. yb. x<=返租第 4 年.完成日期 fzfa),年利率.返租第 4 年 fzfa,IF(AND(开始日期 qchx. yb. x>=返租第 5 年.开始日期 fzfa,完成日期 qchx. yb. x<=返租第 5 年.完成日期 fzfa),年利率.返租第 5 年 fzfa,IF(AND(开始日期 qchx. yb. x>=返租第 6 年.开始日期 fzfa,完成日期 qchx. yb. x<=返租第 6 年.完成日期 fzfa),年利率.返租第 6 年 fzfa,IF(AND(开始日期 qchx. yb. x>=返租第 7 年.开始日期 fzfa,完成日期 qchx. yb. x<=返租第 7 年.完成日期 fzfa),年利率.返租第 7 年 fzfa,IF(AND(开始日期 qchx. yb. x>=返租第 8 年.开始日期 fzfa,完成日期 qchx. yb. x<=返租第 8 年.完成日期 fzfa),年利率.返租第 8 年 fzfa,IF(AND(开始日期 qchx. yb. x>=返租第 9 年.开始日期 fzfa,完成日期 qchx. yb. x<=返租第 9 年.完成日期 fzfa),年利率.返租第 9 年 fzfa,IF(AND(开始日期 qchx. yb. x>=返租第 10 年.开始日期 fzfa,完成日期 qchx. yb. x<=返租第 10 年.完成日期 fzfa),年利率.返租第 10 年 fzfa,0))))))))))

J=J21/12

8.3.3 返租抵扣利息数据表

在返租融资方案中，返租收益以抵扣房价的形式支付是常用的营销策略，通过函数公式创建如表 8.16 所示的返租抵扣利息数据表。

表 8.16 返租抵扣利息数据表

	21	WK		
	J21：WK28	28	I	AF
	J11：WK11	11	月序号	总第 23 个月
	J12：WK12	12	土地月序	土第 20 个月
	J13：WK13	13	年份号	2016 年
	J14：WK14	14	年序号	第 2 年
	J15：WK15	15	开始日期	2016 年 12 月 01 日
F（万元）	J16：WK16	16	完成日期	2016 年 12 月 31 日
27, 360. 06	J17：WK17	17	返租抵扣房价（万元）	2, 280. 00
27, 360. 06	J18：WK18	18	返租抵扣应付利息（万元）	0. 00
1. 00	J19：WK19	19	当期比例. 销售收入（%）	8. 33
114, 000. 23	J20：WK20	20	返租区销售收入. 表价（万元）	9, 500. 02
114, 000. 23	J21：WK21	21	负 1 层（万元）	9, 500. 02
0. 00	J22：WK22	22	第 1 层（万元）	0. 00
0. 00	J23：WK23	23	第 2 层（万元）	0. 00
0. 00	J24：WK24	24	第 3 层（万元）	0. 00
0. 00	J25：WK25	25	第 4 层（万元）	0. 00
0. 00	J26：WK26	26	第 5 层（万元）	0. 00
0. 00	J27：WK27	27	第 6 层（万元）	0. 00
0. 00	J28：WK28	28	第 7 层（万元）	0. 00

J17=SUM（$J$18：$WK$18）*J19

J18=IF(抵扣房价期 fsjz. yb. x="A",SUM(返租区销售收入.表价 fdlx. yb. x)*返租月利率 fsjz. yb. x,0)

J19=IFERROR(J20/SUM($J$20:$WK$20),0)

J20=SUM(J21:J28)

J21:WK28=可返租产权建面.购物中心 jyhl. y*销售基价.销售定价法.购物中心 xdjf. y*销售进度.购物中心 xsjd. yb. x*销售率.购物中心.静态 jysr. y/10000

8. 3. 4 返租利息支出数据表

针对返租融资方案中返租收益以现金支付的部分，可通过设置函数公式创建如表 8. 17 所示的返租利息支出数据。

表 8.17　返租利息支出数据表

	20	WK		
	J20：WK27	27	I	AF
	J11：WK11	11	月序号	总第 23 个月
	J12：WK12	12	土地月序	土第 20 个月
	J13：WK13	13	年份号	2016 年
	J14：WK14	14	年序号	第 2 年
	J15：WK15	15	开始日期	2016 年 12 月 01 日
F	J16：WK16	16	完成日期	2016 年 12 月 31 日
71, 820. 14	J17：WK17	17	返租付现利息支出（万元）	0. 00
27, 360. 06	J18：WK18	18	返租抵扣房利息支出（万元）	0. 00
114, 000. 23	J19：WK19	19	返租区可销售面积（万元）	9, 500. 02
114, 000. 23	J20：WK20	20	负 1 层（万元）	9, 500. 02
0. 00	J21：WK21	21	第 1 层（万元）	0. 00
0. 00	J22：WK22	22	第 2 层（万元）	0. 00
0. 00	J23：WK23	23	第 3 层（万元）	0. 00
0. 00	J24：WK24	24	第 4 层（万元）	0. 00
0. 00	J25：WK25	25	第 5 层（万元）	0. 00
0. 00	J26：WK26	26	第 6 层（万元）	0. 00
0. 00	J27：WK27	27	第 7 层（万元）	0. 00

J17 = IF(返租付现期 fsjz. yb. x = " A" ,SUM(返租区销售收入.表价 fdlx. yb. x) * 返租月利率 fsjz. yb. x ,0)

J18 = 返租抵扣应付利息 fdlx. yb. x

J19 = SUM(J20:J27)

J20:WK27 = 可返租产权建面.购物中心 jyhl. y * 销售基价.销售定价法.购物中心 xdjf. y * 销售进度.购物中心 xsjd. yb. x * 销售率.购物中心.静态 jysr. y/10000

8. 3. 5　返租租金时价数据表

返租租金时价是指返租租赁区域，当开发商将其从投资客（小业主）手中返租回来，将其租赁给商户经营时，其产生的价格应考虑资金的时间价值，如表 8. 18 所示。

表 8.18　返租租金时价数据表　　　　单位：元/（m^2·月）

	17	WK			
	J17：WK24	24	I	K	L
	J11：WK11	11	月序号	总第 2 个月	总第 3 个月
	J12：WK12	12	土地月序	土第 0 个月	土第 0 个月
	J13：WK13	13	年份号	2015 年	2015 年
	J14：WK14	14	年序号	第 1 年	第 1 年
	J15：WK15	15	开始日期	2015 年 03 月 01 日	2015 年 04 月 01 日
F	J16：WK16	16	完成日期	2015 年 03 月 31 日	2015 年 04 月 30 日
4.38	J17：WK17	17	负 1 层售后返租	323.21	323.21
0.00	J18：WK18	18	第 1 层持有租赁	0.00	0.00
0.00	J19：WK19	19	第 2 层持有租赁	0.00	0.00
0.00	J20：WK20	20	第 3 层持有租赁	0.00	0.00
0.00	J21：WK21	21	第 4 层对外销售	0.00	0.00
0.00	J22：WK22	22	第 5 层对外销售	0.00	0.00
0.00	J23：WK23	23	第 6 层对外销售	0.00	0.00
0.00	J24：WK24	24	第 7 层对外销售	0.00	0.00

J17:WK24=IF(开始日期 qchx. yb. x>=市场调研基准期.开始日期.节点 jdjh,返租基价.使面.月.租赁定价法.购物中心 zldj. y *(1+租金年增长率.购物中心 nzzl)^涨价年指数 qchx. yb. x,0)

8.3.6　返租损益数据表

纵观返租交易的全过程，将商铺卖给小业主后，从其手中返租回来，再将其租赁给商户进行经营收取租金。此交易过程的损益分析如表 8.19 所示。

表 8.19　返租损益数据表　　　　单位：万元

	21	WK		
	J21：WK28	28	I	AK
	J11：WK11	11	月序号	总第 28 个月
	J12：WK12	12	土地月序	土第 25 个月
	J13：WK13	13	年份号	2017 年
	J14：WK14	14	年序号	第 3 年
	J15：WK15	15	开始日期	2017 年 05 月 01 日
F	J16：WK16	16	完成日期	2017 年 05 月 31 日
-39,832.85	J17：WK17	17	返租净亏损	-760.00

续表

	21	WK		
	J21：WK28	28	I	AK
	J11：WK11	11	月序号	总第 28 个月
	J12：WK12	12	土地月序	土第 25 个月
	J13：WK13	13	年份号	2017 年
	J14：WK14	14	年序号	第 3 年
	J15：WK15	15	开始日期	2017 年 05 月 01 日
F	J16：WK16	16	完成日期	2017 年 05 月 31 日
59, 347. 35	J18：WK18	18	返租含税租金收入	0. 00
71, 820. 14	J19：WK19	19	返租付现利息支出	0. 00
27, 360. 06	J20：WK20	20	返租抵扣房利息支出	760. 00
59, 347. 35	J21：WK21	21	负 1 层售后返租	0. 00
0. 00	J22：WK22	22	第 1 层持有租赁	0. 00
0. 00	J23：WK23	23	第 2 层持有租赁	0. 00
0. 00	J24：WK24	24	第 3 层持有租赁	0. 00
0. 00	J25：WK25	25	第 4 层对外销售	0. 00
0. 00	J26：WK26	26	第 5 层对外销售	0. 00
0. 00	J27：WK27	27	第 6 层对外销售	0. 00
0. 00	J28：WK28	28	第 7 层对外销售	0. 00

J17=IF(可租赁产权建面.合计 jyhl<>0,J18-SUM(J19:J20),0)

J18=SUM(J21:J28)

J19=返租付现利息支出 flzc. yb. x

J20=返租抵扣房利息支出 flzc. yb. x

J21:WK28=IF(返租收入期 fsjz. yb. x="A",返租租金时价 flzc. yb. x * 可返租使用面积.购物中心 jyhl. y/10000, 0)

8. 3. 7　返租指标合并表

通过对返租交易的现金流量表进行分析，可创建如表 8. 20 所示的返租交易经济指标数据表。

表 8.20 返租指标合并表

3	返租亏损占收入比	107.83%		
G	D7：D12	E7：E12	F7：F12	G7：G12
C	D	E	F	G
12	科目	数据（万元）	元/返租区产权建面（元/m²）	元/总建筑面积（元/m²）
7	返租区销售表价收入	114, 000. 23	46, 800. 00	
8	返租区租金收入	59, 347. 35	24, 363. 60	
9	返租付现利息支出	71, 820. 14	29, 484. 00	3, 227. 69
10	返租抵扣房利息支出	27, 360. 06	11, 232. 00	1, 229. 60
11	返租区净收入	-39, 832. 85	-16, 352. 40	-1, 790. 14
12	实际销售收入	74, 167. 38	30, 447. 60	

E7 = SUM(返租区销售收入.表价 fdlx. yb. x)

E8 = SUM(返租含税租金收入 fsyf. yb. x)

E9 = SUM(返租付现利息支出 flzc. yb. x)

E10 = SUM(返租抵扣房利息支出 flzc. yb. x)

E11 = SUM(E8) - SUM(E9:E10)

E12 = E7+E11

分析返租交易经济指标，若仅从微观的层面分析，返租交易对于开发商来说是亏损的，但从全生命周期的企业运营的角度分析，返租交易亏损是可以承受的，且返租交易最大的贡献是在开发商传统融资渠道受限时起到了快速回笼资金的作用。

8.4 返租回购的融资建模

8.4.1 回购的基本数据表

返租后再回购是基于给小业主一个投资全退出机制的营销策略，又可细分为返租回购持有、返租回购再卖出两种方式，两种方式涉及的交易多，涉及的税种也多。经过提炼，需要创建如表 8.21 所示的回购基本数据表。

表 8.21　回购的基本数据表

F	D11：D25	E11：E25	F11：F25
C	D	E	F
25	科目	数据	备注
9	可返租的产权建面（m^2）	24, 359. 02	
10	回购率（%）	100. 00	
11	抵扣前销售单价（元/m^2）	46, 800. 00	
12	抵扣房价总折扣率（%）	24. 00	
13	返租抵扣应付利息（万元）	27, 360. 06	
14	抵扣后销售单价（元/m^2）	35, 568. 00	
15	返租总年限（年）	10. 00	
16	年增长率. 返租期不动产（年）	7	
17	回购价格系数（%）	10. 00	
18	再卖出的售价系数	1. 63	
19	再卖出的销售费用率	1. 95	
20	再卖出的管理费用率（%）	2	
21	再卖出的销售月数（%）	1	月
22	年增长率. 再卖出不动产. 复利法（月）	12	复利法
23	年增长率. 再卖出不动产. 单利法（%）	8. 76	单利法
24	契税（%）	13. 16	
25	土地增值税率（%）	3	

E9=SUM(可返租产权建面.购物中心 jyhl. y)

E11=销售基价.负 1 层 xdjf

E12=SUMIFS(返租年利率 fzfa. y,返利方式 fzfa. y,"抵扣房价")

E13=SUM(返租抵扣应付利息 fdlx. yb. x)

E14=E11 * (1-E12)

E15=月数.返租期限 fzfa/12

E17=E16 * E15+1

E19=(1+年增长率.返租期不动产.回购 jbsj)^E16

E22=E18^(1/E15)-1

E23=(E18-1)/E15

8. 4. 2　回购节点计划表

开盘时间、支付房款期、投资回报周期、回购申请期、回购实施期、回购后再卖出期都是回购时间管理中的关键节点。应用逻辑公式创建如表 8.22 所示的回购节点计划数据表。

表 8.22　回购节点计划表

M B 14	C9：C14 C 控制节点	D9：D14 D 工期（天）	E9：E14 E 工期（月）	F9：F14 F 开始日期	G9：G14 G 完成日期
9	开盘时间	1		2016 年 11 月 26 日	2016 年 11 月 26 日
10	支付房款期		1	2016 年 12 月 26 日	2017 年 01 月 25 日
11	投资回报周期		120	2017 年 05 月 01 日	2027 年 04 月 30 日
12	回购申请期		1	2027 年 01 月 30 日	2027 年 02 月 27 日
13	回购实施期		1	2027 年 05 月 01 日	2027 年 05 月 31 日
14	回购后再卖出期		1	2027 年 06 月 30 日	2027 年 07 月 29 日

M B 14	I9：I14 I 开始日期	J9：J14 J 完成日期	L9：L14 L 开始月序	M9：M14 M 完成月序
9	2016 年 11 月 01 日	2016 年 11 月 30 日	第 22 个月	第 22 个月
10	2016 年 12 月 01 日	2017 年 01 月 31 日	第 23 个月	第 24 个月
11	2017 年 05 月 01 日	2027 年 04 月 30 日	第 28 个月	第 147 个月
12	2027 年 01 月 01 日	2027 年 02 月 28 日	第 144 个月	第 145 个月
13	2027 年 05 月 01 日	2027 年 05 月 31 日	第 148 个月	第 148 个月
14	2027 年 06 月 01 日	2027 年 07 月 31 日	第 149 个月	第 150 个月

F9＝销售周期.栋 01. 商城.开始日期.节点 jdjh.

G9＝IF(D9>0,F9+D9−1,EDATE(F9,E9)−1)

I9＝EOMONTH(F9,−1)+1

J9＝DATE(YEAR(G9),MONTH(G9)+1,1)−1

M9＝DATEDIF(I9,J9,"M")+1

K9＝LOOKUP(I9,开始日期 qczx. yb. y,月序号 qczx. yb. y)

L9＝LOOKUP(J9,完成日期 qczx. yb. y,月序号 qczx. yb. y)

8.4.3　回购时间坐标月轴表

根据回购关键节点计划的具体时间，通过逻辑公式将其自动分配至“全生命周期时间坐标月轴”中，形成如表 8.23 所示的回购时间坐标数据表。

表 8.23　回购时间坐标月轴表

	17	WK			
	J17：WK22	22	I	AK	AL
	J11：WK11	11	月序号	总第 28 个月	总第 29 个月
	J12：WK12	12	土地月序	土第 25 个月	土第 26 个月
	J13：WK13	13	年份号	2017 年	2017 年
	J14：WK14	14	年序号	第 3 年	第 3 年
	J15：WK15	15	开始日期	2017 年 05 月 01 日	2017 年 06 月 01 日
F	J16：WK16	16	完成日期	2017 年 05 月 31 日	2017 年 06 月 30 日
1 个月	J17：WK17	17	开盘时间	0.00	0.00
1 个月	J18：WK18	18	支付房款期	0.00	0.00
120 个月	J19：WK19	19	投资回报周期	A	A
1 个月	J20：WK20	20	回购申请期	0.00	0.00
1 个月	J21：WK21	21	回购实施期	0.00	0.00
1 个月	J22：WK22	22	回购后再卖出期	0.00	0.00

J17=IF(AND(开始日期 qchx. yb. x>=开盘时间.开始日期.回购 jdjh,完成日期 qchx. yb. x<=开盘时间.完成日期.回购 jdjh),"A",0)

J18=IF(AND(开始日期 qchx. yb. x>支付房款期.开始日期.回购 jdjh,完成日期 qchx. yb. x<=支付房款期.完成日期.回购 jdjh),"A",0)

J19=IF(AND(开始日期 qchx. yb. x>=投资回报周期.开始日期.回购 jdjh,完成日期 qchx. yb. x<=投资回报周期.完成日期.回购 jdjh),"A",0)

J20=IF(AND(开始日期 qchx. yb. x>回购申请期.开始日期.回购 jdjh,完成日期 qchx. yb. x<=回购申请期.完成日期.回购 jdjh),"A",0)

J21=IF(AND(开始日期 qchx. yb. x>=回购实施期.开始日期.回购 jdjh,完成日期 qchx. yb. x<=回购实施期.完成日期.回购 jdjh),"A",0)

J22=IF(AND(开始日期 qchx. yb. x>回购后再卖出期.开始日期.回购 jdjh,完成日期 qchx. yb. x<=回购后再卖出期.完成日期.回购 jdjh),"A",0)

8.4.4　增值税及附加表（回购后卖出）

随着“营改增”税法的全面实施，根据增值税的规定，商业地产的增值税算法复杂，基于增值税规定的前提，通过函数公式创建如表 8.24 所示的回购后再卖出交易模式下的增值税及附加税算法数据表。

表 8.24　增值税及附加表（回购后卖出）　　单位：万元

	17	WK		
	J17：WK35	35	I	FC
	J11：WK11	11	月序号	总第 150 个月
	J12：WK12	12	土地月序	土第 147 个月
	J13：WK13	13	年份号	2027 年
	J14：WK14	14	年序号	第 13 年
	J15：WK15	15	开始日期	2027 年 07 月 01 日
F	J16：WK16	16	完成日期	2027 年 07 月 31 日
168, 837. 19	J17：WK17	17	回购后再卖出的含税收入	168, 837. 19
141, 223. 48	J18：WK18	18	回购成本	141, 223. 48
3, 376. 74	J19：WK19	19	销售费用	3, 376. 74
1, 688. 37	J20：WK20	20	管理费用	1, 688. 37
2, 449. 79	J21：WK21	21	销项税额减进项税额	2, 449. 79
16, 731. 61	J22：WK22	22	销项税额	16, 731. 61
14, 281. 82	J23：WK23	23	进项税额	14, 281. 82
13, 995. 12	J24：WK24	24	进项税额. 回购成本	13, 995. 12
191. 14	J25：WK25	25	进项税额. 销售费用	191. 14
95. 57	J26：WK26	26	进项税额. 管理费用	95. 57
2, 449. 79	J27：WK27	27	增值税计算值	2, 449. 79
2, 449. 79	J28：WK28	28	增值税额正值	2, 449. 79
0. 00	J29：WK29	29	增值税额负值	0. 00
0. 00	J30：WK30	30	增值税负值结转	0. 00
2, 743. 76	J31：WK31	31	增值税及附加	2, 743. 76
2, 449. 79	J32：WK32	32	增值税	2, 449. 79
73. 49	J33：WK33	33	教育附加税	73. 49
49. 00	J34：WK34	34	地方教育附加税	49. 00
171. 49	J35：WK35	35	城市维护附加税	171. 49

J17 = IF(回购后再卖出期.回购 jshz. .yb. x = " A" ,建筑面积.回购 jbsj * 回购率.回购 jbsj * 敏感系数.回购率 mghg * 抵扣后销售价格.回购 jbsj * 再卖出的售价系数.回购 jbsj * 敏感系数.再卖出的价格.回购 jbsj * (1/月数.回购后再卖出期.回购 jshz. .yb)/10000, 0)

J18 = IF(回购后再卖出期.回购 jshz. .yb. x = " A" ,建筑面积.回购 jbsj * 回购率.回购 jbsj * 抵扣后销售价格.回购 jbsj * 回购价格系数.回购 jbsj * (1/月数.回购后再

```
卖出期.回购 jshz. .yb)/10000,0)
J19=J17 * 再卖出的销售费用率.回购 jbsj
J20=J17 * 再卖出的管理费用率.回购 jbsj
J21=J22-J23
J22=J17/(1+增值税率.不动产租售 qjzb) * 增值税率.不动产租售 qjzb
J23=SUM(J24:J26)
J24=J18/(1+增值税率.不动产租售 qjzb) * 增值税率.不动产租售 qjzb
J25=J19/(1+增值税率.服务 qjzb) * 增值税率.服务 qjzb
J26=J20/(1+增值税率.服务 qjzb) * 增值税率.服务 qjzb
J27=SUM(J28,J30)
J28=IF(J21>0,J21,0)
J29=IF(J21<0,J21,0)
J30=IF(J17<>0,SUM($J$29:$WK$29)/月数.回购后再卖出期.回购 jshz. .yb,0)
J31=SUM(J32,J33:J35)
J32=IF(J27>0,J27,0)
J33=J32 * 教育附加税率 qjzb
J34=J32 * 地方教育附加税率 qjzb
J35=J32 * 城市维护建设税率.市区 qjzb
```

8.4.5 经营损益月表（回购后卖出）

返租回购再卖出的经营活动经过了对外销售、再返租、再回购、再卖出四个交易过程，创建其整个经营活动的损益是得出经济评价指标的基本数据的基础（表 8.25）。

表 8.25　经营损益月表（回购后卖出）　　单位：万元

	18	WK		
	J18：WK34	34	I	FC
	J12：WK12	12	月序号	总第 150 个月
	J13：WK13	13	土地月序	土第 147 个月
	J14：WK14	14	年份号	2027 年
	J15：WK15	15	年序号	第 13 年
	J16：WK16	16	开始日期	2027 年 07 月 01 日
F	J17：WK17	17	完成日期	2027 年 07 月 31 日
168,837.19	J18：WK18	18	总收入	168,837.19
168,837.19	J19：WK19	19	回购后再卖出后的含税收入	168,837.19
0.00	J20：WK20	20	其他收入	0.00

续表

	18	WK		
	J18：WK34	34	I	FC
	J12：WK12	12	月序号	总第 150 个月
	J13：WK13	13	土地月序	土第 147 个月
	J14：WK14	14	年份号	2027 年
	J15：WK15	15	年序号	第 13 年
	J16：WK16	16	开始日期	2027 年 07 月 01 日
F	J17：WK17	17	完成日期	2027 年 07 月 31 日
167, 115. 28	J21：WK21	21	税前总支出	167, 115. 28
141, 223. 48	J22：WK22	22	回购成本	141, 223. 48
4, 236. 70	J23：WK23	23	契税	4, 236. 70
3, 376. 74	J24：WK24	24	销售费用	3, 376. 74
1, 412. 23	J25：WK25	25	管理费用	1, 412. 23
2, 743. 76	J26：WK26	26	增值税及附加	2, 743. 76
14, 122. 35	J27：WK27	27	土地增值税	14, 122. 35
1, 721. 91	J28：WK28	28	利润总额	1, 721. 91
430. 48	J29：WK29	29	企业所得税	430. 48
1, 721. 91	J30：WK30	30	纳税调整后所得	1, 721. 91
0. 00	J31：WK31	31	所得亏损五年内结转	0. 00
1, 721. 91	J32：WK32	32	应纳税所得	1, 721. 91
1, 291. 43	J33：WK33	33	净利润	1, 291. 43
3, 174. 24	J34：WK34	34	总税负	3, 174. 24

J18 = SUM(J19:J20)

J19 = IF(回购后再卖出期.回购 jshz. .yb. x = " A" , 建筑面积.回购 jbsj * 回购率.回购 jbsj * 敏感系数.回购率 mghg * 抵扣后销售价格.回购 jbsj * 再卖出的售价系数.回购 jbsj * 敏感系数.再卖出的价格.回购 jbsj * (1/月数.回购后再卖出期.回购 jshz. .yb)/10000, 0)

J21 = SUM(J22:J27)

J22 = IF(回购后再卖出期.回购 jshz. .yb. x = " A" , 建筑面积.回购 jbsj * 回购率.回购 jbsj * 抵扣后销售价格.回购 jbsj * 回购价格系数.回购 jbsj * (1/月数.回购后再卖出期.回购 jshz. .yb)/10000, 0)

J23 = J22 * 契税.回购 jbsj

J24 = J19 * 再卖出的销售费用率.回购 jbsj

J25 = J22 * 再卖出的管理费用率.回购 jbsj

J27 = J22 * 土地增值税率.回购 jbsj

J28 = J18 - J21

J29 = IF(J32>0, J32 * 企业所得税率 qjzb, 0)

J30 = J28

J32 = J30

J33 = J28 - J29

J34 = SUM(J26, J29)

8.4.6　经营损益年表（回购后卖出）

报表分为年表、月表、季表，其中最常用的是月表与年表，通过函数公式或逻辑公式将月表自动合并成年报表是提高自动计算效率的基本方法（表 8.26）。

表 8.26　经营损益年表（回购后卖出）　　单位：万元

	22	BI		
	L22：BI38	38	K	X
	L20：BI20	20	年份号	2025 年
H	L21：BI21	21	年序号	第 13 年
168, 837. 19	L22：BI22	22	经营收入	168, 837. 19
168, 837. 19	L23：BI23	23	含税收入	168, 837. 19
0. 00	L24：BI24	24	其他收入	0. 00
167, 115. 28	L25：BI25	25	税前总支出	167, 115. 28
141, 223. 48	L26：BI26	26	回购成本	141, 223. 48
4, 236. 70	L27：BI27	27	契税	4, 236. 70
3, 376. 74	L28：BI28	28	销售费用	3, 376. 74
1, 412. 23	L29：BI29	29	管理费用	1, 412. 23
2, 743. 76	L30：BI30	30	增值税及附加	2, 743. 76
14, 122. 35	L31：BI31	31	土地增值税	14, 122. 35
1, 721. 91	L32：BI32	32	利润总额	1, 721. 91
430. 48	L33：BI33	33	企业所得税	430. 48
1, 721. 91	L34：BI34	34	纳税调整后所得	1, 721. 91
0. 00	L35：BI35	35	所得亏损五年内结转	0. 00
1, 721. 91	L36：BI36	36	应纳税所得	1, 721. 91
1, 291. 43	L37：BI37	37	净利润	1, 291. 43
3, 174. 24	L38：BI38	38	总税负	3, 174. 24

L22=SUM(L23:L24)

L23=SUMIF(年序号 qchx. yb. x,年序号 qchx. nb. x,回购后再卖出后的含税收入.投资损益.回购后卖出 syfx. yb. x)

L24=SUMIF(年序号 qchx. yb. x,年序号 qchx. nb. x,其他收入.投资损益.回购后卖出 syfx. yb. x)

L25=SUM(L26:L31)

L26=SUMIF(年序号 qchx. yb. x,年序号 qchx. nb. x,回购成本.投资损益.回购后卖出 syfx. yb. x)

L27=SUMIF(年序号 qchx. yb. x,年序号 qchx. nb. x,契税.投资损益.回购后卖出 syfx. yb. x)

L28=SUMIF(年序号 qchx. yb. x,年序号 qchx. nb. x,销售费用.投资损益.回购后卖出 syfx. yb. x)

L29=SUMIF(年序号 qchx. yb. x,年序号 qchx. nb. x,管理费用.投资损益.回购后卖出 syfx. yb. x)

L30=SUMIF(年序号 qchx. yb. x,年序号 qchx. nb. x,增值税及附加.投资损益.回购后卖出 syfx. yb. x)

L31=SUMIF(年序号 qchx. yb. x,年序号 qchx. nb. x,土地增值税.投资损益.回购后卖出 syfx. yb. x)

L32=L22-L25

L33=IF(L36>0,L36 * 企业所得税率 qjzb,0)

L34=L32

L35= OFFSET(所得税结转.投资损益.回购后再卖出 ssjz! $R $3, COLUMN(A2)-1,)

L36=IF(L34>0,L34-K35, 0)

L37=L32-L33

L38=SUM(L30,L33)

8.4.7 所得税亏损结转（回购后卖出）

根据企业所得税法，企业亏损可在五年内进行结转扣除，根据函数公式或逻辑公式创建所得税亏损结转的方法较为烦琐，由于本书篇幅所限，此节仅截取部分表格（表 8.27）。

表 8.27　所得税亏损结转（回购后卖出）

行次	项目		年度 1	纳税调整后所得 2	合并、分立转入（转出）可弥补的亏损额 3	当年可弥补的所得额 4
1	前五年度		-3			0.00
2	前四年度		-2			0.00
3	前三年度		-1			0.00
4	前二年度		0			0.00
5	前一年度	2015	1	0.00		0.00
6	本年	2016	2	0.00		0.00
7	可结转以后年度弥补的亏损额合计					

以前年度亏损已弥补额					本年度实际弥补以前年度的亏损额	可结转以后年度弥补的亏损额
前四年度 5	前三年度 6	前二年度 7	前一年度 8	合计 9	10	1 11
0.00	0.00	0.00	0.00	0.00	0.00	—
—	0.00	0.00	0.00	0.00	0.00	0.00
—	—	0.00	0.00	0.00	0.00	0.00
—	—	—	0.00	0.00	0.00	0.00
—	—	—	—	0.00	0.00	0.00
—	—	—	—	—	0.00	0.00
						0.00

8.4.8　回购资金平衡数据表

返租回购的营销策略最大的风险之一是回购时开发商需要准备大量的现金用于回购不动产。对应于回购期，企业的账户是否有足够的资金，是必须事先进行判断的。通过函数公式可创建如表 8.28 所示回购资金平衡数据表。

表 8.28　回购资金平衡数据表　　单位：亿元

F C 14	D11：D14 D 科目	E11：E14 E 回购实施当月的账户余额	F11：F14 F 备注
10	回购所需要的资金	14.12	

续表

F	D11：D14	E11：E14	F11：F14
C	D	E	F
14	科目	回购实施当月的账户余额	备注
11	融资前流量表．项目	2.18	
12	融资后流量表．项目	1.65	
13	融资前损益表．项目	9.55	
14	融资后损益表．项目	7.79	

E10＝可返租的产权建面.回购 jbsj ＊ 回购率.回购 jbsj ＊ 抵扣后销售单价.回购 jbsj ＊ 回购价格系数.回购 jbsj/100000000

E11＝LOOKUP(回购实施期.开始日期.回购 jdjh，开始日期 qchx. yb. x，税后累计净收益.融资前流量.投资.项目 xjll. yb. x)/10000

E12＝LOOKUP(回购实施期.开始日期.回购 jdjh，开始日期 qchx. yb. x，税后累计净收益.融资后流量.资本.项目 lrzh. yb. x)/10000

E13＝LOOKUP(回购实施期.开始日期.回购 jdjh，开始日期 qchx. yb. x，净利润账户余额.融资前损益.项目 lrqs. yb. x)/10000

E14＝LOOKUP(回购实施期.开始日期.回购 jdjh，开始日期 qchx. yb. x，净利润账户余额.融资后损益.项目 lrzh. yb. x)/10000

8.4.9 投资人节点时间表

博弈理论的精华是在决策时应知道对手在想什么。所以，在研究返租营销策略时，站在小业主的投资角度进行决策分析是必要的手段。基于项目实例（一）的前提，创建的投资人节点时间表如表 8.29 所示。

表 8.29 投资人节点时间表

O	C9：C17	D9：D17	E9：E17	F9：F17	G9：G17	I9：I17
B	C	D	E	F	G	I
17	控制节点	工期（天）	工期（月）	开始日期	完成日期	开始日期．轴
9	销售周期．商铺	1		2016 年 11 月 26 日	2017 年 11 月 30 日	2016 年 11 月 01 日
10	返租期限			2017 年 05 月 01 日	2027 年 04 月 30 日	2017 年 05 月 01 日
11	回购申请		1	2027 年 01 月 30 日	2027 年 02 月 27 日	2027 年 01 月 01 日
12	小业主交全部房款		2	2017 年 12 月 30 日	2018 年 02 月 27 日	2017 年 12 月 01 日
13	再卖出期		2	2027 年 05 月 01 日	2027 年 06 月 30 日	2027 年 05 月 01 日
14	小业主租金收现期			2020 年 05 月 01 日	2027 年 04 月 30 日	2020 年 05 月 01 日

续表

O B 17	C9：C17 C 控制节点	D9：D17 D 工期（天）	E9：E17 E 工期（月）	F9：F17 F 开始日期	G9：G17 G 完成日期	I9：I17 I 开始日期. 轴
15	返租后剩余经营期			2027 年 05 月 01 日	2055 年 05 月 31 日	2027 年 05 月 01 日
16	小业主投资全周期. 再卖出			2018 年 02 月 27 日	2027 年 06 月 30 日	2018 年 02 月 01 日
17	小业主投资全周期. 全持有			2018 年 02 月 27 日	2055 年 05 月 31 日	2018 年 02 月 01 日

O B 17	J9：J17 J 完成日期. 轴	K9：K17 K 整月数	L9：L17 L 开始月序	M9：M17 M 完成月序	N9：N17 N 开始年序	O9：O17 O 完成年序
9	2017 年 11 月 30 日	13 个月	第 22 个月	第 34 个月	第 2 年	第 3 年
10	2027 年 04 月 30 日	120 个月	第 28 个月	第 147 个月	第 3 年	第 13 年
11	2027 年 02 月 28 日	2 个月	第 144 个月	第 145 个月	第 13 年	第 13 年
12	2018 年 02 月 28 日	3 个月	第 35 个月	第 37 个月	第 3 年	第 4 年
13	2027 年 06 月 30 日	2 个月	第 148 个月	第 149 个月	第 13 年	第 13 年
14	2027 年 04 月 30 日	84 个月	第 64 个月	第 147 个月	第 6 年	第 13 年
15	2055 年 05 月 31 日	337 个月	第 148 个月	第 484 个月	第 13 年	第 41 年
16	2027 年 06 月 30 日	113 个月	第 37 个月	第 149 个月	第 4 年	第 13 年
17	2055 年 05 月 31 日	448 个月	第 37 个月	第 484 个月	第 4 年	第 41 年

F9=销售周期.栋 01. 商城.开始日期.节点 jdjh.

G9=销售周期.栋 01. 商城.完成日期.节点 jdjh

H9=DATEDIF(F9,G9,"M")+1

I=EOMONTH(F9,-1)+1

J=DATE(YEAR(G9),MONTH(G9)+1, 1)-1

K=DATEDIF(I9,J9,"M")+1

L=LOOKUP(I9,开始日期 qczx. yb. y,月序号 qczx. yb. y)

M=LOOKUP(J9,完成日期 qczx. yb. y,月序号 qczx. yb. y)

N=LOOKUP(I9,开始日期 qczx. yb. y,年序号 qchx. yb. x)

O=LOOKUP(J9,开始日期 qczx. yb. y,年序号 qchx. yb. x)

8. 4. 10　投资人时间坐标表

返租回购的经营活动关键节点的时间通过逻辑公式的设置可自动分配于“全生命周期时间坐标月轴”中，形成如表 8. 30 所示的数据表。

表 8.30 投资人时间坐标表

		18	WK		
		J18：WK23	23	I	AS
		J12：WK12	12	月序号	总第 36 个月
		J13：WK13	13	土地月序	土第 33 个月
		J14：WK14	14	年份号	2018 年
		J15：WK15	15	年序号	第 4 年
		J16：WK16	16	开始日期	2018 年 01 月 01 日
	F	J17：WK17	17	完成日期	2018 年 01 月 31 日
0	2 个月	J18：WK18	18	小业主交全部房款	A
0	2 个月	J19：WK19	19	再卖出期	0.00
0	84 个月	J20：WK20	20	小业主租金收现期	0.00
0	337 个月	J21：WK21	21	返租后剩余经营期	0.00
0	113 个月	J22：WK22	22	小业主投资全周期. 再卖出	0.00
0	448 个月	J23：WK23	23	小业主投资全周期. 全持有	0.00

J18=IF(AND(月序号 qchx. yb. x>开始月序.小业主交全部房款.小业主 jdjh,月序号 qchx. yb. x<=完成月序.小业主交全部房款.小业主 jdjh),"A",0)

J19=IF(AND(月序号 qchx. yb. x>=开始月序.再卖出期.小业主 jdjh,月序号 qchx. yb. x<=完成月序.再卖出期.小业主 jdjh),"A",0)

J20=IF(AND(月序号 qchx. yb. x>=开始月序.小业主租金收现期.小业主 jdjh,月序号 qchx. yb. x<=完成月序.小业主租金收现期.小业主 jdjh),"A",0)

J21=IF(AND(月序号 qchx. yb. x>=开始月序.返租后剩余经营期.小业主 jdjh,月序号 qchx. yb. x<=完成月序.返租后剩余经营期.小业主 jdjh),"A",0)

J22=IF(AND(月序号 qchx. yb. x>=开始月序.小业主投资全周期.再卖出.小业主 jdjh,月序号 qchx. yb. x<=完成月序.小业主投资全周期.再卖出.小业主 jdjh),"A",0)

J23=IF(AND(月序号 qchx. yb. x>=开始月序.小业主投资全周期.全持有.小业主 jdjh,月序号 qchx. yb. x<=完成月序.小业主投资全周期.全持有.小业主 jdjh),"A",0)

8.4.11 商铺买入的数据表

站在小业主的视角，返租回购的交易要经过买入—持有或买入—再卖出这几种交易环节，根据我国现行的税法规定，购买不动产的税收政策有较大的差异。表 8.31 是小业主在购买商铺环节需要创建的基本单元格数据。

表 8.31　商铺买入的数据表

F C 25	D10：D25 D 科目	E10：E25 E 数据
10	抵扣前销售单价（元/m²）	46,800.00
11	抵扣房价总折扣率（%）	24.00
12	期房折扣率（%）	76.00
13	抵扣后销售单价（元/m²）	35,568.00
14	回购价格系数	1.63
15	回购的单价（元/m²）	57,975.84
16	购买的建筑面积（m²）	24,359.02
17	购买商铺的实际房款. 买入（万元）	86,640.17
18	契税税率. 买入（%）	3.00
19	印花税税率. 买入（%）	0.50
20	产权登记费. 买入（元/个）	500.00
21	物业维修基金. 单方收费. 买入（%）	1.00
22	契税. 买入（万元）	2,475.43
23	印花税. 买入（万元）	433.20
24	物业维修基金. 买入（万元）	866.40
25	税负. 买入（%）	3.36

E10=销售基价.负 1 层 xdjf

E11=SUMIFS(返租年利率 fzfa.y,返利方式 fzfa.y,"抵扣房价")

E12=1-E11

E13=(1-E11)*E10

E15=E13*E14

E16=SUM(可返租产权建面.购物中心 jyhl.y)

E17=E16*E13/10000

E22=E17/(1+5%)*E18

E23=E19*E17

E24=E17*E21

E25=SUM(E22:E23)/E17

8.4.12　商铺再卖出数据表

基于小业主购买商铺且返租时间到期后选择再卖出的投资策略，根据不动产交易环节的税收政策，创建如表 8.32 所示的小业主“购买—返租—再卖出”的数据表。

表 8.32 商铺再卖出数据表

F	D14：D23	E14：E23
C	D	E
23	科目	数据
10	增值税及附加税率. 卖出（%）	5.60
11	土地增值税税率. 卖出（%）	30.00
12	印花税税率. 卖出（%）	0.05
13	个人所得税率. 卖出（%）	20.00
14	卖出的价格（万元）	141,223.48
15	买入的价格（万元）	86,640.17
16	持有的年限（年）	9.42
17	增值税及附加. 卖出（万元）	2,911.11
18	印花税. 卖出（万元）	70.61
19	增值额（万元）	10,808.51
20	土地增值税. 卖出（万元）	3,242.55
21	个人所得. 卖出（万元）	41,634.11
22	个人所得税. 卖出（万元）	8,326.82
23	税负. 卖出（%）	10.30

E14=回购价格系数.回购 jbsj * 抵扣后销售单价.回购 jbsj * 购买的建筑面积.小业主 msxy/10000

E15=购买的建筑面积.小业主 msxy * 抵扣后销售单价.小业主 msxy/10000

E16=月数.小业主投资全周期.再卖出.小业主 sjhz. yb/12

E17=(E14-E15)/(1+5%) * E10

E18=E12 * E14

E19=E14-E15 * (1+5% * E16)-E17-E18

E20=IF(增值额.小业主 msxy>0,E19 * E11,0)

E21=E14/(1+5%)-E15-(E17+E18+E20)

E22=E21 * E13

E23=SUM(E17:E18,E20,E22)/E14

8.4.13 长期持有的数据表

基于小业主购买商铺且返租时间到期后选择继续持有的投资策略，根据不动产交易环节的税收政策，创建如表 8.33 所示的小业主“购买—返租—再持有”交易模式下的数据表。

表 8.33　长期持有的数据表

F C 42	D20：D42 D 科目	E20：E42 E 数据
10	增值税税率. 出租商铺（%）	5.00
11	增值税附加综合税率. 出租商铺（%）	12.00
12	房产税税率. 出租商铺（%）	12.00
13	土地使用税. 出租商铺［元/（m^2·月）］	1.00
14	印花税税率. 出租商铺（%）	0.10
15	个人所得税. 出租商铺（%）	20.00
16	小业主租金收入. 持有出租期［元/（m^2·月）］	629.47
17	套内建面率（%）	50.00
18	租金年增长率（%）	3.00
19	平均月利率. 返租付现期（%）	0.75
20	月租金含税收入. 返租付现期（万元/月）	649.80
21	增值税. 月. 返租付现期（万元/月）	30.94
22	增值税附加. 月. 返租付现期（万元/月）	3.71
23	增值税及附加. 月. 返租付现期（万元/月）	34.66
24	房产税. 月. 返租付现期（万元/月）	74.26
25	土地使用税. 月. 返租付现期（万元/月）	0.20
26	印花税. 月. 返租付现期（万元/月）	0.65
27	个人所得. 月. 返租付现期（万元/月）	540.03
28	个人所得税. 月. 返租付现期（万元/月）	108.01
29	综合税负. 返租付现期（%）	33.51
30	月租金含税收入. 持有租赁期（万元/月）	766.66
31	增值税. 月. 持有租赁期（万元/月）	36.51
32	增值税附加. 月. 持有租赁期（万元/月）	4.38
33	增值税及附加. 月. 持有租赁期（万元/月）	40.89
34	房产税. 月. 持有租赁期（万元/月）	87.62
35	土地使用税. 月. 持有租赁期（万元/月）	0.20
36	印花税. 月. 持有租赁期（万元/月）	0.77
37	个人所得. 月. 持有租赁期（元/月）	637.18
38	个人所得税. 月. 持有租赁期（元/月）	127.44

续表

F	D20：D42	E20：E42
C	D	E
42	科目	数据
39	综合税负. 持有租赁期（%）	33.51
40	残值率（%）	5.00
41	残值（万元）	4,332.01
42	转售价格系数	1.00

E13=12/12

E19=SUMIFS(返租年利率 fzfa.y,返利方式 fzfa.y,"利息付现")/(月数.返租付现期 fzfa)

E20=购买商铺的实付房款.买入.小业主 msxy * E19

E21=IF(E20>3,E20/(1+5%) * 5%,0)

E22=E21 * E11

E23=SUM(E21:E22)

E24=E12/(1+5%) * E20

E25=购买的建筑面积.小业主 msxy * E13/12/10000

E26=E14 * E20

E27=E20-E21-E22-E24-E25-E26

E28=E27 * E15

E29=SUM(E23,E24,E25,E26,E28)/E20

E30=E16 * 购买的建筑面积.小业主 msxy * E17/10000

E31=IF(E30>3,E30/(1+5%) * 5%,0)

E32=E31 * E11

E33=SUM(E31:E32)

E34=E12/(1+5%) * E30

E35=购买的建筑面积.小业主 msxy * E13/12/10000

E36=E14 * E30

E37=E30-E31-E32-E34-E35-E36

E38=E37 * E15

E39=SUM(E34,E35,E36,E38,E33)/E30

E41=E40 * 购买商铺的实付房款.买入.小业主 msxy

8.4.14 买入再卖出流量月表

基于小业主购买商铺且返租时间到期后选择再卖出的投资策略，根据不动产交易环节的税收政策，创建如表 8.34 所示的小业主“购买—返租—再卖出”交易模式下现金流量月表。

表 8.34　买入再卖出流量月表　　单位：万元

	18	WK		
	J18：WK39	39	I	AS
	J12：WK12	12	月序号	总第 36 个月
	J13：WK13	13	土地月序	土第 33 个月
	J14：WK14	14	年份号	2018 年
	J15：WK15	15	年序号	第 4 年
	J16：WK16	16	开始日期	2018 年 01 月 01 日
F	J17：WK17	17	完成日期	2018 年 01 月 31 日
213, 043. 63	J18：WK18	18	总流入	0. 00
71, 820. 14	J19：WK19	19	返租收现的租金收入	0. 00
141, 223. 48	J20：WK20	20	商铺卖给开发商收入	0. 00
123, 383. 46	J21：WK21	21	总流出	45, 269. 52
90, 539. 03	J22：WK22	22	购买商铺支出	45, 269. 52
86, 640. 17	J23：WK23	23	第一次购房房款. 买入	43, 320. 09
2, 599. 21	J24：WK24	24	契税. 买入	1, 299. 60
433. 20	J25：WK25	25	印花税. 买入	216. 60
866. 40	J26：WK26	26	物业维修基金. 买入	433. 20
0. 05	J27：WK27	27	产权登记费. 买入	0. 03
18, 293. 33	J28：WK28	28	返租收现期支出	0. 00
2, 911. 11	J29：WK29	29	增值税及附加. 返租收现期	0. 00
6, 238. 09	J30：WK30	30	房产税. 返租收现期	0. 00
17. 05	J31：WK31	31	土地使用税. 返租收现期	0. 00
54. 58	J32：WK32	32	印花税. 返租收现期	0. 00
9, 072. 49	J33：WK33	33	个人所得税. 返租收现期	0. 00
14, 551. 10	J34：WK34	34	卖出商铺支出	0. 00
2, 911. 11	J35：WK35	35	增值税及附加. 卖出	0. 00
3, 242. 55	J36：WK36	36	土地增值税. 卖出	0. 00
8, 326. 82	J37：WK37	37	个人所得税. 卖出	0. 00
70. 61	J38：WK38	38	印花税. 卖出	0. 00
89, 660. 17	J39：WK39	39	税后当期净收益	-45, 269. 52

J18＝SUM(J19:J20)

J19＝返租付现利息支出 flzc. yb. x

J20=IF(再卖出期.小业主 sjhz. yb. x="A",卖出的价格.小业主 msxy/月数.再卖出期.小业主 sjhz. yb,0)

J21=J22+J34+J28

J22=SUM(J23:J27)

J23=IF(小业主交全部房款.小业主 sjhz. yb. x="A",购买商铺的实付房款.买入.小业主 msxy/月数.小业主交全部房款.小业主 sjhz. yb,0)

J24=IF(小业主交全部房款.小业主 sjhz. yb. x="A",购买商铺的实付房款.买入.小业主 msxy * 契税税率.买入.小业主 msxy/月数.小业主交全部房款.小业主 sjhz. yb,0)

J25=IF(小业主交全部房款.小业主 sjhz. yb. x="A",购买商铺的实付房款.买入.小业主 msxy * 印花税税率.买入.小业主 msxy/月数.小业主交全部房款.小业主 sjhz. yb,0)

J26=IF(小业主交全部房款.小业主 sjhz. yb. x="A",购买商铺的实付房款.买入.小业主 msxy * 物业维修基金.单方收费.买入.小业主 msxy/月数.小业主交全部房款.小业主 sjhz. yb,0)

J27=IF(小业主交全部房款.小业主 sjhz. yb. x="A",产权登记费.买入.小业主 msxy/月数.小业主交全部房款.小业主 sjhz. yb,0)/10000

J28=SUM(J29:J33)

J29=IF(返租付现期 fsjz. yb. x="A",增值税及附加.月.返租付现期.小业主 csxy,0)

J30=IF(返租付现期 fsjz. yb. x="A",房产税.月.返租付现期.小业主 csxy,0)

J31=IF(返租付现期 fsjz. yb. x="A",土地使用税.月.返租付现期.小业主 csxy,0)

J32=IF(返租付现期 fsjz. yb. x="A",印花税.月.返租付现期.小业主 csxy,0)

J33=IF(返租付现期 fsjz. yb. x="A",个人所得税.月.返租付现期.小业主 csxy,0)

J34=SUM(J35:J38)

J35=IF(再卖出期.小业主 sjhz. yb. x="A",增值税及附加.卖出.小业主 msxy/月数.再卖出期.小业主 sjhz. yb,0)

J36=IF(再卖出期.小业主 sjhz. yb. x="A",土地增值税.卖出.小业主 msxy/月数.再卖出期.小业主 sjhz. yb,0)

J37=IF(再卖出期.小业主 sjhz. yb. x="A",个人所得税.卖出.小业主 msxy/月数.再卖出期.小业主 sjhz. yb,0)

J38=IF(再卖出期.小业主 sjhz. yb. x="A",印花税.卖出.小业主 msxy/月数.再卖出期.小业主 sjhz. yb,0)

J39=J18-J21

8.4.15 买入再卖出流量年表

基于小业主购买商铺且返租时间到期后选择再卖出的投资策略，通过逻辑公式将小业主“购买—返租—再卖出”交易模式下现金流量月表自动合并年表，如表 8.35 和表 8.36 所示。

表 8.35　买入再卖出流量年表　　单位：万元

	22	BI		
	L22：BI51	51	K	O
	L20：BI20	20	年份号	2018 年
H	L21：BI21	21	年序号	第 4 年
213, 043. 63	L22：BI22	22	总流入	0. 00
71, 820. 14	L23：BI23	23	返租付现的租金收入	0. 00
141, 223. 48	L24：BI24	24	商铺卖给开发商收入	0. 00
123, 383. 46	L25：BI25	25	总流出	90, 539. 03
90, 539. 03	L26：BI26	26	购买商铺支出	90, 539. 03
86, 640. 17	L27：BI27	27	第一次购房房款. 买入	86, 640. 17
2, 599. 21	L28：BI28	28	契税. 买入	2, 599. 21
433. 20	L29：BI29	29	印花税. 买入	433. 20
866. 40	L30：BI30	30	物业维修基金. 买入	866. 40
0. 05	L31：BI31	31	产权登记费. 买入	0. 05
18, 293. 33	L32：BI32	32	返租收现期支出	0. 00
2, 911. 11	L33：BI33	33	增值税及附加. 返租收现期	0. 00
6, 238. 09	L34：BI34	34	房产税. 返租收现期	0. 00
17. 05	L35：BI35	35	土地使用税. 返租收现期	0. 00
54. 58	L36：BI36	36	印花税. 返租收现期	0. 00
9, 072. 49	L37：BI37	37	个人所得税. 返租收现期	0. 00
14, 551. 10	L38：BI38	38	卖出商铺支出	0. 00
2, 911. 11	L39：BI39	39	增值税及附加. 卖出	0. 00
3, 242. 55	L40：BI40	40	土地增值税. 卖出	0. 00
8, 326. 82	L41：BI41	41	个人所得税. 卖出	0. 00
70. 61	L42：BI42	42	印花税. 卖出	0. 00
89, 660. 17	L43：BI43	43	税后当期净收益	-90, 539. 03
89, 660. 17	L44：BI44	44	税后累计净收益	-90, 539. 03
0. 09	L45：BI45	45	折现系数	0. 82
26, 808. 46	L46：BI46	46	税后折现净收益	-74, 486. 69
26, 808. 46	L47：BI47	47	税后累计折现净收益	-74, 486. 69
126, 403. 45	L48：BI48	48	税前当期净收益	-86, 640. 17

续表

H	L22：BI51 L20：BI20 L21：BI21	22 BI 51 20 21	K 年份号 年序号	O 2018 年 第 4 年
126, 403. 45	L49：BI49	49	税前累计净收益	−86, 640. 17
49, 393. 01	L50：BI50	50	税前折现净收益	−71, 279. 09
49, 393. 01	L51：BI51	51	税前累计折现净收益	−71, 279. 09

L22＝SUM(L23:L24)

L23＝SUMIF(年序号 qchx. yb. x,年序号 qchx. nb. x,返租付现的租金收入.买入后再卖出.小业主 xyxl. yb. x)

L24＝SUMIF(年序号 qchx. yb. x,年序号 qchx. nb. x,商铺卖给开发商收入.买入后再卖出.小业主 xyxl. yb. x)

L25＝L26+L32+L38

L26＝SUM(L27:L31)

L27＝SUMIF(年序号 qchx. yb. x,年序号 qchx. nb. x,第一次购房房款.买入.买入后再卖出.小业主 xyxl. yb. x)

L28＝SUMIF(年序号 qchx. yb. x,年序号 qchx. nb. x,契税.买入.买入后再卖出.小业主 xyxl. yb. x)

L29＝SUMIF(年序号 qchx. yb. x,年序号 qchx. nb. x,印花税.买入.买入后再卖出.小业主 xyxl. yb. x)

L30＝SUMIF(年序号 qchx. yb. x,年序号 qchx. nb. x,物业维修基金.买入.买入后再卖出.小业主 xyxl. yb. x)

L31＝SUMIF(年序号 qchx. yb. x,年序号 qchx. nb. x,产权登记费.买入.买入后再卖出.小业主 xyxl. yb. x)

L32＝SUM(L33:L37)

L33＝SUMIF(年序号 qchx. yb. x,年序号 qchx. nb. x,增值税及附加.返租收现期.买入后再卖出.小业主 xyxl. yb. x)

L34＝SUMIF(年序号 qchx. yb. x,年序号 qchx. nb. x,房产税.. 返租收现期.买入后再卖出.小业主 xyxl. yb. x)

L35＝SUMIF(年序号 qchx. yb. x,年序号 qchx. nb. x,土地使用税.. 返租收现期.买入后再卖出.小业主 xyxl. yb. x)

L36＝SUMIF(年序号 qchx. yb. x,年序号 qchx. nb. x,印花税.. 返租收现期.买入后再卖出.小业主 xyxl. yb. x)

L37＝SUMIF(年序号 qchx. yb. x,年序号 qchx. nb. x,个人所得税.. 返租收现期.买入

后再卖出.小业主 xyxl. yb. x)

L38 = SUM(L39:L42)

L39 = SUMIF(年序号 qchx. yb. x,年序号 qchx. nb. x,增值税及附加.卖出.买入后再卖出.小业主 xyxl. yb. x)

L40 = SUMIF(年序号 qchx. yb. x,年序号 qchx. nb. x,土地增值税.卖出.买入后再卖出.小业主 xyxl. yb. x)

L41 = SUMIF(年序号 qchx. yb. x,年序号 qchx. nb. x,个人所得税.卖出.买入后再卖出.小业主 xyxl. yb. x)

L42 = SUMIF(年序号 qchx. yb. x,年序号 qchx. nb. x,印花税.卖出.买入后再卖出.小业主 xyxl. yb. x)

L43 = L22-L25

L44 = SUM($L$43:L43)

L45 = 1/(1+折现率 qjzb)^(年序号 qchx. nb. x)

L46 = L45 * L43

L47 = SUM($L$46:L46)

L48 = L22-L27

L49 = SUM($L$48:L48)

L50 = L48 * L45

L51 = SUM($L$50:L50)

表 8.36　买入再卖出年指标

5	D8：D14	E8：E14
C	D	E
0	科目	年指标
8	税前内部收益率（%）	12.81
9	税后内部收益率（%）	9.34
10	税前静态回收年数（年）	12.13
11	税前动态回收年数（年）	12.36
12	税后静态回收年数（年）	12.31
13	税后动态回收年数（年）	12.61
14	财务净现值（万元）	89,660.17

E8 = IRR(税前当期净收益.买入后再卖出.小业主 xyxl. nb. x,0.01)

E9 = IRR(税后当期净收益.买入后再卖出.小业主 xyxl. nb. x,0.01)

E10 = MATCH(0,税前累计净收益.买入后再卖出.小业主 xyxl. nb. x,1)+ABS(INDEX(税前累计净收益.买入后再卖出.小业主 xyxl. nb. x,1,MATCH(0,税前累计净收益.买入后再卖出.小业主 xyxl. nb. x,1)))/ABS(INDEX(税前当期净收益.买入后再卖出.小业主 xyxl. nb. x,1,MATCH(0,税前累计净收益.买入后再卖出.小业主 xyxl. nb. x,1)+1))

E11=MATCH(0,税前累计折现净收益.买入后再卖出.小业主 xyxl. nb. x,1)+ABS(INDEX(税前累计折现净收益.买入后再卖出.小业主 xyxl. nb. x,1,MATCH(0,税前累计折现净收益.买入后再卖出.小业主 xyxl. nb. x,1)))/ABS(INDEX(税前折现净收益.买入后再卖出.小业主 xyxl. nb. x,1,MATCH(0,税前累计折现净收益.买入后再卖出.小业主 xyxl. nb. x,1)+1))

E12=MATCH(0,税后累计净收益.买入后再卖出.小业主 xyxl. nb. x,1)+ABS(INDEX(税后累计净收益.买入后再卖出.小业主 xyxl. nb. x,1,MATCH(0,税后累计净收益.买入后再卖出.小业主 xyxl. nb. x,1)))/ABS(INDEX(税后当期净收益.买入后再卖出.小业主 xyxl. nb. x,1,MATCH(0,税后累计净收益.买入后再卖出.小业主 xyxl. nb. x,1)+1))

E13=MATCH(0,税后累计折现净收益.买入后再卖出.小业主 xyxl. nb. x,1)+ABS(INDEX(税后累计折现净收益.买入后再卖出.小业主 xyxl. nb. x,1,MATCH(0,税后累计折现净收益.买入后再卖出.小业主 xyxl. nb. x,1)))/ABS(INDEX(税后折现净收益.买入后再卖出.小业主 xyxl. nb. x,1,MATCH(0,税后累计折现净收益.买入后再卖出.小业主 xyxl. nb. x,1)+1))

E14=SUM(税后当期净收益.买入后再卖出.小业主 xyxl. nb. x)

8.4.16 买入再持有流量月表

基于小业主购买商铺且返租时间到期后选择再持有的投资策略，根据不动产交易环节的税收政策，创建如表 8.37 所示的小业主“购买—返租—再持有”交易模式下现金流量月表。

表 8.37 买入再持有流量月表 单位：万元

	18	WK		
	J18：WK41	41	I	AS
	J12：WK12	12	月序号	总第 36 个月
	J13：WK13	13	土地月序	土第 33 个月
	J14：WK14	14	年份号	2018 年
	J15：WK15	15	年序号	第 4 年
	J16：WK16	16	开始日期	2018 年 01 月 01 日
F	J17：WK17	17	完成日期	2018 年 01 月 31 日
334,516.85	J18：WK18	18	总流入	0.00

续表

	18	WK		
	J18：WK41	41	I	AS
	J12：WK12	12	月序号	总第 36 个月
	J13：WK13	13	土地月序	土第 33 个月
	J14：WK14	14	年份号	2018 年
	J15：WK15	15	年序号	第 4 年
	J16：WK16	16	开始日期	2018 年 01 月 01 日
F	J17：WK17	17	完成日期	2018 年 01 月 31 日
71, 820. 14	J19：WK19	19	返租收现期的租金收入	0. 00
258, 364. 70	J20：WK20	20	返租剩余期的租金收入	0. 00
4, 332. 01	J21：WK21	21	残值回收	0. 00
109, 846. 14	J22：WK22	22	总流出	45, 776. 40
91, 038. 98	J23：WK23	23	购买商铺支出	45, 519. 49
86, 640. 17	J24：WK24	24	交纳房款. 买入	43, 320. 09
2, 599. 21	J25：WK25	25	契税. 买入	1, 299. 60
433. 20	J26：WK26	26	印花税. 买入	216. 60
866. 40	J27：WK27	27	物业维修基金. 买入	433. 20
500. 00	J28：WK28	28	产权登记费. 买入	250. 00
18, 293. 33	J29：WK29	29	返租收现期支出	0. 00
2, 911. 11	J30：WK30	30	增值税及附加. 返租收现期	0. 00
6, 238. 09	J31：WK31	31	房产税. 返租收现期	0. 00
17. 05	J32：WK32	32	土地使用税. 返租收现期	0. 00
54. 58	J33：WK33	33	印花税. 返租收现期	0. 00
9, 072. 49	J34：WK34	34	个人所得税. 返租收现期	0. 00
513. 83	J35：WK35	35	持有租赁阶段支出	256. 91
81. 78	J36：WK36	36	增值税及附加. 持有租赁期	40. 89
175. 24	J37：WK37	37	房产税. 持有租赁期	87. 62
0. 41	J38：WK38	38	土地使用税. 持有租赁期	0. 20
1. 53	J39：WK39	39	印花税. 持有租赁期	0. 77
254. 87	J40：WK40	40	个人所得税. 持有租赁期	127. 44
224, 670. 71	J41：WK41	41	税后当期净收益	-45, 776. 40

J18 = SUM(J19:J21)

J19 = 返租付现利息支出 flzc. yb. x

J20 = IF(返租后剩余经营期.小业主 sjhz. yb. x = "A" , 月租金含税收入.持有租赁期.小业主 csxy, 0)

J21=IF(残值回收期 qchx. yb. x="A",残值.小业主 csxy,0)

J22=J23+J29+J35

J23=SUM(J24:J28)

J24=IF(小业主交全部房款.小业主 sjhz. yb. x="A",购买商铺的实付房款.买入.小业主 msxy/月数.小业主交全部房款.小业主 sjhz. yb,0)

J25=IF(小业主交全部房款.小业主 sjhz. yb. x="A",购买商铺的实付房款.买入.小业主 msxy * 契税税率.买入.小业主 msxy/月数.小业主交全部房款.小业主 sjhz. yb,0)

J26=IF(小业主交全部房款.小业主 sjhz. yb. x="A",购买商铺的实付房款.买入.小业主 msxy * 印花税税率.买入.小业主 msxy/月数.小业主交全部房款.小业主 sjhz. yb,0)

J27=IF(小业主交全部房款.小业主 sjhz. yb. x="A",购买商铺的实付房款.买入.小业主 msxy * 物业维修基金.单方收费.买入.小业主 msxy/月数.小业主交全部房款.小业主 sjhz. yb,0)

J28=IF(小业主交全部房款.小业主 sjhz. yb. x="A",产权登记费.买入.小业主 msxy/月数.小业主交全部房款.小业主 sjhz. yb,0)

J29=SUM(J30:J34)

J30=IF(返租付现期 fsjz. yb. x="A",增值税及附加.月.返租付现期.小业主 csxy,0)

J31=IF(返租付现期 fsjz. yb. x="A",房产税.月.返租付现期.小业主 csxy,0)

J32=IF(返租付现期 fsjz. yb. x="A",土地使用税.月.返租付现期.小业主 csxy,0)

J33=IF(返租付现期 fsjz. yb. x="A",印花税.月.返租付现期.小业主 csxy,0)

J34=IF(返租付现期 fsjz. yb. x="A",个人所得税.月.返租付现期.小业主 csxy,0)

J35=SUM(J36:J40)

J36=IF(小业主交全部房款.小业主 sjhz. yb. x="A",增值税及附加.月.持有租赁期.小业主 csxy,0)

J37=IF(小业主交全部房款.小业主 sjhz. yb. x="A",房产税.月.持有租赁期.小业主 csxy,0)

J38=IF(小业主交全部房款.小业主 sjhz. yb. x="A",土地使用税.月.持有租赁期.小业主 csxy,0)

J39=IF(小业主交全部房款.小业主 sjhz. yb. x="A",印花税.月.持有租赁期.小业主 csxy,0)

J40=IF(小业主交全部房款.小业主 sjhz. yb. x="A",个人所得税.月.持有租赁期.小业主 csxy,0)

J41=J18-J22

8.4.17 买入再持有流量年表

基于小业主购买商铺且返租时间到期后选择再持有的投资策略，通过逻辑公式将小业主“购买—返租—再持有”交易模式下现金流量月表自动合并年表，如表8.38和表8.39所示。

表8.38　买入再持有流量年表　　单位：万元

	L22：BI53	53	K	O
	L20：BI20	20	年份号	2018年
H	L21：BI21	21	年序号	第4年
334,516.85	L22：BI22	22	总流入	0.00
71,820.14	L23：BI23	23	返租收现期的租金收入	0.00
258,364.70	L24：BI24	24	返租剩余期的租金收入	0.00
4,332.01	L25：BI25	25	残值回收	0.00
109,846.14	L26：BI26	26	总流出	91,552.81
91,038.98	L27：BI27	27	购买商铺支出	91,038.98
86,640.17	L28：BI28	28	交纳房款.买入	86,640.17
2,599.21	L29：BI29	29	契税.买入	2,599.21
433.20	L30：BI30	30	印花税.买入	433.20
866.40	L31：BI31	31	物业维修基金.买入	866.40
500.00	L32：BI32	32	产权登记费.买入	500.00
18,293.33	L33：BI33	33	返租收现期支出	0.00
2,911.11	L34：BI34	34	增值税及附加.返租收现期	0.00
6,238.09	L35：BI35	35	房产税.返租收现期	0.00
17.05	L36：BI36	36	土地使用税.返租收现期	0.00
54.58	L37：BI37	37	印花税.返租收现期	0.00
9,072.49	L38：BI38	38	个人所得税.返租收现期	0.00
513.83	L39：BI39	39	持有租赁阶段支出	513.83
81.78	L40：BI40	40	增值税及附加.持有租赁期	81.78
175.24	L41：BI41	41	房产税.持有租赁期	175.24
0.41	L42：BI42	42	土地使用税.持有租赁期	0.41
1.53	L43：BI43	43	印花税.持有租赁期	1.53
254.87	L44：BI44	44	个人所得税.持有租赁期	254.87
224,670.71	L45：BI45	45	税后当期净收益	-91,552.81
224,670.71	L46：BI46	46	税后累计净收益	-91,552.81
0.09	L47：BI47	47	折现系数	0.82
34,596.75	L48：BI48	48	税后折现净收益	-75,320.72
34,596.75	L49：BI49	49	税后累计折现净收益	-75,320.72
247,876.67	L50：BI50	50	税前当期净收益	-86,640.17
247,876.67	L51：BI51	51	税前累计净收益	-86,640.17

续表

	L22：BI53	53	K	O
	L20：BI20	20	年份号	2018 年
H	L21：BI21	21	年序号	第 4 年
50, 298. 59	L52：BI52	52	税前折现净收益	-71, 279. 09
50, 298. 59	L53：BI53	53	税前累计折现净收益	-71, 279. 09

L22＝SUM(O23:O25)

L23＝SUMIF(年序号 qchx. yb. x,年序号 qchx. nb. x,返租付现期的租金收入.买入后持有.小业主 xyxl. yb. x)

L24＝SUMIF(年序号 qchx. yb. x,年序号 qchx. nb. x,返租剩余期的租金收入.买入后持有.小业主 xyxl. yb. x)

L25＝SUMIF(年序号 qchx. yb. x,年序号 qchx. nb. x,残值回收.买入后持有.小业主 xyxl. yb. x)

L26＝O27+O33+O39

L27＝SUM(O28:O32)

L28＝SUMIF(年序号 qchx. yb. x,年序号 qchx. nb. x,交纳房款.买入.买入后持有.小业主 xyxl. yb. x)

L29＝SUMIF(年序号 qchx. yb. x,年序号 qchx. nb. x,契税.买入.买入后持有.小业主 xyxl. yb. x)

L30＝SUMIF(年序号 qchx. yb. x,年序号 qchx. nb. x,印花税.买入.买入后持有.小业主 xyxl. yb. x)

L31＝SUMIF(年序号 qchx. yb. x,年序号 qchx. nb. x,物业维修基金.买入.买入后持有.小业主 xyxl. yb. x)

L32＝SUMIF(年序号 qchx. yb. x,年序号 qchx. nb. x,产权登记费.买入.买入后持有.小业主 xyxl. yb. x)

L33＝SUM(O34:O38)

L34＝SUMIF(年序号 qchx. yb. x,年序号 qchx. nb. x,增值税及附加.返租收现期.买入后持有.小业主 xyxl. yb. x)

L35＝SUMIF(年序号 qchx. yb. x,年序号 qchx. nb. x,房产税.返租收现期.买入后持有.小业主 xyxl. yb. x)

L36＝SUMIF(年序号 qchx. yb. x,年序号 qchx. nb. x,土地使用税.返租收现期.买入后持有.小业主 xyxl. yb. x)

L37＝SUMIF(年序号 qchx. yb. x,年序号 qchx. nb. x,印花税.返租收现期.买入后持有.小业主 xyxl. yb. x)

L38＝SUMIF(年序号 qchx. yb. x,年序号 qchx. nb. x,个人所得税.返租收现期.买入后

持有.小业主 xyxl. yb. x)

L39 = SUM(O40:O44)

L40 = SUMIF(年序号 qchx. yb. x,年序号 qchx. nb. x,增值税及附加.持有租赁期.买入后持有.小业主 xyxl. yb. x)

L41 = SUMIF(年序号 qchx. yb. x,年序号 qchx. nb. x,房产税.持有租赁期.买入后持有.小业主 xyxl. yb. x)

L42 = SUMIF(年序号 qchx. yb. x,年序号 qchx. nb. x,土地使用税.持有租赁期.买入后持有.小业主 xyxl. yb. x)

L43 = SUMIF(年序号 qchx. yb. x,年序号 qchx. nb. x,印花税.持有租赁期.买入后持有.小业主 xyxl. yb. x)

L44 = SUMIF(年序号 qchx. yb. x,年序号 qchx. nb. x,个人所得税.持有租赁期.买入后持有.小业主 xyxl. yb. x)

L45 = O22-O26

L46 = SUM($L$45:O45)

L47 = 1/(1+折现率 qjzb)^(年序号 qchx. nb. x)

L48 = O47 * O45

L49 = SUM($L$48:O48)

L50 = O22-O28

L51 = SUM($L$50:O50)

L52 = O50 * O47

L53 = SUM($L$52:O52)

表 8.39　买入再持有年指标

3	C6：C12	D6：D12
B	C	D
5	科目	年指标
6	税前内部收益率（%）	9.56
7	税后内部收益率（%）	7.84
8	税前静态回收年数（年）	13.94
9	税前动态回收年数（年）	18.31
10	税后静态回收年数（年）	16.47
11	税后动态回收年数（年）	23.10
12	财务净现值（万元）	224,670.71

D6 = IRR(税前当期净收益.买入后持有.小业主 xyxl. nb. x,0.01)

D7 = IRR(税后当期净收益.买入后持有.小业主 xyxl. nb. x,0.01)

D8 = MATCH(0,税前累计净收益.买入后持有.小业主 xyxl. nb. x,1)+ABS(INDEX(税前累计净收益.买入后持有.小业主 xyxl. nb. x,1,MATCH(0,税前累计净收益.买入后持有.小业主 xyxl. nb. x,1)))/ABS(INDEX(税前当期净收益.买入后持有.小业主 xyxl. nb. x, 1, MATCH (0, 税前累计净收益.买入后持有.小业主 xyxl. nb. x,1)+1))

D9 = MATCH(0,税前累计折现净收益.买入后持有.小业主 xyxl. nb. x, 1) + ABS (INDEX(税前累计折现净收益.买入后持有.小业主 xyxl. nb. x,1,MATCH(0,税前累计折现净收益.买入后持有.小业主 xyxl. nb. x,1)))/ABS(INDEX(税前折现净收益.买入后持有.小业主 xyxl. nb. x,1,MATCH(0,税前累计折现净收益.买入后持有.小业主 xyxl. nb. x,1)+1))

D10 = MATCH(0,税后累计净收益.买入后持有.小业主 xyxl. nb. x,1)+ABS(INDEX(税后累计净收益.买入后持有.小业主 xyxl. nb. x,1,MATCH(0,税后累计净收益.买入后持有.小业主 xyxl. nb. x,1)))/ABS(INDEX(税后当期净收益.买入后持有.小业主 xyxl. nb. x,1,MATCH(0,税后累计净收益.买入后持有.小业主 xyxl. nb. x,1)+1))

D11 = MATCH(0,税后累计折现净收益.买入后持有.小业主 xyxl. nb. x, 1) + ABS (INDEX(税后累计折现净收益.买入后持有.小业主 xyxl. nb. x,1,MATCH(0,税后累计折现净收益.买入后持有.小业主 xyxl. nb. x,1)))/ABS(INDEX(税后折现净收益.买入后持有.小业主 xyxl. nb. x,1,MATCH(0,税后累计折现净收益.买入后持有.小业主 xyxl. nb. x,1)+1))

D12 = SUM (税后当期净收益. 买入后持有. 小业主 xyxl. nb. x)

8.4.18 返租回购指标数据表

从小业主的角度分析，面对商业地产开发商的返租回购的营销政策，是选择“买入—返租—再卖出”还是选择“买入—返租—再持有”，若没有决策模型的支持，往往是很纠结的问题。基于一系列前置数据表格的数据源，创建如表 8.40 所示的返租回购指标数据表。

表 8.40 返租回购指标数据表

F	D10：D16	E10：E16	F10：F16
C	D	E	F
16	科目	买入—返租—卖出	买入—返租—持有出租
10	税前内部收益率（%）	12.81	9.56
11	税后内部收益率（%）	9.34	7.84
12	税前静态回收年数（年）	12.13	13.94

续表

F C 16	D10：D16 D 科目	E10：E16 E 买入—返租—卖出	F10：F16 F 买入—返租—持有出租
13	税后静态回收年数（年）	12.31	16.47
14	税前动态回收年数（年）	12.36	18.31
15	税后动态回收年数（年）	12.61	23.10
16	财务净现值（万元）	89,660.17	224,670.71

E10＝税前内部收益率.买入后再卖出.小业主 xyxl. nb. x
E11＝税后内部收益率.买入后再卖出.小业主 xyxl. nb. x
E12＝税前静态回收年数.买入后再卖出.小业主 xyxl. nb. x
E13＝税后静态回收年数.买入后再卖出.小业主 xyxl. nb. x
E14＝税前动态回收年数.买入后再卖出.小业主 xyxl. nb. x
E15＝税后动态回收年数.买入后再卖出.小业主 xyxl. nb. x
E16＝财务净现值.买入后再卖出.小业主 xyxl. nb. x
F10＝税前内部收益率.买入后持有.小业主 xyxl. nb. x
F11＝税后内部收益率.买入后持有.小业主 xyxl. nb. x
F12＝税前静态回收年数.买入后持有.小业主 xyxl. nb. x
F13＝税后静态回收年数.买入后持有.小业主 xyxl. nb. x
F14＝税前动态回收年数.买入后持有.小业主 xyxl. nb. x
F15＝税后动态回收年数.买入后持有.小业主 xyxl. nb. x
F16＝财务净现值.买入后持有.小业主 xyxl. nb. x

第9章

项目现金流量表建模

编制现金流量表是对项目进行经济指标评价的基础，本书创建的现金流量表的最大特点是基于商业地产全生命周期时间坐标（其中开发销售期与租赁运营期是重要的标志性阶段），实现了全链接式的数据更新功能。现金流量表又可分为融资前现金流量表及融资后现金流量表。基于“营改增”的税制，现金流量表的编制更加繁杂。基于计算机的逻辑公式，可以很好地解决增值税及土地增值税的计算问题。

9.1 项目融资前现金流量表

9.1.1 增值税及附加税表（开发销售期）

销售税额、进项税额、应税收入都是计算增值税的基本数据，由于商业地产运营分为开发销售期与租赁运营期，其中增值税还存在不同阶段的结转抵扣问题，基于计算机强大的逻辑分析能力，创建如表 9.1 所示的增值税及附加税数据表。

表 9.1 增值税及附加税表（开发销售期） 单位：万元

	17	WK		
	J17：WK29	29	I	AI
	J11：WK11	11	月序号	总第 26 个月
	J12：WK12	12	土地月序	土第 23 个月
	J13：WK13	13	年份号	2017 年
留抵增值税额	J14：WK14	14	年序号	第 3 年
0.00	J15：WK15	15	开始日期	2017 年 03 月 01 日
F	J16：WK16	16	完成日期	2017 年 03 月 31 日
303, 391.50	J17：WK17	17	销售含税收入	24, 646.07

续表

	17	WK		
	J17：WK29	29	I	AI
	J11：WK11	11	月序号	总第 26 个月
	J12：WK12	12	土地月序	土第 23 个月
	J13：WK13	13	年份号	2017 年
留抵增值税额	J14：WK14	14	年序号	第 3 年
0.00	J15：WK15	15	开始日期	2017 年 03 月 01 日
F	J16：WK16	16	完成日期	2017 年 03 月 31 日
13,078.07	J18：WK18	18	销项税额减进项税额	1,284.79
24,365.51	J19：WK19	19	销项税额	1,980.64
11,287.43	J20：WK20	20	进项税额	695.85
13,078.07	J21：WK21	21	增值税计算值	962.97
18,870.88	J22：WK22	22	增值税额正值	1,284.79
-5,792.81	J23：WK23	23	增值税额负值	0.00
-5,792.81	J24：WK24	24	增值税负值结转	-321.82
16,601.16	J25：WK25	25	增值税及附加	1,078.53
14,822.46	J26：WK26	26	增值税	962.97
444.67	J27：WK27	27	教育附加税	28.89
296.45	J28：WK28	28	地方教育附加税	19.26
1,037.57	J29：WK29	29	城市维护建设税	67.41

J17＝销售含税收入.合计 xssr.yb.x

J18＝J19－J20

J19＝销项税额.销售.合计 xssr.yb.x

J20＝进项税额.营业支出.开发销售期 yyzc.yb.x

J21＝J22+J24

J22＝IF(J18>0,J18,0)

J23＝IF(J18<0,J18,0)

J24＝IF(J22>0,SUM($J$23:$WK$23)*(1/COUNTIF($J$22:$WK$22,">0")),0)

J25＝SUM(J26,J27,J28,J29)

J26＝IF(J21>0,J21,0)

J27＝J26*教育附加税率 qjzb

J28＝J26*地方教育附加税率 qjzb

J29＝J26*城市维护建设税率.市区 qjzb

9.1.2 增值税及附加税表（租赁运营期）

在计算租赁运营期增值税时，最大的难点在于：如何将在开发销售期没有抵扣完的增值税结转于收入租金期进行继续抵扣。本表所设置的逻辑公式是在将开发销售期留抵的增值税平均于收入租金期进行均值抵扣的假设前提下进行编辑的（表9.2）。此方法可满足报表精度的要求。

表9.2 增值税及附加税表（租赁运营期） 单位：万元

	17	WK		
	J17：WK29	29	I	AQ
	J11：WK11	11	月序号	总第34个月
	J12：WK12	12	土地月序	土第31个月
	J13：WK13	13	年份号	2017年
	J14：WK14	14	年序号	第3年
	J15：WK15	15	开始日期	2017年11月01日
F	J16：WK16	16	完成日期	2017年11月30日
2,050,827.07	J17：WK17	17	租赁含税收入	2,455.24
167,836.79	J18：WK18	18	销项税额减进项税额	129.41
203,235.12	J19：WK19	19	销项税额	243.31
35,398.32	J20：WK20	20	进项税额	113.90
167,836.79	J21：WK21	21	增值税计算值	128.30
168,337.54	J22：WK22	22	增值税正值	129.41
-500.74	J23：WK23	23	增值税负值	0.00
-500.74	J24：WK24	24	增值税负值结转	-1.11
187,977.21	J25：WK25	25	增值税及附加	143.69
167,836.79	J26：WK26	26	增值税	128.30
5,035.10	J27：WK27	27	教育附加税	3.85
3,356.74	J28：WK28	28	地方教育附加税	2.57
11,748.58	J29：WK29	29	城市维护建设税	8.98

J17=租赁含税收入.合计 zlsr. yb. x

J18=J19-J20

J19=销项税额.租赁.合计 zlsr. yb. x

J20=进项税额.营业支出.租赁运营期 yyzc. yb. x

J21=J22+J24

J22=IF(J18>0,J18,0)

J23=IF(J18<0,J18,0)

J24=IF(收入租金期 qchx. yb. x="A",SUM($J$23:$WK$23,留抵增值税额.开发销售期 zzs. yb)/月数.收入租金期 qchx. yb,0)

J25=SUM(J26,J27,J28,J29)

J26=IF($F$22>=ABS($F$23),SUM(J22,J24),J22)

J27=J26*教育附加税率 qjzb

J28=J26*地方教育附加税率 qjzb

J29=J26*城市维护建设税率.市区 qjzb

9.1.3 土地增值税清算表

根据土地增值税相关税法规定，可纳入扣除项目的情况较多，相应的扣除系数也不一样，借助于计算机强大的逻辑判断能力，创建可自动进行土地增值税清算的模板，如表9.3所示。

表9.3 土地增值税清算表

4	利息可分摊且有金融证明	1.25	
5	利息不可分摊且无金融证明	1.30	
6	清单对象	新房	
J	E10：E46	F10：F46	G10：G46
D	E	F	G
46	应税科目	其他类型房地产（万元）	元/总建面（元/m^2）
10	转让房地产收入总额．除税	273,325.68	12,283.60
11	货币收入	273,325.68	12,283.60
12	实物收入及其他收入	0.00	0.00
13	视同销售收入	0.00	0.00
14	扣除项目金额合计	131,666.41	5,917.25
15	取得土地使用权所支付的金额	45,577.65	2,048.32
16	房地产开发成本	58,332.52	2,621.54
17	土地征用及拆迁补偿费	11,943.72	536.77
18	前期工程费	2,460.87	110.59
19	建筑安装工程费	29,204.37	1,312.48
20	基础设施费	1,001.61	45.01
21	公共配套设施费	7,447.97	334.72
22	甲供购置费	4,621.88	207.71
23	开发间接费用	1,652.09	74.25

续表

4	利息可分摊且有金融证明	1.25	
5	利息不可分摊且无金融证明	1.30	
6	清单对象	新房	
J	E10：E46	F10：F46	G10：G46
D	E	F	G
46	应税科目	其他类型房地产（万元）	元/总建面（元/m²）
24	房地产开发费用	0.00	0.00
25	利息支出	0.00	0.00
26	其他房地产开发费用	0.00	0.00
27	与转让房地产有关的税金等	1,778.70	79.94
28	营业税	0.00	0.00
29	城市维护建设税	1,037.57	46.63
30	教育费附加	741.12	33.31
31	财政部规定的其他扣除项目		0.00
32	代收费用	0.00	0.00
33	增值额	141,659.27	6,366.34
34	增值率	1.08	0.05
35	适用税率.%		0.00
36	速算扣除系数.%		0.00
37	应缴土地增值税税额	51,079.67	2,295.58
38	减免税额	0.00	0.00
39	减免性质代码（1）		0.00
40	减免税额（1）		0.00
41	减免性质代码（2）		0.00
42	减免税额（2）		0.00
43	减免性质代码（3）		0.00
44	减免税额（3）		0.00
45	已缴土地增值税税额	15,169.58	681.74
46	应补或退土地增值税税额	35,910.10	1,613.84

F10=SUM(F11:F13)

F11=SUM(销售含税收入.合计 xssr. yb. x)/(1+增值税率.不动产租售 qjzb)

F14=SUM(取得土地使用权所支付的金额.融资前流量.投资.项目 tzzs,房地产开发成本.融资前流量.投资.项目 tzzs)＊1.25+SUM(利息支出.融资前流量.投资.项目 tzzs,与转让房地产有关的税金等.融资前流量.投资.项目 tzzs)+财政部规定

的其他扣除项目.融资前流量.投资.项目 tzzs

F15=SUM(土地使用权费取得费 tkff. y) ∗ 比例.可销售产权建面 jyhl

F16=SUM(F17:F23)

F17=SUM(生地变熟地开发费.支出 tkff. yb. x) ∗ 比例.可销售产权建面 jyhl

F18=SUM(前期工程费.含甲含税.支出 qgcf. yb. x) ∗ 比例.可销售产权建面 jyhl

F19=SUM(建筑安装工程费.除甲含税.支出 gcsf. yb. x) ∗ 比例.可销售产权建面 jyhl

F20=SUM(基础设施费.除甲含税.支出 gcsf. yb. x) ∗ 比例.可销售产权建面 jyhl

F21=SUM(公共配套设施费.除甲含税.支出 gcsf. yb. x) ∗ 比例.可销售产权建面 jyhl

F22=SUM(甲供购置费.甲供含税.支出 jggf. yb. x) ∗ 比例.可销售产权建面 jyhl

23F=SUM(开发间接费分摊值.开发销售期 jycb. yb. x)

24F=SUM(F25:F26)

F27=SUM(F28:F30)

F29=SUM(城市维护建设税.开发销售期 zzs. yb. x)

F30 = SUM(教育附加税.开发销售期 zzs. yb. x, 地方教育附加税.开发销售期 zzs. yb. x)

F33=F10-F14

F34=IFERROR(F33/F14,0)

F37=IF(增值率.融资前流量.投资.项目 tzzs<=0,0,IF(增值率.融资前流量.投资.项目 tzzs<=50%,增值额.融资前流量.投资.项目 tzzs ∗ 30%-扣除项目金额合计.融资前流量.投资.项目 tzzs ∗ 0%,IF(增值率.融资前流量.投资.项目 tzzs<=100%,增值额.融资前流量.投资.项目 tzzs ∗ 40%-扣除项目金额合计.融资前流量.投资.项目 tzzs ∗ 5%,IF(增值率.融资前流量.投资.项目 tzzs<=200%,增值额.融资前流量.投资.项目 tzzs ∗ 50%-扣除项目金额合计.融资前流量.投资.项目 tzzs ∗ 15%,增值额.融资前流量.投资.项目 tzzs ∗ 60%-扣除项目金额合计.融资前流量.投资.项目 tzzs ∗ 35%))))

F38=SUM(F39:F44)

F45=SUM(土地增值税预征.开发销售期.融资前流量.投资.项目 xjll. nb. x)

F46=F37-F45

9.1.4　融资前现金流量月表

基于上述前置表格的数据源，根据现金流量编制的方法，通过编辑函数公式形成融资前现金流量月表，如表 9.4 所示。

表 9.4 融资前现金流量月表 单位：万元

	24	WK		
	J24：WK61	61	I	M
	J18：WK18	18	月序号	总第 3 个月
	J19：WK19	19	土地月序	土第 0 个月
	J20：WK20	20	年份号	2015 年
	J21：WK21	21	年序号	第 1 年
	J22：WK22	22	开始日期	2015 年 04 月 01 日
F	J23：WK23	23	完成日期	2015 年 04 月 30 日
2, 413, 565. 92	J24：WK24	24	总流入	0. 00
2, 413, 565. 92	J25：WK25	25	经营流入	0. 00
303, 391. 50	J26：WK26	26	销售含税收入	0. 00
2, 050, 827. 07	J27：WK27	27	租赁含税收入	0. 00
59, 347. 35	J28：WK28	28	返租含税收入	0. 00
0. 00	J29：WK29	29	不动产转售净收入	0. 00
0. 00	J30：WK30	30	其他收入	0. 00
1, 442, 265. 41	J31：WK31	31	税前总流出	73, 374. 57
337, 347. 84	J32：WK32	32	税前总流出. 房开销售期	73, 374. 57
269, 630. 06	J33：WK33	33	营业支出. 开发销售期	73, 373. 64
16, 601. 16	J34：WK34	34	增值税及附加. 开发销售期	0. 00
36. 95	J35：WK35	35	土地使用税. 开发销售期	0. 92
15, 169. 58	J36：WK36	36	土地增值税预征. 开发销售期	0. 00
35, 910. 10	J37：WK37	37	土地增值税清算. 开发销售期	0. 00
0. 00	J38：WK38	38	利息支出. 开发销售期	0. 00
1, 104, 917. 57	J39：WK39	39	税前总流出. 租赁运营期	0. 00
694, 974. 28	J40：WK40	40	营业支出. 租赁运营期	0. 00
187, 977. 21	J41：WK41	41	增值税及附加. 租赁运营期	0. 00
221, 711. 03	J42：WK42	42	房产税. 租赁运营期	0. 00
255. 04	J43：WK43	43	土地使用税. 租赁运营期	0. 00
0. 00	J44：WK44	44	利息支出. 租赁运营期	0. 00
971, 300. 52	J45：WK45	45	税前当期净收益	−73, 374. 57
304, 025. 41	J46：WK46	46	企业所得税	0. 00
971, 300. 52	J47：WK47	47	纳税调整后所得	−73, 374. 57
0. 00	J48：WK48	48	所得亏损五年结转	0. 00

续表

	24	WK		
	J24：WK61	61	I	M
	J18：WK18	18	月序号	总第 3 个月
	J19：WK19	19	土地月序	土第 0 个月
	J20：WK20	20	年份号	2015 年
	J21：WK21	21	年序号	第 1 年
	J22：WK22	22	开始日期	2015 年 04 月 01 日
F	J23：WK23	23	完成日期	2015 年 04 月 30 日
971, 300. 52	J49：WK49	49	应纳税所得	-73, 374. 57
667, 275. 11	J50：WK50	50	税后当期净收益	-73, 374. 57
218. 20	J51：WK51	51	折现系数	0. 95
282, 582. 79	J52：WK52	52	税前折现净收益	-69, 880. 54
155, 455. 39	J53：WK53	53	税后折现净收益	-69, 880. 54
971, 300. 52	J54：WK54	54	税前累计净收益	-73, 669. 96
667, 275. 11	J55：WK55	55	税后累计净收益	-73, 669. 96
282, 582. 79	J56：WK56	56	税前累计折现净收益	-70, 161. 87
155, 455. 39	J57：WK57	57	税后累计折现净收益	-70, 161. 87
160, 689. 41	J58：WK58	58	可用于还本付息的资金. 还款期间	0. 00
229, 205. 40	J59：WK59	59	息前税前利润. 还款期间	0. 00
999, 044. 84	J60：WK60	60	税前当期净收益. 租赁运营期	0. 00
740, 736. 43	J61：WK61	61	税后当期净收益. 租赁运营期	0. 00

J24 = SUM(J29:J30,J25)

J25 = SUM(J26:J28)

J26 = 销售含税收入.合计 xssr. yb. x

J27 = 租赁含税收入.合计 zlsr. yb. x

J28 = 返租含税租金收入 fsyf. yb. x

J31 = SUM(J32,J39)

J32 = SUM(J33:J38)

J33 = 营业支出.开发销售期 yyzc. yb. x

J34 = 增值税及附加.开发销售期 zzs. yb. x

J35 = IF(开发销售期 qchx. yb. x = "A",规划净用地.平方米 sgzb * 土地使用税.元.月.平方米 qjzb/10000, 0)

J36 = J26 * 预征率.土地增值税率 qjzb

J37 = IF(土地增值税清算期 qchx. yb. x = "A",应补或退土地增值税税额.融资前流

量.投资.项目 tzzs,0)

J39=SUM(J40:J44)

J40=营业支出.租赁运营期 yyzc. yb. x

J41=增值税及附加.租赁运营期 zszy. yb. x

J42=J27/(1+增值税率.不动产租售 qjzb) * 房产税率 qjzb

J43=IF(商管经营期 qchx. yb. x="A",规划净用地.平方米 sgzb * 比例.可租赁产权建面 jyhl * 土地使用税.元.月.平方米 qjzb/10000, 0)

J45=J24-J31

J46=IF(J49>0,J49 * 企业所得税率 qjzb,0)

J47=J45

J49=SUM(J47:J48)

J50=J45-J46

J51=1/(1+折现率 qjzb)^J21

J52=J51 * J45

J53=J51 * J50

J54=SUM($J$45:J45)

J55=SUM($J$50:J50)

J56=SUM($J$52:J52)

J57=SUM($J$53:J53)

J58=IF(还款周期.均摊法 rshz. yb. x="A",J50+J38, 0)

J59=IF(还款周期.均摊法 rshz. yb. x="A",J45+J38, 0)

J60=IF(收入租金期 qchx. yb. x="A",J45, 0)

J61=IF(收入租金期 qchx. yb. x="A",J50, 0)

9.1.5 融资前现金流量年表

根据融资前现金流量月表的数据源，通过设置逻辑公式创建融资前现金流量年报表（表9.5），以满足计量周期报表的需要。

表9.5 融资前现金流量年表 单位：万元

H	22 L22：BI55 L20：BI20 L21：BI21	BI 55 20 21	K 年份号 年序号	L 2015年 第1年
2, 413, 565. 92	L22：BI22	22	总流入	0. 00
2, 413, 565. 92	L23：BI23	23	经营流入	0. 00

续表

H	22 L22：BI55 L20：BI20 L21：BI21	BI 55 20 21	K 年份号 年序号	L 2015年 第1年
303, 391. 50	L24：BI24	24	销售含税收入	0. 00
2, 050, 827. 07	L25：BI25	25	租赁含税收入	0. 00
59, 347. 35	L26：BI26	26	返租含税收入	0. 00
0. 00	L27：BI27	27	不动产转售净收入	0. 00
0. 00	L28：BI28	28	其他收入	0. 00
1, 442, 265. 41	L29：BI29	29	税前总流出	149, 235. 33
337, 347. 84	L30：BI30	30	税前总流出. 房开销售期	149, 235. 33
269, 630. 06	L31：BI31	31	营业支出. 开发销售期	149, 225. 16
16, 601. 16	L32：BI32	32	增值税及附加. 开发销售期	0. 00
36. 95	L33：BI33	33	土地使用税. 开发销售期	10. 16
15, 169. 58	L34：BI34	34	土地增值税预征. 开发销售期	0. 00
35, 910. 10	L35：BI35	35	土地增值税清算. 开发销售期	0. 00
0. 00	L36：BI36	36	利息支出. 开发销售期	0. 00
1, 104, 917. 57	L37：BI37	37	税前总流出. 租赁运营期	0. 00
694, 974. 28	L38：BI38	38	营业支出. 租赁运营期	0. 00
187, 977. 21	L39：BI39	39	增值税及附加. 租赁运营期	0. 00
221, 711. 03	L40：BI40	40	房产税. 租赁运营期	0. 00
255. 04	L41：BI41	41	土地使用税. 租赁运营期	0. 00
0. 00	L42：BI42	42	利息支出. 租赁运营期	0. 00
971, 300. 52	L43：BI43	43	税前当期净收益	-149, 235. 33
243, 807. 96	L44：BI44	44	企业所得税	0. 00
971, 300. 52	L45：BI45	45	纳税调整后所得	-149, 235. 33
365, 279. 47	L46：BI46	46	所得亏损五年结转	149, 235. 33
971, 982. 55	L47：BI47	47	应纳税所得	0. 00
727, 492. 56	L48：BI48	48	税后当期净收益	-149, 235. 33
18. 26	L49：BI49	49	折现系数	0. 95
282, 582. 79	L50：BI50	50	税前折现净收益	-142, 128. 88
207, 155. 47	L51：BI51	51	税后折现净收益	-142, 128. 88
971, 300. 52	L52：BI52	52	税前累计净收益	-149, 235. 33
727, 492. 56	L53：BI53	53	税后累计净收益	-149, 235. 33
282, 582. 79	L54：BI54	54	税前累计折现净收益	-142, 128. 88
207, 155. 47	L55：BI55	55	税后累计折现净收益	-142, 128. 88

L22=SUM(L27:L28,L23)

L23=SUM(L24:L26)

L24=SUMIF(年序号 qchx. yb. x,年序号 qchx. nb. x,销售含税收入.融资前流量.投资.项目 xjll. yb. x)

L25=SUMIF(年序号 qchx. yb. x,年序号 qchx. nb. x,租赁含税收入.融资前流量.投资.项目 xjll. yb. x)

L26=SUMIF(年序号 qchx. yb. x,年序号 qchx. nb. x,返租含税收入.融资前流量.投资.项目 xjll. yb. x)

L27=SUMIF(年序号 qchx. yb. x,年序号 qchx. nb. x,不动产转售净收入.融资前流量.投资.项目 xjll. yb. x)

L28=SUMIF(年序号 qchx. yb. x,年序号 qchx. nb. x,其他收入.融资前流量.投资.项目 xjll. yb. x)

L29=SUM(L30,L37)

L30=SUM(L31:L36)

L31=SUMIF(年序号 qchx. yb. x,年序号 qchx. nb. x,营业支出.开发销售期.融资前流量.投资.项目 xjll. yb. x)

L32=SUMIF(年序号 qchx. yb. x,年序号 qchx. nb. x,增值税及附加.开发销售期.融资前流量.投资.项目 xjll. yb. x)

L33=SUMIF(年序号 qchx. yb. x,年序号 qchx. nb. x,土地使用税.开发销售期.融资前流量.投资.项目 xjll. yb. x)

L34=SUMIF(年序号 qchx. yb. x,年序号 qchx. nb. x,土地增值税预征.开发销售期.融资前流量.投资.项目 xjll. yb. x)

L35=SUMIF(年序号 qchx. yb. x,年序号 qchx. nb. x,土地增值税清算.开发销售期.融资前流量.投资.项目 xjll. yb. x)

L36=SUMIF(年序号 qchx. yb. x,年序号 qchx. nb. x,利息支出.开发销售期.融资前流量.投资.项目 xjll. yb. x)

L37=SUM(L38:L42)

L38=SUMIF(年序号 qchx. yb. x,年序号 qchx. nb. x,营业支出.租赁运营期.融资前流量.投资.项目 xjll. yb. x)

L39=SUMIF(年序号 qchx. yb. x,年序号 qchx. nb. x,增值税及附加.租赁运营期.融资前流量.投资.项目 xjll. yb. x)

L40. =SUMIF(年序号 qchx. yb. x,年序号 qchx. nb. x,房产税.租赁运营期.融资前流量.投资.项目 xjll. yb. x)

L41=SUMIF(年序号 qchx. yb. x,年序号 qchx. nb. x,土地使用税.租赁运营期.融资前流量.投资.项目 xjll. yb. x)

L42=SUMIF(年序号 qchx. yb. x,年序号 qchx. nb. x,利息支出.租赁运营期.融资前流量.投资.项目 xjll. yb. x)

L43=L22-L29

L44=IF(L47>0,L47 * 企业所得税率 qjzb,0)

L45=L43

L46=OFFSET(所得税结转.融资前流量.投资.项目 ssjz! $R $3,COLUMN(A1)-1,)

L47=IF(L45>0,L45-K46,0)

L48=L43-L44

L49=1/(1+折现率 qjzb)^L21

L50=L49 * L43

L51=L49 * L48

L52=SUM($L$43:L43)

L53=SUM($L$48:L48)

L54=SUM($L$50:L50)

L55=SUM($L$51:L51)

9.1.6 所得税亏损结转表

根据企业所得税相关规定，五年内损益亏损可结转，损益亏损以五年为周期来结转计算所得税的逻辑公式的编辑较为繁杂，限于篇幅，不再在本书中展开表述。部分所得税亏损结转表如表9.6所示。

表9.6 所得税亏损结转表　　单位：万元

行次	项目	年度		纳税调整后所得	合并、分立转入（转出）可弥补的亏损额	当年可弥补的所得额
	前五年度		-1			0.00
	前四年度		0			0.00
1	前三年度	2015	1	-149,235.33		-149,235.33
2	前二年度	2016	2	-50,147.12		-50,147.12
3	前一年度	2017	3	196,133.15		0.00
4	本年	2018	4	-14,094.44		-14,094.44
5	前五年度		-1			0.00
6	前四年度		0			0.00
7	可结转以后年度弥补的亏损额合计					

		以前年度亏损已弥补额		本年度实际弥补以前年度的亏损额		可结转以后年度弥补的亏损额
前四年度	前三年度	前二年度	前一年度	合计		1
5	6	7	8	9	10	11
0.00	0.00	0.00	0.00	0.00	0.00	—
—	0.00	0.00	0.00	0.00	0.00	0.00
—	—	0.00	149,235.33	149,235.33	0.00	0.00
—	—	—	46,897.83	46,897.83	0.00	3,249.29
—	—	—	—	0.00	0.00	0.00
—	—	—	—	—	0.00	14,094.44
						17,343.73

9.1.7 现金流量指标数据表

基于现金流量表的数据源，通过编辑函数公式可自动计算出“内部收益率、投资回收期、财务净值”等经济评价指标（表9.7）。

表9.7 现金流量指标数据表

BI	K11：K0	L11：L0
J	K	L
0	科目	年指标
11	税前内部收益率（%）	17.98
12	税后内部收益率（%）	15.99
13	税前静态回收年数（年）	4.82
14	税后静态回收年数（年）	4.85
15	税前动态回收年数（年）	6.21
16	税后动态回收年数（年）	6.94
17	财务净现值（万元）	727,492.56

L11=IRR(税前当期净收益.融资前流量.投资.项目 xjll.nb.x,0.01)

L12=IRR(税后当期净收益.融资前流量.投资.项目 xjll.nb.x,0.01)

L13=MATCH(0,税前累计净收益.融资前流量.投资.项目 xjll.nb.x,1)+ABS(INDEX(税前累计净收益.融资前流量.投资.项目 xjll.nb.x,1,MATCH(0,税前累计净收益.融资前流量.投资.项目 xjll.nb.x,1)))/ABS(INDEX(税前当期净收益.融资前流量.投资.项目 xjll.nb.x,1,MATCH(0,税前累计净收益.融资前流量.投资.项目 xjll.nb.x,1)+1))

L14=MATCH(0,税后累计净收益.融资前流量.投资.项目 xjll. nb. x,1)+ABS(INDEX(税后累计净收益.融资前流量.投资.项目 xjll. nb. x,1,MATCH(0,税后累计净收益.融资前流量.投资.项目 xjll. nb. x,1)))/ABS(INDEX(税后当期净收益.融资前流量.投资.项目 xjll. nb. x,1,MATCH(0,税后累计净收益.融资前流量.投资.项目 xjll. nb. x,1)+1))

L15=MATCH(0,税前累计折现净收益.融资前流量.投资.项目 xjll. nb. x,1)+ABS(INDEX(税前累计折现净收益.融资前流量.投资.项目 xjll. nb. x,1,MATCH(0,税前累计折现净收益.融资前流量.投资.项目 xjll. nb. x,1)))/ABS(INDEX(税前折现净收益.融资前流量.投资.项目 xjll. nb. x,1,MATCH(0,税前累计折现净收益.融资前流量.投资.项目 xjll. nb. x,1)+1))

L16=MATCH(0,税后累计折现净收益.融资前流量.投资.项目 xjll. nb. x,1)+ABS(INDEX(税后累计折现净收益.融资前流量.投资.项目 xjll. nb. x,1,MATCH(0,税后累计折现净收益.融资前流量.投资.项目 xjll. nb. x,1)))/ABS(INDEX(税后折现净收益.融资前流量.投资.项目 xjll. nb. x,1,MATCH(0,税后累计折现净收益.融资前流量.投资.项目 xjll. nb. x,1)+1))

L17=SUM(税后当期净收益.融资前流量.投资.项目 xjll. nb. x)

9.2　项目融资后现金流量表

9.2.1　土地增值税清算表

基于 9.1 节之土地增值税清算表的建模方法，只要增加开发销售期的利息支出科目，便可自动创建出融资后土地增值税清算表（表 9.8）。

表 9.8　土地增值税清算表

4	利息可分摊且有金融证明	1.25	
5	利息不可分摊且无金融证明	1.30	
6	清单对象	新房	
J	E10：E46	F10：F46	G10：G46
D	E	F	G
46	应税科目	其他类型房地产（万元）	元/总建面（元/m²）
10	转让房地产收入总额. 除税	273,325.68	12,283.60
11	货币收入	273,325.68	12,283.60

续表

4	利息可分摊且有金融证明	1.25	
5	利息不可分摊且无金融证明	1.30	
6	清单对象	新房	
J	E10：E46	F10：F46	G10：G46
D	E	F	G
46	应税科目	其他类型房地产（万元）	元/总建面（元/m^2）
12	实物收入及其他收入	0.00	0.00
13	视同销售收入	0.00	0.00
14	扣除项目金额合计	151,672.45	6,816.35
15	取得土地使用权所支付的金额	45,577.65	2,048.32
16	房地产开发成本	58,332.52	2,621.54
17	土地征用及拆迁补偿费	11,943.72	536.77
18	前期工程费	2,460.87	110.59
19	建筑安装工程费	29,204.37	1,312.48
20	基础设施费	1,001.61	45.01
21	公共配套设施费	7,447.97	334.72
22	甲供购置费	4,621.88	207.71
23	开发间接费用	1,652.09	74.25
24	房地产开发费用	20,006.04	899.10
25	利息支出	20,006.04	899.10
26	其他房地产开发费用	0.00	0.00
27	与转让房地产有关的税金等	1,778.70	79.94
28	营业税	0.00	0.00
29	城市维护建设税	1,037.57	46.63
30	教育费附加	741.12	33.31
31	财政部规定的其他扣除项目		0.00
32	代收费用	0.00	0.00
33	增值额	121,653.22	5,467.25
34	增值率	0.80	0.04
35	适用税率.%		0.00
36	速算扣除系数.%		0.00
37	应缴土地增值税税额	41,077.67	1,846.08
38	减免税额	0.00	0.00
39	减免性质代码（1）		0.00

续表

4	利息可分摊且有金融证明	1.25	
5	利息不可分摊且无金融证明	1.30	
6	清单对象	新房	
J	E10：E46	F10：F46	G10：G46
D	E	F	G
46	应税科目	其他类型房地产（万元）	元/总建面（元/m^2）
40	减免税额（1）		0.00
41	减免性质代码（2）		0.00
42	减免税额（2）		0.00
43	减免性质代码（3）		0.00
44	减免税额（3）		0.00
45	已缴土地增值税税额	15,169.58	681.74
46	应补或退土地增值税税额	25,908.09	1,164.34

F10=SUM(F11:F13)

F11=SUM(销售含税收入.合计 xssr.yb.x)/(1+增值税率.不动产租售 qjzb)

F14=SUM(取得土地使用权所支付的金额.融资后流量.资本.项目 tzsq,房地产开发成本.融资后流量.资本.项目 tzsq) * 1.25+SUM(利息支出.融资后流量.资本.项目 tzsq,与转让房地产有关的税金等.融资后流量.资本.项目 tzsq)+财政部规定的其他扣除项目.融资后流量.资本.项目 tzsq

F15=SUM(土地使用权费取得费 tkff.y) * 比例.可销售产权建面 jyhl

F16=SUM(F17:F23)

F17=SUM(生地变熟地开发费.支出 tkff.yb.x) * 比例.可销售产权建面 jyhl

F18=SUM(前期工程费.含甲含税.支出 qgcf.yb.x) * 比例.可销售产权建面 jyhl

F19=SUM(建筑安装工程费.除甲含税.支出 gcsf.yb.x) * 比例.可销售产权建面 jyhl

F20=SUM(基础设施费.除甲含税.支出 gcsf.yb.x) * 比例.可销售产权建面 jyhl

F21=SUM(公共配套设施费.除甲含税.支出 gcsf.yb.x) * 比例.可销售产权建面 jyhl

F22=SUM(甲供购置费.甲供含税.支出 jggf.yb.x) * 比例.可销售产权建面 jyhl

F23=SUM(开发间接费分摊值.开发销售期 jycb.yb.x)

F24=SUM(F25:F26)

F25=SUM(借款利息偿还.均摊法 zjph.yb.x)

F27=SUM(F28:F30)

F29=SUM(城市维护建设税.开发销售期 zzs.yb.x)

F30=SUM(教育附加税.开发销售期 zzs.yb.x,地方教育附加税.开发销售期 zzs.yb.x)

F33=F10-F14

F34=IFERROR(F33/F14,0)

F37=IF(增值率.融资后流量.资本.项目 tzsq<=0,0,IF(增值率.融资后流量.资本.项目 tzsq<=50%,增值额.融资后流量.资本.项目 tzsq * 30%-扣除项目金额合计.融资后流量.资本.项目 tzsq * 0%,IF(增值率.融资后流量.资本.项目 tzsq<=100%,增值额.融资后流量.资本.项目 tzsq * 40%-扣除项目金额合计.融资后流量.资本.项目 tzsq * 5%,IF(增值率.融资后流量.资本.项目 tzsq<=200%,增值额.融资后流量.资本.项目 tzsq * 50%-扣除项目金额合计.融资后流量.资本.项目 tzsq * 15%,增值额.融资后流量.资本.项目 tzsq * 60%-扣除项目金额合计.融资后流量.资本.项目 tzsq * 35%))))

F38=SUM(F39:F44)

F45=SUM(土地增值税预征.开发销售期.融资后流量.资本.项目 lrzh. nb. x)

F46=F37-F45

9.2.2 融资后现金流量月表

基于 9.1 节之项目融资前现金流量表的建模方法，只要增加开发销售期及租赁运营期的利息支出科目，更可创建融资后现金流量月表（表 9.9）。

表 9.9 融资后现金流量月表

单位：万元

	24	WK		
	J24：WK59	59	I	J
	J18：WK18	18	月序号	总第 1 个月
	J19：WK19	19	土地月序	土第 0 个月
	J20：WK20	20	年份号	2015 年
	J21：WK21	21	年序号	第 1 年
	J22：WK22	22	开始日期	2015 年 02 月 01 日
F	J23：WK23	23	完成日期	2015 年 02 月 28 日
2,413,565.92	J24：WK24	24	总流入	0.00
2,413,565.92	J25：WK25	25	经营流入	0.00
303,391.50	J26：WK26	26	销售含税收入	0.00
2,050,827.07	J27：WK27	27	租赁含税收入	0.00
59,347.35	J28：WK28	28	返租含税收入	0.00
0.00	J29：WK29	29	不动产转售净收入	0.00
0.00	J30：WK30	30	其他收入	0.00
1,452,269.44	J31：WK31	31	税前总流出	91.05
347,351.88	J32：WK32	32	税前总流出. 房开销售期	91.05

续表

	24	WK		
	J24：WK59	59	I	J
	J18：WK18	18	月序号	总第1个月
	J19：WK19	19	土地月序	土第0个月
	J20：WK20	20	年份号	2015年
	J21：WK21	21	年序号	第1年
	J22：WK22	22	开始日期	2015年02月01日
F	J23：WK23	23	完成日期	2015年02月28日
269, 630. 06	J33：WK33	33	营业支出. 开发销售期	90. 13
16, 601. 16	J34：WK34	34	增值税及附加. 开发销售期	0. 00
36. 95	J35：WK35	35	土地使用税. 开发销售期	0. 92
15, 169. 58	J36：WK36	36	土地增值税预征. 开发销售期	0. 00
25, 908. 09	J37：WK37	37	土地增值税清算. 开发销售期	0. 00
20, 006. 04	J38：WK38	38	利息支出. 开发销售期	0. 00
1, 104, 917. 57	J39：WK39	39	税前总流出. 租赁运营期	0. 00
694, 974. 28	J40：WK40	40	营业支出. 租赁运营期	0. 00
187, 977. 21	J41：WK41	41	增值税及附加. 租赁运营期	0. 00
221, 711. 03	J42：WK42	42	房产税. 租赁运营期	0. 00
255. 04	J43：WK43	43	土地使用税. 租赁运营期	0. 00
0. 00	J44：WK44	44	利息支出. 租赁运营期	0. 00
961, 296. 48	J45：WK45	45	税前当期净收益	-91. 05
299, 299. 94	J46：WK46	46	企业所得税	0. 00
961, 296. 48	J47：WK47	47	纳税调整后所得	-91. 05
0. 00	J48：WK48	48	所得亏损五年结转	0. 00
961, 296. 48	J49：WK49	49	应纳税所得	-91. 05
661, 996. 54	J50：WK50	50	税后当期净收益	-91. 05
218. 20	J51：WK51	51	折现系数	0. 95
274, 338. 82	J52：WK52	52	税前折现净收益	-86. 71
151, 088. 65	J53：WK53	53	税后折现净收益	-86. 71
961, 296. 48	J54：WK54	54	税前累计净收益	-91. 05
661, 996. 54	J55：WK55	55	税后累计净收益	-91. 05
274, 338. 82	J56：WK56	56	税前累计折现净收益	-86. 71
151, 088. 65	J57：WK57	57	税后累计折现净收益	-86. 71
175, 416. 89	J58：WK58	58	可用于还本付息的资金. 还款期间	0. 00
239, 207. 41	J59：WK59	59	息前税前利润. 还款期间	0. 00

J24 = SUM(J29:J30,J25)

J25 = SUM(J26:J28)

J26 = 销售含税收入.合计 xssr. yb. x

J27 = 租赁含税收入.合计 zlsr. yb. x

J28 = 返租含税租金收入 fsyf. yb. x

J31 = SUM(J32,J39)

J32 = SUM(J33:J38)

J33 = 营业支出.开发销售期 yyzc. yb. x

J34 = 增值税及附加.开发销售期 zzs. yb. x

J35 = IF(开发销售期 qchx. yb. x = "A",规划净用地.平方米 sgzb * 土地使用税.元.月.平方米 qjzb/10000, 0)

J36 = J26 * 预征率.土地增值税率 qjzb

J37 = IF(土地增值税清算期 qchx. yb. x = "A",应补或退土地增值税税额.融资后流量.资本.项目 tzsq,0)

J38 = 借款利息偿还.均摊法 zjph. yb. x

J39 = SUM(J40:J44)

J40 = 营业支出.租赁运营期 yyzc. yb. x

J41 = 增值税及附加.租赁运营期 zszy. yb. x

J42 = J27/(1+增值税率.不动产租售 qjzb) * 房产税率 qjzb

J43 = IF(商管经营期 qchx. yb. x = "A",规划净用地.平方米 sgzb * 比例.可租赁产权建面 jyhl * 土地使用税.元.月.平方米 qjzb/10000, 0)

J45 = J24-J31

J46 = IF(J49>0,J49 * 企业所得税率 qjzb,0)

J47 = J45

J49 = SUM(J47:J48)

J50 = J45-J46

J51 = 1/(1+折现率 qjzb)^J21

J52 = J51 * J45

J53 = J51 * J50

J54 = SUM($J$45:J45)

J55 = SUM($J$50:J50)

J56 = SUM($J$52:J52)

J57 = SUM($J$53:J53)

J58 = IF(还款周期.均摊法 rshz. yb. x = "A",J50+J38, 0)

J59 = IF(还款周期.均摊法 rshz. yb. x = "A",J45+J38, 0)

9.2.3　融资后现金流量年表

基于表 9.9 融资后现金流量月表，通过编辑逻辑公式可自动创建出融资后现金流量年表（表 9.10）。

表 9.10　融资后现金流量年表　　单位：万元

	22	BI		
	L22：BI55	55	K	L
	L20：BI20	20	年份号	2015 年
H	L21：BI21	21	年序号	第 1 年
2, 413, 565. 92	L22：BI22	22	总流入	0. 00
2, 413, 565. 92	L23：BI23	23	经营流入	0. 00
303, 391. 50	L24：BI24	24	销售含税收入	0. 00
2, 050, 827. 07	L25：BI25	25	租赁含税收入	0. 00
59, 347. 35	L26：BI26	26	返租含税收入	0. 00
0. 00	L27：BI27	27	不动产转售净收入	0. 00
0. 00	L28：BI28	28	其他收入	0. 00
1, 452, 269. 44	L29：BI29	29	税前总流出	149, 235. 33
347, 351. 88	L30：BI30	30	税前总流出. 房开销售期	149, 235. 33
269, 630. 06	L31：BI31	31	营业支出. 开发销售期	149, 225. 16
16, 601. 16	L32：BI32	32	增值税及附加. 开发销售期	0. 00
36. 95	L33：BI33	33	土地使用税. 开发销售期	10. 16
15, 169. 58	L34：BI34	34	土地增值税预征. 开发销售期	0. 00
25, 908. 09	L35：BI35	35	土地增值税清算. 开发销售期	0. 00
20, 006. 04	L36：BI36	36	利息支出. 开发销售期	0. 00
1, 104, 917. 57	L37：BI37	37	税前总流出. 租赁运营期	0. 00
694, 974. 28	L38：BI38	38	营业支出. 租赁运营期	0. 00
187, 977. 21	L39：BI39	39	增值税及附加. 租赁运营期	0. 00
221, 711. 03	L40：BI40	40	房产税. 租赁运营期	0. 00
255. 04	L41：BI41	41	土地使用税. 租赁运营期	0. 00
0. 00	L42：BI42	42	利息支出. 租赁运营期	0. 00
961, 296. 48	L43：BI43	43	税前当期净收益	−149, 235. 33
242, 181. 79	L44：BI44	44	企业所得税	0. 00
961, 296. 48	L45：BI45	45	纳税调整后所得	−149, 235. 33
199, 382. 45	L46：BI46	46	所得亏损五年结转	149, 235. 33

续表

H	22 L22：BI55 L20：BI20 L21：BI21	BI 55 20 21	K 年份号 年序号	L 2015 年 第 1 年
958, 590. 53	L47：BI47	47	应纳税所得	0. 00
719, 114. 69	L48：BI48	48	税后当期净收益	−149, 235. 33
18. 26	L49：BI49	49	折现系数	0. 95
274, 338. 82	L50：BI50	50	税前折现净收益	−142, 128. 88
200, 154. 51	L51：BI51	51	税后折现净收益	−142, 128. 88
961, 296. 48	L52：BI52	52	税前累计净收益	−149, 235. 33
719, 114. 69	L53：BI53	53	税后累计净收益	−149, 235. 33
274, 338. 82	L54：BI54	54	税前累计折现净收益	−142, 128. 88
200, 154. 51	L55：BI55	55	税后累计折现净收益	−142, 128. 88

L22=SUM(L27:L28,L23)

L23=SUM(L24:L26)

L24=SUMIF(年序号 qchx. yb. x,年序号 qchx. nb. x,销售含税收入.融资后流量.资本.项目 lrzh. yb. x)

L25=SUMIF(年序号 qchx. yb. x,年序号 qchx. nb. x,租赁含税收入.融资后流量.资本.项目 lrzh. yb. x)

L26=SUMIF(年序号 qchx. yb. x,年序号 qchx. nb. x,返租含税收入.融资后流量.资本.项目 lrzh. yb. x)

L27=SUMIF(年序号 qchx. yb. x,年序号 qchx. nb. x,不动产转售净收入.融资后流量.资本.项目 lrzh. yb. x)

L28=SUMIF(年序号 qchx. yb. x,年序号 qchx. nb. x,其他收入.融资后流量.资本.项目 lrzh. yb. x)

L29=SUM(L30,L37)

L30=SUM(L31:L36)

L31=SUMIF(年序号 qchx. yb. x,年序号 qchx. nb. x,营业支出.开发销售期.融资后流量.资本.项目 lrzh. yb. x)

L32=SUMIF(年序号 qchx. yb. x,年序号 qchx. nb. x,增值税及附加.开发销售期.融资后流量.资本.项目 lrzh. yb. x)

L33=SUMIF(年序号 qchx. yb. x,年序号 qchx. nb. x,土地使用税.开发销售期.融资后流量.资本.项目 lrzh. yb. x)

L34=SUMIF(年序号 qchx. yb. x,年序号 qchx. nb. x,土地增值税预征.开发销售期.融

资后流量.资本.项目 lrzh. yb. x)

L35=SUMIF(年序号 qchx. yb. x,年序号 qchx. nb. x,土地增值税清算.开发销售期.融资后流量.资本.项目 lrzh. yb. x)

L36=SUMIF(年序号 qchx. yb. x,年序号 qchx. nb. x,利息支出.开发销售期.融资后流量.资本.项目 lrzh. yb. x)

L37=SUM(L38:L42)

L38=SUMIF(年序号 qchx. yb. x,年序号 qchx. nb. x,营业支出.租赁运营期.融资后流量.资本.项目 lrzh. yb. x)

L39=SUMIF(年序号 qchx. yb. x,年序号 qchx. nb. x,增值税及附加.租赁运营期.融资后流量.资本.项目 lrzh. yb. x)

L40=SUMIF(年序号 qchx. yb. x,年序号 qchx. nb. x,房产税.租赁运营期.融资后流量.资本.项目 lrzh. yb. x)

L41=SUMIF(年序号 qchx. yb. x,年序号 qchx. nb. x,土地使用税.租赁运营期.融资后流量.资本.项目 lrzh. yb. x)

L42=SUMIF(年序号 qchx. yb. x,年序号 qchx. nb. x,利息支出.租赁运营期.融资后流量.资本.项目 lrzh. yb. x)

L43=L22-L29

L44=IF(L47>0,L47 * 企业所得税率 qjzb,0)

L45=L43

L46=OFFSET(所得税结转.融资前流量.投资.项目 ssjz! $R$3,COLUMN(A1)-1,)

L47=IF(L45>0,L45-K46,0)

L48=L43-L44

L49=1/(1+折现率 qjzb)^L21

L50=L49 * L43

L51=L49 * L48

L52=SUM($L$43:L43)

L53=SUM($L$48:L48)

L54=SUM($L$50:L50)

L55=SUM($L$51:L51)

9.2.4 所得税亏损结转表

根据企业所得税相关规定，五年内损益亏损可结转，损益亏损以五年为周期来结转计算所得税的逻辑公式的编辑较为繁杂，限于篇幅，不再在本书中展开表述，具体详见电子版本的“敏感算法决策模型”。部分所得税亏损结转账表如表 9.11 所示。

表 9.11 所得税亏损结转表

单位：万元

行次	项目		年度	纳税调整后所得	合并、分立转入（转出）可弥补的亏损额	当年可弥补所得额	以前年度亏损已弥补额					本年度实际弥补以前年度的亏损额	可结转以后年度弥补的亏损额
							前四年度	前三年度	前二年度	前一年度	合计		2
			1	2	3	4	5	6	7	8	9	10	11
1	前五年度		-3			0. 00	0. 00	0. 00	0. 00	0. 00	0. 00	0. 00	—
2	前四年度		-2			0. 00	—	0. 00	0. 00	0. 00	0. 00	0. 00	0. 00
3	前三年度		-1			0. 00	—	—	0. 00	0. 00	0. 00	0. 00	0. 00
4	前二年度		0			0. 00	—	—	—	0. 00	0. 00	0. 00	0. 00
5	前一年度	2015	1	-149, 235. 33		-149, 235. 33	—	—	—	—	0. 00	0. 00	149, 235. 33
6	本年	2016	2	-51, 448. 06		-51, 448. 06	—	—	—	—	—	0. 00	51, 448. 06
7	可结转以后年度弥补的亏损额合计												200, 683. 39

9. 2. 5 融资后流量经济指标表

基于现金流量表的数据源，通过编辑函数公式可自动计算出内部收益率、投资回收期、财务净现值等经济评价指标（表 9. 12）。

表 9. 12 融资后流量经济指标表

BI	K11：K0	L11：L0
J	K	L
0	科目	年指标
11	税前内部收益率（%）	17. 13
12	税后内部收益率（%）	15. 23

续表

BI	K11：K0	L11：L0
J	K	L
0	科目	年指标
13	税前静态回收年数（年）	5.26
14	税后静态回收年数（年）	5.39
15	税前动态回收年数（年）	7.15
16	税后动态回收年数（年）	8.00
17	财务净现值（万元）	719,114.69

L11=IRR(税前当期净收益.融资后流量.资本.项目 lrzh.nb.x,0.01)

L12=IRR(税后当期净收益.融资后流量.资本.项目 lrzh.nb.x,0.01)

L13=MATCH(0,税前累计净收益.融资后流量.资本.项目 lrzh.nb.x,1)+ABS(INDEX(税前累计净收益.融资后流量.资本.项目 lrzh.nb.x,1,MATCH(0,税前累计净收益.融资后流量.资本.项目 lrzh.nb.x,1)))/ABS(INDEX(税前当期净收益.融资后流量.资本.项目 lrzh.nb.x,1,MATCH(0,税前累计净收益.融资后流量.资本.项目 lrzh.nb.x,1)+1))

L14=MATCH(0,税后累计净收益.融资后流量.资本.项目 lrzh.nb.x,1)+ABS(INDEX(税后累计净收益.融资后流量.资本.项目 lrzh.nb.x,1,MATCH(0,税后累计净收益.融资后流量.资本.项目 lrzh.nb.x,1)))/ABS(INDEX(税后当期净收益.融资后流量.资本.项目 lrzh.nb.x,1,MATCH(0,税后累计净收益.融资后流量.资本.项目 lrzh.nb.x,1)+1))

L15=MATCH(0,税前累计折现净收益.融资后流量.资本.项目 lrzh.nb.x,1)+ABS(INDEX(税前累计折现净收益.融资后流量.资本.项目 lrzh.nb.x,1,MATCH(0,税前累计折现净收益.融资后流量.资本.项目 lrzh.nb.x,1)))/ABS(INDEX(税前折现净收益.融资后流量.资本.项目 lrzh.nb.x,1,MATCH(0,税前累计折现净收益.融资后流量.资本.项目 lrzh.nb.x,1)+1))

L16=MATCH(0,税后累计折现净收益.融资后流量.资本.项目 lrzh.nb.x,1)+ABS(INDEX(税后累计折现净收益.融资后流量.资本.项目 lrzh.nb.x,1,MATCH(0,税后累计折现净收益.融资后流量.资本.项目 lrzh.nb.x,1)))/ABS(INDEX(税后折现净收益.融资后流量.资本.项目 lrzh.nb.x,1,MATCH(0,税后累计折现净收益.融资后流量.资本.项目 lrzh.nb.x,1)+1))

L17=SUM(税后当期净收益.融资后流量.资本.项目 lrzh.nb.x)

第10章

项目经营损益数据建模

编制经营损益表（利润表）是评价企业经营活动的指标之一。从编制对象的角度，可以整个项目的全生命周期的运营为角度，也可以公司为编制对象。从资金的时间价值角度，可分为静态的经营损益，也可分为动态的经营损益。从融资的角度，可分为融资前经营损益、融资后经营损益。

10.1 项目静态损益数据建模

10.1.1 增值税及附加数据表

以基准日期为时间坐标，以整个项目为编制对象，基于增值税税法下，创建如下增值税及附加数据表（表10.1）。

表10.1 增值税及附加数据表

H D 41	E10：E41 E 科目	F10：F41 F 数据 （万元）	G10：G41 G 元/总建面 （元/m^2）	H10：H41 H 比例 （%）
9	经营含税收入	1, 442, 114. 39	64, 810. 42	100. 00
10	销售含税收入	290, 990. 60	13, 077. 48	20. 18
11	租赁含税收入	1, 091, 776. 44	49, 065. 80	75. 71
12	返租含税收入	59, 347. 35	2, 667. 14	4. 12
13	抵扣土地成本. 销售业务	57, 521. 38	2, 585. 08	3. 99
14	开发销售期			
15	经营应税收入	268, 223. 07	12, 054. 28	18. 60

续表

H	E10：E41	F10：F41	G10：G41	H10：H41
D	E	F	G	H
41	科目	数据（万元）	元/总建面（元/m^2）	比例（%）
16	经营除税收入	241,642.40	10,859.71	16.76
17	销项税额	26,580.66	1,194.57	1.84
18	进项税额	10,553.75	474.30	0.73
19	增值税及附加	17,950.14	806.70	1.24
20	增值额	16,026.91	720.27	1.11
21	增值税	16,026.91	720.27	1.11
22	教育附加税	480.81	21.61	0.03
23	地方教育附加税	320.54	14.41	0.02
24	城市维护建设税	1,121.88	50.42	0.08
25	土地使用税	36.95	1.66	0.00
26	租赁运营期			
27	经营应税收入	1,151,123.79	51,732.94	79.82
28	经营除税收入	1,037,048.46	46,606.25	71.91
29	销项税额	114,075.33	5,126.69	7.91
30	进项税额	18,987.11	853.30	1.32
31	增值税及附加	106,498.81	4,786.19	7.38
32	上期增值税负值结转	0.00	0.00	0.00
33	增值税	95,088.22	4,273.38	6.59
34	教育附加税	2,852.65	128.20	0.20
35	地方教育附加税	1,901.76	85.47	0.13
36	城市维护建设税	6,656.18	299.14	0.46
37	土地使用税	255.04	11.46	0.02
38	房产税	124,445.82	5,592.75	8.63
39	增值税	111,115.13	4,993.65	7.71
40	增值税及附加	124,448.95	5,592.89	8.63
41	土地使用税	291.98	13.12	0.02

F9=SUM(F10:F12)

F10=SUM(销售含税收入.合计.静态 jysr)

F11=SUM(租赁含税收入.合计.静态 jysr)

F12=SUM(返租含税租金收入 fsyf. yb. x)

F13＝SUM(土地开发费 tkff. y) * 比例.可销售产权建面 jyhl

F15＝F10－F13 * 比例.可销售产权建面 jyhl

F16＝F15/(1+增值税率.不动产租售 qjzb)

F17＝F16 * 增值税率.不动产租售 qjzb

F18＝进项税额.开发销售期.项目.静态 jsrq

F19＝SUM(F21:F24)

F20＝F17－进项税额.静态 lksj

F21＝IF(F17>F18,F17－F18,0)

F22＝$F$21 * 教育附加税率 qjzb

F23＝$F$21 * 地方教育附加税率 qjzb

F24＝$F$21 * 城市维护建设税率.市区 qjzb

F25＝规划净用地.平方米 sgzb * 土地使用税.元.月.平方米 qjzb * 月数.开发销售期 qchx. yb/10000

F27＝F11+F12

F28＝F27/(1+增值税率.不动产租售 qjzb)

F29＝F28 * 增值税率.不动产租售 qjzb

F30＝进项税额.租赁运营期.项目.静态 jsrq

F31＝SUM(F33:F36)

F32＝IF(F20<0,F20,0)

F33＝F29－F30+F32

F34＝$F$33 * 教育附加税率 qjzb

F35＝$F$33 * 地方教育附加税率 qjzb

F36＝$F$33 * 城市维护建设税率.市区 qjzb

F37＝规划净用地.平方米 sgzb * 比例.可租赁产权建面 jyhl * 土地使用税.元.月.平方米 qjzb * 月数.商管经营期 qchx. yb/10000

F38＝F28 * 房产税率 qjzb

F39＝F21+F33

F40＝SUM(F19,F31)

F41＝土地使用税.开发销售期.项目.静态 lksj+土地使用税.租赁运营期.项目.静态 lksj

10. 1. 2　融资前土地增值税清算表

基于项目实例（一）的基准日期，通过设置逻辑公式创建如下静态的融资前土地增值税清算表（表 10. 2）。

表 10.2　静态的融资前土地增值税清算表

4	利息可分摊且有金融证明	1.25	
5	利息不可分摊且无金融证明	1.30	
6	清单对象	新房	
J	E10：E45	F10：F45	G10：G45
D	E	F	G
45	应税科目	其他类型房地产（万元）	元/总建面（元/m^2）
10	转让房地产收入总额. 除税	262, 153.70	11, 781.51
11	货币收入	262, 153.70	11, 781.51
12	实物收入及其他收入	0.00	0.00
13	视同销售收入	0.00	0.00
14	扣除项目金额合计	128, 221.61	5, 762.44
15	取得土地使用权所支付的金额	45, 577.65	2, 048.32
16	房地产开发成本	55, 461.05	2, 492.49
17	土地征用及拆迁补偿费	11, 943.72	536.77
18	前期工程费	2, 396.44	107.70
19	建筑安装工程费	30, 740.59	1, 381.52
20	基础设施费	1, 144.24	51.42
21	公共配套设施费	7, 647.09	343.67
22	开发间接费用	1, 588.96	71.41
23	房地产开发费用	0.00	0.00
24	利息支出	0.00	0.00
25	其他房地产开发费用	0.00	0.00
26	与转让房地产有关的税金等	1, 923.23	86.43
27	营业税	0.00	0.00
28	城市维护建设税	1, 121.88	50.42
29	教育费附加	801.35	36.01
30	财政部规定的其他扣除项目		0.00
31	代收费用	0.00	0.00
32	增值额	133, 932.09	6, 019.08
33	增值率	1.04	0.05
34	适用税率.%		0.00
35	速算扣除系数.%		0.00
36	应缴土地增值税税额	47, 732.80	2, 145.17
37	减免税额		0.00

续表

4	利息可分摊且有金融证明	1.25	
5	利息不可分摊且无金融证明	1.30	
6	清单对象	新房	
J	E10：E45	F10：F45	G10：G45
D	E	F	G
45	应税科目	其他类型房地产（万元）	元/总建面（元/m²）
38	减免性质代码（1）		0.00
39	减免税额（1）		0.00
40	减免性质代码（2）		0.00
41	减免税额（2）		0.00
42	减免性质代码（3）		0.00
43	减免税额（3）		0.00
44	已缴土地增值税税额	0.00	0.00
45	应补或退土地增值税税额	47,732.80	2,145.17

F10=SUM(F11:F13)

F11=SUM(销售含税收入.合计.静态 jysr)/(1+增值税率.不动产租售 qjzb)

F14=SUM(取得土地使用权所支付的金额.融资前.项目.静态 tzsj,房地产开发成本.融资前.项目.静态 tzsj) * 1.25+SUM(利息支出.融资前.项目.静态 tzsj,与转让房地产有关的税金等.融资前.项目.静态 tzsj)+财政部规定的其他扣除项目.融资前.项目.静态 tzsj

F15=SUM(土地使用权费取得费 tkff.y) * 比例.可销售产权建面 jyhl

F16=SUM(F17:F22)

F17=SUM(生地变熟地开发费 tkff.y) * 比例.可销售产权建面 jyhl

F18=SUM(前期工程费.含甲含税 qgcf.y) * 比例.可销售产权建面 jyhl

F19=建筑安装工程费.含税含甲 fjgf * 比例.可销售产权建面 jyhl

F20=基础设施费.含税含甲 fjgf * 比例.可销售产权建面 jyhl

F21=公共配套设施费.含税含甲 fjgf * 比例.可销售产权建面 jyhl

F22=待摊开发间接费.项目.静态 jsrq * 比例.可销售产权建面 jyhl+非待摊开发间接.项目.静态 jsrq

F23=SUM(F24:F25)

F26=SUM(F27:F29)

F28=SUM(城市维护建设税.开发销售期.项目.静态 lksj)

F29=SUM(教育附加税.开发销售期.项目.静态 lksj,地方教育附加税.开发销售期.项目.静态 lksj)

F32=F10-F14

F33=IFERROR(F32/F14,0)

F36=IF(增值率.融资后.项目.静态 tzsq<=0,0,IF(增值率.融资后.项目.静态 tzsq<=50%,增值额.融资后.项目.静态 tzsq*30%-扣除项目金额合计.融资后.项目.静态 tzsq*0%,IF(增值率.融资后.项目.静态 tzsq<=100%,增值额.融资后.项目.静态 tzsq*40%-扣除项目金额合计.融资后.项目.静态 tzsq*5%,IF(增值率.融资后.项目.静态 tzsq<=200%,增值额.融资后.项目.静态 tzsq*50%-扣除项目金额合计.融资后.项目.静态 tzsq*15%,增值额.融资后.项目.静态 tzsq*60%-扣除项目金额合计.融资后.项目.静态 tzsq*35%))))

F45=F36-F44

10.1.3 融资前项目静态损益数据表

基于项目的静态基准日期，通过设置函数逻辑公式，创建如下融资项目静态损益数据表（表 10.3）。

表 10.3　融资前项目静态损益数据表

H D 24	E9：E24 E 科目	F9：F24 F 金额（万元）	G9：G24 G 指标（元/m²）	H9：H24 H 比例（%）
9	经营含税收入	1,323,744.40	59,490.73	100.00
10	销售含税收入	290,990.60	13,077.48	21.98
11	租赁含税收入	973,406.44	43,746.10	73.53
12	返租含税收入	59,347.35	2,667.14	4.48
13	息前税前总支出	965,788.56	43,403.75	72.96
14	销售营业成本	108,822.23	4,890.61	8.22
15	租赁营业成本	560,046.78	25,169.20	42.31
16	增值税及附加	124,448.95	5,592.89	9.40
17	土地使用税	291.98	13.12	0.02
18	房产税	124,445.82	5,592.75	9.40
19	土地增值税	47,732.80	2,145.17	3.61
20	利息支出	0.00	0.00	0.00
21	利润总额	357,955.84	16,086.98	27.04
22	企业所得税	89,488.96	4,021.75	6.76
23	净利润	268,466.88	12,065.24	20.28
24	总税负	386,408.51	17,365.68	29.19

F9=SUM(F10:F12)

F10=SUM(销售含税收入.合计.静态 jysr)

F11=SUM(租赁含税收入.返租收入除外.商铺.静态 jysr. y)

F12=SUM(返租含税租金收入 fsyf. yb. x)

F13=SUM(F14:F19)

F14=销售营业成本.项目.静态 cfrq

F15=租赁营业成本.项目.静态 cfrq

F16=增值税及附加.项目.静态 lksj

F17=土地使用税.项目.静态 lksj

F18=房产税.租赁运营期.项目.静态 lksj

F19=应补或退土地增值税税额.融资前.项目.静态 tzsj

F21=F9-F13-F20

F22=F21 * 企业所得税率 qjzb

F23=F21-F22

F24=SUM(F16:F19,F22)

10.1.4 融资后项目静态土地增值税数据表

在融资前土地增值税数据表的基础上，通过增设开发销售期利息支出的科目，得出如下融资后项目静态土地增值税数据表（表 10.4）。

表 10.4 融资后项目静态土地增值税数据表

4	利息可分摊且有金融证明	1.25	
5	利息不可分摊且无金融证明	1.30	
6	清单对象	新房	
J	E10：E45	F10：F45	G10：G45
D	E	F	G
45	应税科目	其他类型房地产（万元）	元/总建面（元/m²）
10	转让房地产收入总额. 除税	262, 153. 70	11, 781. 51
11	货币收入	262, 153. 70	11, 781. 51
12	实物收入及其他收入	0. 00	0. 00
13	视同销售收入	0. 00	0. 00
14	扣除项目金额合计	147, 746. 84	6, 639. 93
15	取得土地使用权所支付的金额	45, 577. 65	2, 048. 32
16	房地产开发成本	55, 461. 05	2, 492. 49
17	土地征用及拆迁补偿费	11, 943. 72	536. 77

续表

4	利息可分摊且有金融证明	1.25	
5	利息不可分摊且无金融证明	1.30	
6	清单对象	新房	
J	E10：E45	F10：F45	G10：G45
D	E	F	G
45	应税科目	其他类型房地产（万元）	元/总建面（元/m^2）
18	前期工程费	2, 396.44	107.70
19	建筑安装工程费	30, 740.59	1, 381.52
20	基础设施费	1, 144.24	51.42
21	公共配套设施费	7, 647.09	343.67
22	开发间接费用	1, 588.96	71.41
23	房地产开发费用	20, 006.04	899.10
24	利息支出	20, 006.04	899.10
25	其他房地产开发费用	0.00	0.00
26	与转让房地产有关的税金等	1, 442.42	64.82
27	营业税	0.00	0.00
28	城市维护建设税	1, 121.88	50.42
29	教育费附加	320.54	14.41
30	财政部规定的其他扣除项目	0.00	0.00
31	代收费用	0.00	0.00
32	增值额	114, 406.85	5, 141.59
33	增值率	0.77	0.03
34	适用税率.%		0.00
35	速算扣除系数.%		0.00
36	应缴土地增值税税额	38, 375.40	1, 724.64
37	减免税额	0.00	0.00
38	减免性质代码（1）		0.00
39	减免税额（1）		0.00
40	减免性质代码（2）		0.00
41	减免税额（2）		0.00
42	减免性质代码（3）		0.00
43	减免税额（3）		0.00
44	已缴土地增值税税额	0.00	0.00
45	应补或退土地增值税税额	38, 375.40	1, 724.64

F10=SUM(F11:F13)

F11=SUM(销售含税收入.合计.静态 jysr)/(1+增值税率.不动产租售 qjzb)

F14=SUM(取得土地使用权所支付的金额.融资后.项目.静态 tzsq,房地产开发成本.融资后.项目.静态 tzsq) * 1.25+SUM(利息支出.融资后.项目.静态 tzsq,与转让房地产有关的税金等.融资后.项目.静态 tzsq)+财政部规定的其他扣除项目.融资后.项目.静态 tzsq

F15=SUM(土地使用权费取得费 tkff. y) * 比例.可销售产权建面 jyhl

F16=SUM(F17:F22)

F17=SUM(生地变熟地开发费 tkff. y) * 比例.可销售产权建面 jyhl

F18=SUM(前期工程费.含甲含税 qgcf. y) * 比例.可销售产权建面 jyhl

F19=建筑安装工程费.含税含甲 fjgf * 比例.可销售产权建面 jyhl

F20=基础设施费.含税含甲 fjgf * 比例.可销售产权建面 jyhl

F21=公共配套设施费.含税含甲 fjgf * 比例.可销售产权建面 jyhl

F22=待摊开发间接费.项目.静态 jsrq * 比例.可销售产权建面 jyhl+非待摊开发间接.项目.静态 jsrq

F23=SUM(F24:F25)

F24=SUM(借款利息偿还.均摊法 zjph. yb. x)

F26=SUM(F27:F29)

F28=SUM(城市维护建设税.开发销售期.项目.静态 lksj)

F29=SUM(地方教育附加税.开发销售期.项目.静态 lksj,地方教育附加税.租赁运营期.项目.静态 lksj)

F30=SUM(主力店装修补贴总费 zbzf)

F31=0

F32=F10-F14

F33=IFERROR(F32/F14, 0)

F36=IF(增值率.融资后.项目.静态 tzsq<=0, 0, IF(增值率.融资后.项目.静态 tzsq<=50%,增值额.融资后.项目.静态 tzsq * 30% -扣除项目金额合计.融资后.项目.静态 tzsq * 0%,IF(增值率.融资后.项目.静态 tzsq<=100%,增值额.融资后.项目.静态 tzsq * 40% -扣除项目金额合计.融资后.项目.静态 tzsq * 5%,IF(增值率.融资后.项目.静态 tzsq<=200%,增值额.融资后.项目.静态 tzsq * 50% -扣除项目金额合计.融资后.项目.静态 tzsq * 15%,增值额.融资后.项目.静态 tzsq * 60% -扣除项目金额合计.融资后.项目.静态 tzsq * 35%))))

F37=SUM(F38:F43)

F45=F36-F44

10.1.5 融资后项目静态损益数据表

基于上述之融资前项目静态损益数据表的模板，通过增设开发销售期利息支出科目，可创建表 10.5。

表 10.5　融资后项目静态损益数据表

K	E9：E24	F9：F24	G9：G24	H9：H24
D	E	F	G	H
24	科目	数据. 均摊法（万元）	指标. 均摊法（元/m²）	比例（%）
9	经营含税收入	1,323,744.40	59,490.73	100.00
10	销售含税收入	290,990.60	13,077.48	21.98
11	租赁含税收入	973,406.44	43,746.10	73.53
12	返租含税收入	59,347.35	2,667.14	4.48
13	息前税前总支出	956,431.16	42,983.21	72.25
14	销售营业成本	108,822.23	4,890.61	8.22
15	租赁营业成本	560,046.78	25,169.20	42.31
16	增值税及附加	124,448.95	5,592.89	9.40
17	土地使用税	291.98	13.12	0.02
18	房产税	124,445.82	5,592.75	9.40
19	土地增值税	38,375.40	1,724.64	2.90
20	利息支出	21,309.75	957.69	1.61
21	利润总额	346,003.49	15,549.83	26.14
22	企业所得税	86,500.87	3,887.46	6.53
23	净利润	259,502.62	11,662.37	19.60
24	总税负	374,063.02	16,810.86	28.26

F9=SUM(F10:F12)

F10=SUM(销售含税收入.合计.静态 jysr)

F11=SUM(租赁含税收入.返租收入除外.商铺.静态 jysr.y)

F12=SUM(返租含税租金收入 fsyf.yb.x)

F13=SUM(F14:F19)

F14=销售营业成本.项目.静态 cfrq

F15=租赁营业成本.项目.静态 cfrq

F16=增值税及附加.项目.静态 lksj

F17=土地使用税.项目.静态 lksj

F18=房产税.租赁运营期.项目.静态 lksj

F19=应补或退土地增值税税额.融资后.项目.静态 tzsq

F20=SUM(借款利息偿还.均摊法 zjph.yb.x)

F21=F9-F13-F20

F22=F21 * 企业所得税率 qjzb

F23=F21-F22

F24=SUM(F16:F19,F22)

10.2 融资前租售业务动态损益

10.2.1 土地动态增值税清算表

根据房地产开发企业增值税清算的税法规定，考虑到时间对价格与成本的影响因素后，通过设置函数公式创建如表 10.6 所示项目动态的土地增值税清算数据表。

表 10.6 土地动态增值税清算表

4	利息可分摊且有金融证明	1.25	
5	利息不可分摊且无金融证明	1.30	
6	清单对象	新房	
J	E10：E46	F10：F46	G10：G46
D	E	F	G
46	应税科目	其他类型房地产（万元）	元/总建面（元/m²）
10	转让房地产收入总额. 除税	273, 325. 68	12, 283. 60
11	货币收入	273, 325. 68	12, 283. 60
12	实物收入及其他收入	0. 00	0. 00
13	视同销售收入	0. 00	0. 00
14	扣除项目金额合计	131, 666. 41	5, 917. 25
15	取得土地使用权所支付的金额	45, 577. 65	2, 048. 32
16	房地产开发成本	58, 332. 52	2, 621. 54
17	土地征用及拆迁补偿费	11, 943. 72	536. 77
18	前期工程费	2, 460. 87	110. 59
19	建筑安装工程费	29, 204. 37	1, 312. 48
20	基础设施费	1, 001. 61	45. 01
21	公共配套设施费	7, 447. 97	334. 72
22	甲供购置费	4, 621. 88	207. 71

续表

4	利息可分摊且有金融证明	1.25	
5	利息不可分摊且无金融证明	1.30	
6	清单对象	新房	
J	E10：E46	F10：F46	G10：G46
D	E	F	G
46	应税科目	其他类型房地产（万元）	元/总建面（元/m^2）
23	开发间接费用	1,652.09	74.25
24	房地产开发费用	0.00	0.00
25	利息支出	0.00	0.00
26	其他房地产开发费用	0.00	0.00
27	与转让房地产有关的税金等	1,778.70	79.94
28	营业税	0.00	0.00
29	城市维护建设税	1,037.57	46.63
30	教育费附加	741.12	33.31
31	财政部规定的其他扣除项目		0.00
32	代收费用	0.00	0.00
33	增值额	141,659.27	6,366.34
34	增值率	1.08	0.05
35	适用税率.%		0.00
36	速算扣除系数.%		0.00
37	应缴土地增值税税额	51,079.67	2,295.58
38	减免税额	0.00	0.00
39	减免性质代码（1）		0.00
40	减免税额（1）		0.00
41	减免性质代码（2）		0.00
42	减免税额（2）		0.00
43	减免性质代码（3）		0.00
44	减免税额（3）		0.00
45	已缴土地增值税税额	13,666.28	614.18
46	应补或退土地增值税税额	37,413.39	1,681.40

F10=SUM(F11:F13)

F11=SUM(销售含税收入.合计 xssr.yb.x)/(1+增值税率.不动产租售 qjzb)

F14=SUM(取得土地使用权所支付的金额.融资前损益.项目 tzsq,房地产开发成本.

融资前损益.项目 tzsq) * 1.25+SUM(利息支出.融资前损益.项目 tzsq,与转让房地产有关的税金等.融资前损益.项目 tzsq)+财政部规定的其他扣除项目.融资前损益.项目 tzsq

F15=SUM(土地使用权费取得费 tkff.y) * 比例.可销售产权建面 jyhl

F16=SUM(F17:F23)

F17=SUM(生地变熟地开发费.支出 tkff.yb.x) * 比例.可销售产权建面 jyhl

F18=SUM(前期工程费.含甲含税.支出 qgcf.yb.x) * 比例.可销售产权建面 jyhl

F19=SUM(建筑安装工程费.除甲含税.支出 gcsf.yb.x) * 比例.可销售产权建面 jyhl

F20=SUM(基础设施费.除甲含税.支出 gcsf.yb.x) * 比例.可销售产权建面 jyhl

F21=SUM(公共配套设施费.除甲含税.支出 gcsf.yb.x) * 比例.可销售产权建面 jyhl

F22=SUM(甲供购置费.甲供含税.支出 jggf.yb.x) * 比例.可销售产权建面 jyhl

F23=SUM(开发间接费分摊值.开发销售期 jycb.yb.x)

F24=SUM(F25:F26)

F27=SUM(F28:F30)

F29=SUM(城市维护建设税.开发销售期 zzs.yb.x)

F30=SUM(教育附加税.开发销售期 zzs.yb.x,地方教育附加税.开发销售期 zzs.yb.x)

F33=F10-F14

F34=IFERROR(F33/F14,0)

F37=IF(增值率.融资前损益.项目 tzsq<=0,0,IF(增值率.融资前损益.项目 tzsq<=50%,增值额.融资前损益.项目 tzsq * 30%-扣除项目金额合计.融资前损益.项目 tzsq * 0%,IF(增值率.融资前损益.项目 tzsq<=100%,增值额.融资前损益.项目 tzsq * 40%-扣除项目金额合计.融资前损益.项目 tzsq * 5%,IF(增值率.融资前损益.项目 tzsq<=200%,增值额.融资前损益.项目 tzsq * 50%-扣除项目金额合计.融资前损益.项目 tzsq * 15%,增值额.融资前损益.项目 tzsq * 60%-扣除项目金额合计.融资前损益.项目 tzsq * 35%))))

F38=SUM(F39:F44)

F45=SUM(土地增值税预征.开发销售期.融资前损益.项目 lrqs.yb.x)

F46=F37-F45

10.2.2 融资前动态损益月表

根据项目实例（一）的经营活动数据源，考虑了时间对价格与成本的影响后，通过设置函数公式，创建如下融资前动态损益月表（表 10.7）。

表10.7 融资前动态损益月表 单位：万元

	24	WK		
	J24：WK58	58	I	AF
	J18：WK18	18	月序号	总第23个月
	J19：WK19	19	土地月序	土第20个月
	J20：WK20	20	年份号	2016年
	J21：WK21	21	年序号	第2年
	J22：WK22	22	开始日期	2016年12月01日
F	J23：WK23	23	完成日期	2016年12月31日
2,421,204.25	J24：WK24	24	总收入	24,118.11
2,413,565.92	J25：WK25	25	经营收入	24,118.11
303,391.50	J26：WK26	26	销售含税收入	24,118.11
2,050,827.07	J27：WK27	27	租赁含税收入	0.00
59,347.35	J28：WK28	28	返租含税收入	0.00
7,638.33	J29：WK29	29	回收固定资产余值	0.00
0.00	J30：WK30	30	不动产转售净收入	0.00
0.00	J31：WK31	31	其他收入	0.00
1,480,006.27	J32：WK32	32	税前总成本	10,324.57
229,960.47	J33：WK33	33	税前总成本.房开销售期	9,934.85
162,242.69	J34：WK34	34	营业成本.开发销售期	8,179.84
16,601.16	J35：WK35	35	增值税及附加.开发销售期	667.68
36.95	J36：WK36	36	土地使用税.开发销售期	0.92
13,666.28	J37：WK37	37	土地增值税预征.开发销售期	1,086.40
37,413.39	J38：WK38	38	土地增值税清算.开发销售期	0.00
0.00	J39：WK39	39	利息支出.开发销售期	0.00
1,250,045.80	J40：WK40	40	税前总成本.租赁运营期	389.72
694,974.28	J41：WK41	41	营业成本.租赁运营期	389.72
187,977.21	J42：WK42	42	增值税及附加.租赁运营期	0.00
221,711.03	J43：WK43	43	房产税.租赁运营期	0.00
255.04	J44：WK44	44	土地使用税.租赁运营期	0.00
0.00	J45：WK45	45	利息支出.租赁运营期	0.00
145,128.24	J46：WK46	46	折旧.租赁运营期	0.00
0.00	J47：WK47	47	摊销.租赁运营期	0.00
941,197.98	J48：WK48	48	利润总额	13,793.54

续表

	24	WK		
	J24：WK58	58	I	AF
	J18：WK18	18	月序号	总第 23 个月
	J19：WK19	19	土地月序	土第 20 个月
	J20：WK20	20	年份号	2016 年
	J21：WK21	21	年序号	第 2 年
	J22：WK22	22	开始日期	2016 年 12 月 01 日
F	J23：WK23	23	完成日期	2016 年 12 月 31 日
274, 515. 85	J49：WK49	49	企业所得税	3, 448. 39
941, 197. 98	J50：WK50	50	纳税调整后所得	13, 793. 54
0. 00	J51：WK51	51	所得亏损五年结转	0. 00
941, 197. 98	J52：WK52	52	应纳税所得	13, 793. 54
666, 682. 14	J53：WK53	53	净利润	10, 345. 16
941, 197. 98	J54：WK54	54	利润总额账户余额	−107, 062. 20
666, 682. 14	J55：WK55	55	净利润账户余额	−110, 510. 59
180, 197. 97	J56：WK56	56	可用于还本付息的资金. 还款期间	10, 345. 16
232, 141. 09	J57：WK57	57	息前税前利润. 还款期间	13, 793. 54
639, 755. 32	J58：WK58	58	净利润. 运营期	0. 00

J24=SUM(J29:J31,J25)

J25=SUM(J26:J28)

J26=销售含税收入.合计 xssr. yb. x

J27=租赁含税收入.合计 zlsr. yb. x

J28=返租含税租金收入 fsyf. yb. x

J29=IF(残值回收期 qchx. yb. x="A",残值.融资前固定资产.租赁期.项目.静态 cfrq,0)

J32=SUM(J33,J40)

J33=SUM(J34:J39)

J34=营业成本.开发销售期 jycb. yb. x

J35=增值税及附加.开发销售期 zzs. yb. x

J36=IF(开发销售期 qchx. yb. x="A",规划净用地.平方米 sgzb * 土地使用税.元.月.平方米 qjzb/10000,0)

J37=J26/(1+增值税率.不动产租售 qjzb) * 预征率.土地增值税率 qjzb

J38=IF(土地增值税清算期 qchx. yb. x="A",应补或退土地增值税税额.融资前损益.项目 tzsq,0)

J40=SUM(J41:J47)

J41 = 营业成本.租赁运营期 cbft. yb. x

J42 = 增值税及附加.租赁运营期 zszy. yb. x

J43 = J27/(1+增值税率.不动产租售 qjzb) * 房产税率 qjzb

J44 = IF(商管经营期 qchx. yb. x = "A",规划净用地.平方米 sgzb * 比例.可租赁产权建面 jyhl * 土地使用税.元.月.平方米 qjzb/10000, 0)

J46 = IF(资产折旧期 qchx. yb. x = "A",月折旧额.融资前固定资产.租赁期.项目.静态 cfrq,0)

J48 = J24-J32

J49 = IF(J52>0,J52 * 企业所得税率 qjzb,0)

J50 = J48

J52 = SUM(J50:J51)

J53 = J48-J49

J54 = SUM($J$48:J48)

J55 = SUM($J$53:J53)

J56 = IF(还款周期.均摊法 rshz. yb. x = "A",J53+J46+J47+J39, 0)

J57 = IF(还款周期.均摊法 rshz. yb. x = "A",J48+J39, 0)

J58 = IF(收入租金期 qchx. yb. x = "A",J53, 0)

10.2.3　融资前动态损益年表

从时间周期的角度，各类报表分为月表、季度报表、年表。通过设置逻辑公式将融资前动态损益月表自动合并为融资前动态损益年表（表 10.8）。

表 10.8　融资前动态损益年表　　单位：万元

	22	BI		
	L22：BI53	53	K	M
	L20：BI20	20	年份号	2016 年
H	L21：BI21	21	年序号	第 2 年
2,421,204.25	L22：BI22	22	总收入	24,118.11
2,413,565.92	L23：BI23	23	经营收入	24,118.11
303,391.50	L24：BI24	24	销售含税收入	24,118.11
2,050,827.07	L25：BI25	25	租赁含税收入	0.00
59,347.35	L26：BI26	26	返租含税收入	0.00
7,638.33	L27：BI27	27	回收固定资产余值	0.00
0.00	L28：BI28	28	不动产转售净收入	0.00
0.00	L29：BI29	29	其他收入	0.00

续表

H	22 L22：BI53 L20：BI20 L21：BI21	BI 53 20 21	K 年份号 年序号	M 2016 年 第 2 年
1, 480, 006. 27	L30：BI30	30	税前总成本	57, 884. 00
229, 960. 47	L31：BI31	31	税前总成本. 房开销售期	57, 494. 28
162, 242. 69	L32：BI32	32	营业成本. 开发销售期	55, 729. 12
16, 601. 16	L33：BI33	33	增值税及附加. 开发销售期	667. 68
36. 95	L34：BI34	34	土地使用税. 开发销售期	11. 08
13, 666. 28	L35：BI35	35	土地增值税预征. 开发销售期	1, 086. 40
37, 413. 39	L36：BI36	36	土地增值税清算. 开发销售期	0. 00
0. 00	L37：BI37	37	利息支出. 开发销售期	0. 00
1, 250, 045. 80	L38：BI38	38	税前总成本. 租赁运营期	389. 72
694, 974. 28	L39：BI39	39	营业成本. 租赁运营期	389. 72
187, 977. 21	L40：BI40	40	增值税及附加. 租赁运营期	0. 00
221, 711. 03	L41：BI41	41	房产税. 租赁运营期	0. 00
255. 04	L42：BI42	42	土地使用税. 租赁运营期	0. 00
0. 00	L43：BI43	43	利息支出. 租赁运营期	0. 00
145, 128. 24	L44：BI44	44	折旧. 租赁运营期	0. 00
0. 00	L45：BI45	45	摊销. 租赁运营期	0. 00
941, 197. 98	L46：BI46	46	利润总额	−33, 765. 89
235, 344. 03	L47：BI47	47	企业所得税	0. 00
941, 197. 98	L48：BI48	48	纳税调整后所得	−33, 765. 89
96, 488. 09	L49：BI49	49	所得亏损五年结转	107, 062. 20
941, 376. 11	L50：BI50	50	应纳税所得	0. 00
705, 853. 95	L51：BI51	51	净利润	−33, 765. 89
941, 197. 98	L52：BI52	52	利润总额账户余额	−107, 062. 20
705, 853. 95	L53：BI53	53	净利润账户余额	−107, 062. 20

L22 = SUM(L27:L29,L23)

L23 = SUM(L24:L26)

L24 = SUMIF(年序号 qchx. yb. x,年序号 qchx. nb. x,销售含税收入.融资前损益.项目 lrqs. yb. x)

L25 = SUMIF(年序号 qchx. yb. x,年序号 qchx. nb. x,租赁含税收入.融资前损益.项目 lrqs. yb. x)

L26 = SUMIF(年序号 qchx. yb. x,年序号 qchx. nb. x,返租含税收入.融资前损益.项目 lrqs. yb. x)

L27 = SUMIF(年序号 qchx. yb. x,年序号 qchx. nb. x,回收固定资产余值.融资前损益.项目 lrqs. yb. x)

L28 = SUMIF(年序号 qchx. yb. x,年序号 qchx. nb. x,不动产转售净收入.融资前损益.项目 lrqs. yb. x)

L29 = SUMIF(年序号 qchx. yb. x,年序号 qchx. nb. x,其他收入.融资前损益.项目 lrqs. yb. x)

L30 = SUM(L31,L38)

L31 = SUM(L32:L37)

L32 = SUMIF(年序号 qchx. yb. x,年序号 qchx. nb. x,营业成本.开发销售期.融资前损益.项目 lrqs. yb. x)

L33 = SUMIF(年序号 qchx. yb. x,年序号 qchx. nb. x,增值税及附加.开发销售期.融资前损益.项目 lrqs. yb. x)

L34 = SUMIF(年序号 qchx. yb. x,年序号 qchx. nb. x,土地使用税.开发销售期.融资前损益.项目 lrqs. yb. x)

L35 = SUMIF(年序号 qchx. yb. x,年序号 qchx. nb. x,土地增值税预征.开发销售期.融资前损益.项目 lrqs. yb. x)

L36 = SUMIF(年序号 qchx. yb. x,年序号 qchx. nb. x,土地增值税清算.开发销售期.融资前损益.项目 lrqs. yb. x)

L37 = SUMIF(年序号 qchx. yb. x,年序号 qchx. nb. x,利息支出.开发销售期.融资前损益.项目 lrqs. yb. x)

L38 = SUM(L39:L45)

L39 = SUMIF(年序号 qchx. yb. x,年序号 qchx. nb. x,营业成本.租赁运营期.融资前损益.项目 lrqs. yb. x)

L40 = SUMIF(年序号 qchx. yb. x,年序号 qchx. nb. x,增值税及附加.租赁运营期.融资前损益.项目 lrqs. yb. x)

L41 = SUMIF(年序号 qchx. yb. x,年序号 qchx. nb. x,房产税.租赁运营期.融资前损益.项目 lrqs. yb. x)

L42 = SUMIF(年序号 qchx. yb. x,年序号 qchx. nb. x,土地使用税.租赁运营期.融资前损益.项目 lrqs. yb. x)

L43 = SUMIF(年序号 qchx. yb. x,年序号 qchx. nb. x,利息支出.租赁运营期.融资前损益.项目 lrqs. yb. x)

L44 = SUMIF(年序号 qchx. yb. x,年序号 qchx. nb. x,折旧.租赁运营期.融资前损益.项目 lrqs. yb. x)

L45 = SUMIF(年序号 qchx. yb. x,年序号 qchx. nb. x,摊销.租赁运营期.融资前损益.项

目 lrqs. yb. x)

L46=L22-L30

L47=IF(L50>0,L50 * 企业所得税率 qjzb,0)

L48=L46

L49=OFFSET(所得税结转.融资前损益.项目 ssjz! $R$3,COLUMN(A1)-1,)

L50=IF(L48>0,L48-K49,0)

L51=L46-L47

L52=SUM($L$46:L46)

L53=SUM($L$51:L51)

10.2.4 所得税亏损结转表

根据企业所得税实施条例，对于经营损益的亏损，以五年为一个周期，在计算企业所得税方面可结转处理，由于所得税结转亏损建模的数据表繁多，限于本书的篇幅限制，在此仅选取以下二个数据表，具体详见电子版本的“敏感算法决策模型”（表 10.9）。

表 10.9 所得税亏损结转表

单位：万元

行次	项目	年度		纳税调整后所得	合并、分立转入（转出）可弥补的亏损额	当年可弥补的所得额
		1		2	3	4
1	前五年度		-2			0.00
2	前四年度		-1			0.00
3	前三年度		0			0.00
4	前二年度	2015	1	-73,296.31		-73,296.31
5	前一年度	2016	2	-33,765.89		-33,765.89
6	本年	2017	3	208,040.62		0.00
7	可结转以后年度弥补的亏损额合计					

行次	以前年度亏损已弥补额					本年度实际弥补以前年度的亏损额	可结转以后年度弥补的亏损额
	前四年度	前三年度	前二年度	前一年度	合计		4
	5	6	7	8	9	10	11
1	0.00	0.00	0.00	0.00	0.00	0.00	—
2	—	0.00	0.00	0.00	0.00	0.00	0.00
3	—	—	0.00	0.00	0.00	0.00	0.00

续表

行次	以前年度亏损已弥补额					本年度实际弥补以前年度的亏损额	可结转以后年度弥补的亏损额
	前四年度	前三年度	前二年度	前一年度	合计		4
	5	6	7	8	9	10	11
4	—	—	—	0.00	0.00	73,296.31	0.00
5	—	—	—	—	0.00	134,744.31	-100,978.41
6	—	—	—	—	—	208,040.62	0.00
7							-100,978.41

10.3　融资前销售业务动态损益

10.3.1　融资前销售动态损益月表

融资前销售动态损益月表见表 10.10。

表 10.10　融资前销售动态损益月表　　单位：万元

	24	WK		
	J24：WK43	43	I	AF
	J18：WK18	18	月序号	总第 23 个月
	J19：WK19	19	土地月序	土第 20 个月
	J20：WK20	20	年份号	2016 年
	J21：WK21	21	年序号	第 2 年
	J22：WK22	22	开始日期	2016 年 12 月 01 日
F	J23：WK23	23	完成日期	2016 年 12 月 31 日
303,391.50	J24：WK24	24	总收入	24,118.11
303,391.50	J25：WK25	25	经营收入	24,118.11
303,391.50	J26：WK26	26	销售含税收入	24,118.11
0.00	J27：WK27	27	其他收入	0.00
229,960.47	J28：WK28	28	税前总成本	9,934.85
229,960.47	J29：WK29	29	税前总成本. 房开销售期	9,934.85
162,242.69	J30：WK30	30	营业成本. 开发销售期	8,179.84

续表

	24	WK		
	J24：WK43	43	I	AF
	J18：WK18	18	月序号	总第 23 个月
	J19：WK19	19	土地月序	土第 20 个月
	J20：WK20	20	年份号	2016 年
	J21：WK21	21	年序号	第 2 年
	J22：WK22	22	开始日期	2016 年 12 月 01 日
F	J23：WK23	23	完成日期	2016 年 12 月 31 日
16, 601. 16	J31：WK31	31	增值税及附加. 开发销售期	667. 68
36. 95	J32：WK32	32	土地使用税. 开发销售期	0. 92
13, 666. 28	J33：WK33	33	土地增值税预征. 开发销售期	1, 086. 40
37, 413. 39	J34：WK34	34	土地增值税清算. 开发销售期	0. 00
0. 00	J35：WK35	35	利息支出. 开发销售期	0. 00
73, 431. 03	J36：WK36	36	利润总额	14, 183. 26
57, 925. 04	J37：WK37	37	企业所得税	3, 545. 82
73, 431. 03	J38：WK38	38	纳税调整后所得	14, 183. 26
0. 00	J39：WK39	39	所得亏损五年结转	0. 00
73, 431. 03	J40：WK40	40	应纳税所得	14, 183. 26
15, 505. 99	J41：WK41	41	净利润	10, 637. 45
110, 844. 42	J42：WK42	42	利润总额账户余额	-106, 672. 48
52, 919. 38	J43：WK43	43	净利润账户余额	-110, 218. 30

J24=SUM(J27:J27,J25)

J25=SUM(J26:J26)

J26=销售含税收入.合计 xssr. yb. x

J28=SUM(J29, 0)

J29=SUM(J30:J35)

J30=营业成本.开发销售期 jycb. yb. x

J31=增值税及附加.开发销售期 zzs. yb. x

J32=IF(开发销售期 qchx. yb. x="A",规划净用地.平方米 sgzb * 土地使用税.元.月.平方米 qjzb/10000, 0)

J33=J26/(1+增值税率.不动产租售 qjzb) * 预征率.土地增值税率 qjzb

J34=IF(土地增值税清算期 qchx. yb. x="A",应补或退土地增值税税额.融资前损益.项目 tzsq,0)

J36=J24-J28

J37＝IF(J40>0,J40＊企业所得税率 qjzb,0)

J38＝J36

J40＝SUM(J38:J39)

J41＝J36－J37

J42＝SUM($J$36:J36)

J43＝SUM($J$41:J41)

10.3.2　融资前销售动态损益年表

融资前销售动态损益年表见表 10.11。

表 10.11　融资前销售动态损益年表　　单位：万元

	22	BI		
	L22：BI41	41	K	M
	L20：BI20	20	年份号	2016 年
H	L21：BI21	21	年序号	第 2 年
303,391.50	L22：BI22	22	总收入	24,118.11
303,391.50	L23：BI23	23	经营收入	24,118.11
303,391.50	L24：BI24	24	销售含税收入	24,118.11
0.00	L25：BI25	25	其他收入	0.00
229,960.47	L26：BI26	26	税前总成本	57,494.28
229,960.47	L27：BI27	27	税前总成本. 房开销售期	57,494.28
162,242.69	L28：BI28	28	营业成本. 开发销售期	55,729.12
16,601.16	L29：BI29	29	增值税及附加. 开发销售期	667.68
36.95	L30：BI30	30	土地使用税. 开发销售期	11.08
13,666.28	L31：BI31	31	土地增值税预征. 开发销售期	1,086.40
37,413.39	L32：BI32	32	土地增值税清算. 开发销售期	0.00
0.00	L33：BI33	33	利息支出. 开发销售期	0.00
73,431.03	L34：BI34	34	利润总额	-33,376.17
26,890.50	L35：BI35	35	企业所得税	0.00
73,431.03	L36：BI36	36	纳税调整后所得	-33,376.17
243,061.57	L37：BI37	37	所得亏损五年结转	106,672.48
107,561.98	L38：BI38	38	应纳税所得	0.00
46,540.54	L39：BI39	39	净利润	-33,376.17
107,561.98	L40：BI40	40	利润总额账户余额	-106,672.48
80,671.49	L41：BI41	41	净利润账户余额	-106,672.48

L22＝SUM(M25:M25,M23)

L23＝SUM(M24:M24)

L24＝SUMIF(年序号 qchx. yb. x,年序号 qchx. nb. x,销售含税收入.融资前损益.项目.销售 lrqs. yb. x)

L25＝SUMIF(年序号 qchx. yb. x,年序号 qchx. nb. x,其他收入.融资前损益.项目.销售 lrqs. yb. x)

L26＝SUM(M27,0)

L27＝SUM(M28:M33)

L28＝SUMIF(年序号 qchx. yb. x,年序号 qchx. nb. x,营业成本.开发销售期.融资前损益.项目.销售 lrqs. yb. x)

L29＝SUMIF(年序号 qchx. yb. x,年序号 qchx. nb. x,增值税及附加.开发销售期.融资前损益.项目.销售 lrqs. yb. x)

L30＝SUMIF(年序号 qchx. yb. x,年序号 qchx. nb. x,土地使用税.开发销售期.融资前损益.项目.销售 lrqs. yb. x)

L31＝SUMIF(年序号 qchx. yb. x,年序号 qchx. nb. x,土地增值税预征.开发销售期.融资前损益.项目.销售 lrqs. yb. x)

L32＝SUMIF(年序号 qchx. yb. x,年序号 qchx. nb. x,土地增值税清算.开发销售期.融资前损益.项目.销售 lrqs. yb. x)

L33＝SUMIF(年序号 qchx. yb. x,年序号 qchx. nb. x,利息支出.开发销售期.融资前损益.项目.销售 lrqs. yb. x)

L34＝M22－M26

L35＝IF(M38>0,M38 * 企业所得税率 qjzb,0)

L36＝M34

L37＝OFFSET(所得税结转.融资前损益.项目销售 ssjz! $R$3,COLUMN(B1)－1,)

L38＝IF(M36>0,M36－L37,0)

L39＝M34－M35

L40＝SUM($L$34:M34)

L41＝SUM($L$39:M39)

10.3.3 融资前销售所得税亏损结转

融资前销售所得税亏损结转见表 10.12。

表 10.12　融资前销售所得税亏损结转　　单位：万元

行次	项目	年度		纳税调整后所得	合并、分立转入（转出）可弥补的亏损额	当年可弥补的所得额
		1		2	3	4
1	前五年度		-2			0.00
2	前四年度		-1			0.00
3	前三年度		0			0.00
4	前二年度	2015	1	-73, 296. 31		-73, 296. 31
5	前一年度	2016	2	-33, 376. 17		-33, 376. 17
6	本年	2017	3	214, 234. 47		0.00
7	可结转以后年度弥补的亏损额合计					

行次	以前年度亏损已弥补额					本年度实际弥补以前年度的亏损额	可结转以后年度弥补的亏损额
	前四年度	前三年度	前二年度	前一年度	合计		4
	5	6	7	8	9	10	11
1	0. 00	0. 00	0. 00	0. 00	0. 00	0. 00	—
2	—	0. 00	0. 00	0. 00	0. 00	0. 00	0. 00
3	—	—	0. 00	0. 00	0. 00	0. 00	0. 00
4	—	—	—	0. 00	0. 00	73, 296. 31	0. 00
5	—	—	—	—	0. 00	140, 938. 15	-107, 561. 98
6	—	—	—	—	—	214, 234. 47	0. 00
7							-107, 561. 98

10.4　融资前租赁业务动态损益

10. 4. 1　融资前租赁动态损益月表

融资前租赁动态损益月表见表 10. 13。

表 10.13 融资前租赁动态损益月表

单位：万元

	24	WK		
	J24：WK47	47	I	AQ
	J18：WK18	18	月序号	总第 34 个月
	J19：WK19	19	土地月序	土第 31 个月
	J20：WK20	20	年份号	2017 年
	J21：WK21	21	年序号	第 3 年
	J22：WK22	22	开始日期	2017 年 11 月 01 日
F	J23：WK23	23	完成日期	2017 年 11 月 30 日
2, 117, 812. 75	J24：WK24	24	总收入	2, 898. 32
2, 110, 174. 42	J25：WK25	25	经营收入	2, 898. 32
2, 050, 827. 07	J26：WK26	26	租赁含税收入	2, 455. 24
59, 347. 35	J27：WK27	27	返租含税收入	443. 08
7, 638. 33	J28：WK28	28	回收固定资产余值	0. 00
0. 00	J29：WK29	29	不动产转售净收入	0. 00
0. 00	J30：WK30	30	其他收入	0. 00
1, 250, 045. 80	J31：WK31	31	税前总成本	2, 391. 77
1, 250, 045. 80	J32：WK32	32	税前总成本. 租赁运营期	2, 391. 77
694, 974. 28	J33：WK33	33	营业成本. 租赁运营期	1, 664. 52
187, 977. 21	J34：WK34	34	增值税及附加. 租赁运营期	143. 69
221, 711. 03	J35：WK35	35	房产税. 租赁运营期	265. 43
255. 04	J36：WK36	36	土地使用税. 租赁运营期	0. 56
0. 00	J37：WK37	37	利息支出. 租赁运营期	0. 00
145, 128. 24	J38：WK38	38	折旧. 租赁运营期	317. 57
0. 00	J39：WK39	39	摊销. 租赁运营期	0. 00
867, 766. 95	J40：WK40	40	利润总额	506. 55
219, 052. 67	J41：WK41	41	企业所得税	126. 64
867, 766. 95	J42：WK42	42	纳税调整后所得	506. 55
0. 00	J43：WK43	43	所得亏损五年结转	0. 00
867, 766. 95	J44：WK44	44	应纳税所得	506. 55
648, 714. 28	J45：WK45	45	净利润	379. 91
867, 766. 95	J46：WK46	46	利润总额账户余额	−7, 937. 19
648, 714. 28	J47：WK47	47	净利润账户余额	−8, 063. 83

J24 = SUM(J28:J30,J25)

J25=SUM(J26:J27)

J26=租赁含税收入.合计 zlsr. yb. x

J27=返租含税租金收入 fsyf. yb. x

J28=IF(残值回收期 qchx. yb. x="A",残值.融资前固定资产.租赁期.项目.静态 cfrq,0)

J31=SUM(0,J32)

J32=SUM(J33:J39)

J33=营业成本.租赁运营期 cbft. yb. x

J34=增值税及附加.租赁运营期 zszy. yb. x

J35=J26/(1+增值税率.不动产租售 qjzb)*房产税率 qjzb

J36=IF(商管经营期 qchx. yb. x="A",规划净用地.平方米 sgzb*比例.可租赁产权建面 jyhl*土地使用税.元.月.平方米 qjzb/10000,0)

J38=IF(资产折旧期 qchx. yb. x="A",月折旧额.融资前固定资产.租赁期.项目.静态 cfrq,0)

J40=J24-J31

J41=IF(J44>0,J44*企业所得税率 qjzb,0)

J42=J40

J44=SUM(J42:J43)

J45=J40-J41

J46=SUM($J$40:J40)

J47=SUM($J$45:J45)

10.4.2　融资前租赁动态损益年表

融资前租赁动态损益年表见表 10.14。

表 10.14　融资前租赁动态损益年表　　单位：万元

	22	BI		
	L22：BI45	45	K	N
	L20：BI20	20	年份号	2017 年
H	L21：BI21	21	年序号	第 3 年
2, 117, 812. 75	L22：BI22	22	总收入	6, 239. 72
2, 110, 174. 42	L23：BI23	23	经营收入	6, 239. 72
2, 050, 827. 07	L24：BI24	24	租赁含税收入	4, 910. 47
59, 347. 35	L25：BI25	25	返租含税收入	1, 329. 25
7, 638. 33	L26：BI26	26	回收固定资产余值	0. 00
0. 00	L27：BI27	27	不动产转售净收入	0. 00

续表

H	22 L22：BI45 L20：BI20 L21：BI21	BI 45 20 21	K 年份号 年序号	N 2017 年 第 3 年
0. 00	L28：BI28	28	其他收入	0. 00
1, 250, 045. 80	L29：BI29	29	税前总成本	12, 433. 57
1, 250, 045. 80	L30：BI30	30	税前总成本. 租赁运营期	12, 433. 57
694, 974. 28	L31：BI31	31	营业成本. 租赁运营期	8, 989. 44
187, 977. 21	L32：BI32	32	增值税及附加. 租赁运营期	368. 26
221, 711. 03	L33：BI33	33	房产税. 租赁运营期	530. 86
255. 04	L34：BI34	34	土地使用税. 租赁运营期	4. 46
0. 00	L35：BI35	35	利息支出. 租赁运营期	0. 00
145, 128. 24	L36：BI36	36	折旧. 租赁运营期	2, 540. 54
0. 00	L37：BI37	37	摊销. 租赁运营期	0. 00
867, 766. 95	L38：BI38	38	利润总额	−6, 193. 85
219, 507. 05	L39：BI39	39	企业所得税	0. 00
867, 766. 95	L40：BI40	40	纳税调整后所得	−6, 193. 85
−3, 287. 97	L41：BI41	41	所得亏损五年结转	6, 583. 57
878, 028. 21	L42：BI42	42	应纳税所得	0. 00
648, 259. 90	L43：BI43	43	净利润	−6, 193. 85
867, 766. 95	L44：BI44	44	利润总额账户余额	−6, 583. 57
648, 259. 90	L45：BI45	45	净利润账户余额	−6, 583. 57

L22 = SUM(L26:L28,L23)

L23 = SUM(L24:L25)

L24 = SUMIF(年序号 qchx. yb. x,年序号 qchx. nb. x,租赁含税收入.融资前损益.项目.租赁 lrqs. yb. x)

L25 = SUMIF(年序号 qchx. yb. x,年序号 qchx. nb. x,返租含税收入.融资前损益.项目.租赁 lrqs. yb. x)

L26 = SUMIF(年序号 qchx. yb. x,年序号 qchx. nb. x,回收固定资产余值.融资前损益.项目.租赁 lrqs. yb. x)

L27 = SUMIF(年序号 qchx. yb. x,年序号 qchx. nb. x,不动产转售净收入.融资前损益.项目.租赁 lrqs. yb. x)

L28 = SUMIF(年序号 qchx. yb. x,年序号 qchx. nb. x,其他收入.融资前损益.项目.租赁 lrqs. yb. x)

L29 = SUM(0,L30)

L30 = SUM(L31:L37)

L31 = SUMIF(年序号 qchx. yb. x,年序号 qchx. nb. x,营业成本.租赁运营期.融资前损益.项目.租赁 lrqs. yb. x)

L32 = SUMIF(年序号 qchx. yb. x,年序号 qchx. nb. x,增值税及附加.租赁运营期.融资前损益.项目.租赁 lrqs. yb. x)

L33 = SUMIF(年序号 qchx. yb. x,年序号 qchx. nb. x,房产税.租赁运营期.融资前损益.项目.租赁 lrqs. yb. x)

L34 = SUMIF(年序号 qchx. yb. x,年序号 qchx. nb. x,土地使用税.租赁运营期.融资前损益.项目.租赁 lrqs. yb. x)

L35 = SUMIF(年序号 qchx. yb. x,年序号 qchx. nb. x,利息支出.租赁运营期.融资前损益.项目.租赁 lrqs. yb. x)

L36 = SUMIF(年序号 qchx. yb. x,年序号 qchx. nb. x,折旧.租赁运营期.融资前损益.项目.租赁 lrqs. yb. x)

L37 = SUMIF(年序号 qchx. yb. x,年序号 qchx. nb. x,摊销.租赁运营期.融资前损益.项目.租赁 lrqs. yb. x)

L38 = L22-L29

L39 = IF(L42>0,L42 * 企业所得税率 qjzb,0)

L40 = L38

L41 = OFFSET(所得税结转.融资前损益.项目租赁 ssjz! $R$3,COLUMN(A1)-1,)

L42 = IF(L40>0,L40-K41,0)

L43 = L38-L39

L44 = SUM($L$38:L38)

L45 = SUM($L$43:L43)

10.4.3　融资前租赁所得税亏损结转

融资前租赁所得税亏损结转见表 10.15。

表 10.15　融资前租赁所得税亏损结转　　单位：万元

行次	项目	年度		纳税调整后所得	合并、分立转入（转出）可弥补的亏损额	当年可弥补的所得额
		1		2	3	4
1	前五年度		-2			0.00
2	前四年度		-1			0.00

续表

行次	项目	年度		纳税调整后所得	合并、分立转入（转出）可弥补的亏损额	当年可弥补的所得额
			1	2	3	4
3	前三年度		0			0.00
4	前二年度	2015	1	0.00		0.00
5	前一年度	2016	2	-389.72		-389.72
6	本年	2017	3	-6,193.85		-6,193.85
7	可结转以后年度弥补的亏损额合计					

行次	以前年度亏损已弥补额					本年度实际弥补以前年度的亏损额	可结转以后年度弥补的亏损额
	前四年度	前三年度	前二年度	前一年度	合计		4
	5	6	7	8	9	10	11
1	0.00	0.00	0.00	0.00	0.00	0.00	—
2	—	0.00	0.00	0.00	0.00	0.00	0.00
3	—	—	0.00	0.00	0.00	0.00	0.00
4	—	—	—	0.00	0.00	0.00	0.00
5	—	—	—	—	0.00	0.00	389.72
6	—	—	—	—	—	0.00	6,193.85
7							6,583.57

10.5 融资后租售业务动态损益

10.5.1 土地增值税清算表

在基于融资前动态损益下的土地增值税清算表的模板中增设开发销售期的利息支出科目后，可创建如表10.16所示的土地增值税清算表（基于融资后动态损益的经营）。

表 10.16　土地增值税清算表

4	利息可分摊且有金融证明	1.25	
5	利息不可分摊且无金融证明	1.30	
6	清单对象	新房	
J	E10：E46	F10：F46	G10：G46
D	E	F	G
46	应税科目	其他类型房地产（万元）	元/总建面（元/m^2）
10	转让房地产收入总额. 除税	273,325.68	12,283.60
11	货币收入	273,325.68	12,283.60
12	实物收入及其他收入	0.00	0.00
13	视同销售收入	0.00	0.00
14	扣除项目金额合计	131,666.41	5,917.25
15	取得土地使用权所支付的金额	45,577.65	2,048.32
16	房地产开发成本	58,332.52	2,621.54
17	土地征用及拆迁补偿费	11,943.72	536.77
18	前期工程费	2,460.87	110.59
19	建筑安装工程费	29,204.37	1,312.48
20	基础设施费	1,001.61	45.01
21	公共配套设施费	7,447.97	334.72
22	甲供购置费	4,621.88	207.71
23	开发间接费用	1,652.09	74.25
24	房地产开发费用	0.00	0.00
25	利息支出	0.00	0.00
26	其他房地产开发费用	0.00	0.00
27	与转让房地产有关的税金等	1,778.70	79.94
28	营业税	0.00	0.00
29	城市维护建设税	1,037.57	46.63
30	教育费附加	741.12	33.31
31	财政部规定的其他扣除项目		0.00
32	代收费用	0.00	0.00
33	增值额	141,659.27	6,366.34
34	增值率	1.08	0.05
35	适用税率.%		0.00
36	速算扣除系数.%		0.00
37	应缴土地增值税税额	51,079.67	2,295.58

续表

4	利息可分摊且有金融证明	1.25	
5	利息不可分摊且无金融证明	1.30	
6	清单对象	新房	
J	E10：E46	F10：F46	G10：G46
D	E	F	G
46	应税科目	其他类型房地产（万元）	元/总建面（元/m²）
38	减免税额	0.00	0.00
39	减免性质代码（1）		0.00
40	减免税额（1）		0.00
41	减免性质代码（2）		0.00
42	减免税额（2）		0.00
43	减免性质代码（3）		0.00
44	减免税额（3）		0.00
45	已缴土地增值税税额	13,666.28	614.18
46	应补或退土地增值税税额	37,413.39	1,681.40

F10=SUM(F11:F13)

F11=SUM(销售含税收入.合计 xssr. yb. x)/(1+增值税率.不动产租售 qjzb)

F14=SUM(取得土地使用权所支付的金额.融资后损益.项目 tzsq,房地产开发成本.融资后损益.项目 tzsq) * 1.25+SUM(利息支出.融资后损益.项目 tzsq,与转让房地产有关的税金等.融资后损益.项目 tzsq)+财政部规定的其他扣除项目.融资后损益.项目 tzsq

F15=SUM(土地使用权费取得费 tkff. y) * 比例.可销售产权建面 jyhl

F16=SUM(F17:F23)

F17=SUM(生地变熟地开发费.支出 tkff. yb. x) * 比例.可销售产权建面 jyhl

F18=SUM(前期工程费.含甲含税.支出 qgcf. yb. x) * 比例.可销售产权建面 jyhl

F19=SUM(建筑安装工程费.除甲含税.支出 gcsf. yb. x) * 比例.可销售产权建面 jyhl

F20=SUM(基础设施费.除甲含税.支出 gcsf. yb. x) * 比例.可销售产权建面 jyhl

F21=SUM(公共配套设施费.除甲含税.支出 gcsf. yb. x) * 比例.可销售产权建面 jyhl

F22=SUM(甲供购置费.甲供含税.支出 jggf. yb. x) * 比例.可销售产权建面 jyhl

F23=SUM(开发间接费分摊值.开发销售期 jycb. yb. x)

F24=SUM(F25:F26)

F27=SUM(F28:F30)

F29=SUM(城市维护建设税.开发销售期 zzs. yb. x)

F30 = SUM (教育附加税. 开发销售期 zzs. yb. x, 地方教育附加税. 开发销售期 zzs. yb. x)

F33 = F10-F14

F34 = IFERROR(F33/F14, 0)

F37 = IF(增值率.融资后损益.项目 tzsq< = 0, 0, IF(增值率.融资后损益.项目 tzsq< = 50%, 增值额.融资后损益.项目 tzsq * 30% -扣除项目金额合计.融资后损益.项目 tzsq * 0%, IF(增值率.融资后损益.项目 tzsq< = 100%, 增值额.融资后损益.项目 tzsq * 40% -扣除项目金额合计.融资后损益.项目 tzsq * 5%, IF(增值率.融资后损益.项目 tzsq< = 200%, 增值额.融资后损益.项目 tzsq * 50% -扣除项目金额合计.融资后损益.项目 tzsq * 15%, 增值额.融资后损益.项目 tzsq * 60% -扣除项目金额合计.融资后损益.项目 tzsq * 35%))))

F38 = SUM(F39:F44)

F45 = SUM(土地增值税预征.开发销售期.融资后损益.项目 lrzh. nb. x)

F46 = F37-F45

10.5.2　融资后动态损益月表

在融资前动态损益月表的模板中增设开发销售期的利息支出科目后，创建如表 10.17 所示的融资后动态损益月表。

表 10.17　融资后动态损益月表　　单位：万元

	24	WK		
	J24：WK62	62	I	AF
	J18：WK18	18	月序号	总第 23 个月
	J19：WK19	19	土地月序	土第 20 个月
	J20：WK20	20	年份号	2016 年
	J21：WK21	21	年序号	第 2 年
	J22：WK22	22	开始日期	2016 年 12 月 01 日
F	J23：WK23	23	完成日期	2016 年 12 月 31 日
2, 421, 808. 62	J24：WK24	24	总收入	24, 118. 11
2, 413, 565. 92	J25：WK25	25	经营收入	24, 118. 11
303, 391. 50	J26：WK26	26	销售含税收入	24, 118. 11
2, 050, 827. 07	J27：WK27	27	租赁含税收入	0. 00
59, 347. 35	J28：WK28	28	返租含税收入	0. 00
8, 242. 70	J29：WK29	29	回收固定资产余值	0. 00
0. 00	J30：WK30	30	不动产转售净收入	0. 00

续表

	24	WK		
	J24：WK62	62	I	AF
	J18：WK18	18	月序号	总第 23 个月
	J19：WK19	19	土地月序	土第 20 个月
	J20：WK20	20	年份号	2016 年
	J21：WK21	21	年序号	第 2 年
	J22：WK22	22	开始日期	2016 年 12 月 01 日
F	J23：WK23	23	完成日期	2016 年 12 月 31 日
0.00	J31：WK31	31	其他收入	0.00
1,511,495.39	J32：WK32	32	税前总成本	10,969.57
249,966.51	J33：WK33	33	税前总成本. 房开销售期	10,579.85
162,242.69	J34：WK34	34	营业成本. 开发销售期	8,179.84
16,601.16	J35：WK35	35	增值税及附加. 开发销售期	667.68
36.95	J36：WK36	36	土地使用税. 开发销售期	0.92
13,666.28	J37：WK37	37	土地增值税预征. 开发销售期	1,086.40
37,413.39	J38：WK38	38	土地增值税清算. 开发销售期	0.00
20,006.04	J39：WK39	39	利息支出. 开发销售期	645.00
1,261,528.88	J40：WK40	40	税前总成本. 租赁运营期	389.72
694,974.28	J41：WK41	41	营业成本. 租赁运营期	389.72
187,977.21	J42：WK42	42	增值税及附加. 租赁运营期	0.00
221,711.03	J43：WK43	43	房产税. 租赁运营期	0.00
255.04	J44：WK44	44	土地使用税. 租赁运营期	0.00
0.00	J45：WK45	45	利息支出. 租赁运营期	0.00
156,611.31	J46：WK46	46	折旧. 租赁运营期	0.00
0.00	J47：WK47	47	摊销. 租赁运营期	0.00
910,313.23	J48：WK48	48	利润总额	13,148.54
267,076.98	J49：WK49	49	企业所得税	3,287.13
910,313.23	J50：WK50	50	纳税调整后所得	13,148.54
0.00	J51：WK51	51	所得亏损五年结转	0.00
910,313.23	J52：WK52	52	应纳税所得	13,148.54
643,236.25	J53：WK53	53	净利润	9,861.40
910,313.23	J54：WK54	54	利润总额账户余额	-108,363.14
643,236.25	J55：WK55	55	净利润账户余额	-111,650.28
230,784.23	J56：WK56	56	息前税前利润总额. 还款期内	13,793.54

续表

	24	WK		
	J24：WK62	62	I	AF
	J18：WK18	18	月序号	总第 23 个月
	J19：WK19	19	土地月序	土第 20 个月
	J20：WK20	20	年份号	2016 年
	J21：WK21	21	年序号	第 2 年
	J22：WK22	22	开始日期	2016 年 12 月 01 日
F	J23：WK23	23	完成日期	2016 年 12 月 31 日
64,033.35	J57：WK57	57	企业所得税. 还款期内	3,287.13
18,505.49	J58：WK58	58	折旧. 还款期内	0.00
0.00	J59：WK59	59	摊销. 还款期内	0.00
185,256.37	J60：WK60	60	可用于还本付息的资金. 还款期间	10,506.41
230,784.23	J61：WK61	61	息前税前利润. 还款期间	13,793.54
621,948.77	J62：WK62	62	净利润. 运营期	0.00

J24=SUM(J29:J31,J25)

J25=SUM(J26:J28)

J26=销售含税收入.合计 xssr. yb. x

J27=租赁含税收入.合计 zlsr. yb. x

J28=返租含税租金收入 fsyf. yb. x

J29=IF(残值回收期 qchx. yb. x="A",残值.融资后固定资产.租赁期.项目.静态 cfrq,0)

J32=SUM(J33,J40)

J33=SUM(J34:J39)

J34=营业成本.开发销售期 jycb. yb. x

J35=增值税及附加.开发销售期 zzs. yb. x

J36=IF(开发销售期 qchx. yb. x="A",规划净用地.平方米 sgzb * 土地使用税.元.月.平方米 qjzb/10000,0)

J37=J26/(1+增值税率.不动产租售 qjzb) * 预征率.土地增值税率 qjzb

J38=IF(土地增值税清算期 qchx. yb. x="A",应补或退土地增值税税额.融资后损益.项目 tzsq,0)

J39=借款利息偿还.均摊法 zjph. yb. x

J40=SUM(J41:J47)

J41=营业成本.租赁运营期 cbft. yb. x

J42=增值税及附加.租赁运营期 zszy. yb. x

J43=J27/(1+增值税率.不动产租售 qjzb) * 房产税率 qjzb

J44=IF(商管经营期 qchx. yb. x="A",规划净用地.平方米 sgzb * 比例.可租赁产权建面 jyhl * 土地使用税.元.月.平方米 qjzb/10000, 0)

J46=IF(资产折旧期 qchx. yb. x="A",月折旧额.融资后固定资产.租赁期.项目.静态 cfrq,0)

J48=J24-J32

J49=IF(J52>0,J52 * 企业所得税率 qjzb,0)

J50=J48

J52=SUM(J50:J51)

J53=J48-J49

J54=SUM($J$48:J48)

J55=SUM($J$53:J53)

J56=IF(还款周期.均摊法 rshz. yb. x="A",J48+J39, 0)

J57=IF(还款周期.均摊法 rshz. yb. x="A",J49, 0)

J58=IF(还款周期.均摊法 rshz. yb. x="A",J46, 0)

J59=IF(还款周期.均摊法 rshz. yb. x="A",J47, 0)

J60=IF(还款周期.均摊法 rshz. yb. x="A",J53+J46+J47+J39, 0)

J61=IF(还款周期.均摊法 rshz. yb. x="A",J48+J39, 0)

J62=IF(收入租金期 qchx. yb. x="A",J53, 0)

10.5.3 融资后动态损益年表

月表、季度报表、年表是最常用的时间统计周期。通过设置逻辑公式将融资后动态损益月表自动合并为融资后动态损益年表（表 10.18）。

表 10.18 融资后动态损益年表　　单位：万元

	22	BI		
	L22：BI53	53	K	M
	L20：BI20	20	年份号	2016 年
H	L21：BI21	21	年序号	第 2 年
2, 421, 808. 62	L22：BI22	22	总收入	24, 118. 11
2, 413, 565. 92	L23：BI23	23	经营收入	24, 118. 11
303, 391. 50	L24：BI24	24	销售含税收入	24, 118. 11
2, 050, 827. 07	L25：BI25	25	租赁含税收入	0. 00
59, 347. 35	L26：BI26	26	返租含税收入	0. 00
8, 242. 70	L27：BI27	27	回收固定资产余值	0. 00
0. 00	L28：BI28	28	不动产转售净收入	0. 00

续表

	22	BI		
	L22：BI53	53	K	M
	L20：BI20	20	年份号	2016 年
H	L21：BI21	21	年序号	第 2 年
0. 00	L29：BI29	29	其他收入	0. 00
1, 511, 495. 39	L30：BI30	30	税前总成本	59, 184. 94
249, 966. 51	L31：BI31	31	税前总成本. 房开销售期	58, 795. 22
162, 242. 69	L32：BI32	32	营业成本. 开发销售期	55, 729. 12
16, 601. 16	L33：BI33	33	增值税及附加. 开发销售期	667. 68
36. 95	L34：BI34	34	土地使用税. 开发销售期	11. 08
13, 666. 28	L35：BI35	35	土地增值税预征. 开发销售期	1, 086. 40
37, 413. 39	L36：BI36	36	土地增值税清算. 开发销售期	0. 00
20, 006. 04	L37：BI37	37	利息支出. 开发销售期	1, 300. 94
1, 261, 528. 88	L38：BI38	38	税前总成本. 租赁运营期	389. 72
694, 974. 28	L39：BI39	39	营业成本. 租赁运营期	389. 72
187, 977. 21	L40：BI40	40	增值税及附加. 租赁运营期	0. 00
221, 711. 03	L41：BI41	41	房产税. 租赁运营期	0. 00
255. 04	L42：BI42	42	土地使用税. 租赁运营期	0. 00
0. 00	L43：BI43	43	利息支出. 租赁运营期	0. 00
156, 611. 31	L44：BI44	44	折旧. 租赁运营期	0. 00
0. 00	L45：BI45	45	摊销. 租赁运营期	0. 00
910, 313. 23	L46：BI46	46	利润总额	−35, 066. 83
227, 748. 48	L47：BI47	47	企业所得税	0. 00
910, 313. 23	L48：BI48	48	纳税调整后所得	−35, 066. 83
121, 447. 89	L49：BI49	49	所得亏损五年结转	108, 363. 14
900, 836. 40	L50：BI50	50	应纳税所得	0. 00
682, 564. 75	L51：BI51	51	净利润	−35, 066. 83
910, 313. 23	L52：BI52	52	利润总额账户余额	−108, 363. 14
682, 564. 75	L53：BI53	53	净利润账户余额	−108, 363. 14

L22 = SUM(L27:L29, L23)

L23 = SUM(L24:L26)

L24 = SUMIF(年序号 qchx. yb. x, 年序号 qchx. nb. x, 销售含税收入.融资后损益.项目 lrzh. yb. x)

L25 = SUMIF(年序号 qchx. yb. x, 年序号 qchx. nb. x, 租赁含税收入.融资后损益.项目

lrzh. yb. x）

L26＝SUMIF（年序号 qchx. yb. x，年序号 qchx. nb. x，返租含税收入.融资后损益.项目 lrzh. yb. x）

L27＝SUMIF（年序号 qchx. yb. x，年序号 qchx. nb. x，回收固定资产余值.融资后损益.项目 lrzh. yb. x）

L28＝SUMIF（年序号 qchx. yb. x，年序号 qchx. nb. x，不动产转售净收入.融资后损益.项目 lrzh. yb. x）

L29＝SUMIF（年序号 qchx. yb. x，年序号 qchx. nb. x，其他收入.融资后损益.项目 lrzh. yb. x）

L30＝SUM（L31，L38）

L31＝SUM（L32：L37）

L32＝SUMIF（年序号 qchx. yb. x，年序号 qchx. nb. x，营业成本.开发销售期.融资后损益.项目 lrzh. yb. x）

L33＝SUMIF（年序号 qchx. yb. x，年序号 qchx. nb. x，增值税及附加.开发销售期.融资后损益.项目 lrzh. yb. x）

L34＝SUMIF（年序号 qchx. yb. x，年序号 qchx. nb. x，土地使用税.开发销售期.融资后损益.项目 lrzh. yb. x）

L35＝SUMIF（年序号 qchx. yb. x，年序号 qchx. nb. x，土地增值税预征.开发销售期.融资后损益.项目 lrzh. yb. x）

L36＝SUMIF（年序号 qchx. yb. x，年序号 qchx. nb. x，土地增值税清算.开发销售期.融资后损益.项目 lrzh. yb. x）

L37＝SUMIF（年序号 qchx. yb. x，年序号 qchx. nb. x，利息支出.开发销售期.融资后损益.项目 lrzh. yb. x）

L38＝SUM（L39：L45）

L39＝SUMIF（年序号 qchx. yb. x，年序号 qchx. nb. x，营业成本.租赁运营期.融资后损益.项目 lrzh. yb. x）

L40＝SUMIF（年序号 qchx. yb. x，年序号 qchx. nb. x，增值税及附加.租赁运营期.融资后损益.项目 lrzh. yb. x）

L41＝SUMIF（年序号 qchx. yb. x，年序号 qchx. nb. x，房产税.租赁运营期.融资后损益.项目 lrzh. yb. x）

L42＝SUMIF（年序号 qchx. yb. x，年序号 qchx. nb. x，土地使用税.租赁运营期.融资后损益.项目 lrzh. yb. x）

L43＝SUMIF（年序号 qchx. yb. x，年序号 qchx. nb. x，利息支出.租赁运营期.融资后损益.项目 lrzh. yb. x）

L44＝SUMIF（年序号 qchx. yb. x，年序号 qchx. nb. x，折旧.租赁运营期.融资后损益.项目 lrzh. yb. x）

L45=SUMIF(年序号 qchx. yb. x,年序号 qchx. nb. x,摊销.租赁运营期.融资后损益.项目 lrzh. yb. x)

L46=L22-L30

L47=IF(L50>0,L50 * 企业所得税率 qjzb,0)

L48=L46

L49=OFFSET(所得税结转.融资后损益.项目 ssjz! $R$3,COLUMN(A1)-1,)

L50=IF(L48>0,L48-K49,0)

L51=L46-L47

L52=SUM($L$46:L46)

L53=SUM($L$51:L51)

10.5.4 所得税亏损结转表

根据企业所得税实施条例，对于经营损益的亏损，以五年为一个周期，可结转处理，由于所得税结转亏损建模的数据表繁多，限于本书的篇幅限制，在此仅选取以下两个数据表，具体详见电子版本的“敏感算法决策模型”（表 10. 19）。

表 10.19　所得税亏损结转表　　单位：万元

行次	项目		年度	纳税调整后所得	合并、分立转入（转出）可弥补的亏损额	当年可弥补的所得额
			1	2	3	4
1	前五年度		-2			0. 00
2	前四年度		-1			0. 00
3	前三年度		0			0. 00
4	前二年度	2015	1	-73, 296. 31		-73, 296. 31
5	前一年度	2016	2	-35, 066. 83		-35, 066. 83
6	本年	2017	3	200, 952. 28		0. 00
7	可结转以后年度弥补的亏损额合计					

行次	以前年度亏损已弥补额					本年度实际弥补以前年度的亏损额	可结转以后年度弥补的亏损额
	前四年度	前三年度	前二年度	前一年度	合计		4
	5	6	7	8	9	10	11
1	0. 00	0. 00	0. 00	0. 00	0. 00	0. 00	—
2	—	0. 00	0. 00	0. 00	0. 00	0. 00	0. 00

续表

行次	以前年度亏损已弥补额					本年度实际弥补以前年度的亏损额	可结转以后年度弥补的亏损额
	前四年度	前三年度	前二年度	前一年度	合计		4
	5	6	7	8	9	10	11
3	—	—	0.00	0.00	0.00	0.00	0.00
4	—	—	—	0.00	0.00	73, 296. 31	0.00
5	—	—	—	—	0.00	127, 655. 96	−92, 589. 13
6	—	—	—	—	—	200, 952. 28	0.00
7							−92, 589. 13

10.6 融资后销售业务动态损益

10.6.1 融资后销售动态损益月表

融资后销售动态损益月表见表 10. 20。

表 10. 20 融资后销售动态损益月表 单位：万元

	24	WK		
	J24：WK43	43	I	AF
	J18：WK18	18	月序号	总第 23 个月
	J19：WK19	19	土地月序	土第 20 个月
	J20：WK20	20	年份号	2016 年
	J21：WK21	21	年序号	第 2 年
	J22：WK22	22	开始日期	2016 年 12 月 01 日
F	J23：WK23	23	完成日期	2016 年 12 月 31 日
303, 391. 50	J24：WK24	24	总收入	24, 118. 11
303, 391. 50	J25：WK25	25	经营收入	24, 118. 11
303, 391. 50	J26：WK26	26	销售含税收入	24, 118. 11
0. 00	J27：WK27	27	其他收入	0. 00
249, 966. 51	J28：WK28	28	税前总成本	10, 579. 85
249, 966. 51	J29：WK29	29	税前总成本. 房开销售期	10, 579. 85

续表

	24	WK		
	J24：WK43	43	I	AF
	J18：WK18	18	月序号	总第 23 个月
	J19：WK19	19	土地月序	土第 20 个月
	J20：WK20	20	年份号	2016 年
	J21：WK21	21	年序号	第 2 年
	J22：WK22	22	开始日期	2016 年 12 月 01 日
F	J23：WK23	23	完成日期	2016 年 12 月 31 日
162, 242. 69	J30：WK30	30	营业成本. 开发销售期	8, 179. 84
16, 601. 16	J31：WK31	31	增值税及附加. 开发销售期	667. 68
36. 95	J32：WK32	32	土地使用税. 开发销售期	0. 92
13, 666. 28	J33：WK33	33	土地增值税预征. 开发销售期	1, 086. 40
37, 413. 39	J34：WK34	34	土地增值税清算. 开发销售期	0. 00
20, 006. 04	J35：WK35	35	利息支出. 开发销售期	645. 00
53, 424. 99	J36：WK36	36	利润总额	13, 538. 26
55, 440. 69	J37：WK37	37	企业所得税	3, 384. 57
53, 424. 99	J38：WK38	38	纳税调整后所得	13, 538. 26
0. 00	J39：WK39	39	所得亏损五年结转	0. 00
53, 424. 99	J40：WK40	40	应纳税所得	13, 538. 26
-2, 015. 69	J41：WK41	41	净利润	10, 153. 70
100, 251. 06	J42：WK42	42	利润总额账户余额	-107, 973. 42
44, 810. 37	J43：WK43	43	净利润账户余额	-111, 357. 99

J24=SUM(J27:J27,J25)

J25=SUM(J26:J26)

J26=销售含税收入.合计 xssr. yb. x

J28=SUM(J29, 0)

J29=SUM(J30:J35)

J30=营业成本.开发销售期 jycb. yb. x

J31=增值税及附加.开发销售期 zzs. yb. x

J32=IF(开发销售期 qchx. yb. x="A",规划净用地.平方米 sgzb * 土地使用税.元.月.平方米 qjzb/10000, 0)

J33=J26/(1+增值税率.不动产租售 qjzb) * 预征率.土地增值税率 qjzb

J34=IF(土地增值税清算期 qchx. yb. x="A",应补或退土地增值税税额.融资后损

益.项目 tzsq,0)

J35=借款利息偿还.均摊法 zjph. yb. x

J36=J24-J28

J37=IF(J40>0,J40 * 企业所得税率 qjzb,0)

J38=J36

J40=SUM(J38:J39)

J41=J36-J37

J42=SUM($J$36:J36)

J43=SUM($J$41:J41)

10.6.2 融资后销售动态损益年表

融资后销售动态损益年表见表 10.21。

表 10.21 融资后销售动态损益年表 单位：万元

	22	BI		
	L22：BI41	41	K	M
	L20：BI20	20	年份号	2016 年
H	L21：BI21	21	年序号	第 2 年
303,391.50	L22：BI22	22	总收入	24,118.11
303,391.50	L23：BI23	23	经营收入	24,118.11
303,391.50	L24：BI24	24	销售含税收入	24,118.11
0.00	L25：BI25	25	其他收入	0.00
249,966.51	L26：BI26	26	税前总成本	58,795.22
249,966.51	L27：BI27	27	税前总成本. 房开销售期	58,795.22
162,242.69	L28：BI28	28	营业成本. 开发销售期	55,729.12
16,601.16	L29：BI29	29	增值税及附加. 开发销售期	667.68
36.95	L30：BI30	30	土地使用税. 开发销售期	11.08
13,666.28	L31：BI31	31	土地增值税预征. 开发销售期	1,086.40
37,413.39	L32：BI32	32	土地增值税清算. 开发销售期	0.00
20,006.04	L33：BI33	33	利息支出. 开发销售期	1,300.94
53,424.99	L34：BI34	34	利润总额	-34,677.11
24,843.43	L35：BI35	35	企业所得税	0.00
53,424.99	L36：BI36	36	纳税调整后所得	-34,677.11
311,639.66	L37：BI37	37	所得亏损五年结转	107,973.42

续表

	22	BI		
	L22：BI41	41	K	M
	L20：BI20	20	年份号	2016 年
H	L21：BI21	21	年序号	第 2 年
99, 373. 72	L38：BI38	38	应纳税所得	0. 00
28, 581. 56	L39：BI39	39	净利润	-34, 677. 11
99, 373. 72	L40：BI40	40	利润总额账户余额	-107, 973. 42
74, 530. 29	L41：BI41	41	净利润账户余额	-107, 973. 42

L22=SUM(L25:L25,L23)

L23=SUM(L24:L24)

L24=SUMIF(年序号 qchx. yb. x,年序号 qchx. nb. x,销售含税收入.融资后损益.项目.销售 lrzh. yb. x)

L25=SUMIF(年序号 qchx. yb. x,年序号 qchx. nb. x,其他收入.融资后损益.项目.销售 lrzh. yb. x)

L26=SUM(L27, 0)

L27=SUM(L28:L33)

L28=SUMIF(年序号 qchx. yb. x,年序号 qchx. nb. x,营业成本.开发销售期.融资后损益.项目.销售 lrzh. yb. x)

L29=SUMIF(年序号 qchx. yb. x,年序号 qchx. nb. x,增值税及附加.开发销售期.融资后损益.项目.销售 lrzh. yb. x)

L30=SUMIF(年序号 qchx. yb. x,年序号 qchx. nb. x,土地使用税.开发销售期.融资后损益.项目.销售 lrzh. yb. x)

L31=SUMIF(年序号 qchx. yb. x,年序号 qchx. nb. x,土地增值税预征.开发销售期.融资后损益.项目.销售 lrzh. yb. x)

L32=SUMIF(年序号 qchx. yb. x,年序号 qchx. nb. x,土地增值税清算.开发销售期.融资后损益.项目.销售 lrzh. yb. x)

L33=SUMIF(年序号 qchx. yb. x,年序号 qchx. nb. x,利息支出.开发销售期.融资后损益.项目.销售 lrzh. yb. x)

L34=L22-L26

L35=IF(L38>0,L38 * 企业所得税率 qjzb,0)

L36=L34

L37=OFFSET(所得税结转.融资后损益.项目.销售 ssjz!$R$3,COLUMN(A1)-1,)

L38=IF(L36>0,L36-K37, 0)

L39 = L34 - L35

L40 = SUM($L$34:L34)

L41 = SUM($L$39:L39)

10.6.3 融资后销售所得税亏损结转

融资后销售所得税亏损结转见表 10.22。

表 10.22 融资后销售所得税亏损结转 单位：万元

行次	项目	年度		纳税调整后所得	合并、分立转入（转出）可弥补的亏损额	当年可弥补的所得额
			1	2	3	4
1	前五年度		-2			0.00
2	前四年度		-1			0.00
3	前三年度		0			0.00
4	前二年度	2015	1	-73, 296.31		-73, 296.31
5	前一年度	2016	2	-34, 677.11		-34, 677.11
6	本年	2017	3	207, 347.14		0.00
7	可结转以后年度弥补的亏损额合计					

行次	以前年度亏损已弥补额					本年度实际弥补以前年度的亏损额	可结转以后年度弥补的亏损额
	前四年度	前三年度	前二年度	前一年度	合计		4
	5	6	7	8	9	10	11
1	0.00	0.00	0.00	0.00	0.00	0.00	—
2	—	0.00	0.00	0.00	0.00	0.00	0.00
2	—	—	0.00	0.00	0.00	0.00	0.00
4	—	—	—	0.00	0.00	73, 296.31	0.00
5	—	—	—	—	0.00	134050.83	-99, 373.72
6	—	—	—	—	—	207, 347.14	0.00
7							-99, 373.72

10.7　融资后租赁业务动态损益

10.7.1　融资后租赁动态损益月表

融资后租赁动态损益月表见表 10.23。

表 10.23　融资后租赁动态损益月表　　单位：万元

	24	WK		
	J24：WK47	47	I	AP
	J18：WK18	18	月序号	总第 33 个月
	J19：WK19	19	土地月序	土第 30 个月
	J20：WK20	20	年份号	2017 年
	J21：WK21	21	年序号	第 3 年
	J22：WK22	22	开始日期	2017 年 10 月 01 日
F	J23：WK23	23	完成日期	2017 年 10 月 31 日
2, 118, 417. 12	J24：WK24	24	总收入	443. 08
2, 110, 174. 42	J25：WK25	25	经营收入	443. 08
2, 050, 827. 07	J26：WK26	26	租赁含税收入	0. 00
59, 347. 35	J27：WK27	27	返租含税收入	443. 08
8, 242. 70	J28：WK28	28	回收固定资产余值	0. 00
0. 00	J29：WK29	29	不动产转售净收入	0. 00
0. 00	J30：WK30	30	其他收入	0. 00
1, 261, 528. 88	J31：WK31	31	税前总成本	1, 271. 20
1, 261, 528. 88	J32：WK32	32	税前总成本. 租赁运营期	1, 271. 20
694, 974. 28	J33：WK33	33	营业成本. 租赁运营期	927. 95
187, 977. 21	J34：WK34	34	增值税及附加. 租赁运营期	0. 00
221, 711. 03	J35：WK35	35	房产税. 租赁运营期	0. 00
255. 04	J36：WK36	36	土地使用税. 租赁运营期	0. 56
0. 00	J37：WK37	37	利息支出. 租赁运营期	0. 00
156, 611. 31	J38：WK38	38	折旧. 租赁运营期	342. 69
0. 00	J39：WK39	39	摊销. 租赁运营期	0. 00
856, 888. 24	J40：WK40	40	利润总额	-828. 12

续表

	24	WK		
	J24：WK47	47	I	AP
	J18：WK18	18	月序号	总第 33 个月
	J19：WK19	19	土地月序	土第 30 个月
	J20：WK20	20	年份号	2017 年
	J21：WK21	21	年序号	第 3 年
	J22：WK22	22	开始日期	2017 年 10 月 01 日
F	J23：WK23	23	完成日期	2017 年 10 月 31 日
216, 370. 69	J41：WK41	41	企业所得税	0. 00
856, 888. 24	J42：WK42	42	纳税调整后所得	-828. 12
0. 00	J43：WK43	43	所得亏损五年结转	0. 00
856, 888. 24	J44：WK44	44	应纳税所得	-828. 12
640, 517. 56	J45：WK45	45	净利润	-828. 12
856, 888. 24	J46：WK46	46	利润总额账户余额	-8, 594. 50
640, 517. 56	J47：WK47	47	净利润账户余额	-8, 594. 50

J24=SUM(J28:J30,J25)

J25=SUM(J26:J27)

J26=租赁含税收入.合计 zlsr. yb. x

J27=返租含税租金收入 fsyf. yb. x

J28=IF(AND(可租赁产权建面.合计 jyhl<>0,残值回收期 qchx. yb. x="A"),残值.融资后固定资产.租赁期.项目.静态 cfrq,0)

J31=SUM(0,J32)

J32=SUM(J33:J39)

J33=营业成本.租赁运营期 cbft. yb. x

J34=增值税及附加.租赁运营期 zszy. yb. x

J35=J26/(1+增值税率.不动产租售 qjzb) * 房产税率 qjzb

J36=IF(商管经营期 qchx. yb. x="A",规划净用地.平方米 sgzb * 比例.可租赁产权建面 jyhl * 土地使用税.元.月.平方米 qjzb/10000,0)

J38=IF(AND(可租赁产权建面.合计 jyhl<>0,资产折旧期 qchx. yb. x="A"),月折旧额.融资后固定资产.租赁期.项目.静态 cfrq,0)

J40=J24-J31

J41=IF(J44>0,J44 * 企业所得税率 qjzb,0)

J42=J40

J44=SUM(J42:J43)

J45 = J40 - J41

J46 = SUM($J$40:J40)

J47 = SUM($J$45:J45)

10.7.2　融资后租赁动态损益年表

融资后租赁动态损益年表见表 10.24。

表 10.24　融资后租赁动态损益年表　　单位：万元

	22	BI		
	L22：BI45	45	K	N
	L20：BI20	20	年份号	2017 年
H	L21：BI21	21	年序号	第 3 年
2, 118, 417. 12	L22：BI22	22	总收入	6, 239. 72
2, 110, 174. 42	L23：BI23	23	经营收入	6, 239. 72
2, 050, 827. 07	L24：BI24	24	租赁含税收入	4, 910. 47
59, 347. 35	L25：BI25	25	返租含税收入	1, 329. 25
8, 242. 70	L26：BI26	26	回收固定资产余值	0. 00
0. 00	L27：BI27	27	不动产转售净收入	0. 00
0. 00	L28：BI28	28	其他收入	0. 00
1, 261, 528. 88	L29：BI29	29	税前总成本	12, 634. 58
1, 261, 528. 88	L30：BI30	30	税前总成本. 租赁运营期	12, 634. 58
694, 974. 28	L31：BI31	31	营业成本. 租赁运营期	8, 989. 44
187, 977. 21	L32：BI32	32	增值税及附加. 租赁运营期	368. 26
221, 711. 03	L33：BI33	33	房产税. 租赁运营期	530. 86
255. 04	L34：BI34	34	土地使用税. 租赁运营期	4. 46
0. 00	L35：BI35	35	利息支出. 租赁运营期	0. 00
156, 611. 31	L36：BI36	36	折旧. 租赁运营期	2, 741. 55
0. 00	L37：BI37	37	摊销. 租赁运营期	0. 00
856, 888. 24	L38：BI38	38	利润总额	-6, 394. 87
216, 661. 74	L39：BI39	39	企业所得税	0. 00
856, 888. 24	L40：BI40	40	纳税调整后所得	-6, 394. 87
-2, 584. 41	L41：BI41	41	所得亏损五年结转	6, 784. 59
866, 646. 96	L42：BI42	42	应纳税所得	0. 00
640, 226. 50	L43：BI43	43	净利润	-6, 394. 87

续表

	22	BI		
	L22：BI45	45	K	N
	L20：BI20	20	年份号	2017 年
H	L21：BI21	21	年序号	第 3 年
856, 888. 24	L44：BI44	44	利润总额账户余额	-6, 784. 59
640, 226. 50	L45：BI45	45	净利润账户余额	-6, 784. 59

L22＝SUM(L26:L28,L23)

L23＝SUM(L24:L25)

L24＝SUMIF(年序号 qchx. yb. x,年序号 qchx. nb. x,租赁含税收入.融资后损益.项目 lrzh. yb. x)

L25＝SUMIF(年序号 qchx. yb. x,年序号 qchx. nb. x,返租含税收入.融资后损益.项目 lrzh. yb. x)

L26＝SUMIF(年序号 qchx. yb. x,年序号 qchx. nb. x,回收固定资产余值.融资后损益.项目 lrzh. yb. x)

L27＝SUMIF(年序号 qchx. yb. x,年序号 qchx. nb. x,不动产转售净收入.融资后损益.项目 lrzh. yb. x)

L28＝SUMIF(年序号 qchx. yb. x,年序号 qchx. nb. x,其他收入.融资后损益.项目 lrzh. yb. x)

L29＝SUM(0,L30)

L30＝SUM(L31:L37)

L31＝SUMIF(年序号 qchx. yb. x,年序号 qchx. nb. x,营业成本.租赁运营期.融资后损益.项目 lrzh. yb. x)

L32＝SUMIF(年序号 qchx. yb. x,年序号 qchx. nb. x,增值税及附加.租赁运营期.融资后损益.项目 lrzh. yb. x)

L33＝SUMIF(年序号 qchx. yb. x,年序号 qchx. nb. x,房产税.租赁运营期.融资后损益.项目 lrzh. yb. x)

L34＝SUMIF(年序号 qchx. yb. x,年序号 qchx. nb. x,土地使用税.租赁运营期.融资后损益.项目 lrzh. yb. x)

L35＝SUMIF(年序号 qchx. yb. x,年序号 qchx. nb. x,利息支出.租赁运营期.融资后损益.项目 lrzh. yb. x)

L36＝SUMIF(年序号 qchx. yb. x,年序号 qchx. nb. x,折旧.租赁运营期.融资后损益.项目 lrzh. yb. x)

L37＝SUMIF(年序号 qchx. yb. x,年序号 qchx. nb. x,摊销.租赁运营期.融资后损益.项目 lrzh. yb. x)

L38＝L22－L29

L39＝IF(L42>0,L42 * 企业所得税率 qjzb,0)

L40＝L38

L41＝OFFSET(所得税结转.融资后损益.项目.租赁 ssjz！ $R$3,COLUMN(A1)－1,)

L42＝IF(L40>0,L40－K41,0)

L43＝L38－L39

L44＝SUM($L$38:L38)

L45＝SUM($L$43:L43)

10.7.3　融资后租赁所得税亏损结转

融资后租赁所得税亏损结转见表 10.25。

表 10.25　融资后租赁所得税亏损结转　　单位：万元

行次	项目	年度		纳税调整后所得	合并、分立转入（转出）可弥补的亏损额	当年可弥补的所得额
			1	2	3	4
1	前五年度		-2			0.00
2	前四年度		-1			0.00
3	前三年度		0			0.00
4	前二年度	2015	1	0.00		0.00
5	前一年度	2016	2	-389.72		-389.72
6	本年	2017	3	-6,394.87		-6,394.87
7	可结转以后年度弥补的亏损额合计					

行次	以前年度亏损已弥补额					本年度实际弥补以前年度的亏损额	可结转以后年度弥补的亏损额
	前四年度	前三年度	前二年度	前一年度	合计		4
	5	6	7	8	9	10	11
1	0.00	0.00	0.00	0.00	0.00	0.00	—
2	—	0.00	0.00	0.00	0.00	0.00	0.00
3	—	—	0.00	0.00	0.00	0.00	0.00
4	—	—	—	0.00	0.00	0.00	0.00
5	—	—	—	—	0.00	0.00	389.72
6	—	—	—	—	—	0.00	6,394.87
7							6,784.59

第11章

基于管理构架的损益建模

正如前章所述，从企业运营的构架的顶层设计的角度，有两种管理构架制式：第一种，商业地产以项目为单位成立项目开发公司对商业地产全生命周期的开发及运营进行“一站式管制”。第二种，成立多个子公司或项目开发公司、商业管理公司、物业管理公司等进行“集团化管制”。不论何种管制模式，最终归集于企业运营的终极目标—经营活动的经济效益与给国家税负的贡献度。因此，利用大数据的理念，应用“敏感算法决策型”解码不同管制构架下企业运营的经济效益与税负指标，是商业地产不同于住宅开发的特色功课。

若开发公司负责商业地产的开发销售，商业管理公司负责持有型物业的租赁运营，基于一个控制股东的前提下，持有型物业在开发公司与商业管理公司之间的相关关系有两种方式：第一种是将持有型物业以一定的租赁价格整体出租给商业管理公司，商业管理公司再以正常的市场租赁价格“整租”出租给商户经营；第二种是将持有型物业以一定的销售价格整体销售“整售”商业管理公司，商业管理公司再以租赁价格的市场价分租给各商户进行经营。

11.1 房地产开发整租的动态损益

11.1.1 增值税及附加数据表

基于房地产开发（以下简称“房开”）公司持有型物业整租给商业管理公司的前提下，从房开公司的经营活动的角度，根据国家增值税税法的规定，通过设置函数公式创建如下增值税及附加税数据表（表 11.1）。

表 11.1　增值税及附加数据表　　单位：万元

	17	WK		
	J17：WK30	30	I	AQ
	J11：WK11	11	月序号	总第 34 个月
	J12：WK12	12	土地月序	土第 31 个月
	J13：WK13	13	年份号	2017 年
	J14：WK14	14	年序号	第 3 年
	J15：WK15	15	开始日期	2017 年 11 月 01 日
F	J16：WK16	16	完成日期	2017 年 11 月 30 日
374, 371. 93	J17：WK17	17	整租含税收入	448. 20
112, 311. 58	J18：WK18	18	租赁成本	134. 46
23, 321. 93	J19：WK19	19	销项税额减进项税额	21. 75
29, 679. 19	J20：WK20	20	销项税额	29. 36
6, 357. 26	J21：WK21	21	进项税额	7. 61
23, 321. 93	J22：WK22	22	增值税计算值	21. 75
23, 321. 93	J23：WK23	23	增值税额正值	21. 75
0. 00	J24：WK24	24	增值税额负值	0. 00
0. 00	J25：WK25	25	增值税负值结转	0. 00
26, 120. 57	J26：WK26	26	增值税及附加	24. 36
23, 321. 93	J27：WK27	27	增值税	21. 75
699. 66	J28：WK28	28	教育附加税	0. 65
466. 44	J29：WK29	29	地方教育附加税	0. 43
1, 632. 54	J30：WK30	30	城市维护建设税	1. 52

J17=整租含税收入.合计 zzsr. yb. x

J18=J17 * 比例.运营成本占收入.整租 xkzb

J19=J20-J21

J20=销项税额.整租.合计 zzsr. yb. x

J21=J18/(1+增值税率.服务 qjzb) * 增值税率.服务 qjzb

J22=J23+J25

J23=IF(J19>0,J19, 0)

J24=IF(J19<0,J19, 0)

J25=IF(商管经营期 qchx. yb. x="A",SUM($J$24：$WK$24,留抵增值税额.开发销售期 zzs. yb)/月数.商管经营期 qchx. yb,0)

J26 = SUM(J27,J28:J30)
J27 = IF(J22>0,J22,0)
J28 = J27 * 教育附加税率 qjzb
J29 = J27 * 地方教育附加税率 qjzb
J30 = J27 * 城市维护建设税率.市区 qjzb

11.1.2 土地增值税清算数据表

根据国家土地增值清算税法规定，基于将房开公司名下的持有型物业整租给商业管理公司的管理制式下，从房开公司的角度，通过函数公式创建如表 11.2 所示的土地增值税清算表。

表 11.2 土地增值税清算数据表

4	利息可分摊且有金融证明	1.25	
5	利息不可分摊且无金融证明	1.30	
6	清单对象	新房	
J	E10：E46	F10：F46	G10：G46
D	E	F	G
46	应税科目	其他类型房地产（万元）	元/总建面（元/m²）
10	转让房地产收入总额. 除税	273, 325.68	12, 283.60
11	货币收入	273, 325.68	12, 283.60
12	实物收入及其他收入	0.00	0.00
13	视同销售收入	0.00	0.00
14	扣除项目金额合计	130, 418.69	5, 861.18
15	取得土地使用权所支付的金额	45, 577.65	2, 048.32
16	房地产开发成本	57, 334.34	2, 576.68
17	土地征用及拆迁补偿费	11, 943.72	536.77
18	前期工程费	2, 460.87	110.59
19	建筑安装工程费	29, 204.37	1, 312.48
20	基础设施费	1, 001.61	45.01
21	公共配套设施费	7, 447.97	334.72
22	甲供购置费	4, 621.88	207.71
23	开发间接费用	653.91	29.39
24	房地产开发费用	0.00	0.00
25	利息支出	0.00	0.00

续表

4	利息可分摊且有金融证明	1.25	
5	利息不可分摊且无金融证明	1.30	
6	清单对象	新房	
J	E10：E46	F10：F46	G10：G46
D	E	F	G
46	应税科目	其他类型房地产（万元）	元/总建面（元/m^2）
26	其他房地产开发费用	0.00	0.00
27	与转让房地产有关的税金等	1,778.70	79.94
28	营业税	0.00	0.00
29	城市维护建设税	1,037.57	46.63
30	教育费附加	741.12	33.31
31	财政部规定的其他扣除项目		0.00
32	代收费用	0.00	0.00
33	增值额	142,906.99	6,422.42
34	增值率	1.10	0.05
35	适用税率.%		0.00
36	速算扣除系数.%		0.00
37	应缴土地增值税税额	51,890.69	2,332.03
38	减免税额	0.00	0.00
39	减免性质代码（1）		0.00
40	减免税额（1）		0.00
41	减免性质代码（2）		0.00
42	减免税额（2）		0.00
43	减免性质代码（3）		0.00
44	减免税额（3）		0.00
45	已缴土地增值税税额	13,666.28	614.18
46	应补或退土地增值税税额	38,224.41	1,717.85

F10=SUM(F11:F13)

F11=SUM(销售含税收入.合计 xssr. yb. x)/(1+增值税率.不动产租售 qjzb)

F14=SUM(取得土地使用权所支付的金额.整租损益.房开 stzsq,房地产开发成本.整租损益.房开 stzsq)*1.25+SUM(利息支出.整租损益.房开 stzsq,与转让房地产有关的税金等.整租损益.房开 stzsq)+财政部规定的其他扣除项目.整租损益.房

开 stzsq

F15=SUM(土地使用权费取得费 tkff. y) * 比例.可销售产权建面 jyhl

F16=SUM(F17:F23)

F17=SUM(生地变熟地开发费.支出 tkff. yb. x) * 比例.可销售产权建面 jyhl

F18=SUM(前期工程费.含甲含税.支出 qgcf. yb. x) * 比例.可销售产权建面 jyhl

F19=SUM(建筑安装工程费.除甲含税.支出 gcsf. yb. x) * 比例.可销售产权建面 jyhl

F20=SUM(基础设施费.除甲含税.支出 gcsf. yb. x) * 比例.可销售产权建面 jyhl

F21=SUM(公共配套设施费.除甲含税.支出 gcsf. yb. x) * 比例.可销售产权建面 jyhl

F22=SUM(甲供购置费.甲供含税.支出 jggf. yb. x) * 比例.可销售产权建面 jyhl

F23=SUM(开发间接费分摊值.开发销售期 jycb. yb. x) * 比例.可销售产权建面 jyhl

F24=SUM(F25:F26)

F27=SUM(F28:F30)

F29=SUM(城市维护建设税.开发销售期 zzs. yb. x)

F30 = SUM(教育附加税.开发销售期 zzs. yb. x, 地方教育附加税.开发销售期 zzs. yb. x)

F33=F10-F14

34F=IFERROR(F33/F14,0)

F37=IF(增值率.整租损益.房开 stzsq<=0,0,IF(增值率.整租损益.房开 stzsq<=50%,增值额.整租损益.房开 stzsq * 30%-扣除项目金额合计.整租损益.房开 stzsq * 0%,IF(增值率.整租损益.房开 stzsq<=100%,增值额.整租损益.房开 stzsq * 40%-扣除项目金额合计.整租损益.房开 stzsq * 5%,IF(增值率.整租损益.房开 stzsq<=200%,增值额.整租损益.房开 stzsq * 50%-扣除项目金额合计.整租损益.房开 stzsq * 15%,增值额.整租损益.房开 stzsq * 60%-扣除项目金额合计.整租损益.房开 stzsq * 35%))))

F38=SUM(F39:F44)

F45=SUM(土地增值税预征.开发销售期.整租损益.房开 lzsy. nb. x)

F46=F37-F45

11.1.3 整租经营动态损益月表

基于将房开公司名下的持有型物业整租给商业管理公司的前提下，通过设置函数公式编制房开公司经营活动的利润表（经营损益表）如表 11.3 所示。

表 11.3　整租经营动态损益月表　　单位：万元

	WK	24		
	55	J24：WK55	I	AF
	18	J18：WK18	月序号	总第 23 个月
	19	J19：WK19	土地月序	土第 20 个月
	20	J20：WK20	年份号	2016 年
	21	J21：WK21	年序号	第 2 年
	22	J22：WK22	开始日期	2016 年 12 月 01 日
F	23	J23：WK23	完成日期	2016 年 12 月 31 日
686, 006. 13	24	J24：WK24	总收入	24, 118. 11
677, 763. 43	25	J25：WK25	经营收入	24, 118. 11
303, 391. 50	26	J26：WK26	销售含税收入	24, 118. 11
374, 371. 93	27	J27：WK27	整租含税收入	0. 00
8, 242. 70	28	J28：WK28	回收固定资产余值	0. 00
0. 00	29	J29：WK29	不动产转售净收入	0. 00
0. 00	30	J30：WK30	其他收入	0. 00
580, 191. 41	31	J31：WK31	税前总成本	10, 579. 85
250, 777. 53	32	J32：WK32	税前总成本. 房开销售期	10, 579. 85
162, 242. 69	33	J33：WK33	营业成本. 开发销售期	8, 179. 84
16, 601. 16	34	J34：WK34	增值税及附加. 开发销售期	667. 68
36. 95	35	J35：WK35	土地使用税. 开发销售期	0. 92
13, 666. 28	36	J36：WK36	土地增值税预征. 开发销售期	1, 086. 40
38, 224. 41	37	J37：WK37	土地增值税清算. 开发销售期	0. 00
20, 006. 04	38	J38：WK38	利息支出. 开发销售期	645. 00
329, 413. 88	39	J39：WK39	税前总成本. 整租运营期	0. 00
105, 954. 32	40	J40：WK40	经营成本. 整租运营期	0. 00
26, 120. 57	41	J41：WK41	增值税及附加. 整租运营期	0. 00
40, 472. 64	42	J42：WK42	房产税. 整租运营期	0. 00
255. 04	43	J43：WK43	土地使用税. 整租运营期	0. 00
0. 00	44	J44：WK44	利息支出. 整租运营期	0. 00
156, 611. 31	45	J45：WK45	折旧. 整租运营期	0. 00
0. 00	46	J46：WK46	摊销. 整租运营期	0. 00
105, 814. 73	47	J47：WK47	利润总额	13, 538. 26
70, 221. 29	48	J48：WK48	企业所得税	3, 384. 57

续表

	WK	24		
	55	J24：WK55	I	AF
	18	J18：WK18	月序号	总第 23 个月
	19	J19：WK19	土地月序	土第 20 个月
	20	J20：WK20	年份号	2016 年
	21	J21：WK21	年序号	第 2 年
	22	J22：WK22	开始日期	2016 年 12 月 01 日
F	23	J23：WK23	完成日期	2016 年 12 月 31 日
105, 814. 73	49	J49：WK49	纳税调整后所得	13, 538. 26
0. 00	50	J50：WK50	所得亏损五年结转	0. 00
105, 814. 73	51	J51：WK51	应纳税所得	13, 538. 26
35, 593. 43	52	J52：WK52	净利润	10, 153. 70
105, 814. 73	53	J53：WK53	利润总额账户余额	−107, 973. 42
42, 794. 75	54	J54：WK54	净利润账户余额	−111, 357. 99
16, 250. 64	55	J55：WK55	净利润. 运营期	0. 00

J24 = SUM(J28:J30,J25)

J25 = SUM(J26:J27)

J26 = 销售含税收入.合计 xssr. yb. x

J27 = 整租含税收入.合计 zzsr. yb. x

J28 = IF(残值回收期 qchx. yb. x = "A",残值.融资后固定资产.租赁期.项目.静态 cfrq, 0)

J31 = SUM(J32,J39)

J32 = SUM(J33:J38)

J33 = 营业成本.开发销售期 jycb. yb. x

J34 = 增值税及附加.开发销售期 zzs. yb. x

J35 = IF(开发销售期 qchx. yb. x = "A",规划净用地.平方米 sgzb * 土地使用税.元.月.平方米 qjzb/10000, 0)

J36 = J26/(1+增值税率.不动产租售 qjzb) * 预征率.土地增值税率 qjzb

J37 = IF(土地增值税清算期 qchx. yb. x = "A",应补或退土地增值税税额.整租损益.房开 stzsq,0)

J38 = 借款利息偿还.均摊法 zjph. yb. x

J39 = SUM(J40:J46)

J40 = J27/(1+增值税率.服务 qjzb) * 比例.运营成本占收入.整租 xkzb

J41 = 增值税及附加.整租损运营期.房开 zssy. yb. x

J42＝J27/(1+增值税率.不动产租售 qjzb)＊房产税率 qjzb

J43＝IF(商管经营期 qchx. yb. x＝"A",规划净用地.平方米 sgzb＊比例.可租赁产权建面 jyhl＊土地使用税.元.月.平方米 qjzb/10000, 0)

J45＝IF(资产折旧期 qchx. yb. x＝"A",月折旧额.融资后固定资产.租赁期.项目.静态 cfrq,0)

J47＝J24-J31

J48＝IF(J51>0,J51＊企业所得税率 qjzb,0)

J49＝J47

J51＝SUM(J49:J50)

J52＝J47-J48

J53＝SUM($J$47:J47)

J54＝SUM($J$52:J52)

J55＝IF(收入租金期 qchx. yb. x＝"A",J52, 0)

11.1.4　整租经营动态损益年表

月报表、季度报表、年度报表都是统计数据常用的时间周期，利用逻辑公司以月报表为数据源，创建如下基于房开发公司整租交易模式下的经营损益年表（利润表）如表 11.4 所示。

表 11.4　整租经营动态损益年表　　单位：万元

	22	BI		
	L22：BI52	52	K	M
	L20：BI20	20	年份号	2016 年
H	L21：BI21	21	年序号	第 2 年
686, 006. 13	L22：BI22	22	总收入	24, 118. 11
677, 763. 43	L23：BI23	23	经营收入	24, 118. 11
303, 391. 50	L24：BI24	24	销售含税收入	24, 118. 11
374, 371. 93	L25：BI25	25	整租含税收入	0. 00
8, 242. 70	L26：BI26	26	回收固定资产余值	0. 00
0. 00	L27：BI27	27	不动产转售净收入	0. 00
0. 00	L28：BI28	28	其他收入	0. 00
580, 191. 41	L29：BI29	29	税前总成本	58, 795. 22
250, 777. 53	L30：BI30	30	税前总成本. 房开销售期	58, 795. 22
162, 242. 69	L31：BI31	31	营业成本. 开发销售期	55, 729. 12
16, 601. 16	L32：BI32	32	增值税及附加. 开发销售期	667. 68

续表

H	22 L22：BI52 L20：BI20 L21：BI21	BI 52 20 21	K 年份号 年序号	M 2016 年 第 2 年
36.95	L33：BI33	33	土地使用税.开发销售期	11.08
13,666.28	L34：BI34	34	土地增值税预征.开发销售期	1,086.40
38,224.41	L35：BI35	35	土地增值税清算.开发销售期	0.00
20,006.04	L36：BI36	36	利息支出.开发销售期	1,300.94
329,413.88	L37：BI37	37	税前总成本.整租运营期	0.00
105,954.32	L38：BI38	38	经营成本.整租运营期	0.00
26,120.57	L39：BI39	39	增值税及附加.整租运营期	0.00
40,472.64	L40：BI40	40	房产税.整租运营期	0.00
255.04	L41：BI41	41	土地使用税.整租运营期	0.00
0.00	L42：BI42	42	利息支出.整租运营期	0.00
156,611.31	L43：BI43	43	折旧.整租运营期	0.00
0.00	L44：BI44	44	摊销.整租运营期	0.00
105,814.73	L45：BI45	45	利润总额	-34,677.11
39,718.69	L46：BI46	46	企业所得税	0.00
105,814.73	L47：BI47	47	纳税调整后所得	-34,677.11
348,035.70	L48：BI48	48	所得亏损五年结转	107,973.42
157,534.25	L49：BI49	49	应纳税所得	0.00
66,096.03	L50：BI50	50	净利润	-34,677.11
105,814.73	L51：BI51	51	利润总额账户余额	-107,973.42
72,843.58	L52：BI52	52	净利润账户余额	-107,973.42

L22=SUM(L26:L28,L23)

L23=SUM(L24:L25)

L24=SUMIF(年序号 qchx.yb.x,年序号 qchx.nb.x,销售含税收入.整租损益.房开 lzsy.yb.x)

L25=SUMIF(年序号 qchx.yb.x,年序号 qchx.nb.x,整租含税收入.整租损益.房开 lzsy.yb.x)

L26=SUMIF(年序号 qchx.yb.x,年序号 qchx.nb.x,回收固定资产余值.整租损益.房开 lzsy.yb.x)

L27=SUMIF(年序号 qchx.yb.x,年序号 qchx.nb.x,不动产转售净收入.整租损益.房开 lzsy.yb.x)

L28 = SUMIF（年序号 qchx. yb. x，年序号 qchx. nb. x，其他收入. 整租损益. 房开 lzsy. yb. x）

L29 = SUM（L30，L37）

L30 = SUM（L31：L36）

L31 = SUMIF（年序号 qchx. yb. x，年序号 qchx. nb. x，营业成本.开发销售期.整租损益.房开 lzsy. yb. x）

L32 = SUMIF（年序号 qchx. yb. x，年序号 qchx. nb. x，增值税及附加.开发销售期.整租损益.房开 lzsy. yb. x）

L33 = SUMIF（年序号 qchx. yb. x，年序号 qchx. nb. x，土地使用税.开发销售期.整租损益.房开 lzsy. yb. x）

L34 = SUMIF（年序号 qchx. yb. x，年序号 qchx. nb. x，土地增值税预征.开发销售期.整租损益.房开 lzsy. yb. x）

L35 = SUMIF（年序号 qchx. yb. x，年序号 qchx. nb. x，土地增值税清算.开发销售期.整租损益.房开 lzsy. yb. x）

L36 = SUMIF（年序号 qchx. yb. x，年序号 qchx. nb. x，利息支出.开发销售期.整租损益.房开 lzsy. yb. x）

L37 = SUM（L38：L44）

L38 = SUMIF（年序号 qchx. yb. x，年序号 qchx. nb. x，经营成本.整租运营期.整租损益.房开 lzsy. yb. x）

L39 = SUMIF（年序号 qchx. yb. x，年序号 qchx. nb. x，增值税及附加.整租运营期.整租损益.房开 lzsy. yb. x）

L40 = SUMIF（年序号 qchx. yb. x，年序号 qchx. nb. x，房产税.整租运营期.整租损益.房开 lzsy. yb. x）

L41 = SUMIF（年序号 qchx. yb. x，年序号 qchx. nb. x，土地使用税.整租运营期.整租损益.房开 lzsy. yb. x）

L42 = SUMIF（年序号 qchx. yb. x，年序号 qchx. nb. x，利息支出.整租运营期.整租损益.房开 lzsy. yb. x）

L43 = SUMIF（年序号 qchx. yb. x，年序号 qchx. nb. x，折旧.整租运营期.整租损益.房开 lzsy. yb. x）

L44 = SUMIF（年序号 qchx. yb. x，年序号 qchx. nb. x，摊销.整租运营期.整租损益.房开 lzsy. yb. x）

L45 = L22-L29

L46 = IF（L49>0，L49 * 企业所得税率 qjzb，0）

L47 = L45

L48 = OFFSET（所得税结转.整租损益.房开 ssjz！ $R$3，COLUMN（A1）-1，）

L49 = IF（L47>0，L47-K48，0）

L50=L45-L46

L51=SUM($L45:L$45)

L52=SUM($L$50:L50)

11.1.5 所得税亏损结转数据表

根据国家所得税税法规定，在计算企业所得税时，以五年为一个周期，针对企业运营亏损的情况，是可以结转处理的，由于所得税亏损结转的建模繁杂，限于本书的篇幅不再展开表述，在此仅展示其中两个房开公司整租制式下的数据表格模板（表11.5）。

表11.5 所得税亏损结转数据表

单位：万元

行次	项目	年度		纳税调整后所得	合并、分立转入（转出）可弥补的亏损额	当年可弥补的所得额
			1	2	3	4
1	前五年度		-3			0.00
2	前四年度		-2			0.00
3	前三年度		-1			0.00
4	前二年度		0			0.00
5	前一年度	2015	1	-73,296.31		-73,296.31
6	本年	2016	2	-34,677.11		-34,677.11
7	可结转以后年度弥补的亏损额合计					

行次	以前年度亏损已弥补额					本年度实际弥补以前年度的亏损额	可结转以后年度弥补的亏损额
	前四年度	前三年度	前二年度	前一年度	合计		4
	5	6	7	8	9	10	11
1	0.00	0.00	0.00	0.00	0.00	0.00	—
2	—	0.00	0.00	0.00	0.00	0.00	0.00
3	—	—	0.00	0.00	0.00	0.00	0.00
4	—	—	—	0.00	0.00	0.00	0.00
5	—	—	—	—	0.00	0.00	73,296.31
6	—	—	—	—	—	0.00	34,677.11
7							107,973.42

11.1.6　整租经营损益指标表

基于将房开公司名下的持有型物业整租给商业管理公司的制式，从房开公司的损益表中可得出净利润率、总投资收益率、资本金净利润率、投资回报倍数等指标如表 11.6 所示。

表 11.6　整租经营损益指标表

6	D12：D19	E16：E20
C	D	E
19	科目	整租. 房开损益
9	融资前总投资（万元）	260,003.53
10	年数. 全生命周期（年）	40.33
11	年数. 租赁业务（年）	37.58
12	年数. 销售业务（年）	3.33
13	净利润总额. 租售业务（万元）	66,096.03
14	经营收入. 租售业务（万元）	677,763.43
15	净利润率. 租售业务（%）	9.75
16	息税前利润总额. 租售业务（万元）	125,820.77
17	年均息税前利润额. 租售业务（万元）	3,347.78
18	总投资收益率. 租售业务（%）	1.29
19	年平均净利润额. 租售业务（万元）	1,758.65
20	资本金净利润率. 租售业务（%）	1.14

E9=SUM(建设投资.融资前.开发销售期 yyzc. yb. x)

E10=月数.全生命期 qchx. yb/12

E11=月数.收入租金期 qchx. yb/12

E12=月数.开发销售期 qchx. yb/12

E13=IF(可租赁产权建面.合计 jyhl=0,"模式不存在",SUM(净利润.整租损益.房开 lzsy. yb. x))

E14=IF(可租赁产权建面.合计 jyhl=0,"模式不存在",SUM(经营收入.整租损益.房开 lzsy. yb. x))

E15=IF(可租赁产权建面.合计 jyhl=0,"模式不存在",E13/E14)

E16=IF(可租赁产权建面.合计 jyhl=0,"模式不存在",SUM(净利润.整租损益.房开 lzsy. yb. x,利息支出.开发销售期.整租损益.房开 lzsy. yb. x,企业所得税.整租损益.房开 lzsy. yb. x))

E17=IF(可租赁产权建面.合计 jyhl=0,"模式不存在",E16/E11)

E18=IF(可租赁产权建面.合计 jyhl=0,"模式不存在",E16/E9/E11)

E19=IF(可租赁产权建面.合计 jyhl=0,"模式不存在",E13/E11)

E20=IF(可租赁产权建面.合计 jyhl=0,"模式不存在",E19/自有资金总额 zlxq. yb)

11.2 商管整租的动态损益

11.2.1 增值税及附加数据表

基于将属于房开公司名下的持有型物业整租给商业管理公司的前提，根据我国增值税及附加税的相关规定，用逻辑公式创建如表 11.7 所示的增值税及附加税数据表。

表 11.7 增值税及附加数据表

单位：万元

	17	WK		
	J17：WK40	40	I	BE
	J11：WK11	11	月序号	总第 48 个月
	J12：WK12	12	土地月序	土第 45 个月
	J13：WK13	13	年份号	2019 年
	J14：WK14	14	年序号	第 5 年
	J15：WK15	15	开始日期	2019 年 01 月 01 日
F	J16：WK16	16	完成日期	2019 年 01 月 31 日
2, 158, 149. 85	J17：WK17	17	经营收入	3, 181. 20
2, 050, 827. 07	J18：WK18	18	租赁含税收入	2, 604. 76
59, 347. 35	J19：WK19	19	返租含税收入	470. 07
47, 975. 42	J20：WK20	20	推广费	106. 38
0. 00	J21：WK21	21	其他收入	0. 00
807, 285. 86	J22：WK22	22	营业成本	924. 07
112, 311. 58	J23：WK23	23	整租成本	142. 65
694, 974. 28	J24：WK24	24	租赁成本	781. 43
205, 950. 71	J25：WK25	25	销项税额	264. 15
203, 235. 12	J26：WK26	26	销项税额. 租赁收入	258. 13
2, 715. 59	J27：WK27	27	销项税额. 其他收入	6. 02
45, 695. 43	J28：WK28	28	进项税额	52. 31
6, 357. 26	J29：WK29	29	进项税额. 整租成本	8. 07
39, 338. 17	J30：WK30	30	进项税额. 运营成本	44. 23
160, 255. 28	J31：WK31	31	销项税减进项税额	211. 84

续表

	17	WK		
	J17：WK40	40	I	BE
	J11：WK11	11	月序号	总第 48 个月
	J12：WK12	12	土地月序	土第 45 个月
	J13：WK13	13	年份号	2019 年
	J14：WK14	14	年序号	第 5 年
	J15：WK15	15	开始日期	2019 年 01 月 01 日
F	J16：WK16	16	完成日期	2019 年 01 月 31 日
321, 300. 53	J32：WK32	32	增值税计算值	568. 05
160, 650. 26	J33：WK33	33	增值税额正值	211. 84
-394. 99	J34：WK34	34	增值税额负值	0. 00
160, 650. 26	J35：WK35	35	增值税负值结转	356. 21
359, 856. 59	J36：WK36	36	增值税及附加	636. 22
321, 300. 53	J37：WK37	37	增值税	568. 05
9, 639. 02	J38：WK38	38	教育附加税	17. 04
6, 426. 01	J39：WK39	39	地方教育附加税	11. 36
22, 491. 04	J40：WK40	40	城市维护建设税	39. 76

J17=SUM(J18:J21)

J18=租赁含税收入.合计 zlsr. yb. x

J19=返租含税租金收入 fsyf. yb. x

J20=IF(收入租金期 qchx. yb. x="A",推广费.使面.月 jjst * SUM(可租赁使用面积.购物中心 jyhl. y)/10000,0)

J22=SUM(J23:J24)

J23=整租含税收入.合计 zzsr. yb. x * 比例.运营成本占收入.整租 xkzb

J24=营业成本.租赁运营期 cbft. yb. x

J25=SUM(J26:J27)

J26=J18/(1+增值税率.不动产租售 qjzb) * 增值税率.不动产租售 qjzb

J27=SUM(J20:J21)/(1+增值税率.服务 qjzb) * 增值税率.服务 qjzb

J28=SUM(J29:J30)

J29=J23/(1+增值税率.服务 qjzb) * 增值税率.服务 qjzb

J30=J24/(1+增值税率.服务 qjzb) * 增值税率.服务 qjzb

J31=J25-J28

J32=J33+J35

J33=IF(J31>0,J31,0)

J34 = IF(J31<0,J31,0)

J35 = IF(J33>0,SUM($J$33:$WK$33) * (1/COUNTIF($J$33:$WK$33,">0")),0)

J36 = SUM(J37:J40)

J37 = IF(J32>0,J32,0)

J38 = J37 * 教育附加税率 qjzb

J39 = J37 * 地方教育附加税率 qjzb

J40 = J37 * 城市维护建设税率.市区 qjzb

11.2.2 整租经营动态损益月表

基于将房开公司名下的持有型物业整租给商业管理公司的前提，通过设置函数公式编制商业公司整租经营动态损益月表（经营损益表）如表 11.8 所示。

表 11.8 整租经营动态损益月表 单位：万元

	18	WK		
	J18：WK31	31	I	AQ
	J12：WK12	12	月序号	总第 34 个月
	J13：WK13	13	土地月序	土第 31 个月
	J14：WK14	14	年份号	2017 年
	J15：WK15	15	年序号	第 3 年
	J16：WK16	16	开始日期	2017 年 11 月 01 日
F	J17：WK17	17	完成日期	2017 年 11 月 30 日
2, 158, 149. 85	J18：WK18	18	总收入	3, 004. 69
2, 158, 149. 85	J19：WK19	19	经营收入	3, 004. 69
0. 00	J20：WK20	20	其他收入	0. 00
1, 167, 142. 45	J21：WK21	21	税前总支出	2, 363. 14
807, 285. 86	J22：WK22	22	营业成本	1, 798. 98
359, 856. 59	J23：WK23	23	增值税及附加	564. 16
0. 00	J24：WK24	24	利息支出	0. 00
991, 007. 39	J25：WK25	25	利润总额	641. 56
249, 385. 60	J26：WK26	26	企业所得税	160. 39
991, 007. 39	J27：WK27	27	纳税调整后所得	641. 56
0. 00	J28：WK28	28	所得亏损五年内结转	0. 00
991, 007. 39	J29：WK29	29	应纳税所得	641. 56
741, 621. 80	J30：WK30	30	净利润	481. 17
609, 242. 19	J31：WK31	31	总税负	724. 55

J18 = SUM(J19:J20)

J19 = 经营收入.整租损益.商管 zzfj. yb. x

0J21 = SUM(J22:J24)

J22 = 营业成本.整租损益.商管 zzfj. yb. x

J23 = 增值税及附加.整租损益.商管 zzfj. yb. x

J25 = J18-J21

J26 = IF(J29>0,J29 * 企业所得税率 qjzb,0)

J27 = J25

J29 = J27

J30 = J25-J26

J31 = SUM(J23,J26)

11.2.3　整租经营动态损益年表

月报表、季度报表、年度报表都是数据统计常用的时间周期，利用逻辑公司以月报表为数据源，创建如下基于商业管理公司整租交易模式下的经营损益年表（利润表）如表 11.9 所示。

表 11.9　整租经营动态损益年表　　单位：万元

	22	BI		
	L22：BI35	35	K	N
	L20：BI20	20	年份号	2017 年
H	L21：BI21	21	年序号	第 3 年
2, 158, 149. 85	L22：BI22	22	总收入	6, 452. 47
2, 158, 149. 85	L23：BI23	23	经营收入	6, 452. 47
0. 00	L24：BI24	24	其他收入	0. 00
1, 167, 142. 45	L25：BI25	25	税前总支出	10, 445. 50
807, 285. 86	L26：BI26	26	营业成本	9, 258. 35
359, 856. 59	L27：BI27	27	增值税及附加	1, 187. 15
0. 00	L28：BI28	28	利息支出	0. 00
991, 007. 39	L29：BI29	29	利润总额	-3, 993. 03
251, 351. 09	L30：BI30	30	企业所得税	0. 00
991, 007. 39	L31：BI31	31	纳税调整后所得	-3, 993. 03
-9, 624. 49	L32：BI32	32	所得亏损五年内结转	4, 382. 75
1, 005, 404. 36	L33：BI33	33	应纳税所得	0. 00

续表

	22	BI		
	L22：BI35	35	K	N
	L20：BI20	20	年份号	2017 年
H	L21：BI21	21	年序号	第 3 年
739, 656. 30	L34：BI34	34	净利润	-3, 993. 03
611, 207. 68	L35：BI35	35	总税负	1, 187. 15

L22=SUM(L23:L24)

L23=SUMIF(年序号 qchx. yb. x，年序号 qchx. nb. x，经营收入.整租损益.商管 lzsy. yb. x)

L24=SUMIF(年序号 qchx. yb. x，年序号 qchx. nb. x，其他收入.整租损益.商管 lzsy. yb. x)

L25=SUM(L26:L28)

L26=SUMIF(年序号 qchx. yb. x，年序号 qchx. nb. x，营业成本.整租损益.商管 lzsy. yb. x)

L27=SUMIF(年序号 qchx. yb. x，年序号 qchx. nb. x，增值税及附加.整租损益.商管 lzsy. yb. x)

L28=SUMIF(年序号 qchx. yb. x，年序号 qchx. nb. x，利息支出.整租损益.商管 lzsy. yb. x)

L29=L22-L25

L30=IF(L33>0,L33 * 企业所得税率 qjzb,0)

L31=L29

L32=OFFSET(所得税结转.整租损益.商管 ssjz！ $R$3,COLUMN(A1)-1,)

L33=IF(L31>0,L31-K32, 0)

L34=L29-L30

L35=SUM(L27,L30)

11. 2. 4 所得税亏损结转数据表

根据国家所得税税法规定，在计算企业所得税时，以五年为一个周期，针对企业运营亏损的情况，是可以结转处理的，由于所得税亏损结转的建模繁杂，限于本书的篇幅不再展开表述，在此仅展示其中两个商业管理公司整租制式下的数据表格模板（表 11. 10）。

表 11.10　所得税亏损结转数据表　　单位：万元

行次	项目	年度		纳税调整后所得	合并、分立转入（转出）可弥补的亏损额	当年可弥补的所得额
		1		2	3	4
1	前五年度		-2			0.00
2	前四年度		-1			0.00
3	前三年度		0			0.00
4	前二年度	2015	1	0.00		0.00
5	前一年度	2016	2	-389.72		-389.72
6	本年	2017	3	-3,993.03		-3,993.03
7	可结转以后年度弥补的亏损额合计					

行次	以前年度亏损已弥补额					本年度实际弥补以前年度的亏损额	可结转以后年度弥补的亏损额
	前四年度	前三年度	前二年度	前一年度	合计		4
	5	6	7	8	9	10	11
1	0.00	0.00	0.00	0.00	0.00	0.00	—
2	—	0.00	0.00	0.00	0.00	0.00	0.00
3	—	—	0.00	0.00	0.00	0.00	0.00
4	—	—	—	0.00	0.00	0.00	0.00
5	—	—	—	—	0.00	0.00	389.72
6	—	—	—	—	—	0.00	3,993.03
7							4,382.75

11.2.5　整租经营损益指标表

基于将房开公司名义下的持有型物业整租给商业管理公司的制式下，从商业管理的损益表中可得出净利润率等指标（表 11.11）。

表 11.11　整租经营损益指标表

6 C 20	D16：D20 D 科目	G16：G20 G 整租. 商管损益
9	融资前总投资	
10	年数. 全生命周期（年）	40. 33
11	年数. 租赁业务（年）	37. 58
12	年数. 销售业务（年）	3. 33
13	净利润总额. 租售业务（万元）	739, 656. 30
14	经营收入. 租售业务（万元）	2, 158, 149. 85
15	净利润率. 租售业务（%）	34. 27
16	息税前利润总额. 租售业务（万元）	991, 007. 39
17	年均息税前利润额. 租售业务（万元）	26, 368. 27
18	总投资收益率. 租售业务	
19	年平均净利润额. 租售业务（万元）	19, 680. 43
20	资本金净利润率. 租售业务	

G10=月数.全生命期 qchx. yb/12

G11=月数.收入租金期 qchx. yb/12

G12=月数.开发销售期 qchx. yb/12

G13=IF(可租赁产权建面.合计 jyhl=0,"模式不存在",SUM(净利润.整租损益.商管 lzsy. yb. x))

G14=IF(可租赁产权建面.合计 jyhl=0,"模式不存在",SUM(经营收入.整租损益.商管 lzsy. yb. x))

G15=IF(可租赁产权建面.合计 jyhl=0,"模式不存在",IFERROR(G13/G14, 0))

G16=IF(可租赁产权建面.合计 jyhl=0,"模式不存在",SUM(净利润.整租损益.商管 lzsy. yb. x,利息支出.整租损益.商管 lzsy. yb. x,企业所得税.整租损益.商管 lzsy. yb. x))

G17=IF(可租赁产权建面.合计 jyhl=0,"模式不存在",G16/G11)

G19=IF(可租赁产权建面.合计 jyhl=0,"模式不存在",G13/G11)

11.3　房地产开发整售的动态损益

11.3.1　收益法测算销售价格

当将属于房开公司名下的持有型物业以整体销售价格整售给商业管理公司时，批发价如何确定才能起到节税的作用是必须要思考的，对于持有型物业，根据房地产估价规范中所规定的收益法对其不动产进行估值是测算其基准销售价格的方法之一（表 11.12）。

表 11.12　收益法测算销售价格

E C 21	D12：D12 D 科目	E12：E21 E 数据
10	融资前年均净收益（万元/年）	26, 582. 12
11	融资后年均净收益（万元/年）	19, 709. 17
12	租赁年限（年）	37. 58
13	净收益价格倍数	22. 00
14	资本化率（%）	6. 00
15	年收益增长率（%）	3. 00
16	除因子（%）	3. 00
17	乘因子（%）	66. 01
18	收益总价. 融资前（万元）	584, 870. 54
19	收益总价. 融资后（万元）	433, 649. 12
20	收益单价. 融资前（元/m^2）	33, 722. 75
21	收益单价. 融资后（元/m^2）	25, 003. 55

E10=SUM(税前当期净收益.租赁运营期.融资前流量.投资.项目 xjll. yb. x)/月数.收入租金期 qchx. yb * 12

E11=SUM(税后当期净收益.租赁运营期.融资前流量.投资.项目 xjll. yb. x)/月数.收入租金期 qchx. yb * 12

E12=月数.收入租金期 qchx. yb/12

E13=E17/E16

E16=E14-E15

E17=1-((1+E15)/(1+E14))^E12

E18=E10 * E13

E19=E11 * E13 * 敏感系数.整售价格 mgjx

E20=E18/SUM(功能建面_购物中心.合计 sjsj. y) * 10000

E21=E19/SUM(功能建面_购物中心.合计 sjsj. y) * 10000

11.3.2 增值税及附加数据表

基于将房开公司名下的持有型物业整售给商业管理公司制式，从房开公司的经营活动的角度，根据国家增值税税法的规定，通过设置函数公式创建如表 11.13 所示的增值税及附加税数据表。

表 11.13 增值税及附加数据表 单位：万元

	17	WK		
	J17：WK29	29	I	AK
	J11：WK11	11	月序号	总第 28 个月
	J12：WK12	12	土地月序	土第 25 个月
	J13：WK13	13	年份号	2017 年
留抵增值税额	J14：WK14	14	年序号	第 3 年
0.00	J15：WK15	15	开始日期	2017 年 05 月 01 日
F	J16：WK16	16	完成日期	2017 年 05 月 31 日
433,649.12	J17：WK17	17	整售含税收入	433,649.12
31,686.80	J18：WK18	18	销项税额减进项税额	42,371.35
42,974.24	J19：WK19	19	销项税额	42,974.24
11,287.43	J20：WK20	20	进项税额	602.89
31,686.80	J21：WK21	21	增值税计算值	31,686.80
42,371.35	J22：WK22	22	增值税额正值	42,371.35
-10,684.55	J23：WK23	23	增值税额负值	0.00
-10,684.55	J24：WK24	24	增值税负值结转	-10,684.55
35,489.22	J25：WK25	25	增值税及附加	35,489.22
31,686.80	J26：WK26	26	增值税	31,686.80
950.60	J27：WK27	27	教育附加税	950.60
633.74	J28：WK28	28	地方教育附加税	633.74
2,218.08	J29：WK29	29	城市维护建设税	2,218.08

J17=IF(整售期 qchx. yb. x="A",收益总价.融资后 sdjf,0)

J18=J19-J20

J19=J17/(1+增值税率.不动产租售 qjzb)＊增值税率.不动产租售 qjzb

J20=进项税额.营业支出.开发销售期 yyzc. yb. x

J21=J22+J24

J22=IF(J18>0,J18,0)

J23=IF(J18<0,J18,0)

J24=IF(J22>0,SUM($J$23:$WK$23)＊(1/COUNTIF($J$22:$WK$22,">0")),0)

J25=SUM(J26,J27,J28,J29)

J26=IF(J21>0,J21,0)

J27=J26＊教育附加税率 qjzb

J28=J26＊地方教育附加税率 qjzb

J29=J26＊城市维护建设税率.市区 qjzb

11.3.3　土地增值税清算数据表

根据国家土地增值清算税法规定，基于将房开公司名下的持有型物业整售给商业管理公司的管理制式，从房开公司的角度，通过函数公式创建如表 11.14 所示的土地增值税清算表。

表 11.14　土地增值税清算数据表

4	利息可分摊且有金融证明	1.25	
5	利息不可分摊且无金融证明	1.30	
6	清单对象	新房	
J	E10：E46	F10：F46	G10：G46
D	E	F	G
46	应税科目	其他类型房地产（万元）	元/总建面（元/m²）
10	转让房地产收入总额. 除税	390,674.89	17,557.42
11	货币收入	390,674.89	17,557.42
12	实物收入及其他收入	0.00	0.00
13	视同销售收入	0.00	0.00
14	扣除项目金额合计	131,666.41	5,917.25
15	取得土地使用权所支付的金额	45,577.65	2,048.32
16	房地产开发成本	58,332.52	2,621.54
17	土地征用及拆迁补偿费	11,943.72	536.77
18	前期工程费	2,460.87	110.59

续表

4	利息可分摊且有金融证明	1.25	
5	利息不可分摊且无金融证明	1.30	
6	清单对象	新房	
J	E10：E46	F10：F46	G10：G46
D	E	F	G
46	应税科目	其他类型房地产（万元）	元/总建面（元/m^2）
19	建筑安装工程费	29, 204.37	1, 312.48
20	基础设施费	1, 001.61	45.01
21	公共配套设施费	7, 447.97	334.72
22	甲供购置费	4, 621.88	207.71
23	开发间接费用	1, 652.09	74.25
24	房地产开发费用	0.00	0.00
25	利息支出	0.00	0.00
26	其他房地产开发费用	0.00	0.00
27	与转让房地产有关的税金等	1, 778.70	79.94
28	营业税	0.00	0.00
29	城市维护建设税	1, 037.57	46.63
30	教育费附加	741.12	33.31
31	财政部规定的其他扣除项目		0.00
32	代收费用	0.00	0.00
33	增值额	259, 008.48	11, 640.16
34	增值率.%	196.72	0.09
35	适用税率.%		0.00
36	速算扣除系数.%		0.00
37	应缴土地增值税税额	109, 754.28	4, 932.49
38	减免税额	0.00	0.00
39	减免性质代码（1）		0.00
40	减免税额（1）		0.00
41	减免性质代码（2）		0.00
42	减免税额（2）		0.00
43	减免性质代码（3）		0.00
44	减免税额（3）		0.00
45	已缴土地增值税税额	19, 533.74	877.87
46	应补或退土地增值税税额	90, 220.53	4, 054.62

F10=SUM(F11:F13)

F11=SUM(整售含税收入.整售损益.房开 zsfj. yb. x)/(1+增值税率.不动产租售 qjzb)

F14=SUM(取得土地使用权所支付的金额.整售损益.房开 tzsq,房地产开发成本.整售损益.房开 tzsq) * 1. 25+SUM(利息支出.整售损益.房开 tzsq,与转让房地产有关的税金等.整售损益.房开 tzsq)+财政部规定的其他扣除项目.整售损益.房开 tzsq

F15=SUM(土地使用权费取得费 tkff. y) * 比例.可销售产权建面 jyhl

F16=SUM(F17:F23)

F17=SUM(生地变熟地开发费.支出 tkff. yb. x) * 比例.可销售产权建面 jyhl

F18=SUM(前期工程费.含甲含税.支出 qgcf. yb. x) * 比例.可销售产权建面 jyhl

F19=SUM(建筑安装工程费.除甲含税.支出 gcsf. yb. x) * 比例.可销售产权建面 jyhl

F20=SUM(基础设施费.除甲含税.支出 gcsf. yb. x) * 比例.可销售产权建面 jyhl

F21=SUM(公共配套设施费.除甲含税.支出 gcsf. yb. x) * 比例.可销售产权建面 jyhl

F22=SUM(甲供购置费.甲供含税.支出 jggf. yb. x) * 比例.可销售产权建面 jyhl

F23=SUM(开发间接费分摊值.开发销售期 jycb. yb. x)

F24=SUM(F25:F26)

27F=SUM(F28:F30)

F29=SUM(城市维护建设税.开发销售期 zzs. yb. x)

F30 = SUM(教育附加税.开发销售期 zzs. yb. x,地方教育附加税.开发销售期 zzs. yb. x)

F33=F10-F14

F34=IFERROR(F33/F14,0)

F37=IF(增值率.整售损益.房开 tzsq<=0,0,IF(增值率.整售损益.房开 tzsq<=50%,增值额.整售损益.房开 tzsq * 30%-扣除项目金额合计.整售损益.房开 tzsq * 0%,IF(增值率.整售损益.房开 tzsq<=100%,增值额.整售损益.房开 tzsq * 40%-扣除项目金额合计.整售损益.房开 tzsq * 5%,IF(增值率.整售损益.房开 tzsq<=200%,增值额.整售损益.房开 tzsq * 50%-扣除项目金额合计.整售损益.房开 tzsq * 15%,增值额.整售损益.房开 tzsq * 60%-扣除项目金额合计.整售损益.房开 tzsq * 35%))))

F38=SUM(F39:F44)

F45=SUM(土地增值税预征.开发销售期.整售损益.房开 lzsy. yb. x)

F46=IF(F37>F45,F37-F45,0)

11. 3. 4　整售经营损益数据月表

基于将房开公司名下的持有型物业整售给商业管理公司的前提，通过设置函数公式编制房开公司经营活动的利润表（经营损益表）如表 11.5 所示。

表 11.15　整售经营损益数据月表　　单位：万元

	24	WK		
	J24：WK60	60	I	AK
	J18：WK18	18	月序号	总第 28 个月
	J19：WK19	19	土地月序	土第 25 个月
	J20：WK20	20	年份号	2017 年
	J21：WK21	21	年序号	第 3 年
	J22：WK22	22	开始日期	2017 年 05 月 01 日
F	J23：WK23	23	完成日期	2017 年 05 月 31 日
433, 649. 12	J24：WK24	24	总收入	433, 649. 12
433, 649. 12	J25：WK25	25	经营收入	433, 649. 12
433, 649. 12	J26：WK26	26	整售含税收入	433, 649. 12
0. 00	J27：WK27	27	回收固定资产余值	0. 00
0. 00	J28：WK28	28	不动产转售净收入	0. 00
0. 00	J29：WK29	29	其他收入	0. 00
327, 529. 18	J30：WK30	30	税前总成本	60, 293. 31
327, 529. 18	J31：WK31	31	税前总成本. 房开销售期	60, 293. 31
162, 242. 69	J32：WK32	32	营业成本. 开发销售期	4, 679. 08
35, 489. 22	J33：WK33	33	增值税及附加. 开发销售期	35, 489. 22
36. 95	J34：WK34	34	土地使用税. 开发销售期	0. 92
19, 533. 74	J35：WK35	35	土地增值税预征. 开发销售期	19, 533. 74
90, 220. 53	J36：WK36	36	土地增值税清算. 开发销售期	0. 00
20, 006. 04	J37：WK37	37	利息支出. 开发销售期	590. 34
0. 00	J38：WK38	38	税前总成本. 租赁运营期	0. 00
0. 00	J39：WK39	39	营业成本. 租赁运营期	0. 00
0. 00	J40：WK40	40	增值税及附加. 租赁运营期	0. 00
0. 00	J41：WK41	41	房产税. 租赁运营期	0. 00
0. 00	J42：WK42	42	土地使用税. 租赁运营期	0. 00
0. 00	J43：WK43	43	利息支出. 租赁运营期	0. 00
0. 00	J44：WK44	44	折旧. 租赁运营期	0. 00
0. 00	J45：WK45	45	摊销. 租赁运营期	0. 00
106, 119. 95	J46：WK46	46	利润总额	373, 355. 81
93, 338. 95	J47：WK47	47	企业所得税	93, 338. 95

续表

	24	WK		
	J24：WK60	60	I	AK
	J18：WK18	18	月序号	总第 28 个月
	J19：WK19	19	土地月序	土第 25 个月
	J20：WK20	20	年份号	2017 年
	J21：WK21	21	年序号	第 3 年
	J22：WK22	22	开始日期	2017 年 05 月 01 日
F	J23：WK23	23	完成日期	2017 年 05 月 31 日
106, 119. 95	J48：WK48	48	纳税调整后所得	373, 355. 81
0. 00	J49：WK49	49	所得亏损五年结转	0. 00
106, 119. 95	J50：WK50	50	应纳税所得	373, 355. 81
12, 780. 99	J51：WK51	51	净利润	280, 016. 86
216, 549. 58	J52：WK52	52	账户余额. 利润总额	216, 549. 58
123, 210. 63	J53：WK53	53	账户余额. 净利润	123, 210. 63
332, 104. 43	J54：WK54	54	息前税前利润总额. 还款期内	467, 285. 11
93, 338. 95	J55：WK55	55	企业所得税. 还款期内	93, 338. 95
0. 00	J56：WK56	56	折旧. 还款期内	0. 00
0. 00	J57：WK57	57	摊销. 还款期内	0. 00
145, 426. 52	J58：WK58	58	可用于还本付息的资金. 还款期间	280, 607. 20
238, 765. 47	J59：WK59	59	息前税前利润. 还款期间	373, 946. 15
−103, 083. 34	J60：WK60	60	净利润. 运营期	0. 00

J24 = SUM(J27:J29,J25)

J25 = SUM(J26:J26)

J26 = IF(整售期 qchx. yb. x = "A",收益总价.融资后 sdjf,0)

J30 = SUM(J31,J38)

J31 = SUM(J32:J37)

J32 = 营业成本.开发销售期 jycb. yb. x

J33 = 增值税及附加.整售损益.房开 zsfj. yb. x

J34 = IF(开发销售期 qchx. yb. x = "A",规划净用地.平方米 sgzb * 土地使用税.元.月.平方米 qjzb/10000,0)

J35 = J26/(1+增值税率.不动产租售 qjzb) * 预征率.土地增值税率 qjzb

J36 = IF(土地增值税清算期 qchx. yb. x = "A",应补或退土地增值税税额.整售损益.房开 tzsq,0)

J37 = 借款利息偿还.均摊法 zjph. yb. x

J38＝SUM(J39:J45)

J46＝J24－J30

J47＝IF(J50>0,J50＊企业所得税率 qjzb,0)

J48＝J46

J50＝SUM(J48:J49)

J51＝J46－J47

J52＝SUM($J$46:J46)

J53＝SUM($J$51:J51)

J54＝IF(还款周期.均摊法 rshz. yb. x＝"A",J46+J37+J47,0)

J55＝IF(还款周期.均摊法 rshz. yb. x＝"A",J47,0)

J56＝IF(还款周期.均摊法 rshz. yb. x＝"A",J44,0)

J57＝IF(还款周期.均摊法 rshz. yb. x＝"A",J45,0)

J58＝IF(还款周期.均摊法 rshz. yb. x＝"A",J51+J44+J45+J37,0)

J59＝IF(还款周期.均摊法 rshz. yb. x＝"A",J46+J37,0)

J60＝IF(收入租金期 qchx. yb. x＝"A",J51,0)

11.3.5 整售经营损益数据年表

月报表、季度报表、年度报表都是数据统计常用的时间周期，利用逻辑公司以月报表为数据源，创建如表 11.16 所示的基于整售交易模式房开公司的经营损益年表(利润表)。

表 11.16 整售经营损益数据年表

单位：万元

	22	BI		
	L22：BI51	51	K	N
	L20：BI20	20	年份号	2017 年
H	L21：BI21	21	年序号	第 3 年
433, 649. 12	L22：BI22	22	总收入	433, 649. 12
433, 649. 12	L23：BI23	23	经营收入	433, 649. 12
433, 649. 12	L24：BI24	24	销售含税收入	433, 649. 12
0. 00	L25：BI25	25	回收固定资产余值	0. 00
0. 00	L26：BI26	26	不动产转售净收入	0. 00
0. 00	L27：BI27	27	其他收入	0. 00
327, 529. 18	L28：BI28	28	税前总成本	95, 148. 79
327, 529. 18	L29：BI29	29	税前总成本. 房开销售期	95, 148. 79
162, 242. 69	L30：BI30	30	营业成本. 开发销售期	33, 227. 42

续表

	22	BI		
	L22：BI51	51	K	N
	L20：BI20	20	年份号	2017 年
H	L21：BI21	21	年序号	第 3 年
35, 489. 22	L31：BI31	31	增值税及附加. 开发销售期	35, 489. 22
36. 95	L32：BI32	32	土地使用税. 开发销售期	11. 08
19, 533. 74	L33：BI33	33	土地增值税预征. 开发销售期	19, 533. 74
90, 220. 53	L34：BI34	34	土地增值税清算. 开发销售期	0. 00
20, 006. 04	L35：BI35	35	利息支出. 开发销售期	6, 887. 33
0. 00	L36：BI36	36	税前总成本. 租赁运营期	0. 00
0. 00	L37：BI37	37	营业成本. 租赁运营期	0. 00
0. 00	L38：BI38	38	增值税及附加. 租赁运营期	0. 00
0. 00	L39：BI39	39	房产税. 租赁运营期	0. 00
0. 00	L40：BI40	40	土地使用税. 租赁运营期	0. 00
0. 00	L41：BI41	41	利息支出. 租赁运营期	0. 00
0. 00	L42：BI42	42	折旧. 租赁运营期	0. 00
0. 00	L43：BI43	43	摊销. 租赁运营期	0. 00
106, 119. 95	L44：BI44	44	利润总额	338, 500. 33
52, 040. 72	L45：BI45	45	企业所得税	52, 040. 72
106, 119. 95	L46：BI46	46	纳税调整后所得	338, 500. 33
505, 685. 53	L47：BI47	47	所得亏损五年结转	−208, 162. 88
208, 162. 88	L48：BI48	48	应纳税所得	208, 162. 88
54, 079. 23	L49：BI49	49	净利润	263, 137. 69
208, 162. 88	L50：BI50	50	账户余额. 利润总额	196, 162. 08
156, 122. 16	L51：BI51	51	账户余额. 净利润	147, 121. 56

L22＝SUM(L25:L27,L23)

23L＝SUM(L24:L24)

L24＝SUMIF(年序号 qchx. yb. x,年序号 qchx. nb. x,销售含税收入.整售损益.房开 lzsy. yb. x)

L25＝SUMIF(年序号 qchx. yb. x,年序号 qchx. nb. x,回收固定资产余值.整售损益.房开 lzsy. yb. x)

L26＝SUMIF(年序号 qchx. yb. x,年序号 qchx. nb. x,不动产转售净收入.整售损益.房开 lzsy. yb. x)

L27＝SUMIF(年序号 qchx. yb. x,年序号 qchx. nb. x,其他收入.整售损益.房开

lzsy. yb. x)

L28=SUM(L29,L36)

L29=SUM(L30:L35)

L30=SUMIF(年序号 qchx. yb. x,年序号 qchx. nb. x,营业成本.开发销售期.整售损益.房开 lzsy. yb. x)

L31=SUMIF(年序号 qchx. yb. x,年序号 qchx. nb. x,增值税及附加.开发销售期.整售损益.房开 lzsy. yb. x)

L32=SUMIF(年序号 qchx. yb. x,年序号 qchx. nb. x,土地使用税.开发销售期.整售损益.房开 lzsy. yb. x)

L33=SUMIF(年序号 qchx. yb. x,年序号 qchx. nb. x,土地增值税预征.开发销售期.整售损益.房开 lzsy. yb. x)

L34=SUMIF(年序号 qchx. yb. x,年序号 qchx. nb. x,土地增值税清算.开发销售期.整售损益.房开 lzsy. yb. x)

L35=SUMIF(年序号 qchx. yb. x,年序号 qchx. nb. x,利息支出.开发销售期.整售损益.房开 lzsy. yb. x)

L36=SUM(L37:L43)

L37=SUMIF(年序号 qchx. yb. x,年序号 qchx. nb. x,营业成本.租赁运营期.整售损益.房开 lzsy. yb. x)

L38=SUMIF(年序号 qchx. yb. x,年序号 qchx. nb. x,增值税及附加.租赁运营期.整售损益.房开 lzsy. yb. x)

L39=SUMIF(年序号 qchx. yb. x,年序号 qchx. nb. x,房产税.租赁运营期.整售损益.房开 lzsy. yb. x)

L40=SUMIF(年序号 qchx. yb. x,年序号 qchx. nb. x,土地使用税.租赁运营期.整售损益.房开 lzsy. yb. x)

L41=SUMIF(年序号 qchx. yb. x,年序号 qchx. nb. x,利息支出.租赁运营期.整售损益.房开 lzsy. yb. x)

L42=SUMIF(年序号 qchx. yb. x,年序号 qchx. nb. x,折旧.租赁运营期.整售损益.房开 lzsy. yb. x)

L43=SUMIF(年序号 qchx. yb. x,年序号 qchx. nb. x,摊销.租赁运营期.整售损益.房开 lzsy. yb. x)

L44=L22-L28

L45=IF(L48>0,L48 * 企业所得税率 qjzb,0)

L46=L44

L47=OFFSET(所得税结转.整售损益.房开 ssjz! $R$3,COLUMN(A1)-1,)

L48=IF(L46>0,L46-K47,0)

49L=L44-L45

L50=SUM(＄L＄44:L44)

51=SUM(＄L＄49:L49)

11.3.6　所得税亏损结转数据表

根据国家所得税税法规定，在计算企业所得税时，以五年为一个周期，针对企业运营亏损的情况，是可以结转处理的，由于所得税亏损结转的建模繁杂，限于本书的篇幅不再展开表述，在此仅展示其中两个房开公司整售制式下的数据表格模板（表 11.17）。

表 11.17　所得税亏损结转数据表

单位：万元

行次	项目	年度		纳税调整后所得	合并、分立转入（转出）可弥补的亏损额	当年可弥补的所得额
			1	2	3	4
1	前五年度		-3			0.00
2	前四年度		-2			0.00
3	前三年度		-1			0.00
4	前二年度		0			0.00
5	前一年度	2015	1	-73,296.31		-73,296.31
6	本年	2016	2	-57,041.14		-57,041.14
7	可结转以后年度弥补的亏损额合计					

行次	以前年度亏损已弥补额					本年度实际弥补以前年度的亏损额	可结转以后年度弥补的亏损额
	前四年度	前三年度	前二年度	前一年度	合计		4
	5	6	7	8	9	10	11
1	0.00	0.00	0.00	0.00	0.00	0.00	—
2	—	0.00	0.00	0.00	0.00	0.00	0.00
3	—	—	0.00	0.00	0.00	0.00	0.00
4	—	—	—	0.00	0.00	0.00	0.00
5	—	—	—	—	0.00	0.00	73,296.31
6	—	—	—	—	—	0.00	57,041.14
7							130,337.46

11.3.7　整售损益指标数据表

基于将房开公司名义下的持有型物业整售给商业管理公司的制式，从房开公司的损益表中可得出净利润率等指标如表 11.18 所示。

表 11.18　整售损益指标数据表

6	D12：D19	F16：F20
C	D	F
19	科目	整售. 房开损益
9	融资前总投资（万元）	280, 009. 57
10	年数. 全生命周期（年）	40. 33
11	年数. 租赁业务（年）	37. 58
12	年数. 销售业务（年）	3. 33
13	净利润总额. 租售业务（万元）	54, 079. 23
14	经营收入. 租售业务（万元）	433, 649. 12
15	净利润率. 租售业务（%）	12. 47
16	息税前利润总额. 租售业务（万元）	138, 142. 79
17	年均息税前利润额. 租售业务（万元）	3, 675. 64
18	总投资收益率. 租售业务（%）	14. 80
19	年平均净利润额. 租售业务（万元）	1, 438. 92
20	资本金净利润率. 租售业务（%）	0. 93

F9=SUM(建设投资.融资后.开发销售期 yyzc. yb. x)

F10=月数.全生命期 qchx. yb/12

F11=月数.收入租金期 qchx. yb/12

F12=月数.开发销售期 qchx. yb/12

F13=IF(可租赁产权建面.合计 jyhl=0,"模式不存在",SUM(净利润.整售损益.房开 lzsy. yb. x))

F14=IF(可租赁产权建面.合计 jyhl=0,"模式不存在",SUM(经营收入.整售损益.房开 lzsy. yb. x))

F15=IF(可租赁产权建面.合计 jyhl=0,"模式不存在",F13/F14)

F16=IF(可租赁产权建面.合计 jyhl=0,"模式不存在",SUM(净利润.整租损益.房开 lzsy. yb. x,利息支出.开发销售期.整售损益.房开 lzsy. yb. x,利息支出.租赁运营期.整售损益.房开 lzsy. yb. x,企业所得税.整售损益.房开 lzsy. yb. x))

F17=IF(可租赁产权建面.合计 jyhl=0,"模式不存在",F16/F11)

F18=IF(可租赁产权建面.合计 jyhl=0,"模式不存在",F16/F9/F11)

F19=IF(可租赁产权建面.合计 jyhl=0,"模式不存在",F13/F11)

F20=IF(可租赁产权建面.合计 jyhl=0,"模式不存在",F19/自有资金总额 zlxq. yb)

11.4　商业管理公司整售的动态损益

11.4.1　增值税及附加数据表

基于将房开公司名下的持有型物业整售给商业管理公司的制式，从商业管理公司的经营活动的角度，根据国家增值税税法的规定，通过设置函数公式创建如表 11.19 所示的增值税及附加税数据表。

表 11.19　增值税及附加税数据表　　单位：万元

	17	WK		
	J17：WK40	40	I	BE
	J11：WK11	11	月序号	总第 48 个月
	J12：WK12	12	土地月序	土第 45 个月
	J13：WK13	13	年份号	2019 年
	J14：WK14	14	年序号	第 5 年
	J15：WK15	15	开始日期	2019 年 01 月 01 日
F	J16：WK16	16	完成日期	2019 年 01 月 31 日
2, 158, 149. 85	J17：WK17	17	经营收入	3, 181. 20
2, 050, 827. 07	J18：WK18	18	租赁含税收入	2, 604. 76
59, 347. 35	J19：WK19	19	返租含税收入	470. 07
47, 975. 42	J20：WK20	20	推广费	106. 38
0. 00	J21：WK21	21	其他收入	0. 00
807, 285. 86	J22：WK22	22	营业成本	924. 07
112, 311. 58	J23：WK23	23	整租成本	142. 65
694, 974. 28	J24：WK24	24	租赁成本	781. 43
205, 950. 71	J25：WK25	25	销项税额	264. 15
203, 235. 12	J26：WK26	26	销项税额. 租赁收入	258. 13
2, 715. 59	J27：WK27	27	销项税额. 其他收入	6. 02
45, 695. 43	J28：WK28	28	进项税额	52. 31
6, 357. 26	J29：WK29	29	进项税额. 整租成本	8. 07
39, 338. 17	J30：WK30	30	进项税额. 运营成本	44. 23
160, 255. 28	J31：WK31	31	销项税减进项税额	211. 84

续表

	17	WK		
	J17：WK40	40	I	BE
	J11：WK11	11	月序号	总第 48 个月
	J12：WK12	12	土地月序	土第 45 个月
	J13：WK13	13	年份号	2019 年
	J14：WK14	14	年序号	第 5 年
	J15：WK15	15	开始日期	2019 年 01 月 01 日
F	J16：WK16	16	完成日期	2019 年 01 月 31 日
321, 300. 53	J32：WK32	32	增值税计算值	568. 05
160, 650. 26	J33：WK33	33	增值税额正值	211. 84
-394. 99	J34：WK34	34	增值税额负值	0. 00
160, 650. 26	J35：WK35	35	增值税负值结转	356. 21
359, 856. 59	J36：WK36	36	增值税及附加	636. 22
321, 300. 53	J37：WK37	37	增值税	568. 05
9, 639. 02	J38：WK38	38	教育附加税	17. 04
6, 426. 01	J39：WK39	39	地方教育附加税	11. 36
22, 491. 04	J40：WK40	40	城市维护建设税	39. 76

J17=SUM(J18:J21)

J18=租赁含税收入.合计 zlsr. yb. x

J19=返租含税租金收入 fsyf. yb. x

J20=IF(收入租金期 qchx. yb. x="A",推广费.使面.月 jjst * SUM(可租赁使用面积.购物中心 jyhl. y)/10000, 0)

J22=SUM(J23:J24)

J23=整租含税收入.合计 zzsr. yb. x * 比例.运营成本占收入.整租 xkzb

J24=营业成本.租赁运营期 cbft. yb. x

J25=SUM(J26:J27)

J26=J18/(1+增值税率.不动产租售 qjzb) * 增值税率.不动产租售 qjzb

J27=SUM(J20:J21)/(1+增值税率.服务 qjzb) * 增值税率.服务 qjzb

J28=SUM(J29:J30)

J29=J23/(1+增值税率.服务 qjzb) * 增值税率.服务 qjzb

J30=J24/(1+增值税率.服务 qjzb) * 增值税率.服务 qjzb

J31=J25-J28

J32=J33+J35

J33=IF(J31>0,J31, 0)

J34=IF(J31<0,J31,0)

J35=IF(J33>0,SUM($J$33:$WK$33)*(1/COUNTIF($J$33:$WK$33,">0")),0)

J36=SUM(J37:J40)

J37=IF(J32>0,J32,0)

J38=J37*教育附加税率 qjzb

J39=J37*地方教育附加税率 qjzb

J40=J37*城市维护建设税率.市区 qjzb

11.4.2 整售损益数据月表

基于将房开公司名下的持有型物业整售给商业管理公司的前提，通过设置函数公式创建如表 11.20 所示的商业管理公司的经营活动的利润表（经营损益表）。

表 11.20　整售损益数据月表　　单位：万元

	18	WK		
	J18：WK31	31	I	AQ
	J12：WK12	12	月序号	总第 34 个月
	J13：WK13	13	土地月序	土第 31 个月
	J14：WK14	14	年份号	2017 年
	J15：WK15	15	年序号	第 3 年
	J16：WK16	16	开始日期	2017 年 11 月 01 日
F	J17：WK17	17	完成日期	2017 年 11 月 30 日
2,158,149.85	J18：WK18	18	总收入	3,004.69
2,158,149.85	J19：WK19	19	经营收入	3,004.69
0.00	J20：WK20	20	其他收入	0.00
1,167,142.45	J21：WK21	21	税前总支出	2,363.14
807,285.86	J22：WK22	22	营业成本	1,798.98
359,856.59	J23：WK23	23	增值税及附加	564.16
0.00	J24：WK24	24	利息支出	0.00
991,007.39	J25：WK25	25	利润总额	641.56
249,385.60	J26：WK26	26	企业所得税	160.39
991,007.39	J27：WK27	27	纳税调整后所得	641.56
0.00	J28：WK28	28	所得亏损五年内结转	0.00
991,007.39	J29：WK29	29	应纳税所得	641.56
741,621.80	J30：WK30	30	净利润	481.17
609,242.19	J31：WK31	31	总税负	724.55

J18＝SUM（J19：J20）

J19＝经营收入．整租损益．商管 zzfj. yb. x

J21＝SUM（J22：J24）

J22＝营业成本．整租损益．商管 zzfj. yb. x

J23＝增值税及附加．整租损益．商管 zzfj. yb. x

J25＝J18−J21

J26＝IF（J29>0，J29＊企业所得税率 qjzb，0）

J27＝J25

J29＝J27

J30＝J25−J26

J31＝SUM（J23，J26）

11.4.3 整售损益数据年表

月报表、季度报表、年度报表都是数据统计常用的时间周期，利用逻辑公司以月报表为数据源，创建如表 11.21 所示的基于整售交易模式商业管理公司的经营损益年表（利润表）。

表 11.21 整售损益数据年表

单位：万元

	22	BI		
	L22：BI35	35	K	N
	L20：BI20	20	年份号	2017 年
H	L21：BI21	21	年序号	第 3 年
2, 158, 149. 85	L22：BI22	22	总收入	6, 452. 47
2, 158, 149. 85	L23：BI23	23	经营收入	6, 452. 47
0. 00	L24：BI24	24	其他收入	0. 00
1, 167, 142. 45	L25：BI25	25	税前总支出	10, 445. 50
807, 285. 86	L26：BI26	26	营业成本	9, 258. 35
359, 856. 59	L27：BI27	27	增值税及附加	1, 187. 15
0. 00	L28：BI28	28	利息支出	0. 00
991, 007. 39	L29：BI29	29	利润总额	−3, 993. 03
251, 351. 09	L30：BI30	30	企业所得税	0. 00
991, 007. 39	L31：BI31	31	纳税调整后所得	−3, 993. 03
−9, 624. 49	L32：BI32	32	所得亏损五年内结转	4, 382. 75
1, 005, 404. 36	L33：BI33	33	应纳税所得	0. 00
739, 656. 30	L34：BI34	34	净利润	−3, 993. 03
611, 207. 68	L35：BI35	35	总税负	1, 187. 15

L22=SUM(L23:L24)

L23=SUMIF(年序号 qchx.yb.x,年序号 qchx.nb.x,经营收入.整租损益.商管 lzsy.yb.x)

L24=SUMIF(年序号 qchx.yb.x,年序号 qchx.nb.x,其他收入.整租损益.商管 lzsy.yb.x)

L25=SUM(L26:L28)

L26=SUMIF(年序号 qchx.yb.x,年序号 qchx.nb.x,营业成本.整租损益.商管 lzsy.yb.x)

L27=SUMIF(年序号 qchx.yb.x,年序号 qchx.nb.x,增值税及附加.整租损益.商管 lzsy.yb.x)

L28=SUMIF(年序号 qchx.yb.x,年序号 qchx.nb.x,利息支出.整租损益.商管 lzsy.yb.x)

L29=L22-L25

L30=IF(L33>0,L33 * 企业所得税率 qjzb,0)

L31=L29

L32=OFFSET(所得税结转.整租损益.商管 ssjz! $R$3,COLUMN(A1)-1,)

L33=IF(L31>0,L31-K32,0)

L34=L29-L30

L35=SUM(L27,L30)

11.4.4 所得税亏损结转表

根据国家所得税税法规定，在计算企业所得税时，以五年为一个周期，针对企业运营亏损的情况，是可以结转处理的，由于所得税亏损结转的建模繁杂，限于本书的篇幅不再展开表述，在此仅展示其中两个商业管理公司整售制式下的数据表格模板（表 11.22）。

表 11.22　所得税亏损结转表　　单位：万元

行次	项目	年度		纳税调整后所得	合并、分立转入（转出）可弥补的亏损额	当年可弥补的所得额
			1	2	3	4
1	前五年度		-2			0.00
2	前四年度		-1			0.00
3	前三年度		0			0.00
4	前二年度	2015	1	0.00		0.00

续表

行次	项目	年度		纳税调整后所得	合并、分立转入（转出）可弥补的亏损额	当年可弥补的所得额
		1		2	3	4
5	前一年度	2016	2	-389.72		-389.72
6	本年	2017	3	-3,993.03		-3,993.03
7	可结转以后年度弥补的亏损额合计					

行次	以前年度亏损已弥补额					本年度实际弥补以前年度的亏损额	可结转以后年度弥补的亏损额
	前四年度	前三年度	前二年度	前一年度	合计		4
	5	6	7	8	9	10	11
1	0.00	0.00	0.00	0.00	0.00	0.00	—
2	—	0.00	0.00	0.00	0.00	0.00	0.00
3	—	—	0.00	0.00	0.00	0.00	0.00
4	—	—	—	0.00	0.00	0.00	0.00
5	—	—	—	—	0.00	0.00	389.72
6	—	—	—	—	—	0.00	3,993.03
7							4,382.75

11.4.5 整售损益指标数据表

基于将房开公司名义下的持有型物业整售给商业管理公司的制式，从商业管理公司的损益表中可得出净利润率等指标（表 11.23）。

表 11.23　整售损益指标数据表

6	D12：D19	H16：H20
C	D	H
19	科目	整售．商管损益
9	融资前总投资	—
10	年数．全生命周期（年）	40.33
11	年数．租赁业务（年）	37.58
12	年数．销售业务（年）	3.33
13	净利润总额．租售业务（万元）	510,570.74
14	经营收入．租售业务（万元）	2,050,827.07

续表

6 C 19	D12：D19 D 科目	H16：H20 H 整售．商管损益
15	净利润率．租售业务（%）	24.90
16	息税前利润总额．租售业务（万元）	814,623.37
17	年均息税前利润额．租售业务（万元）	21,675.12
18	总投资收益率．租售业务	—
19	年平均净利润额．租售业务（万元）	13,585.03
20	资本金净利润率．租售业务	—

H10=月数.全生命期 qchx. yb/12

H11=月数.收入租金期 qchx. yb/12

H12=月数.开发销售期 qchx. yb/12

H13=IF(可租赁产权建面.合计 jyhl=0,"模式不存在",SUM(净利润.整售损益.商管 lzsy. yb. x))

H14=IF(可租赁产权建面.合计 jyhl=0,"模式不存在",SUM(经营收入.整售损益.商管 lzsy. yb. x))

H15=IF(可租赁产权建面.合计 jyhl=0,"模式不存在",IFERROR(H13/H14,0))

H16=IF(可租赁产权建面.合计 jyhl=0,"模式不存在",SUM(净利润.整售损益.商管 lzsy. yb. x,利息支出.整售损益.商管 lzsy. yb. x,企业所得税.整售损益.商管 lzsy. yb. x))

H17=IF(可租赁产权建面.合计 jyhl=0,"模式不存在",H16/H11)

H19=IF(可租赁产权建面.合计 jyhl=0,"模式不存在",H13/H11)

11.5　物业管理公司经营损益

对不动产进行物业管理是必不可少的，从企业运营的管理制式角度分析，物业管理业务可分包给专业的物业管理公司，也可由集团成立物业公司自己管理。无论采用管理制式，对物业管理运营的损益进行分析是必要的。本节将以一个独立的物业公司为单元，来创建系列物业管理公司的经营活动的损益数据表。

11.5.1　企业运营基本数据表

根据物业管理公司经营活动的特点，根据物业收费信息、物业管理成本，及价格、成本的时间价值因素，创建如表 11.24 所示的物业管理公司基本数据表。

表 11.24　物业管理公司基本数据表

K	D9：DC	E9：EC	F9：FC	G9：GC	H9：HC	I9：IC	J9：JC	K9：KC
C	D	E	F	G	H	I	J	K
9	科目	物业管理费基价. 前	物业管理费基价. 后	物业管理成本货量	物业管理成本占收入比	物业管理成本基价	物业管理成本年增长率	物业管理收费年增长率
8	车位	235 元/（个·月）	235 元/（个·月）	1,097 个	30.00%	71 元/（个·月）	2.00%	2.00%
9	商铺	50 元/（m^2·月）	50 元/（m^2·月）	173,935.00m^2	30.00%	15 元/（m^2·月）	2.00%	2.00%

11.5.2　车位物业管理收费时价数据表

对于车位的物业管理，通常是以“个”为计量单位来确定物业管理费的收费标准，在考虑收费的时间波动的因素后，通过设置逻辑公式创建车位物业管理收费动态时价数据见表 11.25。

表 11.25　车位物业管理收费动态时价数据表　　单位：元/（个·月）

	17	WK			
	J17：WK23	23	I	K	L
	J11：WK11	11	月序号	总第 2 个月	总第 3 个月
	J12：WK12	12	土地月序	土第 0 个月	土第 0 个月
	J13：WK13	13	年份号	2015 年	2015 年
	J14：WK14	14	年序号	第 1 年	第 1 年
	J15：WK15	15	开始日期	2015 年 03 月 01 日	2015 年 04 月 01 日
F	J16：WK16	16	完成日期	2015 年 03 月 31 日	2015 年 04 月 30 日
2.69	J17：WK17	17	人防区普通车位	235.00	235.00
2.69	J18：WK18	18	非人防区普通车位	235.00	235.00
2.69	J19：WK19	19	微型车位	235.00	235.00
2.69	J20：WK20	20	子母车位	235.00	235.00
2.69	J21：WK21	21	无障碍车位	235.00	235.00
2.69	J22：WK22	22	货车车位	235.00	235.00
2.69	J23：WK23	23	机械车位	235.00	235.00

J17:WK17=IF(开始日期 qchx. yb. x>=市场调研基准期.开始日期.节点 jdjh,物管收费基价.车位 jqyj *(1+年增长率.物管收费.车位 jqyj)^涨价年指数 qchx. yb. x,0)

11. 5. 3　商铺物业管理收费时价数据表

对于商铺的物业管理，通常是以“套内建筑面积或使用面积或建筑面积”为计量单位确定物业管理费的收费标准，在考虑收费的时间波动的因素后，通过设置逻辑公式创建商铺物业管理收费动态时价数据表见表 11. 26。

表 11.26　商铺物业管理收费动态时价数据表　　单位：元/（m^2 · 月）

	17	WK			
	J17：WK24	24	I	K	L
	J11：WK11	11	月序号	总第 2 个月	总第 3 个月
	J12：WK12	12	土地月序	土第 0 个月	土第 0 个月
	J13：WK13	13	年份号	2015 年	2015 年
	J14：WK14	14	年序号	第 1 年	第 1 年
	J15：WK15	15	开始日期	2015 年 03 月 01 日	2015 年 04 月 01 日
F	J16：WK16	16	完成日期	2015 年 03 月 31 日	2015 年 04 月 30 日
2. 69	J17：WK17	17	负 1 层售后返租	50. 00	50. 00
2. 69	J18：WK18	18	第 1 层持有租赁	50. 00	50. 00
2. 69	J19：WK19	19	第 2 层持有租赁	50. 00	50. 00
2. 69	J20：WK20	20	第 3 层持有租赁	50. 00	50. 00
2. 69	J21：WK21	21	第 4 层对外销售	50. 00	50. 00
2. 69	J22：WK22	22	第 5 层对外销售	50. 00	50. 00
2. 69	J23：WK23	23	第 6 层对外销售	50. 00	50. 00
2. 69	J24：WK24	24	第 7 层对外销售	50. 00	50. 00

J17:WK17=IF(开始日期 qchx. yb. x>=市场调研基准期.开始日期.节点 jdjh,物管收费基价.购物中心 jqyj *(1+年增长率.物管收费.购物中心 jqyj)^涨价年指数 qchx. yb. x,0)

11. 5. 4　车位经营含税收入数据表

基于确定了车位的货量、车位的动态收费时价的数据源，通过设置函数公式创建如表 11. 27 所示的车位经营信息收入数据表。

表 11.27　车位经营含税收入数据表　　单位：万元

	18	WK			
	J18：WK24	24	I	AQ	AR
	J11：WK11	11	月序号	总第 34 个月	总第 35 个月
	J12：WK12	12	土地月序	土第 31 个月	土第 32 个月
	J13：WK13	13	年份号	2017 年	2017 年
	J14：WK14	14	年序号	第 3 年	第 3 年
	J15：WK15	15	开始日期	2017 年 11 月 01 日	2017 年 12 月 01 日
F	J16：WK16	16	完成日期	2017 年 11 月 30 日	2017 年 12 月 31 日
18, 077. 10	J17：WK17	17	经营收入. 车位	26. 82	26. 82
2, 455. 32	J18：WK18	18	人防区普通车位	3. 64	3. 64
6, 558. 51	J19：WK19	19	非人防区普通车位	9. 73	9. 73
2, 339. 97	J20：WK20	20	微型车位	3. 47	3. 47
3, 130. 95	J21：WK21	21	子母车位	4. 65	4. 65
1, 252. 38	J22：WK22	22	无障碍车位	1. 86	1. 86
2, 339. 97	J23：WK23	23	货车车位	3. 47	3. 47
0. 00	J24：WK24	24	机械车位	0. 00	0. 00

J=SUM(J18:J24)

J18:WK24=IF(收入租金期 qchx. yb. x="A",(租赁货量.个.车位 jyhl. y * 静态出租率.车位 xljcl * 敏感系数.出租率 mczl+销售货量.个.车位 jyhl. y * 销售率.车位 xljcl * 敏感系数. 销售率 mxxl) * 物管收费时价. 车位. 物管 sssj. yb. x/10000,0)

11. 5. 5　商铺经营含税收入数据表

基于确定了车位的货量、车位的动态收费时价的数据源，通过设置函数公式创建如表 11. 28 所示的商铺经营信息收入数据表。

表 11.28　商铺经营含税收入数据表　　单位：万元

	18	WK			
	J18：WK25	25	I	AQ	AR
	J11：WK11	11	月序号	总第 34 个月	总第 35 个月
	J12：WK12	12	土地月序	土第 31 个月	土第 32 个月
	J13：WK13	13	年份号	2017 年	2017 年
	J14：WK14	14	年序号	第 3 年	第 3 年
	J15：WK15	15	开始日期	2017 年 11 月 01 日	2017 年 12 月 01 日
F	J16：WK16	16	完成日期	2017 年 11 月 30 日	2017 年 12 月 31 日
323, 498. 80	J17：WK17	17	经营收入. 商铺	479. 98	479. 98
45, 304. 94	J18：WK18	18	负 1 层售后返租	67. 22	67. 22
42, 525. 73	J19：WK19	19	第 1 层持有租赁	63. 10	63. 10
40, 339. 66	J20：WK20	20	第 2 层持有租赁	59. 85	59. 85
42, 999. 50	J21：WK21	21	第 3 层持有租赁	63. 80	63. 80
42, 999. 50	J22：WK22	22	第 4 层对外销售	63. 80	63. 80
42, 999. 50	J23：WK23	23	第 5 层对外销售	63. 80	63. 80
42, 999. 50	J24：WK24	24	第 6 层对外销售	63. 80	63. 80
23, 330. 49	J25：WK25	25	第 7 层对外销售	34. 62	34. 62

J7 = SUM(J18:J22)

J18:WK25 = IF(收入租金期 qchx. yb. x = "A",(可租赁使用面积.购物中心 jyhl. y * 静态出租率.商铺 xljcl * 敏感系数.出租率 mczl+可销售使用面积.购物中心 jyhl. y * 销售率.商铺 xljcl * 敏感系数.销售率 mxxl) * 收费时价.购物中心 s. 物管 ssj. yb. x/10000,0)

11. 5. 6　物业管理公司动态成本时价数据表

根据物业管理成本基价的数据源，通过定义相关单元格名称及逻辑公式创建如表 11. 29 所示的物业管理公司运营成本动态时价数据表。

表 11.29 物业管理公司运营成本动态成本时价数据表

	17	WK			
	J17：WK18	18	I	AQ	AR
	J11：WK11	11	月序号	总第 34 个月	总第 35 个月
	J12：WK12	12	土地月序	土第 31 个月	土第 32 个月
	J13：WK13	13	年份号	2017 年	2017 年
	J14：WK14	14	年序号	第 3 年	第 3 年
	J15：WK15	15	开始日期	2017 年 11 月 01 日	2017 年 12 月 01 日
F	J16：WK16	16	完成日期	2017 年 11 月 30 日	2017 年 12 月 31 日
2.21	J17：WK17	17	物管成本. 车位 [元/（个·月）]	73.35	73.35
2.21	J18：WK18	18	物管成本. 商铺 [元/（m^2·月）]	15.61	15.61

J17=IF(收入租金期 qchx. yb. x="A",物管成本基价.车位 jqyj＊(1+年增长率.物管成本.车位 jqyj)^涨价年指数 qchx. yb. x,0)

J18=IF(收入租金期 qchx. yb. x="A",物管成本基价.购物中心 jqyj＊(1+年增长率.物管成本.购物中心 jqyj)^涨价年指数 qchx. yb. x,0)

11.5.7 物业管理公司营业成本数据表

在分析物业管理公司经营活动的损益时，必须合理测算物业管理公司的营业成本，根据物管成本的动态时价与物管货量，创建如表 11.30 所示的物业管理公司营业成本数据表。

表 11.30 物业管理公司营业成本数据表 单位：万元

	18	WK			
	J18：WK19	19	I	AQ	AR
	J11：WK11	11	月序号	总第 34 个月	总第 35 个月
	J12：WK12	12	土地月序	土第 31 个月	土第 32 个月
	J13：WK13	13	年份号	2017 年	2017 年
	J14：WK14	14	年序号	第 3 年	第 3 年
	J15：WK15	15	开始日期	2017 年 11 月 01 日	2017 年 12 月 01 日
F	J16：WK16	16	完成日期	2017 年 11 月 30 日	2017 年 12 月 31 日
188,373.18	J17：WK17	17	营业成本	279.49	279.49
5,423.13	J18：WK18	18	物管成本支出. 车位	8.05	8.05
182,950.05	J19：WK19	19	物管成本支出. 商铺	271.44	271.44

J17=SUM(J18:J19)

J18:WK19=成本时价.物管 cbsj. yb. x * 物管成本货量.物管 jqyj. y/10000

11.5.8　增值税及附加数据表

根据国家增值税税法的规定，链接于物业管理公司的经营活动的数据源，通过设置函数公式创建如表 11.31 所示的增值税及附加税数据表。

表 11.31　增值税及附加数据表　　单位：万元

	17	WK		
	J17：WK32	32	I	BA
	J11：WK11	11	月序号	总第 44 个月
	J12：WK12	12	土地月序	土第 41 个月
	J13：WK13	13	年份号	2018 年
	J14：WK14	14	年序号	第 4 年
	J15：WK15	15	开始日期	2018 年 09 月 01 日
F	J16：WK16	16	完成日期	2018 年 09 月 30 日
341, 575. 90	J17：WK17	17	经营收入	516. 93
18, 077. 10	J18：WK18	18	经营收入. 车位	27. 36
323, 498. 80	J19：WK19	19	经营收入. 商铺	489. 57
188, 373. 18	J20：WK20	20	营业成本	285. 08
8, 671. 85	J21：WK21	21	销项税额减进项税额	13. 12
19, 334. 48	J22：WK22	22	销项税额	29. 26
10, 662. 63	J23：WK23	23	进项税额	16. 14
8, 671. 85	J24：WK24	24	增值税计算值	13. 12
8, 671. 85	J25：WK25	25	增值税额正值	13. 12
0. 00	J26：WK26	26	增值税额负值	0. 00
0. 00	J27：WK27	27	增值税负值结转	0. 00
9, 712. 47	J28：WK28	28	增值税及附加	14. 70
8, 671. 85	J29：WK29	29	增值税	13. 12
260. 16	J30：WK30	30	教育附加税	0. 39
173. 44	J31：WK31	31	地方教育附加税	0. 26
607. 03	J32：WK32	32	城市维护建设税	0. 92

J17=SUM(J18:J19)

J18=经营收入.车位.物管 jysr. yb. x

J19=经营收入.购物中心.物管 jysr. yb. x

J20＝营业成本.经营损益.物管 cbzc. yb. x

J21＝J22－J23

J22＝J17/（1+增值税率.服务 qjzb）＊增值税率.服务 qjzb

J23＝J20/（1+增值税率.服务 qjzb）＊增值税率.服务 qjzb

J24＝J25+J27

J25＝IF（J21>0，J21，0）

J26＝IF（J21<0，J21，0）

J27＝IF(J17>0,SUM（＄J＄26：＄WK＄26）/COUNTIF（＄J＄17：＄WK＄17，">0"），0）

J28＝SUM（J29：J32）

J29＝IF（J24>0，J24，0）

J30＝J29＊教育附加税率 qjzb

J31＝J29＊地方教育附加税率 qjzb

J32＝J29＊城市维护建设税率.市区 qjzb

11.5.9 物业管理公司经营损益月表

通过链接已创建的物业物理公司相关表格的数据源，通过设置函数公式创建如表 11.3 所示的物业管理公司经营利润表（经营损益表）。

表 11.32 物业管理公司经营损益月表　　单位：万元

	17	WK		
	J17：WK29	29	I	AQ
	J11：WK11	11	月序号	总第 34 个月
	J12：WK12	12	土地月序	土第 31 个月
	J13：WK13	13	年份号	2017 年
	J14：WK14	14	年序号	第 3 年
	J15：WK15	15	开始日期	2017 年 11 月 01 日
F	J16：WK16	16	完成日期	2017 年 11 月 30 日
341, 575. 90	J17：WK17	17	经营收入	506. 80
198, 085. 65	J18：WK18	18	税前总支出	293. 90
188, 373. 18	J19：WK19	19	营业成本	279. 49
9, 712. 47	J20：WK20	20	增值税及附加	14. 41
0. 00	J21：WK21	21	利息支出	0. 00
143, 490. 25	J22：WK22	22	利润总额	212. 90
35, 872. 56	J23：WK23	23	企业所得税	53. 22

续表

	17	WK		
	J17：WK29	29	I	AQ
	J11：WK11	11	月序号	总第 34 个月
	J12：WK12	12	土地月序	土第 31 个月
	J13：WK13	13	年份号	2017 年
	J14：WK14	14	年序号	第 3 年
	J15：WK15	15	开始日期	2017 年 11 月 01 日
F	J16：WK16	16	完成日期	2017 年 11 月 30 日
143, 490. 25	J24：WK24	24	纳税调整后所得	212. 90
0. 00	J25：WK25	25	所得亏损五年内结转	0. 00
143, 490. 25	J26：WK26	26	应纳税所得	212. 90
107, 617. 68	J27：WK27	27	净利润	159. 67
143, 490. 25	J28：WK28	28	利润总额账户余额	212. 90
107, 617. 68	J29：WK29	29	净利润账户余额	159. 67

J17＝经营收入.经营损益.物管 zszc. yb. x

J18＝SUM(J19:J20,J21)

J19＝营业成本.经营损益.物管 cbzc. yb. x

J20＝增值税及附加.经营损益.物管 zsfj. yb. x

J22＝J17－J18

J23＝IF(J26>0,J26 * 企业所得税率 qjzb,0)

J24＝J22

J26＝J24

J27＝J22－J23

J28＝SUM($J$22:J22)

J29＝SUM($J$27:J27)

11. 5. 10　物业管理公司经营损益年表

月报表、季度报表、年度报表都是数据统计常用的时间周期，利用逻辑公司以月报表为数据源，创建如表 11. 33 所示的物业管理公司经营损益年表（利润表）。

表 11.33　物业管理公司经营损益年表　　单位：万元

	22	BI		
	L22：BI34	34	K	N
	L20：BI20	20	年份号	2017 年
H	L21：BI21	21	年序号	第 3 年
341, 575. 90	L22：BI22	22	经营收入	1, 013. 59
198, 085. 65	L23：BI23	23	税前总支出	587. 80
188, 373. 18	L24：BI24	24	营业成本	558. 98
9, 712. 47	L25：BI25	25	增值税及附加	28. 82
0. 00	L26：BI26	26	利息支出	0. 00
143, 490. 25	L27：BI27	27	利润总额	425. 79
35, 872. 56	L28：BI28	28	企业所得税	106. 45
143, 490. 25	L29：BI29	29	纳税调整后所得	425. 79
0. 00	L30：BI30	30	所得亏损五年内结转	0. 00
143, 490. 25	L31：BI31	31	应纳税所得	425. 79
107, 617. 68	L32：BI32	32	净利润	319. 34
143, 490. 25	L33：BI33	33	利润总额账户余额	425. 79
107, 617. 68	L34：BI34	34	净利润账户余额	319. 34

L22 = SUMIF(年序号 qchx. yb. x, 年序号 qchx. nb. x, 经营收入. 经营损益. 物管 ljsy. yb. x)

L23 = SUM(L24:L25, L26)

L24 = SUMIF(年序号 qchx. yb. x, 年序号 qchx. nb. x, 营业成本. 经营损益. 物管 ljsy. yb. x)

L25 = SUMIF(年序号 qchx. yb. x, 年序号 qchx. nb. x, 增值税及附加. 经营损益. 物管 ljsy. yb. x)

L26 = SUMIF(年序号 qchx. yb. x, 年序号 qchx. nb. x, 利息支出. 经营损益. 物管 ljsy. yb. x)

L27 = L22-L23

L28 = IF(L31>0, L31 * 企业所得税率 qjzb, 0)

L29 = L27

L30 = OFFSET(所得税结转. 经营损益. 物管 ssjz! $R$3, COLUMN(A1)-1,)

L31 = IF(L29>0, L29-K30, 0)

L32 = L27-L28

L33 = SUM($L$27:L27)

L34 = SUM($L$32:L32)

11.5.11　所得税亏损结转数据表

根据国家所得税税法规定，在计算企业所得税时，以五年为一个周期，针对企业运营亏损的情况，是可以结转处理的，由于所得税亏损结转的建模繁杂，限于本书的篇幅不再展开表述，在此仅展示其中两个物业管理公司所得税亏损结转数据表格模板（表 11.34）。

表 11.34　所得税亏损结转数据表　　单位：万元

行次	项目	年度		纳税调整后所得	合并、分立转入（转出）可弥补的亏损额	当年可弥补的所得额
		1		2	3	4
1	前五年度		-3			0.00
2	前四年度		-2			0.00
3	前三年度		-1			0.00
4	前二年度		0			0.00
5	前一年度	2010	1	0.00		0.00
6	本年	2011	2	0.00		0.00
7	可结转以后年度弥补的亏损额合计					

行次	以前年度亏损已弥补额					本年度实际弥补以前年度的亏损额	可结转以后年度弥补的亏损额
	前四年度	前三年度	前二年度	前一年度	合计		4
	5	6	7	8	9	10	11
1	0.00	0.00	0.00	0.00	0.00	0.00	—
2	—	0.00	0.00	0.00	0.00	0.00	0.00
3	—	—	0.00	0.00	0.00	0.00	0.00
4	—	—	—	0.00	0.00	0.00	0.00
5	—	—	—	—	0.00	0.00	0.00
6	—	—	—	—	—	0.00	0.00
7							0.00

11.5.12 物业管理企业损益指标表

物业管理企业损益指标表如表 11.35 所示。

表 11.35 物业管理企业损益指标表

6 C 20	D16：D20 D 科目	I16：I20 I 物管损益
9	融资前总投资	—
10	年数. 全生命周期（年）	40.33
11	年数. 租赁业务（年）	37.58
12	年数. 销售业务（年）	3.33
13	净利润总额. 租售业务（万元）	107,617.68
14	经营收入. 租售业务（万元）	341,575.90
15	净利润率. 租售业务（%）	31.51
16	息税前利润总额. 租售业务（万元）	143,490.25
17	年均息税前利润额. 租售业务（万元/年）	3,817.92
18	总投资收益率. 租售业务	—
19	年平均净利润额. 租售业务（万元/年）	2,863.44
20	资本金净利润率. 租售业务	—

I10=月数. 全生命期 qchx. yb/12

I11=月数. 收入租金期 qchx. yb/12

I12=月数. 开发销售期 qchx. yb/12

I13=SUM（净利润. 经营损益. 物管 ljsy. nb. x）

I14=SUM（经营收入. 经营损益. 物管 ljsy. nb. x）

I15=I13/I14

I16=SUM（净利润. 经营损益. 物管 ljsy. nb. x，0，企业所得税. 经营损益. 物管 ljsy. nb. x）

I17=I16/I11

I19=I13/I11

第12章

敏感算法数据建模

根据项目经济评价的方法论，在经济评价指标与相关因素之间建立相关关系，通过数据运算测试其间的敏感度，找出其间的临界值是进行“数据化决策”的基本方法。应用计算机强大的逻辑计算能力，可实现多维度敏感分析的自动计算，基于大数据的变化规律中可得出管理的定律。

12.1 土地成本敏感度分析

12.1.1 土地成本与营力能力指标

在商业地产全生命周期总成本的构成中，土地成本的权重将越来越大，尤其是在土地市场，或直接进行竞价，或通过并购取得土地开发的使用权。尤其是在拿地阶段，建立土地成本与营力能力指标之间相关性，对于拿地决策十分关键，表 12.1 是在基本项目实例（一）之数据源的前提下，基于租售并举的经营方式，并以本书其他章节的内容为数据源，通过建立逻辑公式，创建的土地成本与项目营力能力指标敏感算法决策型。

表 12.1　土地成本与营力能力指标

8	G11：G30	H11：H30	I11：I30	J11：J30	K11：K30	L11：L30
9	G	H	I	J	K	L
30	楼面地价（元/m^2）	敏感系数	税前内部收益率（%）	税后内部收益率（%）	净利润率（销售,%）	净利润率（租赁,%）
11	6,531.12	1.00	17.98	15.99	15.34	30.72
12	3,265.56	0.50	33.12	27.38	15.52	32.10
13	3,918.67	0.60	28.24	23.88	15.48	31.83

续表

8	G11：G30	H11：H30	I11：I30	J11：J30	K11：K30	L11：L30
9	G	H	I	J	K	L
30	楼面地价（元/m^2）	敏感系数	税前内部收益率（%）	税后内部收益率（%）	净利润率（销售,%）	净利润率（租赁,%）
14	4, 571. 78	0. 70	24. 64	21. 22	15. 45	31. 55
15	5, 224. 90	0. 80	21. 89	19. 14	15. 41	31. 27
16	5, 878. 01	0. 90	19. 73	17. 42	15. 38	31. 00
17	6, 531. 12	1. 00	17. 98	15. 99	15. 34	30. 72
18	7, 184. 23	1. 10	16. 52	14. 78	15. 16	30. 44
19	7, 837. 34	1. 20	15. 22	13. 26	14. 66	30. 17
20	8, 490. 46	1. 30	14. 13	12. 18	14. 15	29. 89
21	9, 143. 57	1. 40	13. 19	11. 26	13. 65	29. 61
22	9, 796. 68	1. 50	12. 37	8. 91	13. 14	29. 34
23	10, 449. 79	1. 60	11. 65	8. 36	12. 64	29. 06
24	11, 102. 90	1. 70	11. 00	7. 86	12. 13	28. 78
25	11, 756. 02	1. 80	10. 40	7. 39	11. 31	28. 51
26	12, 409. 13	1. 90	9. 85	6. 96	10. 45	28. 23
27	13, 062. 24	2. 00	9. 35	6. 57	9. 60	27. 96
28	13, 715. 35	2. 10	8. 89	6. 21	8. 74	27. 68
29	14, 368. 46	2. 20	8. 48	5. 88	5. 26	27. 40
30	15, 021. 58	2. 30	8. 10	5. 58	4. 74	27. 13
31	15, 674. 69	2. 40	7. 74	5. 29	4. 22	26. 85
32	16, 327. 80	2. 50	7. 41	5. 02	3. 70	26. 57
33	16, 980. 91	2. 60	7. 10	4. 77	3. 17	26. 30
34	17, 634. 02	2. 70	6. 81	4. 53	2. 63	26. 02
35	18, 287. 14	2. 80	6. 54	4. 31	1. 57	25. 74
36	18, 940. 25	2. 90	6. 28	4. 10	0. 51	25. 47
37	19, 593. 36	3. 00	6. 04	3. 89	-0. 75	25. 19
38	20, 246. 47	3. 10	5. 78	3. 68	-2. 87	24. 91
39	20, 899. 58	3. 20	5. 53	3. 48	-4. 97	24. 64
40	21, 552. 70	3. 30	5. 30	3. 29	-24. 57	24. 36
41	22, 205. 81	3. 40	5. 09	3. 12	-26. 47	24. 11
42	22, 858. 92	3. 50	4. 88	2. 95	-28. 68	23. 85

8	M11：M30	N11：N30	O11：O30	P11：P30
9	M	N	O	P
30	净利润率（租售,%）	总投资收益率（销售,%）	总投资收益率（租赁,%）	总投资收益率（租售,%）
11	29.25	21.41	14.70	8.98
12	30.65	33.12	21.33	13.09
13	30.39	30.10	19.62	12.03
14	30.14	27.49	18.14	11.11
15	29.84	25.21	16.85	10.31
16	29.55	23.19	15.71	9.60
17	29.25	21.41	14.70	8.98
18	28.90	19.69	13.79	8.41
19	28.52	17.88	12.98	7.89
20	28.15	16.25	12.24	7.42
21	27.78	14.77	11.57	7.00
22	27.41	13.41	10.96	6.61
23	26.58	12.17	10.41	6.26
24	26.31	11.03	9.89	5.93
25	26.00	9.78	9.42	5.62
26	25.69	8.61	8.98	5.34
27	25.38	7.52	8.57	5.07
28	25.07	6.50	8.19	4.82
29	24.77	5.56	7.84	4.59
30	24.46	4.67	7.50	4.38
31	24.15	3.83	7.19	4.18
32	23.84	3.04	6.90	3.99
33	23.50	2.29	6.63	3.81
34	23.12	1.59	6.37	3.64
35	22.74	0.92	6.13	3.48
36	22.36	0.29	5.89	3.33
37	21.98	-0.31	5.68	3.19
38	19.27	-1.17	5.47	3.04
39	18.75	-1.97	5.27	2.90
40	18.23	-2.77	5.08	2.77
41	17.77	-3.37	4.91	2.65
42	17.26	-4.10	4.74	2.54

G11=楼面地价 tkff
H11=敏感系数.土地成本 mgtc
I11=税前内部收益率.融资前流量.投资.项目 xjll. nb
J11=税后内部收益率.融资前流量.投资.项目 xjll. nb
K11=净利润率.销售业务.融资前损益.项目 lpzb
L11=净利润率.租赁业务.融资前损益.项目 lpzb
M11=净利润率.租售业务.融资前损益.项目 lpzb
N11=总投资收益率.销售业务.融资前损益.项目 lpzb
O11=总投资收益率.租赁业务.融资前损益.项目 lpzb
P11=总投资收益率.租售业务.融资前损益.项目 lpzb

12. 1. 2　土地成本与投资回收年

投资回收年限可细分静态的、动态的、税前的、税后的，是经济评价指标体系中重要的指标，表 12. 2 是在基本项目实例（一）之数据源的前提下，基于租售并举的经营方式，并以本书其他章节的内容为数据源，通过建立逻辑公式，创建的土地成本与投资回收年限之间的敏感算法决策型。

表 12. 2　土地成本与投资回收年

8	G11：G30	H11：H30	Q11：Q30	R11：R30	S11：S30	T11：T30
9	G	H	Q	R	S	T
30	楼面地价（元/m²）	敏感系数	税前静态投资回收年限（年）	税后静态投资回收年限（年）	税前动态投资回收年限（年）	税后动态投资回收年限（年）
11	6, 531. 12	1. 00	4. 815	4. 855	6. 213	6. 942
12	3, 265. 56	0. 50	2. 657	2. 719	2. 711	2. 777
13	3, 918. 67	0. 60	2. 730	2. 783	2. 791	2. 848
14	4, 571. 78	0. 70	2. 802	2. 844	2. 871	2. 916
15	5, 224. 90	0. 80	2. 874	2. 902	2. 950	2. 981
16	5, 878. 01	0. 90	2. 946	2. 959	5. 322	5. 807
17	6, 531. 12	1. 00	4. 815	4. 855	6. 213	6. 942
18	7, 184. 23	1. 10	5. 383	5. 452	7. 336	8. 043
19	7, 837. 34	1. 20	6. 113	6. 954	8. 546	10. 224
20	8, 490. 46	1. 30	6. 982	8. 130	9. 753	11. 919
21	9, 143. 57	1. 40	7. 807	9. 238	10. 957	13. 421
22	9, 796. 68	1. 50	8. 598	13. 209	12. 143	19. 179
23	10, 449. 79	1. 60	9. 361	13. 971	13. 206	20. 859

续表

8	G11：G30	H11：H30	Q11：Q30	R11：R30	S11：S30	T11：T30
9	G	H	Q	R	S	T
30	楼面地价（元/m²）	敏感系数	税前静态投资回收年限（年）	税后静态投资回收年限（年）	税前动态投资回收年限（年）	税后动态投资回收年限（年）
24	11, 102. 90	1. 70	10. 099	14. 711	14. 246	22. 595
25	11, 756. 02	1. 80	10. 869	15. 483	15. 386	24. 486
26	12, 409. 13	1. 90	11. 615	16. 243	16. 561	26. 458
27	13, 062. 24	2. 00	12. 301	16. 988	17. 762	28. 509
28	13, 715. 35	2. 10	12. 928	17. 712	18. 990	30. 643
29	14, 368. 46	2. 20	13. 511	18. 423	20. 251	32. 868
30	15, 021. 58	2. 30	14. 085	19. 122	21. 544	35. 194
31	15, 674. 69	2. 40	14. 648	19. 806	22. 872	37. 637
32	16, 327. 80	2. 50	15. 205	20. 477	24. 239	40. 484
33	16, 980. 91	2. 60	15. 753	21. 139	25. 646	#REF!
34	17, 634. 02	2. 70	16. 293	21. 786	27. 090	#REF!
35	18, 287. 14	2. 80	16. 825	22. 420	28. 578	#REF!
36	18, 940. 25	2. 90	17. 347	23. 047	30. 107	#REF!
37	19, 593. 36	3. 00	17. 866	23. 658	31. 689	#REF!
38	20, 246. 47	3. 10	18. 464	24. 337	33. 571	#REF!
39	20, 899. 58	3. 20	19. 052	25. 002	35. 511	#REF!
40	21, 552. 70	3. 30	19. 635	25. 657	37. 560	#REF!
41	22, 205. 81	3. 40	20. 150	26. 248	39. 480	#REF!
42	22, 858. 92	3. 50	20. 704	26. 870	#REF!	#REF!

Q11 = 税前静态回收年数.融资前流量.投资.项目 xjll. nb

R11 = 税后静态回收年数.融资前流量.投资.项目 xjll. nb

S11 = 税前动态回收年数.融资前流量.投资.项目 xjll. nb

T11 = 税后动态回收年数.融资前流量.投资.项目 xjll. nb

12. 1. 3　土地成本与偿债能力指标

表 12. 3 是在基本项目实例（一）之数据源的前提下，基于租售并举的经营方式，并以本书其他章节的内容为数据源，通过建立逻辑公式，创建楼面地价与偿债备付率、利息备付率、资金平衡临界点之间的相关性，形成的土地成本与偿债能力指标之间的敏感算法决策模型。

表 12.3 土地成本与偿债能力指标

8	G11：G30	H11：H30	U11：U30	V11：V30	W11：W30
9	G	H	U	V	W
30	楼面地价（元/m²）	敏感系数	偿债备付率（%）	利息备付率（%）	资金平衡
11	6, 531. 12	1. 00	1. 565	11. 536	大于零
12	3, 265. 56	1. 218	1. 668	13. 140	大于零
13	3, 918. 67	1. 311	1. 643	12. 757	大于零
14	4, 571. 78	1. 288	1. 621	12. 410	大于零
15	5, 224. 90	1. 268	1. 601	12. 093	大于零
16	5, 878. 01	1. 249	1. 582	11. 802	大于零
17	6, 531. 12	1. 233	1. 565	11. 536	大于零
18	7, 184. 23	1. 218	1. 543	11. 250	小于零
19	7, 837. 34	1. 198	1. 510	10. 900	小于零
20	8, 490. 46	1. 170	1. 479	10. 578	小于零
21	9, 143. 57	1. 145	1. 451	10. 281	小于零
22	9, 796. 68	1. 122	1. 425	10. 007	小于零
23	10, 449. 79	1. 101	1. 400	9. 753	小于零
24	11, 102. 90	1. 081	1. 378	9. 516	小于零
25	11, 756. 02	1. 063	1. 347	9. 234	小于零
26	12, 409. 13	1. 037	1. 317	8. 965	小于零
27	13, 062. 24	1. 013	1. 290	8. 714	小于零
28	13, 715. 35	0. 991	1. 264	8. 480	小于零
29	14, 368. 46	0. 970	1. 240	8. 261	小于零
30	15, 021. 58	0. 950	1. 211	8. 012	小于零
31	15, 674. 69	0. 926	1. 183	7. 780	小于零
32	16, 327. 80	0. 903	1. 155	7. 562	小于零
33	16, 980. 91	0. 881	1. 129	7. 359	小于零
34	17, 634. 02	0. 859	1. 104	7. 168	小于零
35	18, 287. 14	0. 839	1. 081	6. 988	小于零
36	18, 940. 25	0. 820	1. 060	6. 820	小于零
37	19, 593. 36	0. 802	1. 039	6. 660	小于零
38	20, 246. 47	0. 785	1. 013	6. 459	小于零
39	20, 899. 58	0. 764	0. 989	6. 271	小于零

续表

8	G11：G30	H11：H30	U11：U30	V11：V30	W11：W30
9	G	H	U	V	W
30	楼面地价（元/m^2）	敏感系数	偿债备付率（%）	利息备付率（%）	资金平衡
40	21,552.70	0.745	0.966	6.087	小于零
41	22,205.81	0.726	0.947	5.941	小于零
42	22,858.92 元/m^2	0.710	0.925	5.777	小于零

U11＝偿债备付率. 等额本金法. 均摊法. clzb

U11＝利息备付率. 等额本金法. 均摊法 clzb

W11＝账户累计余额最小值 zjph. 均摊法

12.2　建造成本敏感性分析

12.2.1　建造成本与营力能力指标

在商业地产全生命周期总成本的构成中，建造成本的权重很大，在开发过程中对工程成本的控制是关键业务之一。表 12.4 是在基本项目实例（一）之数据源的前提下，基于租售并举的经营方式，并以本书其他章节的内容为数据源，通过建立逻辑公式，创建的建造成本与项目营力能力指标之间的敏感算法决策型。

表 12.4　建造成本与营力能力指标

5	E8：E24	F8：F24	G8：G24	H8：H24	I8：I24	J8：J24
6	E	F	G	H	I	J
24	工程成本指标（元/m^2）	敏感系数	税前内部收益率（%）	税后内部收益率（%）	净利润率（销售，%）	净利润率（租赁，%）
8	4,488.55	1.00	17.98	15.99	15.34	30.72
9	2,244.28	0.50	23.00	19.78	19.23	31.69
10	2,693.13	0.60	21.83	18.94	18.45	31.49
11	3,141.99	0.70	20.75	18.15	17.67	31.30
12	3,590.84	0.80	19.75	17.42	16.90	31.11
13	4,039.70	0.90	18.83	16.66	16.12	30.91
14	4,488.55	1.00	17.98	15.99	15.34	30.72
15	4,937.41	1.10	17.19	15.38	14.54	30.53

续表

5	E8：E24	F8：F24	G8：G24	H8：H24	I8：I24	J8：J24
6	E	F	G	H	I	J
24	工程成本指标（元/m²）	敏感系数	税前内部收益率（%）	税后内部收益率（%）	净利润率（销售，%）	净利润率（租赁，%）
16	5, 386. 26	1. 20	16. 39	14. 35	13. 41	30. 33
17	5, 835. 12	1. 30	15. 65	13. 59	12. 27	30. 14
18	6, 283. 97	1. 40	14. 96	12. 90	11. 14	29. 95
19	6, 732. 83	1. 50	14. 33	12. 26	10. 00	29. 76
20	7, 181. 69	1. 60	13. 73	11. 65	8. 81	29. 56
21	7, 630. 54	1. 70	13. 17	11. 13	7. 61	29. 37
22	8, 079. 40	1. 80	12. 65	10. 64	6. 42	29. 18
23	8, 528. 25	1. 90	12. 16	10. 19	5. 22	28. 98
24	8, 977. 11	2. 00	11. 71	9. 76	3. 94	28. 79

5	K8：K24	L8：L24	M8：M24	N8：N24
6	K	L	M	N
24	净利润率（租售，%）	总投资收益率（销售，%）	总投资收益率（租赁，%）	总投资收益率（租售，%）
8	29. 25	21. 41	14. 70	8. 98
9	30. 73	34. 98	19. 16	11. 93
10	30. 46	31. 72	18. 09	11. 22
11	30. 16	28. 77	17. 12	10. 58
12	29. 86	26. 09	16. 24	10. 00
13	29. 55	23. 65	15. 43	9. 46
14	29. 25	21. 41	14. 70	8. 98
15	28. 91	19. 32	14. 02	8. 53
16	28. 54	17. 13	13. 39	8. 10
17	28. 18	15. 10	12. 82	7. 71
18	27. 82	13. 21	12. 28	7. 34
19	27. 46	11. 45	11. 78	7. 00
20	27. 09	9. 76	11. 31	6. 69
21	26. 72	8. 17	10. 87	6. 39
22	26. 16	6. 67	10. 46	6. 11
23	25. 90	5. 27	10. 08	5. 85
24	25. 63	3. 92	9. 72	5. 60

E8 = $H$4 * F8

F8 = 敏感系数.工程成本 mgcc

G8 = 税前内部收益率.融资前流量.投资.项目 xjll. nb

H8 = 税后内部收益率.融资前流量.投资.项目 xjll. nb

I8 = 净利润率.销售业务.融资前损益.项目 lpzb

J8 = 净利润率.租赁业务.融资前损益.项目 lpzb

K8 = 净利润率.租售业务.融资前损益.项目 lpzb

L8 = 总投资收益率.销售业务.融资前损益.项目 lpzb

M8 = 总投资收益率.租赁业务.融资前损益.项目 lpzb

N8 = 总投资收益率.租售业务.融资前损益.项目 lpzb

12. 2. 2　建造成本与投资回收年限

投资回收年限可细分静态的、动态的、税前的、税后的，是经济评价指标体系中重要的指标，表 12. 5 是在基本项目实例（一）之数据源的前提下，基于租售并举的经营方式下，并以本书其他章节的内容为数据源，通过建立逻辑公式，创建的建造成本与投资回收年限之间的敏感算法决策型。

表 12.5　建造成本与投资回收年限

5	E8：E24	F8：F24	O8：O24	P8：P24	Q8：Q24	R8：R24
6	E	F	O	P	Q	R
24	工程成本指标（元/m²）	敏感系数	税前静态投资回收年限（年）	税后静态投资回收年限（年）	税前动态投资回收年限（年）	税后动态投资回收年限（年）
8	4, 488. 55	1. 00	4. 815	4. 855	6. 213	6. 942
9	2, 244. 28	0. 50	2. 783	2. 828	2. 859	2. 908
10	2, 693. 13	0. 60	2. 827	2. 864	2. 905	2. 946
11	3, 141. 99	0. 70	2. 872	2. 901	2. 954	2. 985
12	3, 590. 84	0. 80	2. 919	2. 938	5. 109	5. 575
13	4, 039. 70	0. 90	2. 967	2. 975	5. 637	6. 240
14	4, 488. 55	1. 00	4. 815	4. 855	6. 213	6. 942
15	4, 937. 41	1. 10	5. 168	5. 212	6. 900	7. 554
16	5, 386. 26	1. 20	5. 662	6. 209	7. 677	9. 026
17	5, 835. 12	1. 30	6. 192	7. 078	8. 452	10. 123
18	6, 283. 97	1. 40	6. 798	7. 906	9. 226	11. 219
19	6, 732. 83	1. 50	7. 386	8. 700	10. 003	12. 286

续表

5	E8：E24	F8：F24	O8：O24	P8：P24	Q8：Q24	R8：R24
6	E	F	O	P	Q	R
24	工程成本指标（元/m^2）	敏感系数	税前静态投资回收年限（年）	税后静态投资回收年限（年）	税前动态投资回收年限（年）	税后动态投资回收年限（年）
20	7, 181. 69	1. 60	7. 977	9. 449	10. 796	13. 270
21	7, 630. 54	1. 70	8. 543	10. 157	11. 595	14. 188
22	8, 079. 40	1. 80	9. 102	10. 837	12. 349	15. 123
23	8, 528. 25	1. 90	9. 639	11. 493	13. 058	16. 075
24	8, 977. 11	2. 00	10. 177	12. 130	13. 755	17. 061

O8＝税前静态回收年数.融资前流量.投资.项目 xjll. nb
P8＝税后静态回收年数.融资前流量.投资.项目 xjll. nb
Q8＝税前动态回收年数.融资前流量.投资.项目 xjll. nb
R8＝税后动态回收年数.融资前流量.投资.项目 xjll. nb

12. 2. 3 建造成本与偿债能力指标

基于项目实例（一）之数据源，通过逻辑公式，创建建造成本与偿债备付率、利息备付率、资金平衡临界点之间的相关性。表 12. 6 是在基本项目实例（一）之数据源的前提下，基于租售并举的经营方式，并以本书其他章节的内容为数据源，通过建立逻辑公式，形成的建造成本与偿债能力指标之间的敏感算法决策模型。

表 12. 6 建造成本与偿债能力指标

5	E8：E24	F8：F24	S8：S24	T8：T24	U8：U24
6	E	F	S	T	U
24	工程成本指标（元/m^3）	敏感系数	偿债备付率（%）	利息备付率（%）	资金平衡
8	4, 488. 55	1. 00	1. 565	11. 536	大于零
9	2, 244. 28	0. 50	1. 615	12. 385	小于零
10	2, 693. 13	0. 60	1. 605	12. 209	大于零
11	3, 141. 99	0. 70	1. 594	12. 036	大于零
12	3, 590. 84	0. 80	1. 584	11. 866	大于零
13	4, 039. 70	0. 90	1. 574	11. 699	大于零
14	4, 488. 55	1. 00	1. 565	11. 536	大于零
15	4, 937. 41	1. 10	1. 554	11. 368	大于零
16	5, 386. 26	1. 20	1. 529	11. 109	大于零

续表

5	E8：E24	F8：F24	S8：S24	T8：T24	U8：U24
6	E	F	S	T	U
24	工程成本指标（元/m^3）	敏感系数	偿债备付率（%）	利息备付率（%）	资金平衡
17	5,835.12	1.30	1.505	10.857	大于零
18	6,283.97	1.40	1.482	10.611	大于零
19	6,732.83	1.50	1.459	10.370	大于零
20	7,181.69	1.60	1.436	10.126	大于零
21	7,630.54	1.70	1.412	9.887	大于零
22	8,079.40	1.80	1.390	9.654	大于零
23	8,528.25	1.90	1.368	9.426	大于零
24	8,977.11	2.00	1.342	9.179	大于零

S8＝偿债备付率.等额本金法.均摊法.clzb

T8＝利息备付率.等额本金法.均摊法 clzb

U8＝账户累计余额最小值 zjph. 均摊法

G9：U24＝TABLE(,H3)

12.3　运营成本的敏感性分析

12.3.1　运营成本与营力能力指标

在商业地产租赁运营期，运营成本率（运营成本/租金收入）是关键指标。表 12.7 是在基本项目实例（一）之购物中心在租售并举的经营方式下，并以本书其他章节的内容为数据源，通过建立逻辑公式，创建的运营成本率与项目营力能力指标之间的敏感算法决策型。

表 12.7　运营成本与营力能力指标

5	F8：F24	G8：G24	H8：H24	I8：I24	J8：J24	K8：K24
6	F	G	H	I	J	K
24	运营成本率（%）	敏感系数	税前内部收益率（%）	税后内部收益率（%）	净利润率（销售,%）	净利润率（租赁,%）
8	30.00	1.00	17.98	15.99	15.34	30.72

续表

5	F8：F24	G8：G24	H8：H24	I8：I24	J8：J24	K8：K24
6	F	G	H	I	J	K
24	运营成本率（%）	敏感系数	税前内部收益率（%）	税后内部收益率（%）	净利润率（销售，%）	净利润率（租赁，%）
9	15.00	0.50	20.70	18.22	15.34	40.90
10	18.00	0.60	20.19	17.80	15.34	38.87
11	21.00	0.70	19.66	17.37	15.34	36.83
12	24.00	0.80	19.12	16.92	15.34	34.79
13	27.00	0.90	18.56	16.46	15.34	32.76
14	30.00	1.00	17.98	15.99	15.34	30.72
15	33.00	1.10	17.39	15.50	15.34	28.68
16	36.00	1.20	16.78	15.00	15.34	26.65
17	39.00	1.30	16.15	14.45	15.34	24.61
18	42.00	1.40	15.50	13.87	15.34	22.58
19	45.00	1.50	14.82	13.27	15.34	20.54
20	48.00	1.60	14.10	12.64	15.34	18.50
21	51.00	1.70	13.36	11.98	15.34	16.47
22	54.00	1.80	12.58	11.24	15.34	14.43
23	57.00	1.90	11.74	10.45	15.34	12.39
24	60.00	2.00	10.86	9.62	15.34	10.34

5	L8：L24	M8：M24	N8：N24	O8：O24
6	L	M	N	O
24	净利润率（租售，%）	总投资收益率（销售，%）	总投资收益率（租赁，%）	总投资收益率（租售，%）
8	29.25	21.41	14.70	8.98
9	38.11	21.41	19.58	11.72
10	36.34	21.41	18.60	11.17
11	34.56	21.41	17.63	10.62
12	32.79	21.41	16.65	10.07
13	31.02	21.41	15.67	9.52
14	29.25	21.41	14.70	8.98
15	27.46	21.41	13.72	8.43
16	25.67	21.41	12.75	7.88
17	23.88	21.41	11.77	7.33

续表

5	L8：L24	M8：M24	N8：N24	O8：O24
6	L	M	N	O
24	净利润率（租售，%）	总投资收益率（销售，%）	总投资收益率（租赁，%）	总投资收益率（租售，%）
18	22.08	21.41	10.79	6.78
19	20.28	21.41	9.82	6.23
20	18.46	21.41	8.84	5.68
21	16.64	21.41	7.87	5.13
22	14.82	21.41	6.89	4.58
23	13.00	21.41	5.91	4.03
24	11.17	21.41	4.94	3.48

F8 = $I$4 * G8

G8 = 敏感系数.运营成本 myyc

H8 = 税前内部收益率.融资前流量.投资.项目 xjll.nb

I8 = 税后内部收益率.融资前流量.投资.项目 xjll.nb

J8 = 净利润率.销售业务.融资前损益.项目 lpzb

K8 = 净利润率.租赁业务.融资前损益.项目 lpzb

L8 = 净利润率.租售业务.融资前损益.项目 lpzb

M8 = 总投资收益率.销售业务.融资前损益.项目 lpzb

N8 = 总投资收益率.租赁业务.融资前损益.项目 lpzb

O8 = 总投资收益率.租售业务.融资前损益.项目 lpzb

12.3.2　运营成本与投资回收年限

表 12.8 是在基本项目实例（一）之购物中心在租售并举的经营方式下，并以本书其他章节的内容为数据源，通过建立逻辑公式，创建的运营成本率与投资回收年限之间的敏感算法决策型。

表 12.8　运营成本与投资回收年限

5	F8：F24	G8：G24	P8：P24	Q8：Q24	R8：R24	S8：S24
6	F	G	P	Q	R	S
24	运营成本率（%）	敏感系数	税前静态投资回收年限（年）	税后静态投资回收年限（年）	税前动态投资回收年限（年）	税后动态投资回收年限（年）
8	30.00	1.00	4.815	4.855	6.213	6.942

续表

5	F8：F24	G8：G24	P8：P24	Q8：Q24	R8：R24	S8：S24
6	F	G	P	Q	R	S
24	运营成本率（%）	敏感系数	税前静态投资回收年限（年）	税后静态投资回收年限（年）	税前动态投资回收年限（年）	税后动态投资回收年限（年）
9	15.00	0.50	4.4827	4.5544	5.3808	5.9621
10	18.00	0.60	4.5398	4.6100	5.5074	6.1145
11	21.00	0.70	4.6011	4.6677	5.6469	6.2831
12	24.00	0.80	4.6670	4.7276	5.8013	6.4738
13	27.00	0.90	4.7382	4.7899	5.9732	6.6914
14	30.00	1.00	4.8152	4.8547	6.2132	6.9419
15	33.00	1.10	4.8989	4.9222	6.5007	7.2319
16	36.00	1.20	4.9901	4.9925	6.8395	7.5718
17	39.00	1.30	5.1356	5.1729	7.2418	8.0399
18	42.00	1.40	5.3094	5.3740	7.7268	8.6074
19	45.00	1.50	5.5131	5.5842	8.3202	9.2988
20	48.00	1.60	5.7550	5.8043	9.0593	10.1522
21	51.00	1.70	6.0709	6.0945	9.9929	11.2421
22	54.00	1.80	6.6556	6.8742	11.1925	12.6078
23	57.00	1.90	7.4674	7.9239	12.5832	14.0293
24	60.00	2.00	8.6181	9.3458	14.0258	15.8260

P8＝税前静态回收年数.融资前流量.投资.项目 xjll.nb

Q8＝税后静态回收年数.融资前流量.投资.项目 xjll.nb

R8＝税前动态回收年数.融资前流量.投资.项目 xjll.nb

S8＝税后动态回收年数.融资前流量.投资.项目 xjll.nb

12.3.3 运营成本与偿债能力指标

表 12.9 是在基本项目实例（一）之购物中心在租售并举的经营方式下，并以本书其他章节的内容为数据源，通过建立逻辑公式，创建的运营成本率与偿债能力指标之间的敏感算法决策型。

表 12.9　运营成本与偿债能力指标

5	F8：F24	G8：G24	T8：T24	U8：U24	V8：V24
6	F	G	T	U	V
24	运营成本率（%）	敏感系数	偿债备付率（%）	利息备付率（%）	资金平衡
8	30.00	1.00	1.565	11.536	大于零
9	15.00	0.50	1.680	12.441	大于零
10	18.00	0.60	1.657	12.260	大于零
11	21.00	0.70	1.634	12.079	大于零
12	24.00	0.80	1.611	11.898	大于零
13	27.00	0.90	1.588	11.717	大于零
14	30.00	1.00	1.565	11.536	大于零
15	33.00	1.10	1.542	11.355	大于零
16	36.00	1.20	1.519	11.174	大于零
17	39.00	1.30	1.496	10.994	大于零
18	42.00	1.40	1.472	10.813	大于零
19	45.00	1.50	1.449	10.633	大于零
20	48.00	1.60	1.426	10.453	大于零
21	51.00	1.70	1.402	10.273	大于零
22	54.00	1.80	1.378	10.093	大于零
23	57.00	1.90	1.352	9.913	大于零
24	60.00	2.00	1.327	9.733	大于零

T8＝偿债备付率.等额本金法.均摊法.clzb
U8＝利息备付率.等额本金法.均摊法 clzb
V8＝账户累计余额最小值 zjph. 均摊法
H9:V24＝TABLE(,I3)

12.4　销售价格的敏感度分析

12.4.1　售价与营力能力指标

表 12.10 是在基本项目实例（一）之购物中心在租售并举的经营方式下，并以本

书其他章节的内容为数据源，通过建立逻辑公式，创建的销售价格与项目营力能力指标之间的敏感算法决策型。

表 12.10　售价与营力能力指标

6	D9：D25	E9：E25	F9：F25	G9：G25	H9：H25
7	D	E	F	G	H
25	敏感系数	税前内部收益率（%）	税后内部收益率（%）	净利润率（销售，%）	净利润率（租赁，%）
9	1.00	17.98	15.99	15.34	30.72
10	0.50	12.50	9.78	-9.67	32.06
11	0.60	13.44	10.39	1.56	31.74
12	0.70	14.50	11.06	8.06	31.49
13	0.80	15.55	13.29	11.39	31.23
14	0.90	16.72	14.56	13.77	30.98
15	1.00	17.98	15.99	15.34	30.72
16	1.10	19.29	16.98	16.13	30.47
17	1.20	20.79	17.91	16.78	30.21
18	1.30	22.52	18.75	17.34	29.95
19	1.40	24.51	19.68	17.81	29.70
20	1.50	26.64	20.59	18.01	29.44
21	1.60	28.81	21.38	17.84	29.19
22	1.70	31.22	22.25	17.70	28.93
23	1.80	33.88	23.22	17.56	28.68
24	1.90	36.77	24.30	17.45	28.41
25	2.00	39.87	25.49	17.34	28.13

6	I9：I25	J9：J25	K9：K25	L9：L25
7	I	J	K	L
25	净利润率（租售，%）	总投资收益率（销售，%）	总投资收益率（租赁，%）	总投资收益率（租售，%）
9	29.25	21.41	14.70	8.98
10	29.49	-4.28	15.34	8.50
11	29.52	1.64	15.18	8.60
12	29.26	7.27	15.06	8.72
13	28.92	12.20	14.94	8.81
14	29.26	16.95	14.82	8.90

续表

6	I9：I25	J9：J25	K9：K25	L9：L25
7	I	J	K	L
25	净利润率（租售，%）	总投资收益率（销售，%）	总投资收益率（租赁，%）	总投资收益率（租售，%）
15	29.25	21.41	14.70	8.98
16	29.07	25.38	14.58	9.04
17	28.78	29.35	14.45	9.10
18	28.50	33.32	14.33	9.16
19	28.23	37.29	14.21	9.22
20	27.93	40.97	14.09	9.27
21	27.57	44.18	13.97	9.31
22	27.21	47.38	13.85	9.35
23	26.87	50.59	13.72	9.38
24	26.52	53.79	13.60	9.42
25	26.17	57.00	13.48	9.45

D=敏感系数.销售价格 mgxj
E=税前内部收益率.融资前流量.投资.项目 xjll.nb
F=税后内部收益率.融资前流量.投资.项目 xjll.nb
G=净利润率.销售业务.融资前损益.项目 lpzb
H=净利润率.租赁业务.融资前损益.项目 lpzb
I9=净利润率.租售业务.融资前损益.项目 lpzb
J9=总投资收益率.销售业务.融资前损益.项目 lpzb
K9=总投资收益率.租赁业务.融资前损益.项目 lpzb
L9=总投资收益率.租售业务.融资前损益.项目 lpzb

12.4.2　售价与投资回收年

表 12.11 是在基本项目实例（一）之购物中心在租售并举的经营方式下，并以本书其他章节的内容为数据源，通过建立逻辑公式，创建的销售价格与项目投资回收年限之间的敏感算法决策型。

表 12.11 售价与投资回收年

6	D9：D25	M9：M25	N9：N25	O9：O25	P9：P25
7	D	M	N	O	P
25	敏感系数	税前静态投资回收年限（年）	税后静态投资回收年限（年）	税前动态投资回收年限（年）	税后动态投资回收年限（年）
9	1.00	4.815	4.855	6.213	6.942
10	0.50	9.317	11.761	12.066	16.757
11	0.60	8.490	11.146	10.955	15.487
12	0.70	7.571	10.472	9.792	14.290
13	0.80	6.646	7.703	8.691	10.552
14	0.90	5.660	6.290	7.500	8.868
15	1.00	4.815	4.855	6.213	6.942
16	1.10	2.903	2.925	2.984	5.695
17	1.20	2.811	2.851	2.884	2.928
18	1.30	2.735	2.787	2.801	2.858
19	1.40	2.670	2.731	2.731	2.797
20	1.50	2.615	2.681	2.672	2.743
21	1.60	2.568	2.637	2.620	2.695
22	1.70	2.527	2.598	2.575	2.652
23	1.80	2.491	2.562	2.536	2.614
24	1.90	2.458	2.530	2.501	2.579
25	2.00	2.430	2.501	2.470	2.548

M9＝税前静态回收年数．融资前流量．投资．项目 xjll. nb

N9＝税后静态回收年数．融资前流量．投资．项目 xjll. nb

O9＝税前动态回收年数．融资前流量．投资．项目 xjll. nb

P9＝税后动态回收年数．融资前流量．投资．项目 xjll. nb

12.4.3 售价与偿债能力指标

表 12.12 是在基本项目实例（一）之购物中心在租售并举的经营方式下，并以本书其他章节的内容为数据源，通过建立逻辑公式，创建的销售价格与偿债能力指标之间的敏感算法决策型。

表 12.12　售价与偿债能力指标

6	D9：D25	Q9：Q25	R9：R25	S9：S25
7	D	Q	R	S
25	敏感系数	偿债备付率（%）	利息备付率（%）	资金平衡
9	1.00	1.565	11.536	大于零
10	0.50	1.318	8.808	小于零
11	0.60	1.451	9.882	小于零
12	0.70	1.523	10.608	小于零
13	0.80	1.549	11.016	小于零
14	0.90	1.565	11.337	大于零
15	1.00	1.565	11.536	大于零
16	1.10	1.541	11.562	大于零
17	1.20	1.520	11.586	大于零
18	1.30	1.501	11.608	大于零
19	1.40	1.483	11.628	大于零
20	1.50	1.455	11.571	大于零
21	1.60	1.411	11.395	大于零
22	1.70	1.370	11.235	大于零
23	1.80	1.332	11.089	大于零
24	1.90	1.297	10.954	大于零
25	2.00	1.265	10.830	大于零

Q9=偿债备付率.等额本金法.均摊法.clzb

R9=利息备付率.等额本金法.均摊法 clzb

9S=账户累计余额最小值 zjph. 均摊法

E10:S25=TABLE(,F5)

12.5　租赁价格的敏感性分析

12.5.1　租价与营力能力指标

表 12.13 是在基本项目实例（一）之购物中心在租售并举的经营方式下，并以本书其他章节的内容为数据源，通过建立逻辑公式，创建的租赁价格与项目营力能力指

标之间的敏感算法决策型。

表 12.13 租价与营力能力指标

4 5 23	E7：E23 E 敏感系数	F7：F23 F 税前内部收益率（%）	G7：G23 G 税后内部收益率（%）	H7：H23 H 净利润率（销售,%）	I7：I23 I 净利润率（租赁,%）
7	1.00	17.98	15.99	15.34	30.72
8	0.50	5.51	4.42	15.34	7.56
9	0.60	8.02	6.98	15.34	17.34
10	0.70	10.52	9.35	15.34	23.12
11	0.80	13.02	11.68	15.34	26.71
12	0.90	15.51	13.90	15.34	29.03
13	1.00	17.98	15.99	15.34	30.72
14	1.10	20.44	17.98	15.34	31.98
15	1.20	22.87	19.96	15.34	32.95
16	1.30	25.26	21.91	15.34	33.71
17	1.40	27.62	24.44	15.34	34.31
18	1.50	29.94	26.45	15.34	34.80
19	1.60	32.22	28.45	15.34	35.21
20	1.70	34.48	30.41	15.34	35.54
21	1.80	36.69	32.35	15.34	35.83
22	1.90	38.88	34.27	15.34	36.07
23	2.00	41.04	36.16	15.34	36.27

4 5 23	J7：J23 J 净利润率（租售,%）	K7：K23 K 总投资收益率（销售,%）	L7：L23 L 总投资收益率（租赁,%）	M7：M23 M 总投资收益率（租售,%）
7	29.25	21.41	14.70	8.98
8	10.47	21.41	1.26	1.41
9	16.97	21.41	3.27	2.54
10	21.64	21.41	5.61	3.86
11	25.04	21.41	8.30	5.37

续表

4	J7：J23	K7：K23	L7：L23	M7：M23
5	J	K	L	M
23	净利润率（租售，%）	总投资收益率（销售，%）	总投资收益率（租赁，%）	总投资收益率（租售，%）
12	27.48	21.41	11.33	7.08
13	29.25	21.41	14.70	8.98
14	30.55	21.41	18.41	11.07
15	31.60	21.41	22.47	13.35
16	32.44	21.41	26.87	15.83
17	32.78	21.41	31.61	18.50
18	33.45	21.41	36.70	21.36
19	34.01	21.41	42.13	24.42
20	34.49	21.41	47.90	27.67
21	34.89	21.41	54.01	31.11
22	35.23	21.41	60.47	34.74
23	35.53	21.41	67.26	38.57

E7 = 敏感系数.租赁价格 mzlj

F7 = 税前内部收益率.融资前流量.投资.项目 xjll.nb

G7 = 税后内部收益率.融资前流量.投资.项目 xjll.nb

H7 = 净利润率.销售业务.融资前损益.项目 lpzb

I7 = 净利润率.租赁业务.融资前损益.项目 lpzb

J7 = 净利润率.租售业务.融资前损益.项目 lpzb

K7 = 总投资收益率.销售业务.融资前损益.项目 lpzb

L7 = 总投资收益率.租赁业务.融资前损益.项目 lpzb

M7 = 总投资收益率.租售业务.融资前损益.项目 lpzb

12.5.2　租赁与投资回收年

表 12.14 是在基本项目实例（一）之购物中心在租售并举的经营方式下，并以本书其他章节的内容为数据源，通过建立逻辑公式，创建的租赁价格与项目投资回收年限之间的敏感算法决策型。

表 12.14 租赁与投资回收年

4	E7：E23	N7：N23	O7：O23	P7：P23	Q7：Q23
5	E	N	O	P	Q
23	敏感系数	税前静态投资回收年限（年）	税后静态投资回收年限（年）	税前动态投资回收年限（年）	税后动态投资回收年限（年）
7	1.00	4.815	4.855	6.213	6.942
8	0.50	21.008	23.259	36.150	#REF!
9	0.60	15.925	16.826	22.846	26.563
10	0.70	12.142	12.686	16.029	17.853
11	0.80	6.748	6.997	11.647	12.877
12	0.90	5.340	5.407	7.898	8.821
13	1.00	4.815	4.855	6.213	6.942
14	1.10	4.517	4.588	5.434	6.014
15	1.20	4.288	4.351	4.955	5.328
16	1.30	4.110	4.141	4.673	4.866
17	1.40	3.742	3.793	4.449	4.610
18	1.50	3.366	3.435	4.267	4.408
19	1.60	3.245	3.302	4.118	4.242
20	1.70	3.186	3.233	3.984	4.104
21	1.80	3.151	3.191	3.768	3.976
22	1.90	3.128	3.163	3.626	3.801
23	2.00	3.111	3.143	3.526	3.676

N7=税前静态回收年数.融资前流量.投资.项目 xjll.nb

O7=税后静态回收年数.融资前流量.投资.项目 xjll.nb

P7=税前动态回收年数.融资前流量.投资.项目 xjll.nb

Q7=税后动态回收年数.融资前流量.投资.项目 xjll.nb

12.5.3 租价与偿债能力指标

表 12.15 是在基本项目实例（一）之购物中心在租售并举的经营方式下，并以本书其他章节的内容为数据源，通过建立逻辑公式，创建的租赁价格与项目偿债能力指标之间的敏感算法决策型。

表 12.15　租价与偿债能力指标

4	E7：E23	R7：R23	S7：S23	T7：T23
5	E	R	S	T
23	敏感系数	偿债备付率（%）	利息备付率（%）	资金平衡
7	1.00	1.565	11.536	大于零
8	0.50	1.021	7.612	大于零
9	0.60	1.165	8.610	大于零
10	0.70	1.285	9.453	大于零
11	0.80	1.373	10.067	大于零
12	0.90	1.466	10.761	大于零
13	1.00	1.565	11.536	大于零
14	1.10	1.674	12.392	大于零
15	1.20	1.794	13.332	大于零
16	1.30	1.925	14.354	大于零
17	1.40	2.066	15.460	大于零
18	1.50	2.218	16.651	大于零
19	1.60	2.381	17.928	大于零
20	1.70	2.555	19.292	大于零
21	1.80	2.740	20.744	大于零
22	1.90	2.937	22.285	大于零
23	2.00	3.146	23.917	大于零

R7=偿债备付率.等额本金法.均摊法.clzb

S7=利息备付率.等额本金法.均摊法 clzb

T7=账户累计余额最小值 zjph. 均摊法

F8:T23=TABLE(,G3)

12.6　销售速度敏感性分析

12.6.1　销售速度与营力能力指标

表 12.16 是在基本项目实例（一）之购物中心在租售并举的经营方式，并以本书其他章节的内容为数据源，通过建立逻辑公式，创建的销售速度与项目营力能力指标

之间的敏感算法决策型。

表 12.16 销售速度与营力能力指标

4	F7：F21	G7：G21	H7：H21	I7：I21	J7：J21	K7：K21
5	F	G	H	I	J	K
21	销售速度（月）	敏感系数	税前内部收益率（%）	税后内部收益率（%）	净利润率（销售,%）	净利润率（租赁,%）
7	12	1.00	17.984	15.990	15.34	30.72
8	6	0.50	17.729	12.990	17.928	30.721
9	10	0.80	18.075	16.080	15.131	30.721
10	13	1.10	17.966	15.971	15.392	30.721
11	17	1.40	17.279	15.113	13.531	30.721
12	20	1.70	17.140	12.565	14.030	30.721
13	24	2.00	16.776	12.346	15.404	30.721
14	28	2.30	16.420	12.179	17.179	30.721
15	31	2.60	16.251	12.040	15.340	30.721
16	35	2.90	15.967	11.886	9.450	30.721
17	38	3.20	15.654	11.736	10.208	30.721
18	42	3.50	15.290	11.567	12.459	30.721
19	46	3.80	15.296	11.528	9.687	30.721
20	49	4.10	15.042	11.387	9.791	30.721
21	53	4.40	14.801	11.285	11.191	30.721

4	L7：L21	M7：M21	N7：N21	O7：O21
5	L	M	N	O
21	净利润率（租售,%）	总投资收益率（销售,%）	总投资收益率（租赁,%）	总投资收益率（租售,%）
7	29.250	21.410	14.700	8.980
8	28.540	24.823	14.698	8.965
9	29.237	23.011	14.698	8.971
10	29.245	20.915	14.698	8.976
11	28.726	19.703	14.698	8.984
12	29.167	18.218	14.698	8.990
13	29.267	16.897	14.698	8.993
14	29.275	16.112	14.698	9.000
15	28.404	15.096	14.698	9.003

续表

4	L7：L21	M7：M21	N7：N21	O7：O21
5	L	M	N	O
21	净利润率（租售，%）	总投资收益率（销售，%）	总投资收益率（租赁，%）	总投资收益率（租售，%）
16	28.404	14.389	14.698	9.004
17	28.493	13.637	14.698	9.011
18	28.530	12.998	14.698	9.019
19	28.396	12.528	14.698	9.023
20	28.402	11.948	14.698	9.027
21	28.539	11.570	14.698	9.032

F7 = G3

G7 = 敏感系数.销售速度 mxsd

H7 = 税前内部收益率.融资前流量.投资.项目 xjll.nb

I7 = 税后内部收益率.融资前流量.投资.项目 xjll.nb

J7 = 净利润率.销售业务.融资前损益.项目 lpzb

K7 = 净利润率.租赁业务.融资前损益.项目 lpzb

L7 = 净利润率.租售业务.融资前损益.项目 lpzb

M7 = 总投资收益率.销售业务.融资前损益.项目 lpzb

N7 = 总投资收益率.租赁业务.融资前损益.项目 lpzb

O7 = 总投资收益率.租售业务.融资前损益.项目 lpzb

12.6.2　销售速度与投资回收年限

表 12.17 是在基本项目实例（一）之购物中心在租售并举的经营方式，并以本书其他章节的内容为数据源，通过建立逻辑公式，创建的销售速度与项目投资回收年限之间的敏感算法决策型。

表 12.17　销售速度与投资回收年限

4	F7：F21	G7：G21	P7：P21	Q7：Q21	R7：R21	S7：S21
5	F	G	P	Q	R	S
21	销售速度（月）	敏感系数	税前静态投资回收年限（年）	税后静态投资回收年限（年）	税前动态投资回收年限（年）	税后动态投资回收年限（年）
7	12	1.00	4.815	4.855	6.213	6.942
8	6	0.50	4.858	8.464	6.367	11.615

续表

4	F7：F21	G7：G21	P7：P21	Q7：Q21	R7：R21	S7：S21
5	F	G	P	Q	R	S
21	销售速度（月）	敏感系数	税前静态投资回收年限（年）	税后静态投资回收年限（年）	税前动态投资回收年限（年）	税后动态投资回收年限（年）
9	10	0.80	4.831	4.868	6.213	6.922
10	13	1.10	4.811	4.851	6.212	6.945
11	17	1.40	4.776	5.048	6.384	7.573
12	20	1.70	3.816	8.294	6.376	11.777
13	24	2.00	3.850	8.275	6.493	11.939
14	28	2.30	3.984	8.232	6.604	12.046
15	31	2.60	4.396	8.209	6.637	12.139
16	35	2.90	4.517	8.205	6.766	12.267
17	38	3.20	4.639	8.161	6.886	12.372
18	42	3.50	4.857	8.106	7.042	12.499
19	46	3.80	5.023	5.794	5.595	12.527
20	49	4.10	5.233	5.831	5.699	12.660
21	53	4.40	5.391	8.025	5.896	12.749

P7＝税前静态回收年数.融资前流量.投资.项目 xjll. nb

Q7＝税后静态回收年数.融资前流量.投资.项目 xjll. nb

R7＝税前动态回收年数.融资前流量.投资.项目 xjll. nb

S7＝税后动态回收年数.融资前流量.投资.项目 xjll. nb

12.6.3 销售速度与偿债能力指标

表 12.18 是在基本项目实例（一）之购物中心在租售并举的经营方式，并以本书其他章节的内容为数据源，通过建立逻辑公式，创建的销售速度与项目偿债能力指标之间的敏感算法决策型。

表 12.18 销售速度与偿债能力指标

4	F7：F21	G7：G21	T7：T21	U7：U21	V7：V21
5	F	G	T	U	V
21	销售速度（月）	敏感系数	偿债备付率（%）	利息备付率（%）	资金平衡
7	12	1.00	1.565	11.536	大于零
8	6	0.50	1.502	11.162	大于零

续表

4	F7：F21	G7：G21	T7：T21	U7：U21	V7：V21
5	F	G	T	U	V
21	销售速度（月）	敏感系数	偿债备付率（%）	利息备付率（%）	资金平衡
9	10	0.80	1.554	11.475	大于零
10	13	1.10	1.566	11.544	大于零
11	17	1.40	1.568	11.571	大于零
12	20	1.70	1.570	11.595	大于零
13	24	2.00	1.571	11.607	大于零
14	28	2.30	1.604	11.674	大于零
15	31	2.60	1.604	11.684	大于零
16	35	2.90	1.603	11.684	大于零
17	38	3.20	1.585	11.547	大于零
18	42	3.50	1.573	11.450	大于零
19	46	3.80	1.507	10.934	大于零
20	49	4.10	1.511	10.974	大于零
21	53	4.40	1.513	11.000	大于零

T7=偿债备付率.等额本金法.均摊法.clzb

U7=利息备付率.等额本金法.均摊法 clzb

V7=账户累计余额最小值 zjph. 均摊法

H8:V21=TABLE(,G2)

12.7　销售率敏感性分析

12.7.1　销售率与营力能力指标

表 12.19 是在基本项目实例（一）之购物中心在租售并举的经营方式，并以本书其他章节的内容为数据源，通过建立逻辑公式，创建的销售率与项目营力能力指标之间的敏感算法决策型。

表 12.19 销售率与营力能力指标

5	F8：F25	G8：G25	H8：H25	I8：I25	J8：J25	K8：K25
6	F	G	H	I	J	K
25	销售率（%）	敏感系数	税前内部收益率（%）	税后内部收益率（%）	净利润率（销售,%）	净利润率（租赁,%）
8	100.00	1.00	17.98	15.99	15.34	30.72
9	20.00	0.20	9.50	7.47	-167.44	33.18
10	25.00	0.25	9.93	7.88	-113.95	32.99
11	30.00	0.30	10.39	8.31	-78.85	32.81
12	35.00	0.35	10.89	8.71	-56.87	32.62
13	40.00	0.40	11.44	9.08	-40.39	32.43
14	45.00	0.45	12.00	9.45	-19.59	32.25
15	50.00	0.50	12.50	9.78	-9.67	32.06
16	55.00	0.55	12.95	10.08	-2.61	31.88
17	60.00	0.60	13.44	10.39	1.56	31.74
18	65.00	0.65	13.95	10.71	5.38	31.61
19	70.00	0.70	14.50	11.06	8.06	31.49
20	75.00	0.75	15.03	11.39	9.97	31.36
21	80.00	0.80	15.55	13.29	11.39	31.23
22	85.00	0.85	16.11	13.85	12.65	31.10
23	90.00	0.90	16.72	14.56	13.77	30.98
24	95.00	0.95	17.37	15.53	14.77	30.85
25	100.00	1.00	17.98	15.99	15.34	30.72

5	L8：L25	M8：M25	N8：N25	O8：O25
6	L	M	N	O
25	净利润率（租售,%）	总投资收益率（销售,%）	总投资收益率（租赁,%）	总投资收益率（租售,%）
8	29.25	21.41	14.70	8.98
9	27.82	-29.62	15.87	7.97
10	28.14	-25.20	15.78	8.06
11	28.31	-20.77	15.69	8.16
12	28.45	-16.35	15.60	8.25
13	28.59	-11.93	15.52	8.35
14	29.33	-7.80	15.43	8.43

续表

5	L8：L25	M8：M25	N8：N25	O8：O25
6	L	M	N	O
25	净利润率（租售，%）	总投资收益率（销售，%）	总投资收益率（租赁，%）	总投资收益率（租售，%）
15	29.49	-4.28	15.34	8.50
16	29.51	-1.27	15.25	8.54
17	29.52	1.64	15.18	8.60
18	29.39	4.43	15.12	8.66
19	29.26	7.27	15.06	8.72
20	29.10	9.83	15.00	8.77
21	28.92	12.20	14.94	8.81
22	29.25	14.58	14.88	8.85
23	29.26	16.95	14.82	8.90
24	29.26	19.32	14.76	8.94
25	29.25	21.41	14.70	8.98

F8 = $I$4 * G8

G8 = 敏感系数.销售率 mxxl

H8 = 税前内部收益率.融资前流量.投资.项目 xjll.nb

I8 = 税后内部收益率.融资前流量.投资.项目 xjll.nb

J8 = 净利润率.销售业务.融资前损益.项目 lpzb

K8 = 净利润率.租赁业务.融资前损益.项目 lpzb

L8 = 净利润率.租售业务.融资前损益.项目 lpzb

M8 = 总投资收益率.销售业务.融资前损益.项目 lpzb

N8 = 总投资收益率.租赁业务.融资前损益.项目 lpzb

O8 = 总投资收益率.租售业务.融资前损益.项目 lpzb

12.7.2 销售率与投资回收年限

表 12.20 是在基本项目实例（一）之购物中心在租售并举的经营方式下，并以本书其他章节的内容为数据源，通过建立逻辑公式，创建的销售率与项目投资回收年限之间的敏感算法决策型。

表 12.20 销售率与投资回收年限

5	F8：F25	G8：G25	P8：P25	Q8：Q25	R8：R25	S8：S25
6	F	G	P	Q	R	S
25	销售率（%）	敏感系数	税前静态投资回收年限（年）	税后静态投资回收年限（年）	税前动态投资回收年限（年）	税后动态投资回收年限（年）
8	100.00	1.00	4.815	4.855	6.213	6.942
9	20.00	0.20	12.290	15.179	17.663	24.155
10	25.00	0.25	11.810	14.459	16.632	22.515
11	30.00	0.30	11.339	13.722	15.618	20.917
12	35.00	0.35	10.840	13.112	14.620	19.628
13	40.00	0.40	10.303	12.602	13.636	18.533
14	45.00	0.45	9.777	12.132	12.759	17.548
15	50.00	0.50	9.317	11.761	12.066	16.757
16	55.00	0.55	8.919	11.462	11.520	16.119
17	60.00	0.60	8.490	11.146	10.955	15.487
18	65.00	0.65	8.057	10.826	10.396	14.891
19	70.00	0.70	7.571	10.472	9.792	14.290
20	75.00	0.75	7.111	10.152	9.232	13.772
21	80.00	0.80	6.646	7.703	8.691	10.552
22	85.00	0.85	6.141	7.084	8.116	9.799
23	90.00	0.90	5.660	6.290	7.500	8.868
24	95.00	0.95	5.177	5.223	6.837	7.462
25	100.00	1.00	4.815	4.855	6.213	6.942

P8＝税前静态回收年数.融资前流量.投资.项目 xjll. nb

Q8＝税后静态回收年数.融资前流量.投资.项目 xjll. nb

R8＝税前动态回收年数.融资前流量.投资.项目 xjll. nb

S8＝税后动态回收年数.融资前流量.投资.项目 xjll. nb

12.7.3 销售率与偿债能力指标

表 12.21 是在基本项目实例（一）之购物中心在租售并举的经营方式下，并以本书其他章节的内容为数据源，通过建立逻辑公式，创建的销售率与项目偿债能力指标之间的敏感算法决策型。

表 12.21　销售率与偿债能力指标

5	F8：F25	G8：G25	T8：T25	U8：U25	V8：V25
6	F	G	T	U	V
25	销售率（%）	敏感系数	偿债备付率（%）	利息备付率（%）	资金平衡
8	100.00	1.00	1.565	11.536	大于零
9	20.00	0.20	0.842	4.943	小于零
10	25.00	0.25	0.898	5.346	小于零
11	30.00	0.30	1.013	6.217	小于零
12	35.00	0.35	1.112	6.990	小于零
13	40.00	0.40	1.207	7.728	小于零
14	45.00	0.45	1.319	8.632	小于零
15	50.00	0.50	1.318	8.808	小于零
16	55.00	0.55	1.386	9.350	小于零
17	60.00	0.60	1.451	9.882	小于零
18	65.00	0.65	1.490	10.263	小于零
19	70.00	0.70	1.523	10.608	小于零
20	75.00	0.75	1.541	10.846	小于零
21	80.00	0.80	1.549	11.016	小于零
22	85.00	0.85	1.557	11.180	小于零
23	90.00	0.90	1.565	11.337	大于零
24	95.00	0.95	1.572	11.488	大于零
25	100.00	1.00	1.565	11.536	大于零

T8=偿债备付率.等额本金法.均摊法.clzb

U8=利息备付率.等额本金法.均摊法 clzb

V8=账户累计余额最小值 zjph. 均摊法

H9:V25=TABLE(,I3)

12.8　出租率敏感性分析

12.8.1　出租率与营利指标的关系

表 12.22 是在基本项目实例（一）之购物中心在租售并举的经营方式下，并以本

书其他章节的内容为数据源，通过建立逻辑公式，创建的出租率与项目营力能力指标之间的敏感算法决策型。

表 12.22　出租率与营利指标的关系

5	F8：F25	G8：G25	H8：H25	I8：I25	J8：J25	K8：K25
6	F	G	H	I	J	K
25	出租率（%）	敏感系数	税前内部收益率（%）	税后内部收益率（%）	净利润率（销售,%）	净利润率（租赁,%）
8	100.00	1.00	17.98	15.99	15.34	30.72
9	20.00	0.20	6.29	5.32	15.34	6.72
10	25.00	0.25	7.52	6.51	15.34	12.54
11	30.00	0.30	8.60	7.52	15.34	16.52
12	35.00	0.35	9.56	8.43	15.34	19.38
13	40.00	0.40	10.45	9.25	15.34	21.59
14	45.00	0.45	11.27	10.02	15.34	23.28
15	50.00	0.50	12.03	10.74	15.34	24.61
16	55.00	0.55	12.75	11.42	15.34	25.70
17	60.00	0.60	13.43	12.04	15.34	26.61
18	65.00	0.65	14.08	12.62	15.34	27.39
19	70.00	0.70	14.70	13.17	15.34	28.06
20	75.00	0.75	15.30	13.69	15.34	28.65
21	80.00	0.80	15.87	14.20	15.34	29.16
22	85.00	0.85	16.43	14.69	15.34	29.62
23	90.00	0.90	16.96	15.14	15.34	30.02
24	95.00	0.95	17.48	15.57	15.34	30.39
25	100.00	1.00	17.98	15.99	15.34	30.72

5	L8：L25	M8：M25	N8：N25	O8：O25
6	L	M	N	O
25	净利润率（租售,%）	总投资收益率（销售,%）	总投资收益率（租赁,%）	总投资收益率（租售,%）
8	29.25	21.41	14.70	8.98
9	10.42	21.41	0.86	1.18
10	13.84	21.41	1.73	1.67
11	16.50	21.41	2.59	2.16
12	18.63	21.41	3.45	2.65

续表

5	L8：L25	M8：M25	N8：N25	O8：O25
6	L	M	N	O
25	净利润率（租售，%）	总投资收益率（销售，%）	总投资收益率（租赁，%）	总投资收益率（租售，%）
13	20.40	21.41	4.32	3.13
14	21.85	21.41	5.18	3.62
15	23.05	21.41	6.05	4.11
16	24.07	21.41	6.91	4.59
17	24.96	21.41	7.78	5.08
18	25.75	21.41	8.64	5.57
19	26.44	21.41	9.51	6.05
20	27.06	21.41	10.37	6.54
21	27.59	21.41	11.24	7.03
22	28.06	21.41	12.10	7.51
23	28.49	21.41	12.97	8.00
24	28.89	21.41	13.83	8.49
25	29.25	21.41	14.70	8.98

F8 = 敏感系数.出租率 mczl * G8

G8 = 敏感系数.出租率 mczl

H8 = 税前内部收益率.融资前流量.投资.项目 xjll.nb

I8 = 税后内部收益率.融资前流量.投资.项目 xjll.nb

J8 = 净利润率.销售业务.融资前损益.项目 lpzb

K8 = 净利润率.租赁业务.融资前损益.项目 lpzb

L8 = 净利润率.租售业务.融资前损益.项目 lpzb

M8 = 总投资收益率.销售业务.融资前损益.项目 lpzb

N8 = 总投资收益率.租赁业务.融资前损益.项目 lpzb

O8 = 总投资收益率.租售业务.融资前损益.项目 lpzb

12.8.2　出租率与投资回收年限

表 12.23 是在基本项目实例（一）之购物中心在租售并举的经营方式下，并以本书其他章节的内容为数据源，通过建立逻辑公式，创建的出租率与项目投资回收年限之间的敏感算法决策型。

表 12.23 出租率与投资回收年限

6	F	G	P	Q	R	S
25	出租率（%）	敏感系数	税前静态投资回收年限（年）	税后静态投资回收年限（年）	税前动态投资回收年限（年）	税后动态投资回收年限（年）
8	100.00	1.00	4.815	4.855	6.213	6.942
9	20.00	0.20	16.655	18.050	29.545	36.962
10	25.00	0.25	14.346	15.278	23.076	27.668
11	30.00	0.30	12.655	13.407	19.174	22.460
12	35.00	0.35	10.668	11.714	16.557	19.036
13	40.00	0.40	8.941	9.708	14.676	16.611
14	45.00	0.45	7.724	8.234	13.259	14.798
15	50.00	0.50	6.880	7.156	12.052	13.393
16	55.00	0.55	6.264	6.352	10.786	12.193
17	60.00	0.60	5.887	5.913	9.783	11.024
18	65.00	0.65	5.658	5.720	8.989	10.105
19	70.00	0.70	5.465	5.537	8.346	9.356
20	75.00	0.75	5.300	5.363	7.822	8.739
21	80.00	0.80	5.157	5.199	7.386	8.225
22	85.00	0.85	5.033	5.043	7.022	7.791
23	90.00	0.90	4.948	4.960	6.711	7.456
24	95.00	0.95	4.879	4.906	6.444	7.181
25	100.00	1.00	4.815	4.855	6.213	6.942

P8 = 税前静态回收年数. 融资前流量. 投资. 项目 xjll. nb

Q8 = 税后静态回收年数. 融资前流量. 投资. 项目 xjll. nb

R8 = 税前动态回收年数. 融资前流量. 投资. 项目 xjll. nb

S8 = 税后动态回收年数. 融资前流量. 投资. 项目 xjll. nb

12.8.3 出租率与偿债能力指标关系

表 12.24 是在基本项目实例（一）之购物中心在租售并举的经营方式下，并以本书其他章节的内容为数据源，通过建立逻辑公式，创建的出租率与项目偿债能力指标之间的敏感算法决策型。

表 12.24　出租率与偿债能力指标关系

5	F8：F25	G8：G25	T8：T25	U8：U25	V8：V25
6	F	G	T	U	V
25	出租率（%）	敏感系数	偿债备付率（%）	利息备付率（%）	资金平衡
8	100.00	1.00	1.565	11.536	大于零
9	20.00	0.20	1.224	9.033	小于零
10	25.00	0.25	1.258	9.276	小于零
11	30.00	0.30	1.282	9.441	大于零
12	35.00	0.35	1.304	9.590	大于零
13	40.00	0.40	1.325	9.739	大于零
14	45.00	0.45	1.347	9.888	大于零
15	50.00	0.50	1.369	10.038	大于零
16	55.00	0.55	1.390	10.187	大于零
17	60.00	0.60	1.410	10.337	大于零
18	65.00	0.65	1.430	10.486	大于零
19	70.00	0.70	1.450	10.636	大于零
20	75.00	0.75	1.469	10.786	大于零
21	80.00	0.80	1.488	10.936	大于零
22	85.00	0.85	1.507	11.085	大于零
23	90.00	0.90	1.526	11.235	大于零
24	95.00	0.95	1.546	11.386	大于零
25	100.00	1.00	1.565	11.536	大于零

T=偿债备付率.等额本金法.均摊法.clzb

U=利息备付率.等额本金法.均摊法 clzb

V=账户累计余额最小值 zjph. 均摊法

H9:V25=TABLE(,I3)

12.9　营业率敏感性分析

12.9.1　营业率与营利指标的关系

表 12.25 是在基本项目实例（一）之购物中心在租售并举的经营方式下，并以本

书其他章节的内容为数据源，通过建立逻辑公式，创建的营业率与项目营力能力指标之间的敏感算法决策型。

表 12.25 营业率与营利指标的关系

V E 25	F8：F25 F 营业率（%）	G8：G25 G 敏感系数	H8：H25 H 税前内部收益率（%）	I8：I25 I 税后内部收益率（%）	J8：J25 J 净利润率（销售，%）	K8：K25 K 净利润率（租赁，%）
8	100.00	1.00	17.98	15.99	15.34	30.72
9	20.00	0.20	5.08	3.99	15.34	5.51
10	25.00	0.25	6.25	5.15	15.34	11.05
11	30.00	0.30	7.32	6.22	15.34	15.21
12	35.00	0.35	8.32	7.25	15.34	18.23
13	40.00	0.40	9.26	8.16	15.34	20.57
14	45.00	0.45	10.15	9.00	15.34	22.45
15	50.00	0.50	11.00	9.79	15.34	23.97
16	55.00	0.55	11.81	10.55	15.34	25.23
17	60.00	0.60	12.59	11.28	15.34	26.23
18	65.00	0.65	13.34	11.99	15.34	27.07
19	70.00	0.70	14.07	12.65	15.34	27.80
20	75.00	0.75	14.77	13.26	15.34	28.43
21	80.00	0.80	15.45	13.86	15.34	28.99
22	85.00	0.85	16.11	14.43	15.34	29.50
23	90.00	0.90	16.75	14.99	15.34	29.95
24	95.00	0.95	17.38	15.50	15.34	30.35
25	100.00	1.00	17.98	15.99	15.34	30.72

V E 25	L8：L25 L 净利润率（租售，%）	M8：M25 M 总投资收益率（销售，%）	N8：N25 N 总投资收益率（租赁，%）	O8：O25 O 总投资收益率（租售，%）
8	29.25	21.41	14.70	8.98
9	9.26	21.41	0.99	1.26
10	12.60	21.41	1.85	1.74
11	15.40	21.41	2.71	2.22
12	17.64	21.41	3.56	2.71

续表

V	L8：L25	M8：M25	N8：N25	O8：O25
E	L	M	N	O
25	净利润率（租售，%）	总投资收益率（销售，%）	总投资收益率（租赁，%）	总投资收益率（租售，%）
13	19.49	21.41	4.42	3.19
14	21.06	21.41	5.28	3.67
15	22.42	21.41	6.13	4.15
16	23.59	21.41	6.99	4.63
17	24.57	21.41	7.85	5.12
18	25.41	21.41	8.70	5.60
19	26.16	21.41	9.56	6.08
20	26.83	21.41	10.41	6.56
21	27.44	21.41	11.27	7.05
22	27.96	21.41	12.13	7.53
23	28.43	21.41	12.98	8.01
24	28.85	21.41	13.84	8.49
25	29.25	21.41	14.70	8.98

F＝敏感系数.营业率 myyl * G8

G＝敏感系数.营业率 myyl

H＝税前内部收益率.融资前流量.投资.项目 xjll.nb

I＝税后内部收益率.融资前流量.投资.项目 xjll.nb

J＝净利润率.销售业务.融资前损益.项目 lpzb

K＝净利润率.租赁业务.融资前损益.项目 lpzb

L8＝净利润率.租售业务.融资前损益.项目 lpzb

M8＝总投资收益率.销售业务.融资前损益.项目 lpzb

N8＝总投资收益率.租赁业务.融资前损益.项目 lpzb

O8＝总投资收益率.租售业务.融资前损益.项目 lpzb

12.9.2 营业率与投资回收年限的关系

表 12.26 是在基本项目实例（一）之购物中心在租售并举的经营方式下，并以本书其他章节的内容为数据源，通过建立逻辑公式，创建的营业率与项目投资回收年限之间的敏感算法决策型。

表 12.26　营业率与投资回收年限的关系

V E 25	F8：F25 F 营业率 (%)	G8：G25 G 敏感系数	P8：P25 P 税前静态投资 回收年限（年）	Q8：Q25 Q 税后静态投资 回收年限（年）	R8：R25 R 税前动态投资 回收年限（年）	S8：S25 S 税后动态投资 回收年限（年）
8	100.00	1.00	4.815	4.855	6.213	6.942
9	20.00	0.20	22.130	24.608	39.724	#REF!
10	25.00	0.25	19.390	21.296	31.163	39.000
11	30.00	0.30	17.239	18.650	25.691	30.891
12	35.00	0.35	15.498	16.375	21.870	25.314
13	40.00	0.40	14.063	14.696	19.043	21.595
14	45.00	0.45	12.807	13.328	16.867	18.867
15	50.00	0.50	10.810	11.889	15.136	16.747
16	55.00	0.55	8.667	9.395	13.728	15.030
17	60.00	0.60	7.306	7.707	12.474	13.615
18	65.00	0.65	6.416	6.555	10.980	12.330
19	70.00	0.70	5.886	5.912	9.674	10.885
20	75.00	0.75	5.594	5.661	8.701	9.760
21	80.00	0.80	5.358	5.426	7.958	8.891
22	85.00	0.85	5.163	5.206	7.373	8.205
23	90.00	0.90	4.999	4.999	6.908	7.652
24	95.00	0.95	4.903	4.925	6.527	7.264
25	100.00	1.00	4.815	4.855	6.213	6.942

P8＝税前静态回收年数. 融资前流量. 投资. 项目 xjll. nb

Q8＝税后静态回收年数. 融资前流量. 投资. 项目 xjll. nb

R8＝税前动态回收年数. 融资前流量. 投资. 项目 xjll. nb

S8＝税后动态回收年数. 融资前流量. 投资. 项目 xjll. nb

12.9.3　营业率与偿债能力指标的关系

表 12.27 是在基本项目实例（一）之购物中心在租售并举的经营方式下，并以本书其他章节的内容为数据源，通过建立逻辑公式，创建的营业率与项目偿债能力指标之间的敏感算法决策型。

表 12.27　营业率与偿债能力指标的关系

V E 25	F8：F25 F 营业率（%）	G8：G25 G 敏感系数	T8：T25 T 偿债备付率（%）	U8：U25 U 利息备付率（%）	V8：V25 V 资金平衡
8	100.00	1.00	1.565	11.536	大于零
9	20.00	0.20	0.994	7.426	大于零
10	25.00	0.25	1.053	7.830	大于零
11	30.00	0.30	1.115	8.259	大于零
12	35.00	0.35	1.180	8.715	大于零
13	40.00	0.40	1.236	9.111	大于零
14	45.00	0.45	1.271	9.360	大于零
15	50.00	0.50	1.300	9.557	大于零
16	55.00	0.55	1.328	9.754	大于零
17	60.00	0.60	1.357	9.952	大于零
18	65.00	0.65	1.385	10.149	大于零
19	70.00	0.70	1.412	10.347	大于零
20	75.00	0.75	1.438	10.545	大于零
21	80.00	0.80	1.463	10.743	大于零
22	85.00	0.85	1.489	10.941	大于零
23	90.00	0.90	1.514	11.139	大于零
24	95.00	0.95	1.539	11.337	大于零
25	100.00	1.00	1.565	11.536	大于零

T8=偿债备付率．等额本金法．均摊法．clzb

U8=利息备付率．等额本金法．均摊法 clzb

V8=账户累计余额最小值 zjph．均摊法

H9：V25=TABLE（，I3）

12.10　售价增长率敏感性分析

12.10.1　售价增长率与营利指标的关系

表 12.28 是在基本项目实例（一）之购物中心在租售并举的经营方式下，并以本

书其他章节的内容为数据源，通过建立逻辑公式，创建的售价年增长率与项目营力能力指标之间的敏感算法决策型。

表 12.28　售价增长率与营利指标的关系

V E 25	F8：F25 F 售价年增长率（%）	G8：G25 G 敏感系数	H8：H25 H 税前内部收益率（%）	I8：I25 I 税后内部收益率（%）	J8：J25 J 净利润率（销售,%）	K8：K25 K 净利润率（租赁,%）
8	100.00	1.00	17.98	15.99	15.34	30.72
9	2.00	1.00	17.98	15.99	15.34	30.72
10	2.80	1.40	18.25	16.18	15.48	30.72
11	3.60	1.80	18.52	16.41	15.62	30.72
12	4.40	2.20	18.79	16.64	15.76	30.72
13	5.20	2.60	19.08	16.87	15.89	30.72
14	6.00	3.00	19.37	17.08	16.02	30.72
15	6.80	3.40	19.68	17.29	16.14	30.72
16	7.60	3.80	19.99	17.51	16.27	30.72
17	8.40	4.20	20.31	17.73	16.39	30.72
18	9.20	4.60	20.65	17.96	16.50	30.72
19	10.00	5.00	20.99	18.19	16.62	30.72
20	10.80	5.40	21.34	18.43	16.73	30.72
21	11.60	5.80	21.71	18.65	16.84	30.72
22	12.40	6.20	22.08	18.86	16.95	30.72
23	13.20	6.60	22.47	19.08	17.05	30.72
24	14.00	7.00	22.86	19.30	17.15	30.72
25	14.80	7.40	23.27	19.53	17.26	30.72

V E 25	L8：L25 L 净利润率（租售,%）	M8：M25 M 总投资收益率（销售,%）	N8：N25 N 总投资收益率（租赁,%）	O8：O25 O 总投资收益率（租售,%）
8	29.25	21.41	14.70	8.98
9	29.25	21.41	14.70	8.98
10	29.26	22.06	14.70	9.00
11	29.27	22.72	14.70	9.02
12	29.27	23.39	14.70	9.04

续表

V E 25	L8：L25 L 净利润率 （租售，%）	M8：M25 M 总投资收益率 （销售，%）	N8：N25 N 总投资收益率 （租赁，%）	O8：O25 O 总投资收益率 （租售，%）
13	29. 28	24. 06	14. 70	9. 06
14	29. 29	24. 74	14. 70	9. 08
15	29. 30	25. 42	14. 70	9. 11
16	29. 29	26. 11	14. 70	9. 13
17	29. 28	26. 80	14. 70	9. 15
18	29. 27	27. 50	14. 70	9. 17
19	29. 25	28. 20	14. 70	9. 20
20	29. 24	28. 91	14. 70	9. 22
21	29. 23	29. 62	14. 70	9. 24
22	29. 22	30. 34	14. 70	9. 27
23	29. 21	31. 06	14. 70	9. 29
24	29. 20	31. 79	14. 70	9. 31
25	29. 19	32. 52	14. 70	9. 34

F = 敏感系数.售价年增长率 msnz * G8

G = 敏感系数.售价年增长率 msnz

H = 税前内部收益率.融资前流量.投资.项目 xjll. nb

I = 税后内部收益率.融资前流量.投资.项目 xjll. nb

J = 净利润率.销售业务.融资前损益.项目 lpzb

K = 净利润率.租赁业务.融资前损益.项目 lpzb

8L = 净利润率.租售业务.融资前损益.项目 lpzb

M8 = 总投资收益率.销售业务.融资前损益.项目 lpzb

N8 = 总投资收益率.租赁业务.融资前损益.项目 lpzb

O8 = 总投资收益率.租售业务.融资前损益.项目 lpzb

12. 10. 2　售价增长率与投资回收年限的关系

表 12. 29 是在基本项目实例（一）之购物中心在租售并举的经营方式下，并以本书其他章节的内容为数据源，通过建立逻辑公式，创建的售价年增长率与项目投资回收年限之间的敏感算法决策型。

表 12.29 售价增长率与投资回收年限的关系

V	F8：F25	G8：G25	P8：P25	Q8：Q25	R8：R25	S8：S25
E	F	G	P	Q	R	S
25	售价年增长率（%）	敏感系数	税前静态投资回收年限（年）	税后静态投资回收年限（年）	税前动态投资回收年限（年）	税后动态投资回收年限（年）
8	100.00	1.00	4.815	4.855	6.213	6.942
9	2.00	1.00	4.815	4.855	6.213	6.942
10	2.80	1.40	2.995	2.997	5.985	6.741
11	3.60	1.80	2.975	2.981	5.803	6.455
12	4.40	2.20	2.955	2.966	5.620	6.167
13	5.20	2.60	2.936	2.951	5.435	5.917
14	6.00	3.00	2.918	2.937	3.000	5.747
15	6.80	3.40	2.900	2.923	2.980	5.590
16	7.60	3.80	2.882	2.909	2.961	2.990
17	8.40	4.20	2.865	2.895	2.943	2.976
18	9.20	4.60	2.849	2.882	2.925	2.961
19	10.00	5.00	2.833	2.869	2.908	2.947
20	10.80	5.40	2.817	2.856	2.891	2.933
21	11.60	5.80	2.802	2.844	2.874	2.920
22	12.40	6.20	2.788	2.832	2.858	2.906
23	13.20	6.60	2.773	2.820	2.843	2.893
24	14.00	7.00	2.760	2.808	2.828	2.881
25	14.80	7.40	2.746	2.797	2.813	2.868

P8 = 税前静态回收年数.融资前流量.投资.项目 xjll. nb

Q8 = 税后静态回收年数.融资前流量.投资.项目 xjll. nb

R8 = 税前动态回收年数.融资前流量.投资.项目 xjll. nb

S8 = 税后动态回收年数.融资前流量.投资.项目 xjll. nb

12.10.3 售价增长率与偿债能力指标的关系

表 12.30 是在基本项目实例（一）之购物中心在租售并举的经营方式下，并以本书其他章节的内容为数据源，通过建立逻辑公式，创建的售价年增长率与项目偿债能力指标之间的敏感算法决策型。

表 12.30　售价增长率与偿债能力指标的关系

V	F8：F25	G8：G25	T8：T25	U8：U25	V8：V25
E	F	G	T	U	V
25	售价年增长率(%)	敏感系数	偿债备付率（%）	利息备付率（%）	资金平衡
8	100.00	1.00	1.565	11.536	大于零
9	2.00	1.00	1.565	11.536	大于零
10	2.80	1.40	1.562	11.555	大于零
11	3.60	1.80	1.560	11.573	大于零
12	4.40	2.20	1.558	11.592	大于零
13	5.20	2.60	1.556	11.610	大于零
14	6.00	3.00	1.554	11.628	大于零
15	6.80	3.40	1.552	11.646	大于零
16	7.60	3.80	1.550	11.664	大于零
17	8.40	4.20	1.548	11.682	大于零
18	9.20	4.60	1.545	11.700	大于零
19	10.00	5.00	1.543	11.717	大于零
20	10.80	5.40	1.541	11.734	大于零
21	11.60	5.80	1.539	11.751	大于零
22	12.40	6.20	1.537	11.768	大于零
23	13.20	6.60	1.535	11.785	大于零
24	14.00	7.00	1.533	11.802	大于零
25	14.80	7.40	1.532	11.818	大于零

T=偿债备付率.等额本金法.均摊法.clzb

U=利息备付率.等额本金法.均摊法 clzb

V=账户累计余额最小值 zjph. 均摊法

H9:V25=TABLE(,I3)

12.11　租金增长率敏感性分析

12.11.1　租价增长率与营利指标的关系

表 12.31 是在基本项目实例（一）之购物中心在租售并举的经营方式下，并以本

书其他章节的内容为数据源，通过建立逻辑公式，创建的租价年增长率与项目营力能力指标之间的敏感算法决策型。

表 12.31　租价增长率与营利指标的关系

5	F8：F25	G8：G25	H8：H25	I8：I25	J8：J25	K8：K25
6	F	G	H	I	J	K
25	租金年增长率（%）	敏感系数	税前内部收益率（%）	税后内部收益率（%）	净利润率（销售,%）	净利润率（租赁,%）
8	3.00	1.00	17.98	15.99	15.34	30.72
9	1.50	0.50	16.30	14.46	15.34	27.84
10	2.40	0.80	17.31	15.38	15.34	29.67
11	3.30	1.10	18.32	16.29	15.34	31.20
12	4.20	1.40	19.31	17.20	15.34	32.47
13	5.10	1.70	20.30	18.11	15.34	33.51
14	6.00	2.00	21.28	19.01	15.34	34.36
15	6.90	2.30	22.25	19.91	15.34	35.04
16	7.80	2.60	23.22	20.81	15.34	35.58
17	8.70	2.90	24.19	21.71	15.34	36.02
18	9.60	3.20	25.15	22.61	15.34	36.35
19	10.50	3.50	26.11	23.50	15.34	36.62
20	11.40	3.80	27.06	24.40	15.34	36.83
21	12.30	4.10	28.01	25.30	15.34	36.99
22	13.20	4.40	28.96	26.19	15.34	37.11
23	14.10	4.70	29.91	27.09	15.34	37.20
24	15.00	5.00	30.85	27.98	15.34	37.27
25	15.90	5.30	31.80	28.88	15.34	37.33

5	L8：L25	M8：M25	N8：N25	O8：O25
6	L	M	N	O
25	净利润率（租售,%）	总投资收益率（销售,%）	总投资收益率（租赁,%）	总投资收益率（租售,%）
8	29.25	21.41	14.70	8.98
9	26.34	21.41	9.49	6.05
10	28.15	21.41	12.37	7.66
11	29.75	21.41	16.01	9.72
12	31.15	21.41	20.67	12.33

续表

5	L8：L25	M8：M25	N8：N25	O8：O25
6	L	M	N	O
25	净利润率（租售，%）	总投资收益率（销售，%）	总投资收益率（租赁，%）	总投资收益率（租售，%）
13	32.34	21.41	26.62	15.69
14	33.36	21.41	34.27	19.99
15	34.20	21.41	44.11	25.53
16	34.89	21.41	56.80	32.68
17	35.45	21.41	73.20	41.91
18	35.90	21.41	94.42	53.86
19	36.25	21.41	121.90	69.33
20	36.54	21.41	157.53	89.39
21	36.76	21.41	203.74	115.41
22	36.93	21.41	263.71	149.17
23	37.06	21.41	341.53	192.98
24	37.16	21.41	442.51	249.83
25	37.24	21.41	573.55	323.60

F=G4

G=敏感系数.租金年增长率 mznz

H=税前内部收益率.融资前流量.投资.项目 xjll.nb

I=税后内部收益率.融资前流量.投资.项目 xjll.nb

J=净利润率.销售业务.融资前损益.项目 lpzb

K=净利润率.租赁业务.融资前损益.项目 lpzb

L8=净利润率.租售业务.融资前损益.项目 lpzb

M8=总投资收益率.销售业务.融资前损益.项目 lpzb

N8=总投资收益率.租赁业务.融资前损益.项目 lpzb

O8=总投资收益率.租售业务.融资前损益.项目 lpzb

12.11.2　租价增长率与投资回收年限的关系

表 12.32 是在基本项目实例（一）之购物中心在租售并举的经营方式下，并以本书其他章节的内容为数据源，通过建立逻辑公式，创建的租价年增长率与项目投资回收年限之间的敏感算法决策型。

表 12.32　租价增长率与投资回收年限的关系

5	F8：F25	G8：G25	P8：P25	Q8：Q25	R8：R25	S8：S25
6	F	G	P	Q	R	S
25	租金年增长率（%）	敏感系数	税前静态投资回收年限（年）	税后静态投资回收年限（年）	税前动态投资回收年限（年）	税后动态投资回收年限（年）
8	3.00	1.00	4.815	4.855	6.213	6.942
9	1.50	0.50	4.9142	4.9343	6.6484	7.4465
10	2.40	0.80	4.8539	4.8862	6.3725	7.1245
11	3.30	1.10	4.7964	4.8391	6.1398	6.8579
12	4.20	1.40	4.7416	4.7928	5.9528	6.6302
13	5.10	1.70	4.6894	4.7474	5.8100	6.4339
14	6.00	2.00	4.6396	4.7029	5.6800	6.2635
15	6.90	2.30	4.5922	4.6594	5.5612	6.1147
16	7.80	2.60	4.5469	4.6168	5.4526	5.9825
17	8.70	2.90	4.5037	4.5751	5.3531	5.8506
18	9.60	3.20	4.4625	4.5343	5.2617	5.7253
19	10.50	3.50	4.4232	4.4945	5.1777	5.6063
20	11.40	3.80	4.3857	4.4557	5.1004	5.4933
21	12.30	4.10	4.3498	4.4177	5.0290	5.3863
22	13.20	4.40	4.3156	4.3808	4.9680	5.2850
23	14.10	4.70	4.2829	4.3447	4.9138	5.1892
24	15.00	5.00	4.2517	4.3096	4.8618	5.0986
25	15.90	5.30	4.2219	4.2755	4.8120	5.0131

P8＝税前静态回收年数.融资前流量.投资.项目 xjll. nb

Q8＝税后静态回收年数.融资前流量.投资.项目 xjll. nb

R8＝税前动态回收年数.融资前流量.投资.项目 xjll. nb

S8＝税后动态回收年数.融资前流量.投资.项目 xjll. nb

12.11.3　租价增长率与偿债能力指标的关系

表 12.33 是在基本项目实例（一）之购物中心在租售并举的经营方式下，并以本书其他章节的内容为数据源，通过建立逻辑公式，创建的租价年增长率与项目偿债能力指标之间的敏感算法决策型。

表 12.33　租价增长率与偿债能力指标的关系

5	F8：F25	G8：G25	T8：T25	U8：U25	V8：V25
6	F	G	T	U	V
25	租金年增长率（%）	敏感系数	偿债备付率（%）	利息备付率（%）	资金平衡
8	3.00	1.00	1.565	11.536	大于零
9	1.50	0.50	1.530	11.265	大于零
10	2.40	0.80	1.551	11.426	大于零
11	3.30	1.10	1.572	11.592	大于零
12	4.20	1.40	1.594	11.763	大于零
13	5.10	1.70	1.616	11.940	大于零
14	6.00	2.00	1.639	12.122	大于零
15	6.90	2.30	1.663	12.311	大于零
16	7.80	2.60	1.688	12.506	大于零
17	8.70	2.90	1.714	12.707	大于零
18	9.60	3.20	1.740	12.914	大于零
19	10.50	3.50	1.767	13.127	大于零
20	11.40	3.80	1.795	13.348	大于零
21	12.30	4.10	1.824	13.575	大于零
22	13.20	4.40	1.854	13.810	大于零
23	14.10	4.70	1.885	14.052	大于零
24	15.00	5.00	1.917	14.301	大于零
25	15.90	5.30	1.949	14.558	大于零

T=偿债备付率.等额本金法.均摊法.clzb
U=利息备付率.等额本金法.均摊法 clzb
V=账户累计余额最小值 zjph. 均摊法
H9:V25=TABLE(,G3)

12.12　甲供材占比敏感性分析

12.12.1　甲供材占比与营利指标的关系

表 12.34 是在基本项目实例（一）之购物中心在租售并举的经营方式下，并以本书其他章节的内容为数据源，通过建立逻辑公式，创建的甲供购置费占比与项目偿债

能力指标之间的敏感算法决策型。

表 12.34 甲供材占比与营利指标的关系

5	F8：F22	G8：G22	H8：H22	I8：I22	J8：J22
6	F	G	H	I	J
22	甲供占比（%）	敏感系数	税前内部收益率（%）	税后内部收益率（%）	净利润率（销售,%）
8	30.00	1.00	17.980	15.990	15.340
9	3.00	0.10	17.937	15.959	15.231
10	9.60	0.32	17.949	15.966	15.258
11	16.20	0.54	17.960	15.974	15.284
12	22.80	0.76	17.972	15.982	15.311
13	29.40	0.98	17.983	15.989	15.338
14	36.00	1.20	17.994	15.997	15.364
15	42.60	1.42	18.006	16.005	15.391
16	49.20	1.64	18.017	16.012	15.418
17	55.80	1.86	18.029	16.020	15.444
18	62.40	2.08	18.040	16.028	15.471
19	69.00	2.30	18.052	16.035	15.498
20	75.60	2.52	18.063	16.043	15.524
21	82.20	2.74	18.075	16.051	15.551
22	88.80	2.96	18.087	16.059	15.578

5	K8：K22	L8：L22	M8：M22	N8：N22	O8：O22
6	K	L	M	N	O
22	净利润率租赁（%）	净利润率（租售,%）	总投资收益率（销售,%）	总投资收益率（租赁,%）	总投资收益率（租售,%）
8	30.720	29.250	21.410	14.700	8.980
9	30.721	29.231	21.274	14.698	8.971
10	30.721	29.234	21.306	14.698	8.972
11	30.721	29.238	21.339	14.698	8.973
12	30.721	29.241	21.371	14.698	8.974
13	30.721	29.245	21.403	14.698	8.975
14	30.721	29.248	21.435	14.698	8.976
15	30.721	29.252	21.467	14.698	8.977
16	30.721	29.256	21.500	14.698	8.978

续表

5	K8：K22	L8：L22	M8：M22	N8：N22	O8：O22
6	K	L	M	N	O
22	净利润率租赁（%）	净利润率（租售,%）	总投资收益率（销售,%）	总投资收益率（租赁,%）	总投资收益率（租售,%）
17	30. 721	29. 259	21. 532	14. 698	8. 979
18	30. 721	29. 263	21. 564	14. 698	8. 980
19	30. 721	29. 766	21. 569	14. 698	8. 981
20	30. 721	29. 270	21. 629	14. 698	8. 982
21	30. 721	29. 273	21. 661	14. 698	8. 983
22	30. 721	29. 277	21. 693	14. 698	8. 984

F8 = G4

G8 = 敏感系数.甲供材比例 mjcb

H8 = 税前内部收益率.融资前流量.投资.项目 xjll. nb

I8 = 税后内部收益率.融资前流量.投资.项目 xjll. nb

J8 = 净利润率.销售业务.融资前损益.项目 lpzb

K8 = 净利润率.租赁业务.融资前损益.项目 lpzb

L8 = 净利润率.租售业务.融资前损益.项目 lpzb

M8 = 总投资收益率.销售业务.融资前损益.项目 lpzb

N8 = 总投资收益率.租赁业务.融资前损益.项目 lpzb

O8 = 总投资收益率.租售业务.融资前损益.项目 lpzb

12. 12. 2　甲供材占比与投资回收年限的关系

表 12. 35 是在基本项目实例（一）之购物中心在租售并举的经营方式下，并以本书其他章节的内容为数据源，通过建立逻辑公式，创建的甲供购置费占比与项目投资回收年限之间的敏感算法决策型。

表 12. 35　甲供材占比与投资回收年限的关系

5	F8：F22	G8：G22	P8：P22	Q8：Q22	R8：R22	S8：S22
6	F	G	P	Q	R	S
22	甲供占比（%）	敏感系数	税前静态投资回收年限（年）	税后静态投资回收年限（年）	税前动态投资回收年限（年）	税后动态投资回收年限（年）
8	30. 00	1. 00	4. 815	4. 855	6. 213	6. 942
9	3. 00	0. 10	4. 836	4. 872	6. 258	6. 976

续表

5	F8：F22	G8：G22	P8：P22	Q8：Q22	R8：R22	S8：S22
6	F	G	P	Q	R	S
22	甲供占比（%）	敏感系数	税前静态投资回收年限（年）	税后静态投资回收年限（年）	税前动态投资回收年限（年）	税后动态投资回收年限（年）
10	9.60	0.32	4.831	4.868	6.247	6.967
11	16.20	0.54	4.826	4.864	6.236	6.959
12	22.80	0.76	4.821	4.859	6.225	6.951
13	29.40	0.98	4.816	4.855	6.214	6.943
14	36.00	1.20	4.810	4.851	6.203	6.934
15	42.60	1.42	4.805	4.846	6.192	6.926
16	49.20	1.64	4.800	4.842	6.181	6.918
17	55.80	1.86	4.795	4.838	6.170	6.910
18	62.40	2.08	4.790	4.834	6.159	6.901
19	69.00	2.30	4.785	4.829	6.148	6.893
20	75.60	2.52	4.779	4.825	6.137	6.885
21	82.20	2.74	4.774	4.820	6.126	6.877
22	88.80	2.96	4.769	4.816	6.115	6.868

P8＝税前静态回收年数.融资前流量.投资.项目 xjll.nb

Q8＝税后静态回收年数.融资前流量.投资.项目 xjll.nb

R8＝税前动态回收年数.融资前流量.投资.项目 xjll.nb

S8＝税后动态回收年数.融资前流量.投资.项目 xjll.nb

12.12.3 甲供材占比与偿债能力指标的关系

表 12.36 是在基本项目实例（一）之购物中心在租售并举的经营方式下，并以本书其他章节的内容为数据源，通过建立逻辑公式，创建的甲供购置费占比与项目偿债能力指标之间的敏感算法决策型。

表 12.36 甲供材占比与偿债能力指标的关系

5	F8：F22	G8：G22	T8：T22	U8：U22	V8：V22
6	F	G	T	U	V
22	甲供占比（%）	敏感系数	偿债备付率（%）	利息备付率（%）	资金平衡
8	30.00	1.00	1.565	11.536	大于零
9	3.00	0.10	1.559	11.495	大于零

续表

5	F8：F22	G8：G22	T8：T22	U8：U22	V8：V22
6	F	G	T	U	V
22	甲供占比（%）	敏感系数	偿债备付率（%）	利息备付率（%）	资金平衡
10	9.60	0.32	1.560	11.505	大于零
11	16.20	0.54	1.562	11.515	大于零
12	22.80	0.76	1.563	11.525	大于零
13	29.40	0.98	1.565	11.535	大于零
14	36.00	1.20	1.566	11.545	大于零
15	42.60	1.42	1.567	11.555	大于零
16	49.20	1.64	1.569	11.565	大于零
17	55.80	1.86	1.570	11.575	大于零
18	62.40	2.08	1.572	11.584	大于零
19	69.00	2.30	1.573	11.594	大于零
20	75.60	2.52	1.575	11.604	大于零
21	82.20	2.74	1.576	11.614	大于零
22	88.80	2.96	1.578	11.624	大于零

T=偿债备付率.等额本金法.均摊法.clzb
U=利息备付率.等额本金法.均摊法 clzb
V=账户累计余额最小值 zjph. 均摊法
H9:V25=TABLE(,G3)

12.13　其他因素的敏感性分析

12.13.1　整租折扣率与营利指标的关系

表 12.37 是在基本项目实例（一）之购物中心在租售并举的经营方式下，并以本书其他章节的内容为数据源，通过建立逻辑公式，创建的整租折扣率与项目营力能力指标之间的敏感算法决策型。

表 12.37 整租折扣率与营利指标的关系

6	G9：G23	H9：H23	I9：I23	J9：J23
7	G	H	I	J
23	整租折扣率（%）	敏感系数	税负率. 整租模式（%）	租金单价. 整租模式［元/（m^2·月）］
9	10.00	1.00	11.47	32.48
10	2.00	0.20	5.38	6.50
11	8.00	0.80	8.11	25.99
12	14.00	1.40	22.22	45.48
13	20.00	2.00	45.94	64.97
14	26.00	2.60	77.98	84.46
15	32.00	3.20	120.30	103.95
16	38.00	3.80	182.70	123.44
17	44.00	4.40	261.36	142.93
18	50.00	5.00	349.41	162.42
19	56.00	5.60	457.32	181.91
20	62.00	6.20	581.18	201.41
21	68.00	6.80	717.62	220.90
22	74.00	7.40	866.66	240.39
23	80.00	8.00	1028.30	259.88

G9=整租折扣率 mzzk

H9=敏感系数.整租价格 mzzk

I9=税负率.整租模式 sfbj

J9=平均月租金基价.套面 zyjj * G9 * 敏感系数.整租价格 mzzk

12.13.2 整售折扣率与税负指标相关关系

表 12.38 是在基本项目实例（一）之购物中心在租售并举的经营方式下，并以本书其他章节的内容为数据源，通过建立逻辑公式，创建的整售折扣费与税负指标之间的敏感算法决策型。

表 12.38　整售折扣率与税负指标相关关系

6	G9：G23	H9：H23	I9：I23
7	G	H	I
23	整售价格（元/m²）	敏感系数	税负率. 整售模式（%）
9	25,010.42	1.00	-5.26
10	12,505.21	0.50	-26.32
11	15,006.25	0.60	-22.50
12	17,507.29	0.70	-18.49
13	20,008.33	0.80	-14.08
14	22,509.37	0.90	-9.67
15	25,010.42	1.00	-5.26
16	27,511.46	1.10	-0.36
17	30,012.50	1.20	4.61
18	32,513.54	1.30	9.57
19	35,014.58	1.40	14.54
20	37,515.62	1.50	19.50
21	40,016.66	1.60	24.47
22	42,517.71	1.70	29.43
23	45,018.75	1.80	34.40
24	47,519.79	1.90	39.36
25	50,020.83	2.00	44.33

G9 = E4

H9 = 敏感系数.整售价格 mgjx

I9 = 税负率.整售模式 sfbj

I10:I25 = TABLE(,E3)

12.13.3　双因子与偿债能力指标的相关关系

创建双因子与经济评价指标之间的相关关系，更能准确测算其间的敏感度，表 12.39 是在基本项目实例（一）之购物中心在租售并举的经营方式下，并以本书其他章节的内容为数据源，通过建立逻辑公式，创建的销售率及出租率与项目偿债能力指标之间的敏感算法决策型。

表 12.39 双因子与偿债能力指标的相关关系

P	F10：F18	G10：G18	K10：K18	L10：L18	M10：M18	N10：N18	O10：O18	P10：P18
E	F	G	K	L	M	N	O	P
18	Y：出租率（%）	X：销售率	50%	60%	70%	80%	90%	100%
10	20	0.2	0.955	1.078	1.150	1.184	1.207	1.203
11	30	0.3	1.006	1.132	1.202	1.234	1.256	1.263
12	40	0.4	1.053	1.182	1.253	1.284	1.304	1.309
13	50	0.5	1.100	1.229	1.300	1.332	1.352	1.355
14	60	0.6	1.146	1.276	1.346	1.376	1.396	1.400
15	70	0.7	1.193	1.323	1.393	1.421	1.439	1.442
16	80	0.8	1.240	1.370	1.439	1.466	1.482	1.483
17	90	0.9	1.287	1.417	1.486	1.510	1.525	1.524
18	100	1.0	1.333	1.464	1.532	1.555	1.568	1.565

K8＝平均销售率 xsljczl ∗ H9

F10＝平均动态出租率 dtczl ∗ G10

H10：P18＝TABLE（H4，H5）

敏感算法决策模型应用实例（二）

用地基本信息

15	D18：D22	E18：E22	F18：F22	G18：G22
C	D	E	F	G
22	科目	. 平方米	. 公顷	. 亩
18	规划净用地	42, 869. 00m^2	4. 29 公顷	64. 30 亩
19	建设用地	42, 869. 00m^2	4. 29 公顷	64. 30 亩
20	道路用地	0. 00m^2	0. 00 公顷	0. 00 亩
21	公共绿地	0. 00m^2	0. 00 公顷	0. 00 亩
22	其他用面	0. 00m^2	0. 00 公顷	0. 00 亩

规划技术指标

25	D18：D28	E18：E28	F18：F28	G18：G28
26	D	E	F	G
27	容积率	建筑密度	绿地率	用地属性
28	≤6. 32	≤17. 45	≥25	商业用地

产品设计信息

4	D7：D11	E7：E11	F7：F11	G7：G11	H7：H11
5	D	E	F	G	H
11	栋号	形态	总层数	栋功能建面	产品
7	共有地下室	共有	3 层	92, 658. 00m^2	车位
8	栋 01	单栋	51 层	101, 439. 00m^2	办公
9	栋 02	单栋	51 层	101, 439. 00m^2	办公
10	栋 03	单栋	25 层	37, 050. 00m^2	公寓
11	栋 04	单栋	23 层	46, 391. 00m^2	公寓

第13章

决策模型的实例应用(二)

13.1　拿地阶段的决策模型

13.1.1　经营方式的策略分析

商业地产的营销方案有很多种组合，其中最典型的有三种：全销售型、全租赁型及租售并举。本章节以项目实例（二）作为商业地产的全过程模拟运营，以全销售型（简称 A 方案）、全租赁型（简称 B 方案）及租售并举型既二栋办公对外销售、二栋公寓持有租赁、地下室车位部分持有（简称 C 方案）三种方案为具体的经营方式，应用“敏感算法决策模型”输出的数据来解析经营方式与商业地产营力能力之间的相关关系。

通过本书建模的软件操作，只要通过更改货量数据表中的营销方案中的输入端口的数据，则可自动计算出如表 13.1 所示指标。

表 13.1　经营方式的策略分析　　单位：%

科目	税前内部收益率	税后内部收益率	净利润率	总投资收益率
经营方案 A 全销售型	35.67	26.33	19.27	12.05
经营方案 A 全租赁型	8.68	6.85	29.21	10.68
租售并举型经营方案 C	31.30	25.31	28.38	5.52

根据表 13.1 数据变化规律得出以下结论：基于税前内部收益率、税后内部收益率、净利润率、总投资收益率四项营利指标与商业地产经营方式之间的相关关系是高度敏感的。

13.1.2 拿地成本的决策分析

通过"敏感算法决策模型"，可建立基于商业地产不同的经营方式与土地成本之间的相关关系。

13.1.2.1 基于全销售型的拿地成本

基于全销售型的拿地成本见表 13.2。

表 13.2 基于全销售型的拿地成本

6	D9：D30	E9：E30	F9：F30	G9：G30	H9：H30
7	D	E	F	G	H
30	楼面地价（元/m^2）	敏感系数	税前内部收益率（%）	税后内部收益率（%）	净利润率（销售，%）
10	2,696.45	1.00	35.67	26.33	19.27
11	2,831.27	1.05	34.35	25.32	19.35
12	2,966.09	1.10	33.10	24.38	19.43
13	3,100.91	1.15	31.92	23.51	19.51
14	3,235.73	1.20	30.81	22.69	19.60
15	3,370.56	1.25	29.76	21.93	19.68
16	3,505.38	1.30	28.76	21.22	19.76
17	3,640.20	1.35	27.81	20.55	19.84
18	3,775.02	1.40	26.91	19.92	19.93
19	3,909.85	1.45	26.06	19.33	20.01
20	4,044.67	1.50	25.24	18.77	20.09
21	4,179.49	1.55	24.46	18.25	20.18
22	4,314.31	1.60	23.72	17.75	20.26
23	4,449.13	1.65	23.01	17.28	20.34
24	4,583.96	1.70	22.33	16.84	20.42
25	4,718.78	1.75	21.66	16.40	20.45
26	4,853.60	1.80	21.01	15.96	20.41
27	4,988.42	1.85	20.38	15.54	20.37
28	5,123.25	1.90	19.78	15.14	20.33
29	5,258.07	1.95	19.20	14.76	20.29
30	5,392.89	2.00	18.64	14.38	20.24

6	K9：K30	N9：N30	O9：O30	P9：P30	Q9：Q30
7	K	N	O	P	Q
30	总投资收益率销售（%）	税前静态投资回收年限（年）	税后静态投资回收年限（年）	税前动态投资回收年限（年）	税后动态投资回收年限（年）
10	12.05	4.163	4.206	4.289	4.366
11	11.76	4.189	4.237	4.323	4.405
12	11.49	4.215	4.268	4.356	4.442
13	11.23	4.241	4.298	4.389	4.480
14	10.97	4.267	4.327	4.422	4.516
15	10.72	4.293	4.356	4.455	4.552
16	10.48	4.319	4.385	4.488	4.588
17	10.25	4.345	4.413	4.520	4.622
18	10.02	4.371	4.440	4.553	4.656
19	9.80	4.397	4.467	4.586	4.690
20	9.59	4.423	4.494	4.619	4.723
21	9.39	4.449	4.520	4.651	4.755
22	9.19	4.474	4.546	4.684	4.787
23	8.99	4.500	4.571	4.716	4.819
24	8.80	4.526	4.596	4.749	4.850
25	8.60	4.551	4.621	4.781	4.880
26	8.39	4.577	4.645	4.814	4.910
27	8.19	4.602	4.669	4.846	4.939
28	7.98	4.628	4.692	4.878	4.968
29	7.79	4.653	4.715	4.910	4.997
30	7.60	4.679	4.738	4.943	5.155

从表13.2中数据变化的规律得出以下结论：

（1）基于全销售型的商业地产经营方式，土地成本与项目营力能力指标呈现高敏感度的正相关关系。

（2）每个公司可根据项目营利指标的最低限值，测算出土地成本的临界值，可应用于土地竞拍市场或项目收购时对土地成本临界值的设定。例如，基于项目实例（二）的全销售型的经营方式下，当楼面地价高于5096元/平方米（3004万元/亩）时，项目的净利润率将低于8%。土地成本占融资建设投资的51.40%，土地成本占静态主营业收入的比例为27.42%，土地成本占动态主营业收入的比例为25.36%。

13.1.2.2 基于全租赁型的拿地成本

基于全租赁型的拿地成本见表13.3。

表13.3 基于全租赁型的拿地成本

6	D9：D30	E9：E30	F9：F30	G9：G30	I9：I30
7	D	E	F	G	I
30	楼面地价（元/m²）	敏感系数	税前内部收益率（%）	税后内部收益率（%）	净利润率租赁（%）
10	2,696.45	1.00	8.68	6.85	29.21
11	2,831.27	1.05	8.54	6.72	29.09
12	2,966.09	1.10	8.40	6.60	28.98
13	3,100.91	1.15	8.27	6.48	28.86
14	3,235.73	1.20	8.14	6.37	28.74
15	3,370.56	1.25	8.01	6.26	28.63
16	3,505.38	1.30	7.89	6.15	28.51
17	3,640.20	1.35	7.77	6.04	28.39
18	3,775.02	1.40	7.66	5.94	28.28
19	3,909.85	1.45	7.54	5.84	28.16
20	4,044.67	1.50	7.44	5.74	28.05
21	4,179.49	1.55	7.33	5.64	27.93
22	4,314.31	1.60	7.22	5.55	27.81
23	4,449.13	1.65	7.12	5.46	27.70
24	4,583.96	1.70	7.02	5.37	27.58
25	4,718.78	1.75	6.92	5.28	27.46
26	4,853.60	1.80	6.83	5.20	27.35
27	4,988.42	1.85	6.74	5.11	27.23
28	5,123.25	1.90	6.65	5.03	27.11
29	5,258.07	1.95	6.56	4.95	27.00
30	5,392.89	2.00	6.47	4.87	26.88

6	L9：L30	N9：N30	O9：O30	P9：P30	Q9：Q30
7	L	N	O	P	Q
30	总投资收益率租赁（%）	税前静态投资回收年限（年）	税后静态投资回收年限（年）	税前动态投资回收年限（年）	税后动态投资回收年限（年）
10	10.68	14.989	17.743	23.618	32.987

续表

6	L9：L30	N9：N30	O9：O30	P9：P30	Q9：Q30
7	L	N	O	P	Q
30	总投资收益率租赁（%）	税前静态投资回收年限（年）	税后静态投资回收年限（年）	税前动态投资回收年限（年）	税后动态投资回收年限（年）
11	10.45	15.159	17.956	24.136	33.903
12	10.23	15.329	18.165	24.665	34.844
13	10.02	15.498	18.373	25.200	35.811
14	9.82	15.668	18.580	25.745	36.805
15	9.62	15.838	18.788	26.298	37.829
16	9.43	16.007	18.995	26.859	38.884
17	9.25	16.172	19.197	27.432	39.971
18	9.07	16.337	19.398	28.010	#REF!
19	8.89	16.502	19.600	28.604	#REF!
20	8.72	16.667	19.801	29.205	#REF!
21	8.56	16.832	20.003	29.817	#REF!
22	8.40	16.997	20.199	30.441	#REF!
23	8.25	17.157	20.394	31.074	#REF!
24	8.10	17.317	20.590	31.722	#REF!
25	7.95	17.478	20.786	32.382	#REF!
26	7.81	17.638	20.982	33.051	#REF!
27	7.67	17.798	21.172	33.739	#REF!
28	7.53	17.958	21.362	34.439	#REF!
29	7.40	18.115	21.553	35.151	#REF!
30	7.28	18.271	21.743	35.879	#REF!

从表 13.3 中数据变化的规律得出以下结论：

（1）基于全租赁型的商业地产经营方式，土地成本与项目营力能力指标呈现高敏感度的正相关关系。

（2）当楼面地价溢价系数为 1.35 时，项目的税后动态回收年限将超过商业地产的使用年限。

（3）假设公司在拿地拓展阶段规定，当项目的内部收益率低于 8%时，将放弃项目。基于实例二的全租赁型的经营方式下，楼面地价的临界控制值区间为 4,583.96 元/m^2 至 4,718.78 元/m^2 之间。

13.1.2.3 基于租售并举的拿地成本

基于租售并举的拿地成本见表13.4。

表13.4 基于租售并举的拿地成本

6	D9：D30	E9：E30	F9：F30	G9：G30	H9：H30
7	D	E	F	G	H
30	楼面地价（元/m^2）	敏感系数	税前内部收益率（%）	税后内部收益率（%）	净利润率（销售，%）
10	2,696.45	1.00	31.30	25.31	21.54
11	2,831.27	1.05	29.97	24.09	21.78
12	2,966.09	1.10	28.70	22.93	21.88
13	3,100.91	1.15	27.52	21.85	21.98
14	3,235.73	1.20	26.41	20.85	22.08
15	3,370.56	1.25	25.36	19.92	22.18
16	3,505.38	1.30	24.38	19.05	22.27
17	3,640.20	1.35	23.45	18.23	22.37
18	3,775.02	1.40	22.58	17.47	22.46
19	3,909.85	1.45	21.75	16.76	22.56
20	4,044.67	1.50	20.98	13.94	22.65
21	4,179.49	1.55	20.25	13.41	22.75
22	4,314.31	1.60	19.56	12.92	22.84
23	4,449.13	1.65	18.90	12.45	22.94
24	4,583.96	1.70	18.29	12.00	23.03
25	4,718.78	1.75	17.70	11.58	23.12
26	4,853.60	1.80	17.15	11.18	23.22
27	4,988.42	1.85	16.63	10.80	23.31
28	5,123.25	1.90	16.13	10.45	23.41
29	5,258.07	1.95	15.66	10.10	23.50
30	5,392.89	2.00	15.21	9.76	23.60

6	I9：I30	J9：J30	K9：K30	L9：L30	M9：M30
7	I	J	K	L	M
30	净利润率（租赁，%）	净利润率（租售，%）	总投资收益率（销售，%）	总投资收益率（租赁，%）	总投资收益率（租售，%）
10	31.02	28.38	13.82	11.95	5.52

续表

6	I9：I30	J9：J30	K9：K30	L9：L30	M9：M30
7	I	J	K	L	M
30	净利润率（租赁,%）	净利润率（租售,%）	总投资收益率（销售,%）	总投资收益率（租赁,%）	总投资收益率（租售,%）
11	30.91	28.38	13.57	11.70	5.41
12	30.80	28.34	13.28	11.46	5.30
13	30.69	28.29	13.00	11.23	5.19
14	30.58	28.25	12.72	11.00	5.08
15	30.47	28.20	12.46	10.79	4.98
16	30.36	28.16	12.20	10.58	4.88
17	30.25	28.11	11.95	10.38	4.79
18	30.14	28.07	11.71	10.18	4.69
19	30.02	28.02	11.47	9.99	4.60
20	29.91	27.98	11.24	9.80	4.51
21	29.80	27.93	11.02	9.62	4.43
22	29.69	27.89	10.80	9.45	4.35
23	29.58	27.84	10.59	9.28	4.27
24	29.47	27.80	10.39	9.11	4.19
25	29.36	27.75	10.19	8.95	4.11
26	29.25	27.71	10.00	8.80	4.04
27	29.14	27.66	9.81	8.65	3.97
28	29.03	27.62	9.63	8.50	3.90
29	28.92	27.57	9.45	8.35	3.83
30	28.81	27.52	9.27	8.22	3.77

6	N9：N30	O9：O30	P9：P30	Q9：Q30
7	N	O	P	Q
30	税前静态投资回收年限（年）	税后静态投资回收年限（年）	税前动态投资回收年限（年）	税后动态投资回收年限（年）
10	4.093	4.124	4.206	4.275
11	4.117	4.156	4.236	4.315
12	4.141	4.188	4.267	4.356
13	4.165	4.220	4.297	4.396
14	4.189	4.251	4.328	4.437
15	4.212	4.283	4.358	4.477

续表

6	N9：N30	O9：O30	P9：P30	Q9：Q30
7	N	O	P	Q
30	税前静态投资回收年限（年）	税后静态投资回收年限（年）	税前动态投资回收年限（年）	税后动态投资回收年限（年）
16	4.236	4.315	4.388	4.517
17	4.260	4.347	4.418	4.558
18	4.284	4.379	4.449	4.598
19	4.308	4.411	4.479	4.639
20	4.332	4.598	4.509	4.844
21	4.355	4.630	4.539	4.884
22	4.379	4.662	4.569	4.925
23	4.403	4.694	4.599	4.965
24	4.426	4.725	4.629	5.186
25	4.450	4.757	4.659	9.551
26	4.473	4.789	4.689	10.228
27	4.497	4.820	4.718	11.070
28	4.520	4.852	4.748	12.033
29	4.544	4.883	4.777	13.094
30	4.567	4.914	4.807	14.189

从表13.4中数据变化的规律得出以下结论：

（1）基于租赁并举型的商业地产经营方式，土地成本与项目营力能力指标呈现高敏感度的正相关关系。

（2）基于商业地产三种经营方式下的土地成本与项目营力能力指标的相关关系分析，不同的经营方式，随着商业地产的可销售产权面积与可租赁产权面积占比的不同，其可承受的土地成本的临界值是不同的。

13.2　工程成本的决策模型

工程成本在商业地产开发的全生命周期成本中的权重大，应是成本控制重点管理的范围，本节将应用“敏感算法决策模型”建立基于三种典型的商业地产的经营方式，工程成本与项目营力能力之间的相关关系。

13.2.1　基于全销售型的工程成本

基于全销售型的工程成本见表 13.5。

表 13.5　基于全销售型的工程成本

5	D9：D8	E9：E8	F9：F8	G9：G8	H9：H8
6	D	E	F	G	H
24	建造成本（元/m²）	敏感系数	税前内部收益率（%）	税后内部收益率（%）	净利润率（销售，%）
9	2,216.98	0.50	50.08	40.07	22.11
10	2,749.05	0.62	46.28	37.66	22.99
11	3,281.12	0.74	42.71	35.44	23.86
12	3,813.20	0.86	39.38	32.68	23.76
13	4,345.27	0.98	36.19	26.71	19.21
14	4,877.35	1.10	33.17	24.55	19.54
15	5,409.42	1.22	30.37	22.64	19.86
16	5,941.50	1.34	27.76	20.93	20.17
17	6,473.57	1.46	25.28	19.36	20.31
18	7,005.65	1.58	22.96	17.88	20.13
19	7,537.72	1.70	20.77	16.43	19.81
20	8,069.79	1.82	18.71	15.09	19.31
21	8,601.87	1.94	16.81	13.86	18.48
22	9,133.94	2.06	15.12	12.41	17.38
23	9,666.02	2.18	13.54	11.08	9.93
24	10,198.09	2.30	12.07	6.26	8.23

5	K9：K8	N9：N8	O9：O8	P9：P8	Q9：Q8
6	K	N	O	P	Q
24	总投资收益率（销售，%）	税前静态投资回收年限（年）	税后静态投资回收年限（年）	税前动态投资回收年限（年）	税后动态投资回收年限（年）
9	18.19	2.800	2.842	2.886	2.932
10	16.33	2.881	2.908	2.973	3.143
11	14.80	2.969	2.977	4.026	4.069
12	13.51	4.038	4.050	4.147	4.197
13	12.25	4.145	4.184	4.269	4.342
14	11.10	4.252	4.310	4.391	4.480

续表

5	K9：K8	N9：N8	O9：O8	P9：P8	Q9：Q8
6	K	N	O	P	Q
24	总投资收益率（销售,%）	税前静态投资回收年限（年）	税后静态投资回收年限（年）	税前动态投资回收年限（年）	税后动态投资回收年限（年）
15	10.09	4.359	4.427	4.512	4.609
16	9.20	4.466	4.538	4.634	4.732
17	8.35	4.575	4.643	4.757	4.847
18	7.53	4.681	4.740	4.878	4.954
19	6.77	4.789	4.833	5.000	5.301
20	6.08	4.898	4.921	5.411	5.741
21	5.45	5.021	5.027	5.820	6.109
22	4.90	5.354	5.422	6.275	6.638
23	4.39	5.686	5.744	6.775	7.120
24	3.91	6.021	7.241	7.200	8.881

从表13.5中数据变化的规律得出以下结论：

（1）基于全销售型的商业地产经营方式，工程成本与项目营力能力指标呈现高敏感度的负相关关系。

（2）每个公司可根据假设的项目营利指标下限值，测算项目的工程成本控制的目标值。例如，基于项目实例（二）的全销售型的经营方式下，通过“敏感算法决策模型”输出的数据得知：当假设公司考核的项目的净利润率不得低于8%时，工程成本临界控制目标值将不能高于6695元/平方米。

13.2.2 基于全租赁型的工程成本

基于全租赁型的工程成本见表13.6和表13.7。

表13.6 基于全租赁型的建造成本

5	D9：D8	E9：E8	F9：F8	G9：G8	I9：I8
6	D	E	F	G	I
24	建造成本（元/m²）	敏感系数	税前内部收益率（%）	税后内部收益率（%）	净利润率（租赁,%）
9	2,216.98	0.50	11.33	9.16	30.90
10	2,749.05	0.62	10.57	8.50	30.50
11	3,281.12	0.74	9.90	7.91	30.09

续表

5 6 24	D9：D8 D 建造成本（元/m²）	E9：E8 E 敏感系数	F9：F8 F 税前内部收益率（%）	G9：G8 G 税后内部收益率（%）	I9：I8 I 净利润率（租赁,%）
12	3,813.20	0.86	9.30	7.39	29.68
13	4,345.27	0.98	8.77	6.92	29.28
14	4,877.35	1.10	8.28	6.49	28.87
15	5,409.42	1.22	7.83	6.10	28.46
16	5,941.50	1.34	7.43	5.75	28.06
17	6,473.57	1.46	7.05	5.41	27.65
18	7,005.65	1.58	6.71	5.11	27.25
19	7,537.72	1.70	6.38	4.81	26.84
20	8,069.79	1.82	6.08	4.54	26.43
21	8,601.87	1.94	5.80	4.27	26.03
22	9,133.94	2.06	5.54	4.03	25.62
23	9,666.02	2.18	5.29	3.80	25.22
24	10,198.09	2.30	5.06	3.58	24.81

5 6 24	L9：L8 L 总投资收益率（租赁,%）	N9：N8 N 税前静态投资回收年限（年）	O9：O8 O 税后静态投资回收年限（年）	P9：P8 P 税前动态投资回收年限（年）	Q9：Q8 Q 税后动态投资回收年限（年）
9	16.26	11.904	14.117	16.496	21.762
10	14.51	12.674	15.031	18.084	24.154
11	13.07	13.424	15.915	19.745	26.717
12	11.86	14.157	16.772	21.483	29.477
13	10.83	14.870	17.605	23.305	32.467
14	9.95	15.564	18.417	25.222	35.731
15	9.17	16.243	19.207	27.247	39.330
16	8.49	16.907	19.978	29.392	#REF!
17	7.89	17.553	20.724	31.674	#REF!
18	7.36	18.187	21.454	34.109	#REF!
19	6.87	18.806	22.187	36.728	#REF!
20	6.44	19.411	22.920	39.556	#REF!
21	6.05	20.008	23.633	#REF!	#REF!

续表

5	L9：L8	N9：N8	O9：O8	P9：P8	Q9：Q8
6	L	N	O	P	Q
24	总投资收益率（租赁,%）	税前静态投资回收年限（年）	税后静态投资回收年限（年）	税前动态投资回收年限（年）	税后动态投资回收年限（年）
22	5.69	20.586	24.331	#REF!	#REF!
23	5.36	21.157	25.016	#REF!	#REF!
24	5.06	21.715	25.679	#REF!	#REF!

表 13.7 基于全租赁型的楼地面价

6	D9：D30	E9：E30	N9：N30	O9：O30	P9：P30	Q9：Q30
7	D	E	N	O	P	Q
30	楼面地价（元/m²）	敏感系数	税前静态投资回收年限（年）	税后静态投资回收年限（年）	税前动态投资回收年限（年）	税后动态投资回收年限（年）
10	2,696.45	1.00	4.093	4.124	4.206	4.275
11	2,831.27	1.05	4.117	4.156	4.236	4.315
12	2,966.09	1.10	4.141	4.188	4.267	4.356
13	3,100.91	1.15	4.165	4.220	4.297	4.396
14	3,235.73	1.20	4.189	4.251	4.328	4.437
15	3,370.56	1.25	4.212	4.283	4.358	4.477
16	3,505.38	1.30	4.236	4.315	4.388	4.517
17	3,640.20	1.35	4.260	4.347	4.418	4.558
18	3,775.02	1.40	4.284	4.379	4.449	4.598
19	3,909.85	1.45	4.308	4.411	4.479	4.639
20	4,044.67	1.50	4.332	4.598	4.509	4.844
21	4,179.49	1.55	4.355	4.630	4.539	4.884
22	4,314.31	1.60	4.379	4.662	4.569	4.925
23	4,449.13	1.65	4.403	4.694	4.599	4.965
24	4,583.96	1.70	4.426	4.725	4.629	5.186
25	4,718.78	1.75	4.450	4.757	4.659	9.551
26	4,853.60	1.80	4.473	4.789	4.689	10.228
27	4,988.42	1.85	4.497	4.820	4.718	11.070
28	5,123.25	1.90	4.520	4.852	4.748	12.033
29	5,258.07	1.95	4.544	4.883	4.777	13.094
30	5,392.89	2.00	4.567	4.914	4.807	14.189

从表 13.7 中数据变化的规律得出以下结论：

（1）基于全租赁型的商业地产经营方式，工程成本与项目营力能力指标呈现高敏感度的负相关关系。

（2）每个公司可根据假设的项目营利指标下限值，测算项目的工程成本控制的目标值。例如，基于项目实例（二）的全租赁型的经营方式下，通过"敏感算法决策模型"输出的数据得知：假设公司规定项目的税后内部收益率不得低于 8%。则项目工程成本的控制临界值区间值将在 5,409.42 元/m^2 与 5,941.50 元/m^2 之间。

13.2.3　基于租售并举的工程成本

基于租售并举的工程成本见表 13.8。

表 13.8　基于租售并举的工程成本

5	D9：D8	E9：E8	F9：F8	G9：G8	H9：H8
6	D	E	F	G	H
24	建造成本（元/m^2）	敏感系数	税前内部收益率（%）	税后收益率（%）	净利润率（销售，%）
9	2,216.98	0.50	47.34	36.99	18.11
10	2,749.05	0.62	43.12	34.29	18.93
11	3,281.12	0.74	39.11	31.79	19.76
12	3,813.20	0.86	35.35	29.21	20.58
13	4,345.27	0.98	31.86	25.86	21.41
14	4,877.35	1.10	28.56	22.61	21.84
15	5,409.42	1.22	25.46	17.88	22.01
16	5,941.50	1.34	22.67	16.32	22.17
17	6,473.57	1.46	20.25	14.99	22.40
18	7,005.65	1.58	18.05	13.76	23.22
19	7,537.72	1.70	16.05	12.59	22.48
20	8,069.79	1.82	14.30	11.68	21.65
21	8,601.87	1.94	12.85	10.85	20.92
22	9,133.94	2.06	11.58	10.10	20.15
23	9,666.02	2.18	10.45	9.13	19.31
24	10,198.09	2.30	9.50	8.14	18.37

5 6 24	I9：I8 I 净利润率 （租赁，%）	J9：J8 J 净利润率 （租售，%）	K9：K8 K 总投资收益率 （租赁，%）	L9：L8 L 总投资收益率 （租赁，%）	M9：M8 M 总投资收益率 （租售，%）
9	32.87	28.53	20.30	18.22	8.32
10	32.43	28.49	18.27	16.26	7.44
11	31.98	28.46	16.60	14.64	6.72
12	31.54	28.42	15.20	13.28	6.11
13	31.09	28.38	14.00	12.12	5.60
14	30.65	28.22	12.83	11.12	5.13
15	30.20	27.97	11.71	10.26	4.72
16	29.76	27.71	10.73	9.49	4.35
17	29.31	27.48	9.89	8.81	4.03
18	28.87	27.22	9.10	8.21	3.74
19	28.43	23.84	8.28	7.67	3.47
20	27.98	23.29	7.52	7.18	3.22
21	27.54	22.90	6.86	6.74	3.00
22	27.09	24.94	6.25	6.33	2.80
23	26.65	24.22	5.67	5.97	2.61
24	26.28	23.63	5.14	5.64	2.44

5 6 24	N9：N8 N 税前静态投资 回收年限（年）	O9：O8 O 税后静态投资 回收年限（年）	P9：P8 P 税前动态投资 回收年限（年）	Q9：Q8 Q 税后动态投资 回收年限（年）
9	2.781	2.826	2.865	2.915
10	2.858	2.890	2.948	2.983
11	2.942	2.956	3.495	4.010
12	3.550	3.620	4.074	4.107
13	4.076	4.101	4.187	4.250
14	4.176	4.234	4.300	4.400
15	4.277	4.338	4.415	4.506
16	4.377	4.447	4.529	4.627
17	4.476	4.547	4.641	4.737
18	4.577	4.645	4.755	4.845

续表

5	N9：N8	O9：O8	P9：P8	Q9：Q8
6	N	O	P	Q
24	税前静态投资回收年限（年）	税后静态投资回收年限（年）	税前动态投资回收年限（年）	税后动态投资回收年限（年）
19	4. 678	4. 737	4. 870	6. 376
20	4. 779	4. 825	4. 985	9. 383
21	4. 876	4. 904	8. 081	11. 260
22	4. 974	4. 980	10. 694	13. 269
23	7. 422	7. 743	13. 575	16. 820
24	8. 602	9. 039	16. 663	21. 695

从表 13. 8 中数据变化的规律得出以下结论：

（1）基于租售并举型的商业地产经营方式，工程成本与项目营力能力指标呈现高敏感度的负相关关系。

（2）通过“敏感算法决策模型”可设定不同的项目营利指标目标值的前提下，测算出工程成本的控制临界值。

13.3　运营成本的决策模型

商业地产在租赁运营期，运营成本率（=运营成本/租金收入）直接影响到商业地产净收益。本章节将应用“敏感算法决策模型”，模拟测算基于全销售型、全租赁型及租售并举三大典型经营方式下，运营成本与项目营力能力、管理模式之间的相关关系。

13. 3. 1　基于全租赁型的运营成本

基于全租赁型的运营成本见表 13. 9。

表 13. 9　基于全租赁型的运营成本

5	D9：D8	E9：E8	F9：F8	G9：G8	I9：I8
6	D	E	F	G	I
24	运营成本率（%）	敏感系数	税前内部收益率（%）	税后内部收益率（%）	净利润率（租赁，%）
9	3. 50	0. 10	12. 81	10. 44	51. 34

续表

5	D9：D8	E9：E8	F9：F8	G9：G8	I9：I8
6	D	E	F	G	I
24	运营成本率（%）	敏感系数	税前内部收益率（%）	税后内部收益率（%）	净利润率（租赁,%）
10	8.75	0.25	12.18	9.89	47.65
11	14.00	0.40	11.53	9.33	43.96
12	19.25	0.55	10.85	8.75	40.27
13	24.50	0.70	10.16	8.14	36.58
14	29.75	0.85	9.44	7.51	32.90
15	35.00	1.00	8.68	6.85	29.21
16	40.25	1.15	7.89	6.15	25.52
17	45.50	1.30	7.04	5.40	21.83
18	50.75	1.45	6.14	4.59	18.15
19	56.00	1.60	5.16	3.70	14.46
20	61.25	1.75	4.06	2.68	10.77
21	66.50	1.90	2.80	1.50	7.08
22	71.75	2.05	1.27	0.06	3.36
23	77.00	2.20	-0.76	-1.87	-0.68
24	82.25	2.35	-4.24	-5.22	-5.31

5	L9：L8	N9：N8	O9：O8	P9：P8	Q9：Q8
6	L	N	O	P	Q
24	总投资收益率（租赁,%）	税前静态投资回收年限（年）	税后静态投资回收年限（年）	税前动态投资回收年限（年）	税后动态投资回收年限（年）
9	18.77	11.004	12.941	14.427	18.516
10	17.42	11.462	13.501	15.325	19.838
11	16.07	11.988	14.136	16.385	21.422
12	14.72	12.578	14.855	17.653	23.350
13	13.37	13.262	15.677	19.200	25.753
14	12.03	14.056	16.629	21.131	28.844
15	10.68	14.989	17.743	23.618	32.987
16	9.33	16.100	19.067	26.943	38.890
17	7.98	17.449	20.661	31.662	#REF!
18	6.63	19.130	22.630	38.962	#REF!
19	5.29	21.276	25.153	#REF!	#REF!

续表

5	L9：L8	N9：N8	O9：O8	P9：P8	Q9：Q8
6	L	N	O	P	Q
24	总投资收益率（租赁,%）	税前静态投资回收年限（年）	税后静态投资回收年限（年）	税前动态投资回收年限（年）	税后动态投资回收年限（年）
20	3.94	24.127	28.528	#REF!	#REF!
21	2.59	28.116	33.180	#REF!	#REF!
22	1.24	34.169	40.237	#REF!	#REF!
23	-0.11	#REF!	#REF!	#REF!	#REF!
24	-1.46	#REF!	#REF!	#REF!	#REF!

从表 13.9 中数据变化的规律得出以下结论：

（1）基于全租赁型的商业地产经营方式，运营成本率与项目营力能力指标呈现高敏感度的负相关关系。

（2）通过“敏感算法决策模型”可设定不同的营力能力指标的目标值的前提下，测算出运营成本率的控制临界值。

13.3.2　基于租售并举的运营成本

基于租售并举的运营成本见表 13.10。

表 13.10　基于租售并举的运营成本

5	D9：D8	E9：E8	F9：F8	G9：G8	H9：H8
6	D	E	F	G	H
24	运营成本率（%）	敏感系数	税前内部收益率（%）	税后内部收益率（%）	净利润率（销售,%）
9	3.50	0.10	33.98	28.22	21.95
10	8.75	0.25	33.57	27.79	21.92
11	14.00	0.40	33.15	27.34	21.89
12	19.25	0.55	32.72	26.87	21.83
13	24.50	0.70	32.27	26.38	21.75
14	29.75	0.85	31.79	25.86	21.66
15	35.00	1.00	31.30	25.31	21.54
16	40.25	1.15	30.78	24.74	21.41
17	45.50	1.30	30.24	24.12	21.26
18	50.75	1.45	29.67	23.47	21.08

续表

5	D9：D8	E9：E8	F9：F8	G9：G8	H9：H8
6	D	E	F	G	H
24	运营成本率（%）	敏感系数	税前内部收益率（%）	税后内部收益率（%）	净利润率（销售,%）
19	56.00	1.60	29.72	23.41	21.32
20	61.25	1.75	29.10	22.67	21.05
21	66.50	1.90	28.48	21.89	20.79
22	71.75	2.05	27.82	21.00	20.50
23	77.00	2.20	27.12	19.95	20.18
24	82.25	2.35	26.36	18.74	19.84

5	I9：I8	J9：J8	K9：K8	L9：L8	M9：M8
6	I	J	K	L	M
24	净利润率（租赁,%）	净利润率（租售,%）	总投资收益率（销售,%）	总投资收益率（租赁,%）	总投资收益率（租售,%）
9	53.15	43.51	14.08	20.47	8.29
10	49.46	41.00	14.07	19.05	7.83
11	45.77	38.48	14.04	17.63	7.37
12	42.08	35.97	14.01	16.21	6.91
13	38.39	33.44	13.96	14.79	6.45
14	34.71	30.92	13.90	13.37	5.98
15	31.02	28.38	13.82	11.95	5.52
16	27.33	25.83	13.74	10.53	5.05
17	23.64	23.27	13.64	9.11	4.58
18	19.96	20.69	13.53	7.69	4.11
19	16.27	18.18	13.68	6.26	3.67
20	12.58	15.50	13.53	4.84	3.20
21	8.89	12.81	13.39	3.42	2.72
22	5.20	10.09	13.24	2.00	2.24
23	1.36	7.33	13.07	0.58	1.77
24	−2.99	4.21	12.89	−0.84	1.29

5	N9：N8	O9：O8	P9：P8	Q9：Q8
6	N	O	P	Q
24	税前静态投资回收年限（年）	税后静态投资回收年限（年）	税前动态投资回收年限（年）	税后动态投资回收年限（年）
9	4. 075	4. 100	4. 185	4. 246
10	4. 078	4. 104	4. 188	4. 251
11	4. 081	4. 108	4. 192	4. 256
12	4. 084	4. 112	4. 195	4. 260
13	4. 087	4. 116	4. 199	4. 265
14	4. 090	4. 120	4. 202	4. 270
15	4. 093	4. 124	4. 206	4. 275
16	4. 096	4. 127	4. 210	4. 279
17	4. 099	4. 131	4. 213	4. 284
18	4. 102	4. 135	4. 217	4. 289
19	4. 091	4. 121	4. 204	4. 272
20	4. 093	4. 124	4. 207	4. 276
21	4. 095	4. 127	4. 209	4. 279
22	4. 096	4. 129	4. 211	4. 281
23	4. 098	4. 130	4. 213	4. 284
24	4. 099	4. 132	4. 214	4. 286

从 13. 10 中表数据变化的规律得出以下结论：

（1）基于全租赁型的商业地产经营方式，运营成本率与项目营力能力指标呈现高敏感度的负相关关系。

（2）基于项目实例（二）的租售并举的经营方式下，可通过“敏感算法决策模型”输出的数据设定项目商业运营成本率的临界控制目标值。

13.4　产品定价的决策模型

商业地产的定价不仅要对销售进行定价，还要对持有性物业进行租金定价，针对租售并举的经营方式，还要涉及产品定价组合的问题。由于产品价格主要取决于外部市场，楼市行情波动将是常态。所以，应用“敏感算法决策模型”来测算基于全销售型、全租赁型及租售并举的经营方式下的产品定价策略与项目营力能力及管理方法之间的相关关系是十分重要的模块内容。

13. 4. 1 基于全销售型的产品定价

基于全销售型的产品定价见表 13. 11。

表 13.11 基于全销售型的产品定价

4	D9：D8	E9：E8	F9：F8	G9：G8	J9：J8
5	D	E	F	G	J
24	敏感系数	税前内部收益率（%）	税后内部收益率（%）	净利润率（销售,%）	总投资收益率（销售,%）
8	0. 40	−0. 32	−5. 38	−15. 82	−0. 47
9	0. 50	7. 12	1. 82	1. 74	2. 54
10	0. 60	13. 02	7. 54	10. 67	4. 77
11	0. 70	18. 76	14. 79	19. 83	6. 77
12	0. 80	24. 53	18. 62	20. 38	8. 73
13	0. 90	30. 09	22. 30	19. 77	10. 39
14	1. 00	35. 67	26. 33	19. 27	12. 05
15	1. 10	41. 16	34. 30	18. 59	13. 60
16	1. 20	46. 51	38. 48	23. 61	14. 95
17	1. 30	51. 80	42. 14	22. 79	16. 30
18	1. 40	57. 00	45. 81	22. 08	17. 65
19	1. 50	62. 09	49. 45	21. 46	19. 00
20	1. 60	67. 08	53. 05	20. 93	20. 35
21	1. 70	71. 93	56. 55	20. 05	21. 46
22	1. 80	76. 67	60. 00	19. 17	22. 51
23	1. 90	81. 32	63. 42	18. 38	23. 56
24	2. 00	85. 87	66. 79	17. 67	24. 61

4	M9：M8	N9：N8	O9：O8	P9：P8
5	M	N	O	P
24	税前静态投资回收年限（年）	税后静态投资回收年限（年）	税前动态投资回收年限（年）	税后动态投资回收年限（年）
8	#REF!	#REF!	#REF!	#REF!
9	7. 065	8. 341	8. 551	#REF!
10	5. 436	6. 586	6. 609	7. 991
11	4. 791	4. 835	5. 115	5. 494
12	4. 530	4. 601	4. 725	4. 821

续表

4	M9：M8	N9：N8	O9：O8	P9：P8
5	M	N	O	P
24	税前静态投资回收年限（年）	税后静态投资回收年限（年）	税前动态投资回收年限（年）	税后动态投资回收年限（年）
13	4. 326	4. 392	4. 483	4. 581
14	4. 163	4. 206	4. 289	4. 366
15	4. 028	4. 038	4. 130	4. 173
16	2. 931	2. 947	3. 862	4. 048
17	2. 839	2. 874	2. 922	2. 960
18	2. 764	2. 812	2. 839	2. 892
19	2. 701	2. 758	2. 770	2. 832
20	2. 648	2. 711	2. 712	2. 781
21	2. 603	2. 669	2. 662	2. 735
22	2. 563	2. 633	2. 619	2. 695
23	2. 529	2. 600	2. 581	2. 659
24	2. 499	2. 570	2. 548	2. 626

从表 13. 11 中数据变化的规律得出以下结论：

（1）基于全销售型的商业地产经营方式，产品价格水平与项目营力能力指标呈现高敏感度的正相关关系。

（2）基于项目实例（二）的全销售型的经营方式下，只涉及销售价格的定价，通过“敏感算法决策模型”判断项目承受外部市场价格波动的能力。

13. 4. 2　基于全租赁型的产品定价

基于全租赁型的产品定价见表 13. 12。

表 13. 12　基于全租赁型的产品定价

S	D9：D8	E9：E8	F9：F8	H9：H8	K9：K8
C	D	E	F	H	K
26	敏感系数	税前内部收益率（%）	税后内部收益率（%）	净利润率（租赁，%）	总投资收益率（租赁，%）
8	0. 20	0. 08	-1. 07	4. 41	0. 39
9	0. 30	1. 81	0. 57	15. 30	1. 68
10	0. 40	3. 17	1. 85	20. 28	2. 96

续表

S C 26	D9：D8 D 敏感系数	E9：E8 E 税前内部收益率（%）	F9：F8 F 税后内部收益率（%）	H9：H8 H 净利润率（租赁,%）	K9：K8 K 总投资收益率（租赁,%）
11	0. 50	4. 33	2. 92	23. 25	4. 25
12	0. 60	5. 35	3. 87	25. 24	5. 54
13	0. 70	6. 27	4. 71	26. 66	6. 82
14	0. 80	7. 13	5. 47	27. 72	8. 11
15	0. 90	7. 92	6. 18	28. 55	9. 39
16	1. 00	8. 68	6. 85	29. 21	10. 68
17	1. 10	9. 40	7. 48	29. 75	11. 96
18	1. 20	10. 09	8. 08	30. 20	13. 25
19	1. 30	10. 76	8. 66	30. 58	14. 53
20	1. 40	11. 40	9. 22	30. 91	15. 82
21	1. 50	12. 03	9. 76	31. 19	17. 10
22	1. 60	12. 64	10. 28	31. 44	18. 39
23	1. 70	13. 23	10. 80	31. 66	19. 68
24	1. 80	13. 81	11. 29	31. 86	20. 96
25	1. 90	14. 38	11. 78	32. 03	22. 25
26	2. 00	14. 94	12. 26	32. 19	23. 53

S C 26	M9：M8 M 税前静态投资回收年限（年）	N9：N8 N 税后静态投资回收年限（年）	O9：O8 O 税前动态投资回收年限（年）	P9：P8 P 税后动态投资回收年限（年）
8	39. 982	#REF!	#REF!	#REF!
9	31. 876	37. 493	#REF!	#REF!
10	26. 849	31. 711	#REF!	#REF!
11	23. 382	27. 652	#REF!	#REF!
12	20. 833	24. 622	#REF!	#REF!
13	18. 872	22. 328	37. 708	#REF!
14	17. 312	20. 498	31. 140	#REF!
15	16. 044	19. 001	26. 765	38. 561
16	14. 989	17. 743	23. 618	32. 987
17	14. 096	16. 677	21. 233	29. 008

续表

S C 26	M9：M8 M 税前静态投资回收年限（年）	N9：N8 N 税后静态投资回收年限（年）	O9：O8 O 税前动态投资回收年限（年）	P9：P8 P 税后动态投资回收年限（年）
18	13.330	15.760	19.362	26.005
19	12.668	14.965	17.849	23.653
20	12.091	14.262	16.603	21.751
21	11.578	13.642	15.556	20.181
22	11.126	13.091	14.663	18.861
23	10.718	12.592	13.891	17.738
24	10.351	12.146	13.221	16.766
25	10.023	11.739	12.632	15.918
26	9.719	11.368	12.106	15.173

从表 13.12 中数据变化的规律得出以下结论：

（1）基于全租赁型的商业地产经营方式，产品价格水平与项目营力能力指标呈现高敏感度的正相关关系。

（2）基于项目实例（二）的全租赁型的经营方式，只涉及租赁价格的定价，通过“敏感算法决策模型”判断项目承受外部市场价格波动的能力。

（3）算法模型可指导租赁合同的谈判策略，例如，当招商部在制订租赁合同商户租金优惠折扣时，可测算出优惠折扣与税后内部收益率之间的关系，如表 13.13 所示。

表 13.13　优惠折扣与税后内部收益率之间的关系

租金优惠折扣	99 折	98 折	97 折	96 折	95 折	94 折
税后内部收益率（%）	6.838	6.773	6.708	6.642	6.575	6.509

13.4.3　基于租售并举的产品定价

13.4.3.1　基于租售并举的销售定价

基于租售并举的销售定价见表 13.14。

表 13.14　基于租售并举的销售定价

4	D9：D8	E9：E8	F9：F8	G9：G8	H9：H8
5	D	E	F	G	H
24	敏感系数	税前内部收益率（%）	税后内部收益率（%）	净利润率（销售,%）	净利润率租赁（%）
8	0.40	8.47	6.17	3.86	31.67
9	0.50	10.84	8.03	15.77	31.27
10	0.60	13.45	11.74	20.14	31.02
11	0.70	16.93	13.64	22.59	31.02
12	0.80	21.11	15.83	22.54	31.02
13	0.90	25.99	20.40	22.08	31.02
14	1.00	31.30	25.31	21.54	31.02
15	1.10	36.73	30.31	20.42	31.02
16	1.20	42.28	33.97	19.48	31.02
17	1.30	47.84	37.64	18.69	31.02
18	1.40	53.32	41.38	18.01	31.02
19	1.50	58.70	45.13	17.40	31.02
20	1.60	63.93	48.79	16.34	31.02
21	1.70	69.04	52.45	15.41	31.02
22	1.80	74.04	56.09	14.59	31.02
23	1.90	78.92	59.69	13.85	31.02
24	2.00	83.69	63.25	13.18	31.02

4	I9：I8	J9：J8	K9：K8	L9：L8
5	I	J	K	L
24	净利润率（租售,%）	总投资收益率（销售,%）	总投资收益率（租赁,%）	总投资收益率（租售,%）
8	26.88	0.77	12.20	4.02
9	27.17	3.95	12.04	4.36
10	28.22	6.15	11.95	4.59
11	29.08	8.32	11.95	4.85
12	29.11	10.25	11.95	5.09
13	28.76	12.07	11.95	5.31
14	28.38	13.82	11.95	5.52
15	27.78	15.28	11.95	5.69

续表

4	I9：I8	J9：J8	K9：K8	L9：L8
5	I	J	K	L
24	净利润率（租售,%）	总投资收益率（销售,%）	总投资收益率（租赁,%）	总投资收益率（租售,%）
16	27. 22	16. 74	11. 95	5. 87
17	26. 70	18. 21	11. 95	6. 05
18	26. 20	19. 67	11. 95	6. 22
19	25. 72	21. 11	11. 95	6. 40
20	25. 04	22. 25	11. 95	6. 54
21	24. 40	23. 38	11. 95	6. 67
22	23. 79	24. 52	11. 95	6. 81
23	23. 21	25. 65	11. 95	6. 95
24	22. 66	26. 79	11. 95	7. 08

4	M9：M8	N9：N8	O9：O8	P9：P8
5	M	N	O	P
24	税前静态投资回收年限（年）	税后静态投资回收年限（年）	税前动态投资回收年限（年）	税后动态投资回收年限（年）
8	12. 445	17. 043	22. 408	38. 463
9	8. 565	12. 404	13. 990	23. 981
10	4. 951	4. 963	8. 684	10. 393
11	4. 653	4. 715	4. 869	6. 194
12	4. 424	4. 495	4. 598	4. 699
13	4. 241	4. 321	4. 381	4. 509
14	4. 093	4. 124	4. 206	4. 275
15	3. 283	3. 344	4. 061	4. 092
16	2. 905	2. 927	2. 994	3. 834
17	2. 817	2. 856	2. 898	2. 941
18	2. 745	2. 796	2. 818	2. 874
19	2. 684	2. 743	2. 752	2. 816
20	2. 633	2. 697	2. 696	2. 766
21	2. 589	2. 657	2. 647	2. 721
22	2. 551	2. 621	2. 605	2. 682
23	2. 517	2. 588	2. 568	2. 646
24	2. 488	2. 559	2. 536	2. 614

从表 13.14 中数据变化的规律得出以下结论：

（1）基于全租赁型的商业地产经营方式，产品价格水平与项目营力能力指标呈现高敏感度的正相关关系。

（2）通过“敏感算法决策模型”可判断出租金价格承受外部市场波动的能力。

13.4.3.2 基于租售并举的租赁定价

基于租售并举的租赁定价见表 13.15。

表 13.15 基于租售并举的租赁定价

S	D9：D8	E9：E8	F9：F8	G9：G8	H9：H8
C	D	E	F	G	H
26	敏感系数	税前内部收益率（%）	税后内部收益率（%）	净利润率（销售，%）	净利润率（租赁，%）
8	0.20	27.00	20.23	21.54	5.44
9	0.30	27.62	21.03	21.54	16.63
10	0.40	28.21	21.75	21.54	21.77
11	0.50	28.78	22.43	21.54	24.85
12	0.60	29.32	23.07	21.54	26.91
13	0.70	29.84	23.67	21.54	28.38
14	0.80	30.34	24.24	21.54	29.48
15	0.90	30.83	24.79	21.54	30.33
16	1.00	31.30	25.31	21.54	31.02
17	1.10	31.76	25.82	21.54	31.58
18	1.20	32.20	26.31	21.54	32.05
19	1.30	32.64	26.78	21.54	32.44
20	1.40	33.06	27.23	21.54	32.78
21	1.50	33.47	27.67	21.54	33.07
22	1.60	33.87	28.10	21.54	33.33
23	1.70	34.27	28.52	21.54	33.56
24	1.80	34.65	28.93	21.54	33.76
25	1.90	35.03	29.31	21.54	33.94
26	2.00	35.40	29.69	21.54	34.10

S	I9：I8	J9：J8	K9：K8	L9：L8
C	I	J	K	L
26	净利润率（租售，%）	总投资收益率（销售，%）	总投资收益率（租赁，%）	总投资收益率（租售，%）
8	16. 92	13. 82	0. 49	1. 83
9	19. 71	13. 82	1. 92	2. 29
10	21. 82	13. 82	3. 35	2. 75
11	23. 50	13. 82	4. 79	3. 21
12	24. 88	13. 82	6. 22	3. 67
13	25. 99	13. 82	7. 65	4. 13
14	26. 91	13. 82	9. 08	4. 59
15	27. 70	13. 82	10. 51	5. 06
16	28. 38	13. 82	11. 95	5. 52
17	28. 97	13. 82	13. 38	5. 98
18	29. 50	13. 82	14. 81	6. 44
19	29. 97	13. 82	16. 24	6. 90
20	30. 38	13. 82	17. 67	7. 36
21	30. 76	13. 82	19. 11	7. 82
22	31. 10	13. 82	20. 54	8. 28
23	31. 41	13. 82	21. 97	8. 75
24	31. 69	13. 82	23. 40	9. 21
25	31. 95	13. 82	24. 83	9. 67
26	32. 18	13. 82	26. 27	10. 13

S	M9：M8	N9：N8	O9：O8	P9：P8
C	M	N	O	P
26	税前静态投资回收年限（年）	税后静态投资回收年限（年）	税前动态投资回收年限（年）	税后动态投资回收年限（年）
8	4. 118	4. 158	4. 237	4. 316
9	4. 115	4. 153	4. 233	4. 311
10	4. 112	4. 149	4. 229	4. 305
11	4. 109	4. 145	4. 225	4. 300
12	4. 105	4. 140	4. 221	4. 295
13	4. 102	4. 136	4. 217	4. 290
14	4. 099	4. 132	4. 214	4. 285

续表

S C 26	M9：M8 M 税前静态投资回收年限（年）	N9：N8 N 税后静态投资回收年限（年）	O9：O8 O 税前动态投资回收年限（年）	P9：P8 P 税后动态投资回收年限（年）
15	4.096	4.128	4.210	4.280
16	4.093	4.124	4.206	4.275
17	4.090	4.119	4.202	4.270
18	4.086	4.115	4.199	4.265
19	4.083	4.111	4.195	4.260
20	4.080	4.107	4.191	4.255
21	4.077	4.103	4.188	4.250
22	4.074	4.099	4.184	4.245
23	4.071	4.095	4.180	4.241
24	4.069	4.091	4.177	4.236
25	4.066	4.087	4.173	4.231
26	4.063	4.084	4.170	4.227

从表13.15中数据变化的规律得出以下结论：

（1）基于全租赁型的商业地产经营方式，产品价格水平与项目营力能力指标呈现高敏感度的正相关关系。

（2）通过“敏感算法决策模型”可判断出项目销售价格与租金价格承受外部市场波动的能力。

13.5 产品去化率的决策模型

在开发企业的营销管理业务中，产品的去化率为关键的考核指标，本章节将“应用敏感算法模型”建立产品去化率与项目营力能力指标之间的相关关系。

13.5.1 基于全销售型的销售率

基于全销售型的销售率见表13.16。

表 13.16　基于全销售型的销售率

5	D9：D8	E9：E8	F9：F8	G9：G8	H9：H8
6	D	E	F	G	H
27	销售率（%）	敏感系数	税前内部收益率（%）	税后内部收益率（%）	净利润率（销售,%）
9	10.00	0.10	-8.13	-9.10	-294.90
10	15.00	0.15	-7.86	-8.97	-169.32
11	20.00	0.20	-7.45	-8.81	-107.44
12	25.00	0.25	-6.77	-8.56	-70.31
13	30.00	0.30	-5.61	-8.16	-45.87
14	35.00	0.35	-3.53	-7.37	-28.66
15	40.00	0.40	-0.32	-5.38	-15.82
16	45.00	0.45	3.54	-1.67	-5.92
17	50.00	0.50	7.12	1.82	1.74
18	55.00	0.55	10.25	4.85	7.11
19	60.00	0.60	13.02	7.54	10.67
20	65.00	0.65	15.88	12.91	19.13
21	70.00	0.70	18.76	14.79	19.83
22	75.00	0.75	21.63	16.71	20.19
23	80.00	0.80	24.53	18.62	20.38
24	85.00	0.85	27.31	20.42	20.06
25	90.00	0.90	30.09	22.30	19.77
26	95.00	0.95	32.88	24.28	19.50
27	100.00	1.00	35.67	26.33	19.27

5	K9：K8	N9：N8	O9：O8	P9：P8	Q9：Q8
6	K	N	O	P	Q
27	总投资收益率（销售,%）	税前静态投资回收年限（年）	税后静态投资回收年限（年）	税前动态投资回收年限（年）	税后动态投资回收年限（年）
9	-10.07	#REF!	#REF!	#REF!	#REF!
10	-8.43	#REF!	#REF!	#REF!	#REF!
11	-6.80	#REF!	#REF!	#REF!	#REF!
12	-5.16	#REF!	#REF!	#REF!	#REF!
13	-3.57	#REF!	#REF!	#REF!	#REF!
14	-2.01	#REF!	#REF!	#REF!	#REF!

续表

5	K9：K8	N9：N8	O9：O8	P9：P8	Q9：Q8
6	K	N	O	P	Q
27	总投资收益率（销售,%）	税前静态投资回收年限（年）	税后静态投资回收年限（年）	税前动态投资回收年限（年）	税后动态投资回收年限（年）
15	-0.47	#REF!	#REF!	#REF!	#REF!
16	1.06	7.849	#REF!	#REF!	#REF!
17	2.54	7.065	8.341	8.551	#REF!
18	3.78	6.140	7.426	7.490	#REF!
19	4.77	5.436	6.586	6.609	7.991
20	5.78	4.951	4.963	5.746	6.126
21	6.77	4.791	4.835	5.115	5.494
22	7.75	4.653	4.715	4.870	4.953
23	8.73	4.530	4.601	4.725	4.821
24	9.56	4.422	4.493	4.597	4.698
25	10.39	4.326	4.392	4.483	4.581
26	11.22	4.240	4.297	4.381	4.471
27	12.05	4.163	4.206	4.289	4.366

从表13.16中数据变化的规律得出以下结论：

（1）基于全销售型的商业地产经营方式，产品去化率与项目营力能力指标呈现高敏感度的正相关关系。

（2）可通过算法模型，设定项目去化率的考核指标。例如，基于项目实例（二）的全销售型的经营方式下，通过“敏感算法决策模型”输出的数据得知：假设公司规定项目的净利润率不得低于8%时，产品的销售率的临界控制值区间在75%至80%之间。

13.5.2 基于全租赁型的出租率

基于全租赁型的出租率见表13.17。

表13.17 基于全租赁型的出租率

5	D9：D8	E9：E8	F9：F8	G9：G8	I9：I8
6	D	E	F	G	I
27	平均出租率（%）	敏感系数	税前内部收益率（%）	税后内部收益率（%）	净利润率（租赁,%）
9	10.00	0.10	-2.45	-3.49	-33.25

续表

5	D9：D8	E9：E8	F9：F8	G9：G8	I9：I8
6	D	E	F	G	I
27	平均出租率（%）	敏感系数	税前内部收益率（%）	税后内部收益率（%）	净利润率（租赁,%）
10	15. 00	0. 15	-1. 03	-2. 12	-7. 57
11	20. 00	0. 20	0. 08	-1. 07	4. 41
12	25. 00	0. 25	1. 01	-0. 19	11. 10
13	30. 00	0. 30	1. 81	0. 57	15. 30
14	35. 00	0. 35	2. 52	1. 24	18. 15
15	40. 00	0. 40	3. 17	1. 85	20. 28
16	45. 00	0. 45	3. 77	2. 40	21. 93
17	50. 00	0. 50	4. 33	2. 92	23. 25
18	55. 00	0. 55	4. 85	3. 41	24. 34
19	60. 00	0. 60	5. 35	3. 87	25. 24
20	65. 00	0. 65	5. 82	4. 30	26. 00
21	70. 00	0. 70	6. 27	4. 71	26. 66
22	75. 00	0. 75	6. 71	5. 10	27. 22
23	80. 00	0. 80	7. 13	5. 47	27. 72
24	85. 00	0. 85	7. 53	5. 83	28. 16
25	90. 00	0. 90	7. 92	6. 18	28. 55
26	95. 00	0. 95	8. 31	6. 52	28. 90
27	100. 00	1. 00	8. 68	6. 85	29. 21

5	L9：L8	N9：N8	O9：O8	P9：P8	Q9：Q8
6	L	N	O	P	Q
27	总投资收益率（租赁,%）	税前静态投资回收年限（年）	税后静态投资回收年限（年）	税前动态投资回收年限（年）	税后动态投资回收年限（年）
9	-0. 89	#REF!	#REF!	#REF!	#REF!
10	-0. 25	#REF!	#REF!	#REF!	#REF!
11	0. 39	39. 982	#REF!	#REF!	#REF!
12	1. 04	35. 376	#REF!	#REF!	#REF!
13	1. 68	31. 876	37. 493	#REF!	#REF!
14	2. 32	29. 105	34. 320	#REF!	#REF!
15	2. 96	26. 849	31. 711	#REF!	#REF!
16	3. 61	24. 974	29. 520	#REF!	#REF!

续表

5	L9：L8	N9：N8	O9：O8	P9：P8	Q9：Q8
6	L	N	O	P	Q
27	总投资收益率（租赁,%）	税前静态投资回收年限（年）	税后静态投资回收年限（年）	税前动态投资回收年限（年）	税后动态投资回收年限（年）
17	4. 25	23. 382	27. 652	#REF!	#REF!
18	4. 89	22. 020	26. 038	#REF!	#REF!
19	5. 54	20. 833	24. 622	#REF!	#REF!
20	6. 18	19. 792	23. 402	#REF!	#REF!
21	6. 82	18. 872	22. 328	37. 708	#REF!
22	7. 46	18. 051	21. 365	34. 051	#REF!
23	8. 11	17. 312	20. 498	31. 140	#REF!
24	8. 75	16. 646	19. 713	28. 757	#REF!
25	9. 39	16. 044	19. 001	26. 765	38. 561
26	10. 03	15. 490	18. 343	25. 072	35. 519
27	10. 68	14. 989	17. 743	23. 618	32. 987

从表 13. 17 中数据变化的规律得出以下结论：

（1）基于全租赁型的商业地产经营方式，产品去化率与项目营力能力指标呈现高敏感度的正相关关系。

（2）可通过算法模型，设定项目去化率的考核指标。例如，假设公司规定，假设公司规定，项目的税后内部收益率不得低于 6. 82% 的前提下，项目整体出租率的临界控制值应高于 70%。

13. 5. 3 基于租售并举的去化率

13. 5. 3. 1 基于租售并举的销售率

基于租售并举的销售率见表 13. 18。

表 13. 18 基于租售并举的销售率

5	D9：D8	E9：E8	F9：F8	G9：G8	H9：H8
6	D	E	F	G	H
27	销售率（%）	敏感系数	税前内部收益率（%）	税后内部收益率（%）	净利润率（销售,%）
9	10. 00	0. 10	4. 05	2. 62	−260. 92
10	15. 00	0. 15	4. 57	3. 05	−143. 15

续表

5	D9：D8	E9：E8	F9：F8	G9：G8	H9：H8
6	D	E	F	G	H
27	销售率（%）	敏感系数	税前内部收益率（%）	税后内部收益率（%）	净利润率（销售，%）
11	20.00	0.20	5.15	3.53	-84.51
12	25.00	0.25	5.82	4.07	-49.04
13	30.00	0.30	6.58	4.67	-25.39
14	35.00	0.35	7.45	5.37	-8.50
15	40.00	0.40	8.47	6.17	3.86
16	45.00	0.45	9.62	7.07	10.92
17	50.00	0.50	10.84	8.03	15.77
18	55.00	0.55	12.03	8.98	18.32
19	60.00	0.60	13.45	11.74	20.14
20	65.00	0.65	15.06	12.63	21.45
21	70.00	0.70	16.93	13.64	22.59
22	75.00	0.75	18.99	14.67	22.89
23	80.00	0.80	21.11	15.83	22.54
24	85.00	0.85	23.47	18.19	22.30
25	90.00	0.90	25.99	20.40	22.08
26	95.00	0.95	28.63	22.81	21.88
27	100.00	1.00	31.30	25.31	21.54

5	I9：I8	J9：J8	K9：K8	L9：L8	M9：M8
6	I	J	K	L	M
27	净利润率（租赁，%）	净利润率（租售，%）	总投资收益率（销售，%）	总投资收益率（租赁，%）	总投资收益率（租售，%）
9	32.86	19.11	-9.81	12.66	2.89
10	32.66	20.35	-8.05	12.58	3.08
11	32.46	21.53	-6.28	12.50	3.27
12	32.27	22.66	-4.52	12.43	3.46
13	32.07	23.74	-2.76	12.35	3.64
14	31.87	24.77	-0.99	12.27	3.83
15	31.67	26.88	0.77	12.20	4.02
16	31.47	27.10	2.46	12.12	4.20
17	31.27	27.17	3.95	12.04	4.36

续表

5	I9：I8	J9：J8	K9：K8	L9：L8	M9：M8
6	I	J	K	L	M
27	净利润率（租赁，%）	净利润率（租售，%）	总投资收益率（销售，%）	总投资收益率（租赁，%）	总投资收益率（租售，%）
18	31.07	27.73	5.05	11.96	4.46
19	31.02	28.22	6.15	11.95	4.59
20	31.02	28.72	7.22	11.95	4.72
21	31.02	29.08	8.32	11.95	4.85
22	31.02	29.22	9.36	11.95	4.98
23	31.02	29.11	10.25	11.95	5.09
24	31.02	28.93	11.16	11.95	5.20
25	31.02	28.76	12.07	11.95	5.31
26	31.02	28.59	12.98	11.95	5.42
27	31.02	28.38	13.82	11.95	5.52

5	N9：N8	O9：O8	P9：P8	Q9：Q8
6	N	O	P	Q
27	税前静态投资回收年限（年）	税后静态投资回收年限（年）	税前动态投资回收年限（年）	税后动态投资回收年限（年）
9	23.849	28.510	#REF!	#REF!
10	22.235	26.886	#REF!	#REF!
11	20.525	25.164	#REF!	#REF!
12	18.709	23.334	#REF!	#REF!
13	16.770	21.383	34.561	#REF!
14	14.689	19.293	27.971	#REF!
15	12.445	17.043	22.408	38.463
16	10.115	14.691	17.753	30.186
17	8.565	12.404	13.990	23.981
18	7.194	10.491	11.205	19.526
19	4.951	4.963	8.684	10.393
20	4.793	4.836	5.763	8.604
21	4.653	4.715	4.869	6.194
22	4.530	4.601	4.724	4.820
23	4.424	4.495	4.598	4.699
24	4.327	4.436	4.484	4.645

续表

5	N9：N8	O9：O8	P9：P8	Q9：Q8
6	N	O	P	Q
27	税前静态投资回收年限（年）	税后静态投资回收年限（年）	税前动态投资回收年限（年）	税后动态投资回收年限（年）
25	4.241	4.321	4.381	4.509
26	4.163	4.217	4.289	4.385
27	4.093	4.124	4.206	4.275

从表 13.18 中数据变化的规律得出以下结论：

（1）基于租售并举型的商业地产经营方式，产品去化率与项目营力能力指标呈现高敏感度的正相关关系。

（2）通过算法模型，可设定项目去化率的考核指标。例如，假设公司规定，项目销售业务的税后内部收益率不得低于 10.25%的前提下，项目整体销售率的临界控制值应高于 80%。

13.5.3.2　基于租售并举的出租率

基于租售并举的出租率见表 13.19。

表 13.19　基于租售并举的出租率

5	D9：D8	E9：E8	F9：F8	G9：G8	H9：H8
6	D	E	F	G	H
27	平均出租率（%）	敏感系数	税前内部收益率（%）	税后内部收益率（%）	净利润率（销售,%）
9	10.00	0.10	26.34	19.32	21.54
10	15.00	0.15	26.67	19.80	21.54
11	20.00	0.20	27.00	20.23	21.54
12	25.00	0.25	27.31	20.63	21.54
13	30.00	0.30	27.62	21.03	21.54
14	35.00	0.35	27.92	21.40	21.54
15	40.00	0.40	28.21	21.75	21.54
16	45.00	0.45	28.50	22.10	21.54
17	50.00	0.50	28.78	22.43	21.54
18	55.00	0.55	29.05	22.75	21.54
19	60.00	0.60	29.32	23.07	21.54
20	65.00	0.65	29.58	23.37	21.54

续表

5	D9：D8	E9：E8	F9：F8	G9：G8	H9：H8
6	D	E	F	G	H
27	平均出租率（%）	敏感系数	税前内部收益率（%）	税后内部收益率（%）	净利润率（销售，%）
21	70.00	0.70	29.84	23.67	21.54
22	75.00	0.75	30.09	23.96	21.54
23	80.00	0.80	30.34	24.24	21.54
24	85.00	0.85	30.59	24.52	21.54
25	90.00	0.90	30.83	24.79	21.54
26	95.00	0.95	31.07	25.05	21.54
27	100.00	1.00	31.30	25.31	21.54

5	I9：I8	J9：J8	K9：K8	L9：L8	M9：M8
6	I	J	K	L	M
27	净利润率（租赁，%）	净利润率（租售，%）	总投资收益率（销售，%）	总投资收益率（租赁，%）	总投资收益率（租售，%）
9	-33.36	12.33	13.82	-0.94	1.37
10	-6.87	14.95	13.82	-0.23	1.60
11	5.44	16.92	13.82	0.49	1.83
12	12.32	18.45	13.82	1.21	2.06
13	16.63	19.71	13.82	1.92	2.29
14	19.57	20.83	13.82	2.64	2.52
15	21.77	21.82	13.82	3.35	2.75
16	23.48	22.71	13.82	4.07	2.98
17	24.85	23.50	13.82	4.79	3.21
18	25.97	24.22	13.82	5.50	3.44
19	26.91	24.88	13.82	6.22	3.67
20	27.70	25.47	13.82	6.93	3.90
21	28.38	25.99	13.82	7.65	4.13
22	28.96	26.47	13.82	8.37	4.36
23	29.48	26.91	13.82	9.08	4.59
24	29.93	27.32	13.82	9.80	4.83
25	30.33	27.70	13.82	10.51	5.06
26	30.69	28.05	13.82	11.23	5.29
27	31.02	28.38	13.82	11.95	5.52

5	N9：N8	O9：O8	P9：P8	Q9：Q8
6	N	O	P	Q
27	税前静态投资回收年限（年）	税后静态投资回收年限（年）	税前动态投资回收年限（年）	税后动态投资回收年限（年）
9	4. 122	4. 162	4. 241	4. 321
10	4. 120	4. 160	4. 239	4. 319
11	4. 118	4. 158	4. 237	4. 316
12	4. 117	4. 156	4. 235	4. 313
13	4. 115	4. 153	4. 233	4. 311
14	4. 113	4. 151	4. 231	4. 308
15	4. 112	4. 149	4. 229	4. 305
16	4. 110	4. 147	4. 227	4. 303
17	4. 109	4. 145	4. 225	4. 300
18	4. 107	4. 143	4. 223	4. 298
19	4. 105	4. 140	4. 221	4. 295
20	4. 104	4. 138	4. 219	4. 292
21	4. 102	4. 136	4. 217	4. 290
22	4. 100	4. 134	4. 215	4. 287
23	4. 099	4. 132	4. 214	4. 285
24	4. 097	4. 130	4. 212	4. 282
25	4. 096	4. 128	4. 210	4. 280
26	4. 094	4. 126	4. 208	4. 277
27	4. 093	4. 124	4. 206	4. 275

从表 13. 19 中数据变化的规律得出以下结论：

（1）基于租售并举型的商业地产经营方式，产品去化率与项目营力能力指标呈现高敏感度的正相关关系。

（2）通过敏感算法模型，可设定项目去化率的考核指标。例如，假设公司规定，项目的租赁业务的税后内部收益率不得低于 6. 22% 的前提下，项目整体出租率的临界控制值应高于 60%。

13.6　去化速度的决策模型

基于全销售型或租售并举的经营方式，去化速度是反映营销能力的指标之一，去化速度与产品的定价水平呈现负相关，定价水平越高，则去化速度越慢。反之，定价水平越低，则去化速度越快。如何平衡去化速度、定价水平与项目营力能力指标之间的相关关系是商业地开发业务中经常遇到的问题。

13. 6. 1 基于全销售型的去化速度

基于全销售型的去化速度见表 13. 20。

表 13.20 基于全销售型的去化速度

5	D9：D8	E9：E8	F9：F8	G9：G8	H9：H8
6	D	E	F	G	H
27	平均销售速度（月）	敏感系数	税前内部收益率（%）	税后内部收益率（%）	净利润率（销售,%）
9	3	0. 25	49. 32	39. 16	23. 39
10	6	0. 50	44. 84	36. 32	23. 74
11	9	0. 75	39. 40	32. 48	23. 98
12	12	1. 00	35. 67	26. 33	19. 27
13	15	1. 25	31. 37	22. 96	19. 92
14	18	1. 50	28. 34	20. 71	20. 06
15	21	1. 75	25. 75	18. 85	20. 24
16	24	2. 00	23. 73	17. 41	20. 37
17	27	2. 25	21. 81	16. 13	20. 11
18	30	2. 50	20. 27	15. 03	20. 21
19	33	2. 75	18. 92	13. 82	19. 84
20	36	3. 00	17. 79	12. 76	18. 26
21	39	3. 25	16. 76	11. 35	18. 04
22	42	3. 50	15. 86	10. 75	18. 08
23	45	3. 75	15. 05	10. 21	18. 13
24	48	4. 00	14. 34	9. 76	18. 18
25	51	4. 25	13. 70	9. 37	18. 00
26	54	4. 50	13. 12	8. 99	18. 03
27	57	4. 75	12. 58	8. 64	18. 07

5	K9：K8	N9：N8	O9：O8	P9：P8	Q9：Q8
6	K	N	O	P	Q
27	总投资收益率（销售,%）	税前静态投资回收年限（年）	税后静态投资回收年限（年）	税前动态投资回收年限（年）	税后动态投资回收年限（年）
9	23. 421	3. 155	3. 196	3. 236	3. 299

续表

5	K9：K8	N9：N8	O9：O8	P9：P8	Q9：Q8
6	K	N	O	P	Q
27	总投资收益率（销售,%）	税前静态投资回收年限（年）	税后静态投资回收年限（年）	税前动态投资回收年限（年）	税后动态投资回收年限（年）
10	17.714	3.192	3.241	3.306	3.384
11	14.328	3.384	3.453	3.628	3.742
12	12.048	4.163	4.206	4.289	4.366
13	10.450	4.384	4.606	4.557	4.843
14	9.237	4.619	4.990	4.925	5.337
15	8.304	5.065	5.345	5.325	5.715
16	7.547	5.379	5.699	5.703	6.190
17	6.942	5.661	6.049	6.093	6.620
18	6.431	6.005	6.397	6.488	7.096
19	6.003	6.314	6.794	6.883	7.615
20	5.624	6.623	7.203	7.291	8.213
21	5.298	6.923	7.746	7.710	8.936
22	5.010	7.234	8.109	8.127	9.583
23	4.756	7.539	8.470	8.558	10.091
24	4.531	7.844	8.830	8.989	10.737
25	4.332	8.143	9.183	9.444	11.491
26	4.152	8.443	9.537	9.893	11.963
27	3.990	8.742	9.890	10.355	13.008

从表 13.20 中数据变化的规律得出以下结论：

（1）基于全销售型的商业地产经营方式，产品去化速度与项目营力能力指标呈现高敏感度的正相关关系。

（2）基于项目实例（二）的全销售型的经营方式下，通过“敏感算法决策模型”输出的数据得知：当项目的销售速度在 3 个月至 57 个月之间波动时，项目营力能力指标下降很快。所以，在营销管理中心加强对销售去化率的考核是必要的管理手段。

13.6.2　基于租售并举的去化速度

基于租售并举的去化速度见表 13.21。

表 13.21　基于租售并举的去化速度

5	D9：D8	E9：E8	F9：F8	G9：G8	H9：H8
6	D	E	F	G	H
27	平均销售速度（月）	敏感系数	税前内部收益率（%）	税后内部收益率（%）	净利润率（销售，%）
9	3	0.25	34.23	27.09	22.27
10	6	0.50	35.64	28.47	21.87
11	9	0.75	33.11	27.01	21.79
12	12	1.00	31.30	25.31	21.54
13	15	1.25	28.39	20.28	23.79
14	18	1.50	26.63	19.20	24.43
15	21	1.75	24.92	18.15	24.37
16	24	2.00	23.58	17.35	20.96
17	27	2.25	22.17	16.55	20.62
18	30	2.50	21.12	15.92	20.50
19	33	2.75	20.16	15.24	20.50
20	36	3.00	19.36	14.48	20.41
21	39	3.25	18.54	13.21	20.27
22	42	3.50	17.88	12.82	20.16
23	45	3.75	17.28	12.47	20.17
24	48	4.00	16.75	12.16	20.03
25	51	4.25	16.23	11.87	19.63
26	54	4.50	15.78	11.61	19.28
27	57	4.75	15.36	11.36	17.93

5	I9：I8	J9：J8	K9：K8	L9：L8	M9：M8
6	I	J	K	L	M
27	净利润率（租赁，%）	净利润率（租售，%）	总投资收益率（销售，%）	总投资收益率（租赁，%）	总投资收益率（租售，%）
9	31.019	28.456	27.298	11.952	5.498
10	31.019	28.409	20.464	11.950	5.497
11	31.019	28.389	16.455	11.948	5.505
12	31.019	28.378	13.822	11.946	5.517
13	31.019	29.019	11.967	11.944	5.534
14	31.019	29.287	10.512	11.942	5.540

续表

5	I9：I8	J9：J8	K9：K8	L9：L8	M9：M8
6	I	J	K	L	M
27	净利润率（租赁，%）	净利润率（租售，%）	总投资收益率（销售，%）	总投资收益率（租赁，%）	总投资收益率（租售，%）
15	31. 019	29. 271	9. 365	11. 940	5. 543
16	31. 019	28. 183	8. 455	11. 938	5. 547
17	31. 019	28. 129	7. 717	11. 935	5. 553
18	31. 019	28. 118	7. 095	11. 933	5. 558
19	31. 019	28. 109	6. 571	11. 931	5. 563
20	31. 019	28. 104	6. 124	11. 929	5. 568
21	31. 019	28. 068	5. 737	11. 926	5. 574
22	31. 019	28. 054	5. 395	11. 924	5. 578
23	31. 019	28. 053	5. 100	11. 922	5. 586
24	31. 019	28. 050	4. 836	11. 919	5. 592
25	31. 019	27. 964	4. 602	11. 917	5. 599
26	31. 019	27. 866	4. 388	11. 914	5. 605
27	31. 019	27. 342	4. 197	11. 911	5. 611

5	N9：N8	O9：O8	P9：P8	Q9：Q8
6	N	O	P	Q
27	税前静态投资回收年限（年）	税后静态投资回收年限（年）	税前动态投资回收年限（年）	税后动态投资回收年限（年）
9	3. 173	3. 218	3. 280	3. 353
10	3. 149	3. 189	3. 254	3. 323
11	3. 287	3. 349	3. 504	3. 613
12	4. 093	4. 124	4. 206	4. 275
13	4. 299	4. 507	4. 456	4. 723
14	4. 469	4. 804	4. 738	5. 146
15	4. 825	5. 182	5. 149	5. 508
16	5. 196	5. 488	5. 476	5. 885
17	5. 417	5. 769	5. 790	6. 276
18	5. 604	6. 083	6. 130	6. 657
19	5. 971	6. 385	6. 456	7. 052
20	6. 238	6. 721	6. 776	7. 502
21	6. 441	7. 203	7. 103	8. 142

续表

5	N9：N8	O9：O8	P9：P8	Q9：Q8
6	N	O	P	Q
27	税前静态投资回收年限（年）	税后静态投资回收年限（年）	税前动态投资回收年限（年）	税后动态投资回收年限（年）
22	6.611	7.490	7.428	8.557
23	6.930	7.771	7.745	8.961
24	7.198	8.046	8.059	9.374
25	7.377	8.311	8.386	9.789
26	7.501	8.574	8.701	10.199
27	7.730	8.832	9.011	10.609

从表13.21中数据变化的规律得出以下结论：

（1）基于租售并举型的商业地产经营方式，产品去化速度与项目营力能力指标呈现高敏感度的正相关关系。

（2）基于项目实例（二）的租售并举的经营方式下，通过“敏感算法决策模型”输出的数据得知：当项目的销售速度在3个月至57个月之间波动时，项目营力能力指标下降较快（降速慢于全销售型的经营方式）。

13.7 甲供购置占比的决策模型

在房地产开发过程中，公司一般设置采购部或采购管理中心，目标在于降低成本。基于“营改增”税制的全面执行，甲供购置费在工程类的比例与项目整体的税负之间是否存在相关性，是较新的课题。本章节将应用“敏感算法决策模型”建立甲供购置占比（甲供购置费/工程成本）与项目整体税负、项目成本控制之间的相关关系。

通过表格数据变化的规律得出三个结论：第一，甲供购置费占比超高，则项目的营力能力超强，这也证明了成立采购部或采购管理中心的必要性。第二，甲供购置费占比与营力能力之间的相关关系的敏感度较低。第三，提高甲供购置费占比可起到节税的作用，但节税的幅度不大。

13.7.1 基于全销售型的甲供购置费

基于全销售型的甲供购置费见表13.22。

表 13.22　基于全销售型的甲供购置费

5	D9：D8	E9：E8	F9：F8	G9：G8	H9：H8
6	D	E	F	G	H
27	甲供材料比例（%）	敏感系数	税前内部收益率（%）	税后内部收益率（%）	净利润率（销售,%）
9	6.00	0.20	36.027	26.642	19.194
10	11.10	0.37	35.950	26.575	19.209
11	16.20	0.54	35.873	26.508	19.225
12	21.30	0.71	35.797	26.442	19.240
13	26.40	0.88	35.722	26.377	19.256
14	31.50	1.05	35.647	26.312	19.271
15	36.60	1.22	35.572	26.247	19.287
16	41.70	1.39	35.498	28.685	19.302
17	46.80	1.56	35.424	28.622	19.318
18	51.90	1.73	35.351	28.561	19.333
19	57.00	1.90	35.278	28.499	22.956
20	62.10	2.07	35.205	28.438	22.979
21	67.20	2.24	35.133	28.377	23.001
22	72.30	2.41	35.061	28.317	23.024
23	77.40	2.58	34.990	28.257	23.046
24	82.50	2.75	34.919	28.197	23.069
25	87.60	2.92	34.849	28.138	23.092
26	92.70	3.09	34.779	28.079	23.114
27	97.80	3.26	34.709	28.021	23.137

5	K9：K8	N9：N8	O9：O8	P9：P8	Q9：Q8
6	K	N	O	P	Q
27	总投资收益率（销售,%）	税前静态投资回收年限（年）	税后静态投资回收年限（年）	税前动态投资回收年限（年）	税后动态投资回收年限（年）
9	11.999	4.166	4.209	4.290	4.366
10	12.010	4.165	4.209	4.290	4.366
11	12.020	4.165	4.208	4.289	4.366
12	12.031	4.164	4.207	4.289	4.366
13	12.041	4.163	4.206	4.289	4.366
14	12.051	4.163	4.206	4.289	4.366

续表

5	K9：K8	N9：N8	O9：O8	P9：P8	Q9：Q8
6	K	N	O	P	Q
27	总投资收益率（销售,%）	税前静态投资回收年限（年）	税后静态投资回收年限（年）	税前动态投资回收年限（年）	税后动态投资回收年限（年）
15	12.062	4.162	4.205	4.289	4.366
16	12.072	4.161	4.215	4.289	4.386
17	12.083	4.161	4.214	4.289	4.386
18	12.093	4.160	4.213	4.289	4.386
19	12.103	4.159	4.213	4.289	4.386
20	12.114	4.159	4.212	4.289	4.386
21	12.124	4.158	4.211	4.289	4.385
22	12.135	4.158	4.210	4.289	4.385
23	12.145	4.157	4.209	4.289	4.385
24	12.156	4.156	4.208	4.289	4.385
25	12.166	4.156	4.208	4.289	4.385
26	12.176	4.155	4.207	4.289	4.385
27	12.187	4.154	4.206	4.289	4.385

从表13.22中数据变化的规律得出以下结论：

（1）基于全销售型的商业地产经营方式，甲供材料权重比例与内部收益率指标呈现弱敏感度的负相关关系。

（2）基于全销售型的商业地产经营方式，甲供材料权重比例与净利润率与总投资收益率指标呈现弱敏感度的正相关关系。

13.7.2 基于全租赁型的甲供购置费

基于全租赁型的甲供购置费见表13.23。

表13.23 基于全租赁型的甲供购置费

5	D9：D8	E9：E8	F9：F8	G9：G8	I9：I8
6	D	E	F	G	I
27	甲供材料比例（%）	敏感系数	税前内部收益率（%）	税后内部收益率（%）	净利润率（租赁,%）
9	6.00	0.20	8.69	6.87	29.19
10	11.10	0.37	8.69	6.86	29.19

续表

5	D9：D8	E9：E8	F9：F8	G9：G8	I9：I8
6	D	E	F	G	I
27	甲供材料比例（%）	敏感系数	税前内部收益率（%）	税后内部收益率（%）	净利润率（租赁，%）
11	16.20	0.54	8.69	6.86	29.20
12	21.30	0.71	8.68	6.86	29.20
13	26.40	0.88	8.68	6.85	29.21
14	31.50	1.05	8.68	6.85	29.21
15	36.60	1.22	8.68	6.84	29.21
16	41.70	1.39	8.68	6.84	29.22
17	46.80	1.56	8.68	6.83	29.22
18	51.90	1.73	8.68	6.83	29.23
19	57.00	1.90	8.67	6.83	29.23
20	62.10	2.07	8.67	6.82	29.23
21	67.20	2.24	8.67	6.82	29.24
22	72.30	2.41	8.67	6.81	29.24
23	77.40	2.58	8.67	6.81	29.25
24	82.50	2.75	8.67	6.81	29.25
25	87.60	2.92	8.67	6.80	29.25
26	92.70	3.09	8.66	6.80	29.26
27	97.80	3.26	8.66	6.79	29.26

5	L9：L8	N9：N8	O9：O8	P9：P8	Q9：Q8
6	L	N	O	P	Q
27	总投资收益率（租赁，%）	税前静态投资回收年限（年）	税后静态投资回收年限（年）	税前动态投资回收年限（年）	税后动态投资回收年限（年）
9	10.66	15.006	17.725	23.615	32.860
10	10.67	15.002	17.729	23.616	32.887
11	10.67	14.999	17.733	23.616	32.914
12	10.67	14.995	17.737	23.617	32.941
13	10.68	14.991	17.740	23.617	32.968
14	10.68	14.988	17.744	23.618	32.995
15	10.68	14.984	17.748	23.619	33.023
16	10.68	14.980	17.751	23.619	33.051
17	10.69	14.977	17.755	23.620	33.078

续表

5	L9：L8	N9：N8	O9：O8	P9：P8	Q9：Q8
6	L	N	O	P	Q
27	总投资收益率（租赁,%）	税前静态投资回收年限（年）	税后静态投资回收年限（年）	税前动态投资回收年限（年）	税后动态投资回收年限（年）
18	10.69	14.973	17.759	23.621	33.106
19	10.69	14.969	17.763	23.621	33.134
20	10.70	14.966	17.766	23.622	33.162
21	10.70	14.962	17.770	23.623	33.190
22	10.70	14.958	17.774	23.623	33.218
23	10.70	14.955	17.777	23.624	33.245
24	10.71	14.951	17.781	23.625	33.273
25	10.71	14.947	17.785	23.625	33.301
26	10.71	14.944	17.789	23.626	33.329
27	10.72	14.940	17.792	23.626	33.357

从表13.23中数据变化的规律得出以下结论：

（1）基于全租赁型的商业地产经营方式，甲供材料权重比例与内部收益率指标呈现弱敏感度的负相关关系。

（1）基于全租赁型的商业地产经营方式，甲供材料权重比例与净利润率与总投资收益率指标呈现弱敏感度的正相关关系。

13.7.3 基于租售并举的甲供购置费

基于租售并举的甲供购置费见表13.24。

表13.24 基于租售并举的甲供购置费

5	D9：D8	E9：E8	F9：F8	G9：G8	H9：H8
6	D	E	F	G	H
27	甲供材料比例（%）	敏感系数	税前内部收益率（%）	税后内部收益率（%）	净利润率（销售,%）
9	6.00	0.20	31.62	25.57	21.36
10	11.10	0.37	31.56	25.52	21.40
11	16.20	0.54	31.49	25.46	21.44
12	21.30	0.71	31.42	25.41	21.48
13	26.40	0.88	31.35	25.35	21.52

续表

5	D9：D8	E9：E8	F9：F8	G9：G8	H9：H8
6	D	E	F	G	H
27	甲供材料比例（%）	敏感系数	税前内部收益率（%）	税后内部收益率（%）	净利润率（销售,%）
14	31.50	1.05	31.28	25.30	21.56
15	36.60	1.22	31.21	25.24	21.59
16	41.70	1.39	31.14	25.19	21.63
17	46.80	1.56	31.08	25.13	21.67
18	51.90	1.73	31.01	25.08	21.71
19	57.00	1.90	30.94	25.03	21.75
20	62.10	2.07	30.88	24.98	21.78
21	67.20	2.24	30.81	24.92	21.82
22	72.30	2.41	30.74	24.87	21.86
23	77.40	2.58	30.68	24.82	21.90
24	82.50	2.75	30.61	24.77	21.94
25	87.60	2.92	30.55	24.72	21.97
26	92.70	3.09	30.48	24.67	22.01
27	97.80	3.26	30.42	24.62	22.05

5	I9：I8	J9：J8	K9：K8	L9：L8	M9：M8
6	I	J	K	L	M
27	净利润率（租赁,%）	净利润率（租售,%）	总投资收益率（销售,%）	总投资收益率（租赁,%）	总投资收益率（租售,%）
9	31.02	28.32	13.77	11.94	5.51
10	31.02	28.33	13.78	11.94	5.51
11	31.02	28.34	13.79	11.94	5.51
12	31.02	28.36	13.80	11.94	5.51
13	31.02	28.37	13.81	11.95	5.52
14	31.02	28.38	13.83	11.95	5.52
15	31.02	28.39	13.84	11.95	5.52
16	31.02	28.41	13.85	11.95	5.52
17	31.02	28.42	13.86	11.95	5.52
18	31.02	28.43	13.87	11.95	5.53
19	31.02	28.44	13.88	11.95	5.53
20	31.02	28.46	13.89	11.96	5.53

续表

5	I9：I8	J9：J8	K9：K8	L9：L8	M9：M8
6	I	J	K	L	M
27	净利润率（租赁，%）	净利润率（租售，%）	总投资收益率（销售，%）	总投资收益率（租赁，%）	总投资收益率（租售，%）
21	31.02	28.47	13.90	11.96	5.53
22	31.02	28.48	13.92	11.96	5.53
23	31.02	28.49	13.93	11.96	5.54
24	31.02	28.51	13.94	11.96	5.54
25	31.02	28.52	13.95	11.96	5.54
26	31.02	28.53	13.96	11.97	5.54
27	31.02	28.54	13.97	11.97	5.54

5	N9：N8	O9：O8	P9：P8	Q9：Q8
6	N	O	P	Q
27	税前静态投资回收年限（年）	税后静态投资回收年限（年）	税前动态投资回收年限（年）	税后动态投资回收年限（年）
9	4.096	4.128	4.207	4.276
10	4.095	4.127	4.207	4.275
11	4.095	4.126	4.206	4.275
12	4.094	4.125	4.206	4.275
13	4.093	4.124	4.206	4.275
14	4.092	4.123	4.206	4.275
15	4.092	4.122	4.206	4.274
16	4.091	4.121	4.206	4.274
17	4.090	4.120	4.205	4.274
18	4.090	4.120	4.205	4.274
19	4.089	4.119	4.205	4.274
20	4.088	4.118	4.205	4.273
21	4.088	4.117	4.205	4.273
22	4.087	4.116	4.205	4.273
23	4.086	4.115	4.205	4.273
24	4.085	4.114	4.204	4.272
25	4.085	4.113	4.204	4.272
26	4.084	4.112	4.204	4.272
27	4.083	4.111	4.204	4.272

从表 13. 24 中数据变化的规律得出以下结论：

（1）基于租售并举型的商业地产经营方式，甲供材料权重比例与内部收益率指标呈现弱敏感度的负相关关系。

（2）基于租售并举型的商业地产经营方式，甲供材料权重比例与净利润率与总投资收益率指标呈现弱敏感度的正相关关系。

13.8　管理模式的决策模型

基于项目实例（二），本章节将应用“敏感算法决策模型”建立税负与管理模式之间的相关关系，以多维度的视角来解码管理制式的适用条件。

13. 8. 1　基于全租赁型的管理制式

13. 8. 1. 1　基于一体化管理制式的税负

基于全租赁型经营方式及一体化管理制式，房地产开发企业交纳的主要税负如表 13. 25 所示。

表 13. 25　基于一体化管理制式的税负

5	D9：D22	E9：E22	F9：F22
6	D	E	F
22	科目	税金/主营业收入（%）	税金额元（万元）
9	增值税及附加	6. 58	195, 081. 41
10	企业所得税	9. 81	290, 839. 50
11	土地使用税	0. 01	382. 25
12	土地增值税	0. 00	0. 00
13	房产税	10. 81	320, 373. 33
14	总税负	27. 22	806, 676. 50

13. 8. 1. 2　基于分离整租制式的税负

基于分离整租制式的税负见表 13. 26 和表 13. 27。

表 13.26　基于分离整租制式的税负

5	D9：D22	E9：E22	G9：G22
6	D	E	G
22	科目	B/A（%）	两个公司合并（万元）
9	增值税及附加	9.37	277,584.73
10	企业所得税	10.98	325,422.73
11	土地使用税	0.01	382.25
12	土地增值税	0.00	0.00
13	房产税	1.41	41,814.82
14	总税负	21.77	645,204.54

表 13.27　基于分离整租制式的税负率

6	G9：G23	H9：H23	I9：I23
7	G	H	I
23	整租折扣率（%）	敏感系数	税负率. 整租模式（%）
10	2.00	0.20	−20.02
11	8.00	0.80	−16.22
12	14.00	1.40	−19.30
13	20.00	2.00	−20.07
14	26.00	2.60	−15.91
15	32.00	3.20	12.80
16	38.00	3.80	57.68
17	44.00	4.40	111.68
18	50.00	5.00	174.78
19	56.00	5.60	246.99
20	62.00	6.20	328.30
21	68.00	6.80	423.46
22	74.00	7.40	530.49
23	80.00	8.00	647.32

基于全租赁型的经营方式，通过分析一体化管理制式及分离式整租制式下的税负得出如下结论：采用分离式整租的管理制式存在节税临界点。当开发企业与商业管理公司之间整租价格为基准租赁价格的 20% 以下时，可以起到节税作用，反之，将增加项目的整体税负。

13.8.2　基于租售并举的管理制式

13.8.2.1　基于一体化管理制式的税负

基于一体化管理制式的税负见表 13.28。

表 13.28　基于一体化管理制式的税负

5	D9：D22	E9：E22	F9：F22
6	D	E	F
22	科目	税金占主营业收入（%）	税金金额元（万元）
9	增值税及附加	4.86	79,143.90
10	企业所得税	10.45	170,122.09
11	土地使用税	0.01	175.68
12	土地增值税	4.16	67,796.19
13	房产税	7.26	118,232.90
14	总税负	26.75	435,470.76

13.8.2.2　基于分离整租制式的税负

基于分离整租制式的税负见表 13.29 和表 13.30。

表 13.29　基于分离整租制式的税负

5	D9：D22	E9：E22	G9：G22
6	D	E	G
22	科目	B/A（%）	两个公司合并（万元）
9	增值税及附加	7.62	124,110.82
10	企业所得税	11.10	180,712.81
11	土地使用税	0.01	175.68
12	土地增值税	5.32	86,668.60
13	房产税	0.82	13,376.61
14	总税负	24.88	405,044.52

表 13.30 基于分离整租制式的税负率

6	G9：G23	H9：H23	I9：I23
7	G	H	I
23	整租折扣率（%）	敏感系数	税负率. 整租模式（%）
10	2.00	0.20	-6.99
11	8.00	0.80	-3.43
12	14.00	1.40	-6.05
13	20.00	2.00	-7.69
14	26.00	2.60	-6.11
15	32.00	3.20	3.62
16	38.00	3.80	25.82
17	44.00	4.40	52.93
18	50.00	5.00	84.32
19	56.00	5.60	120.22
20	62.00	6.20	161.34
21	68.00	6.80	207.13
22	74.00	7.40	258.88
23	80.00	8.00	318.61

基于租售并举的经营方式下，通过量化一体化管理制式及分离式整租管理制式的税负可得出以下结论：采用分离式整租的管理模式存在节税临界点。当开发企业与商业管理公司之间整租价格为基准租赁价格的26%以下时，可以起到节税作用；反之，将增加项目的整体税负。

13.9 融资方案的决策模型

金融机构都有一套完整的贷款风险模块及指标，本章节将应用“敏感算法决策模型”量化解析融资能力评价指标与其关联因素之间的相关关系。

13.9.1 基于全销售型的融资方案

基于全销售型的融资方案见表13.31。

表 13.31 基于全销售型的融资方案

5	F7：F12	G7：G12	5	I7：I16	J7：J16
E	F	G	H	I	J
7	借款余额．均摊法	可行	7	账户余额．资金．均摊	可行
8	借款余额．均值法	可行	8	账户余额．资金．均值	可行
9	资金余额．均摊法	可行	9	现金流回正月序	第 25 个月
10	资金余额．均值法	可行	10	放款开始月序	第 6 个月
11	偿债备付率．均摊法	1.25	11	放款周期月数	6 个月
12	利息备付率．均摊法	10.02	12	放款结束月序	第 11 个月
			13	自有资金比例	35.00%
			H	自有资金额	102,231.06
			15	借款金额	189,857.68
			16	资金需求总额	292,088.74

基于年利率为 8% 的贷款利率下，当满足银行的三大指标（偿债备付率、利息备付率、账户余额）要求的前提下，现金流量回正的月数为第 25 个月。项目最大贷款额度比例为总资金总需求的 71%。

基于自有资金为 35% 的前提下，应用“敏感算法决策模型”建立贷款利率与偿债备付率之间的相关关系（表 13.32）。

表 13.32 贷款利率与偿债备付率之间的相关关系（自有资金为 35%）

贷款利率（%）	6	7	8	9	10	11	12	13
偿债备付率	1.338	1.295	1.254	1.216	1.179	1.143	1.110	1.078

从表 13.32 中数据变化的规律得出结论：当贷款年利率高于 13% 时，偿债备付率将低于临界值 1.0。

13.9.2 基于全租赁型的融资方案

基于全租赁型的融资方案见表 13.33。

表 13.33 基于全租赁型的融资方案

5	F7：F12	G7：G12	5	I7：I16	J7：J16
E	F	G	H	I	J
7	借款余额．均摊法	可行	7	账户余额．资金．均摊	可行

续表

5	F7：F12	G7：G12	5	I7：I16	J7：J16
E	F	G	H	I	J
8	借款余额. 均值法	可行	8	账户余额. 资金. 均值	可行
9	资金余额. 均摊法	可行	9	现金流回正月序	第 41 个月
10	资金余额. 均值法	可行	10	放款开始月序	第 6 个月
11	偿债备付率. 均摊法	#DIV/0!	11	放款周期月数	6 个月
12	利息备付率. 均摊法	#DIV/0!	12	放款结束月序	第 11 个月
			13	自有资金比例	100.00%
			H	自有资金额	288,809.00
			15	借款金额	0.00
			16	资金需求总额	288,809.00

基于全租赁型的经营方式，由于现金流变正月的月序为第 41 个月，在开发建设期，现金流量账户余额为负数，从项目融资的角度，不具备开发贷款的条件。总之，全租赁型的经营方式对自有资金的要求极高。

13.9.3 基于租售并举的融资方案

基于租售并举的融资方案见表 13.34。

表 13.34 基于租售并举的融资方案

5	F7：F12	G7：G12	5	I7：I16	J7：J16
E	F	G	H	I	J
7	借款余额. 均摊法	可行	7	账户余额. 资金. 均摊	可行
8	借款余额. 均值法	可行	8	账户余额. 资金. 均值	可行
9	资金余额. 均摊法	可行	9	现金流回正月序	第 25 个月
10	资金余额. 均值法	可行	10	放款开始月序	第 6 个月
11	偿债备付率. 均摊法	1.28	11	放款周期月数	6 个月
12	利息备付率. 均摊法	9.74	12	放款结束月序	第 11 个月
			13	自有资金比例	35.00%
			H	自有资金额	95,549.68
			15	借款金额	177,449.40
			16	资金需求总额	272,999.08

基于年利率为 8% 的贷款利率下，当满足银行的三大指标（偿债备付率、利息备付率、账户余额）要求的前提下，现金流量回正的月数为 25 个月。项目最大贷款额度比

例为资金总需求量的 71%。

基于自有资金为 29%的前提下，应用“敏感算法决策模型”建立贷款利率与偿债备付率之间的相关关系（表 13.35）。

表 13.35　贷款利率与偿债备付率之间的相关关系（自有资金为 29%）

贷款利率（%）	6	7	8	9	10	11	12	13
偿债备付率	1.368	1.324	1.281	1.241	1.203	1.166	1.131	1.098

从表 13.35 中的数据变化的规律可得出结论：若银行要求最低的偿债备付率不得低于 1.2 时，则本项目可承受最高的贷款年利率应不高于 10%。